Berner Kommentar

Kommentar zum schweizerischen Privatrecht

Berner Kommentar

Kommentar zum schweizerischen Privatrecht

Begründet von † Prof. Dr. M. Gmür
Fortgeführt durch † Dr. Dr. h. c. H. Becker und Prof. Dr. A. Meier-Hayoz

Unter Mitwirkung von:
Dr. R. Brehm in Basel; Prof. Dr. E. Bucher in Bern; † Dr. W. Bühler; PD
Dr. W. Fehlmann, Rechtsanwalt in Luzern; Prof. Dr. P. Forstmoser in Zü-
rich; † Prof. Dr. H.-P. Friedrich; † Dr. G. Gautschi; Prof. Dr. Th. Geiser in
Bern; Prof. Dr. Dr. H. Giger, Rechtsanwalt in Zürich; † Dr. S. Giovanoli;
† Dr. E. Götz; Prof. Dr. H. Hausheer in Bern; Prof. Dr. C. Hegnauer in
Wädenswil; † Prof. Dr. H. Huber; † Prof. Dr. P. Jäggi; † Dr. A. Janggen;
Prof. Dr. K. Käfer in Zürich; Prof. Dr. A. Koller in St. Gallen; Prof. Dr.
E. A. Kramer in Basel; † Prof. Dr. M. Kummer; a. Bundesrichter Dr. P.
Lemp in Biel; † Prof. Dr. P. Liver; Prof. Dr. A. Meier-Hayoz in Meilen;
† Prof. Dr. H. Merz; Prof. Dr. E. Murer in Murten; † Prof. Dr. V. Piceno-
ni; Prof. Dr. M. Rehbinder in Zürich; Dr. Ruth Reusser in Bern; Prof. Dr.
H. Rey in Zürich; Prof. Dr. H. M. Riemer in Zürich; Dr. M. Schaetzle,
Rechtsanwalt in Zürich; Prof. Dr. B. Schmidlin in Genf; Prof. Dr.
B. Schnyder in Freiburg; Prof. Dr. K. Spühler in Zürich; Prof. Dr.
E. Stark in Winterthur; Prof. Dr. J.-F. Stöckli; † Prof. Dr. P. Tuor; Prof.
Dr. Rolf H. Weber in Zürich; Prof. Dr. P. Weimar in Zürich; Prof. Dr. R.
Zäch in Zürich; Prof. Dr. D. Zobl in Zürich.

Herausgegeben von

Heinz Hausheer

Band III
Das Erbrecht

 Stämpfli Verlag AG Bern · 2000

Schweizerisches Zivilgesetzbuch

Das Erbrecht

1. Abteilung
Die Erben
1. Teilband
Die gesetzlichen Erben
Die Verfügungsfähigkeit
Die Verfügungsfreiheit
Art. 457–480 ZGB

In Fortführung des Kommentars von Peter Tuor
vollständig neu bearbeitet

Erläutert von
Peter Weimar
Professor der Universität Zürich

Stämpfli Verlag AG Bern · 2000

Die Deutsche Bibliothek - CIP-Einheitsaufnahme

Berner Kommentar : Kommentar zum schweizerischen Privatrecht ; schweizerisches Zivilgesetzbuch / begr. von M. Gmür. Fortgef. durch H. Becker und A. Meier-Hayoz. Unter Mitw. von R. Brehm ... Hrsg. von Heinz Hausheer. - Bern : Stämpfli

Bd. 3. Erbrecht
Abt. 1. Die Erben
Teilbd. 1. Art. 457 - 480 ZGB / Peter Weimar. - 2000
   ISBN 3-7272-3436-9

Gesamtherstellung: Stämpfli AG,
Grafisches Unternehmen, Bern
Printed in Switzerland

ISBN 3-7272-3436-9

Inhaltsübersicht

Schrifttum

Die nachfolgend aufgeführten Werke werden nur mit dem Verfasser-
namen und, falls notwendig, mit einem unterscheidenden Zusatz zitiert. Weitere Literatur wird bei den einzelnen Abschnitten und Artikeln sowie im Text angegeben.

BECK ALEXANDER: Grundriss des schweizerischen Erbrechts, 2. Aufl., Bern 1976
BREITSCHMID PETER (Hg.): Testament und Erbvertrag, Bern 1991
BREITSCHMID PETER/DRUEY JEAN NICOLAS (Hg.): Güter- und erbrechtliche Planung, Bern
1999
BROX HANS: Erbrecht, 17. Aufl., Köln 1998
BUCHER ANDREAS: Natürliche Personen und Persönlichkeitsschutz, 3. Aufl., Basel 1999
BUCHER ANDREAS: Personnes physiques et protection de la personnalité, 3. Aufl., Basel
1995
BUCHER EUGEN: Berner Komm., I.2: Die natürlichen Personen, Art. 11–26 ZGB, 3. Aufl.,
Bern 1976
BÜHLER WALTER/SPÜHLER KARL: Berner Komm., II.1.1.2: Die Ehescheidung, Art. 137–158
ZGB, 3. Aufl., Bern 1980
DERNBURG HEINRICH: Pandekten, 5. Aufl., Berlin 1896–97
DESCHENAUX HENRI/STEINAUER PAUL-HENRI: Personnes physiques et tutelle, 3. Aufl., Bern
1995
DESCHENAUX HENRI/STEINAUER PAUL-HENRI/BADDELEY MARGARETA: Les effets du maria-
ge, Bern 2000
DESCHENAUX HENRI/TERCIER PIERRE/WERRO FRANZ: Le mariage et le divorce, 4. Aufl.,
Bern 1995
DRUEY JEAN NICOLAS: Grundriss des Erbrechts, 4. Aufl., Bern 1997
DRUEY JEAN NICOLAS/BREITSCHMID PETER (Hg.): Praktische Probleme der Erbteilung,
Bern 1997
ESCHER ARNOLD/ESCHER ARNOLD jun.: Zürcher Komm., III: Das Erbrecht, Art. 457–640
ZGB, 3. Aufl., Zürich 1959–1960
FRANK RICHARD: Grundprobleme des neuen Ehe- und Erbrechts der Schweiz, Basel 1987
GAUCH PETER/SCHLUEP WALTER/SCHMID JÖRG/REY HEINZ: Schweizerisches Obligationen-
recht, Allgemeiner Teil ohne ausservertragliches Haftpflichtrecht, 7. Aufl., Zürich
1998
GUHL THEO/KOLLER ALFRED/SCHNYDER ANTON K./DRUEY JEAN NICOLAS: Das schweizeri-
sche Obligationenrecht, 9. Aufl., Zürich 2000
GUINAND JEAN/STETTLER MARTIN: Successions, 3. Aufl., Fribourg 1995
HAUSHEER HEINZ/REUSSER RUTH/GEISER THOMAS: Berner Komm., II.1.2: Die Wirkungen
der Ehe im allgemeinen, Art. 159–180 ZGB, 2. Aufl., Bern 1999
HAUSHEER HEINZ/REUSSER RUTH/GEISER THOMAS: Berner Komm., II.1.3: Das Güterrecht
der Ehegatten, Art. 181–251, Bern 1992–96
HEGNAUER CYRIL: Berner Komm., II.2.1: Die Entstehung des Kindesverhältnisses,
Art. 252–269c ZGB, Bern 1984
HEGNAUER CYRIL: Grundriss des Kindesrechts und des übrigen Verwandtschaftsrechts,
5. Aufl., Bern 1999
HEGNAUER CYRIL/BREITSCHMID PETER: Grundriss des Eherechts, 4. Aufl., Bern 2000

Honsell Heinrich: Schweizerisches Obligationenrecht, Besonderer Teil, 5. Aufl., Bern 1999

Honsell Heinrich/Vogt Nedim/Geiser Thomas (Hg.): Komm. zum schweizerischen Privatrecht, Schweizerisches Zivilgesetzbuch I–II, Basel 1996–1999 (Basler Komm.)

Honsell Heinrich/Vogt Nedim u.a. (Hg.): Komm. zum schweizerischen Privatrecht, Obligationenrecht I–II, Basel 1994–1996 (Basler Komm.)

Jaeggi Peter/Gauch Peter, Zürcher Komm., V.1b: Simulation, Art. 18 OR, Zürich 1980

Kipp Theodor/Coing Helmut: Erbrecht, 14. Aufl., Tübingen 1990

Koeppen Albert: Lehrbuch des heutigen römischen Erbrechts, Würzburg 1895

Kramer Ernst A.: Berner Komm., VI.1.2.1a: Inhalt des Vertrages, Art. 19–22 OR, Bern 1991

Kramer Ernst A./Schmidlin Bruno: Berner Komm., VI.1.1: Allgemeine Bestimmungen: Die Entstehung durch Vertrag, Art. 1–18 OR (Einl., Art. 1, 2 und 18 von Kramer; Art. 3–17 von Schmidlin), Bern 1986

Kummer Max: Art. 8–10 ZGB, in: Berner Komm. I.1, Bern 1962 (Neudruck 1966)

Maurer Alfred: Schweizerisches Privatversicherungsrecht, 3. Aufl., Bern 1995

Näf-Hofmann Marlies und Heinz: Schweizerisches Ehe- und Erbrecht, Zürich 1998

Pedrazzini Mario/Oberholzer Niklaus: Grundriss des schweizerischen Personenrechts, 4. Aufl., Bern 1993

Piotet Paul: Droit successoral (Traité de droit privé suisse IV), Fribourg 1976 (Supplément 1985) = Das Erbrecht (SPR IV), Basel 1978–1981 (Nachtrag 1986)

Piotet Paul: Précis de droit successoral, 2. Aufl., Bern 1988

Schmidlin Bruno: s. Kramer/Schmidlin

Schnyder Bernhard/Murer Erwin: Berner Komm., II.3.1: Die allgemeine Ordnung der Vormundschaft, Art. 360–397 ZGB, Bern 1984

Schwenzer Ingeborg: Schweizerisches Obligationenrecht, Allgemeiner Teil, Bern 1998

Simonius Pascal/Sutter Thomas: Schweizerisches Immobiliarsachenrecht, Basel 1990–95

Spühler Karl/Frei-Maurer Sylvia: Berner Komm., II.1.1.2: Die Ehescheidung, Ergänzungsband, Art. 137–158 ZGB (s. Bühler/Spühler), Bern 1991

Stark Emil: Berner Komm., IV.3.1: Der Besitz, Art. 919–941 ZGB, 2. Aufl., Bern 1984

Staudinger Julius von/Otte Gerhard: Komm. zum Bürgerlichen Gesetzbuch, Erbrecht, §§ 2064 ff., 13. Aufl., 1998

Stauffer Wilhelm/Schaetzle Theo und Marc: Barwerttafeln, 4. Aufl., Zürich 1989

Stettler Martin/Waelti Fabien: Droit civil, IV: Le régime matrimonial, 2. Aufl., Fribourg 1997

von Tuhr Andreas/Peter Hans/Escher Arnold: Allgemeiner Teil des schweizerischen Obligationenrechts I–II, 3. Aufl., Zürich 1974–1979

Tuor Peter: Berner Komm., III.1: Die Erben, Art. 457–536, 2. Aufl., Bern 1952

Tuor Peter/Picenoni Vito: Berner Komm., III.2: Der Erbgang, Art. 537–640 ZGB, 2. Aufl., Bern 1964

Tuor Peter/Schnyder Bernhard/Schmid Jörg: Das Schweizerische Zivilgesetzbuch, 11. Aufl., Zürich 1995, mit Supplement 1999

Vogel Oscar: Grundriss des Zivilprozessrechts und des internationalen Zivilprozessrechts der Schweiz, 6. Aufl., Bern 1999

Windscheid Bernhard/Kipp Theodor: Lehrbuch des Pandektenrechts, 8. Aufl., Frankfurt a. M. 1900

Abkürzungsverzeichnis

a.A.	anderer Ansicht
a.a.O.	am angegebenen Ort
aArt.	Artikel in alter Fassung
ABGB	Allgemeines Bürgerliches Gesetzbuch vom 1. Juni 1811 (Österreich)
Abs.	Absatz
a.E.	am Ende
AHVG	BG über die Alters- und Hinterlassenenversicherung vom 20. Dezember 1946 (SR 831.10)
AJP	Aktuelle juristische Praxis, St. Gallen 1992 ff.
al.	alinéa (Absatz)
a.M.	anderer Meinung
Anm.	Anmerkung
Anträge VE	Schweizerisches Civilgesetzbuch, Zusammenstellung der Anträge und Anregungen zum Vorentwurf vom 15. November 1900, im Auftrage des Eidgenössischen Justiz- und Polizeidepartements bearbeitet vom Sekretariat der Civilrechtskommission, für die Mitglieder der Kommission als Manuskript gedruckt, Bern 1901
AppHof	Appellationshof (des Bernischen Obergerichts)
arg.	argumento (mit dem Argument...)
Art. (art.)	Artikel (article, articolo) – Artikel ohne nähere Bezeichnung beziehen sich auf das ZGB
AS	Amtliche Sammlung des Bundesrechts, Bern 1848 ff.
ASR	Abhandlungen zum schweizerischen Recht, Bern
ATF	Arrêts du Tribunal fédéral (= BGE)
Aufl.	Auflage
BBl.	Bundesblatt
Bd.	Band
Bern. Notar	Der bernische Notar, Langenthal (BE) 1940 ff.
Berner Komm.	Kommentar zum schweizerischen Privatrecht, 1.–3. Aufl., Bern 1910 ff. (Berner Kommentar)
BG	Bundesgesetz
BGB	Bürgerliches Gesetzbuch für das Deutsche Reich vom 18. August 1896
BGBB	BG über das bäuerliche Bodenrecht vom 4. Oktober 1991 (SR 211.412.11)
BGE	Entscheidungen des Schweizerischen Bundesgerichts. Amtliche Sammlung, Lausanne 1875 ff.
BGer.	Bundesgericht
BJM	Basler juristische Mitteilungen, Basel 1954 ff.
Botschaft 1979	Botschaft über die Änderung des Schweizerischen Zivilgesetzbuchs (Wirkungen der Ehe im allgemeinen, Ehegüterrecht und Erbrecht) vom 11. Juli 1979 (BBl. 1979 II 1191)
Botschaft 1995	Botschaft über die Änderung des Schweizerischen Zivilgesetzbuchs (Personenstand, Eheschliessung, Scheidung...) vom 15. November 1995 (BBl. 1996 I 1)
BTJP	Berner Tage für die juristische Praxis, Bern

BV	Bundesverfassung der Schweizerischen Eidgenossenschaft vom 18. April 1999 (SR 101)
BVG	BG über die berufliche Alters-, Hinterlassenen- und Invalidenvorsorge vom 25. Juni 1982 (SR 831.40)
BVV 3	V über die steuerliche Abzugsberechtigung für Beiträge an anerkannte Vorsorgeeinrichtungen vom 13. November 1985 (SR 831.461.3)
CCfr.	Code civil français vom 21. März 1804
consid.	considération (= Erw.)
cpv.	capoverso (Absatz)
ders.	derselbe (Verfasser)
Dig.	Digesta Iustiniani Augusti
Diss.	Dissertation
E	Entwurf
E 1904	Entwurf des Bundesrates zum Schweizerischen Zivilgesetzbuch vom 28. Mai 1904 (BBl. 1904 IV 1 ff.)
ebd.	ebenda
EG	(kantonales) Einführungsgesetz zum ...
eidg.	eidgenössisch(er, e, es)
Einf.	Einführung
Einl.	Einleitung
Erl.	Erläuterungen zum Vorentwurf des Eidgenössischen Justiz- und Polizeidepartements, 2. Aufl., 2 Bände, Bern 1914
Erl. TE	Erläuterungen zum Teilentwurf (siehe TE)
Erw.	Erwägung
ExpKom.	Schweizerisches Zivilgesetzbuch. Protokolle der Sitzungen der Expertenkommission vom 7. Oktober 1901 bis 2. Mai 1903, zwei Ausgaben: 1. Kümmerly und Frey, Bern, 2 Bände (Seitenzählung) 2. Maschinenschrift, 3 Bände (Blattzählung). Es werden meist beide Ausgaben zitiert: I.2, S. .../ II, Bl. ...
ExpRevFam.	Expertenkommission für die Revision des Familienrechts Bd. 1: Gesetzesentwurf für eine Änderung des Zivilgesetzbuches (Wirkungen der Ehe im allgemeinen und Ehegüterrecht), 1977 Bd. 2: Begleitbericht zum Vorentwurf für eine Änderung des Zivilgesetzbuches (Wirkungen der Ehe im allgemeinen und Ehegüterrecht), 1977
FG	Festgabe
FMedG	BG über die medizinisch unterstützte Fortpflanzung (Fortpflanzungsmedizingesetz) vom 18. Dezember 1998 (noch nicht in Kraft getreten)
FS	Festschrift
FZG	BG über die Freizügigkeit in der beruflichen Alters-, Hinterlassenen- und Invalidenvorsorge vom 17. Dezember 1993 (Freizügigkeitsgesetz; SR 831.42)
FZV	V über die Freizügigkeit in der beruflichen Alters-, Hinterlassenen- und Invalidenvorsorge vom 3. Oktober 1994 (FreizügigkeitsV; SR 831.425)
gem.	gemäss
ggf.	gegebenenfalls
gl.M.	gleicher Meinung

Hg.; hg.; hg. v.	Herausgeber; herausgegeben; herausgegeben von
h.L.	herrschende Lehre
h.M.	herrschende Meinung
insbes.	insbesondere
IPRG	BG über das internationale Privatrecht vom 18. Dezember 1987 (SR 291)
i.S.	in Sachen
JdT	Journal des Tribunaux, Lausanne 1853 ff.
JZ	Juristenzeitung, Tübingen 1951 ff.
Kap.	Kapitel
KGer.	Kantonsgericht
Krit.; krit.	Kritik; kritisch
LAC	Legge d'applicazione e complemento del Codice civile svizzero del 18 aprile 1911 (Kanton Tessin)
LGVE	Luzerner Gerichts- und Verwaltungsentscheide, Luzern 1981 ff.
LICC	Loi d'introduction du Code civil suisse du 9 novembre 1978 (Kanton Jura)
lit.	litera
Lit.	Literatur
LVCC	Loi d'introduction du Code civil suisse du 30 novembre 1910 (Kanton Waadt)
med.	medizinisch(e)
Mél.	Mélanges
Mém. Fac. Genève	Mémoires de la Faculté de droit de Genève, Genf
m. Nachw.	mit Nachweisen
Mot.	Exposé des motifs de l'avant-projet du Département fédéral de Justice et Police, Bern 1901
MVG	BG über die Militärversicherung vom 19. Juni 1992 (SR 833.1)
N.	Note
NatR	Nationalrat. Amtliches stenographisches Bulletin der Bundesversammlung, Bern 1891–1962; Amtliches Bulletin der Bundesversammlung (Nationalrat), Bern 1963 ff.
Nr.	Nummer
OG	BG über die Organisation der Bundesrechtspflege vom 16. Dezember 1943 (SR 173.110)
OGer.	Obergericht
OR	Bundesgesetz betreffend die Ergänzung des Schweizerischen Zivilgesetzbuchs (Fünfter Teil: Obligationenrecht) vom 30. März 1911 (SR 220)
OR-[Autor]	Kommentar zum schweizerischen Privatrecht, 1.–2. Aufl., Basel 1994 ff. (Basler Kommentar, OR)
PGB	Privatrechtliches Gesetzbuch für den Kanton Zürich (1853–1855)
PKG	Die Praxis des Kantonsgerichtes von Graubünden, Chur 1942 ff.
pr.	principio (am Anfang)
Pra	Die Praxis des Bundesgerichts, Basel 1912 ff.
Prätor	Prätor. Student Association of Swiss and Liechtenstein Law, St. Gallen 1983–1990
recht	recht. Zeitschrift für juristische Ausbildung und Praxis, Bern 1982 ff.
Rep.	Repertorio di giurisprudenza patria, Bellinzona
RO	Recueil officiel des lois fédérales (= AS)
Rspr.	Rechtsprechung

Rz.	Randziffer
s.	siehe
SAG	Die schweizerische Aktiengesellschaft, Zürich 1928–1989
SchKG	BG über Schuldbetreibung und Konkurs vom 11. April 1889 (SR 281.1)
SchlT	Schlusstitel des ZGB
Semjud	La semaine judiciaire, Genf 1879 ff.
SJZ	Schweizerische Juristen-Zeitung, Zürich 1904 ff.
sog.	so genannte(r, s)
SPR	Schweizerisches Privatrecht, hg. v. Max Gutzwiller u.a., Basel und Stuttgart
SR	Systematische Sammlung des Bundesrechts, Bern 1970 ff.
ST	Der Schweizer Treuhänder, Zürich 1954 ff.
StH	Studienheft
StR	Ständerat. Amtliches stenographisches Bulletin der Bundesversammlung, Bern 1891–1962; Amtliches Bulletin der Bundesversammlung (Ständerat), Bern 1963 ff.
str.	strittig
stRespr.	ständige Rechtsprechung
SVZ	Schweizerische Versicherungszeitschrift, Bern 1933 ff.
SZRom.	Zeitschrift der Savigny-Stiftung für Rechtsgeschichte. Romanistische Abteilung, Weimar 1880 ff.
SZS	Schweizerische Zeitschrift für Sozialversicherung und berufliche Vorsorge, Bern 1957 ff.
TE	Teilentwurf. schweizerisches Civilgesetzbuch, Zweiter Teilentwurf: Das Erbrecht, mit Erläuterungen für die Mitglieder der Expertenkommission, als Manuskript gedruckt, 1895
übers.	übersetzt
unstr.	unstreitig
UVG	BG über die Unfallversicherung vom 20. März 1981 (SR 832.20)
V	Verordnung
VE	Vorentwurf zu einem schweizerischen ZGB, 1900
VersGer.	Versicherungsgericht
VerwGer.	Verwaltungsgericht
vgl.	vergleiche
Vorbem.	Vorbemerkungen
VPB	Verwaltungspraxis der Bundesbehörden, Bern 1964 ff.
VVG	Bundesgesetz über den Versicherungsvertrag vom 2. April 1908 (SR 221.229.1)
VZG	V des BGer.s über die Zwangsverwertung von Grundstücken vom 23. April 1920 (SR 281.42)
ZBGR	Schweizerische Zeitschrift für Beurkundungs- und Grundbuchrecht, Wädenswil (ZH) 1920 ff.
ZBJV	Zeitschrift des Bernischen Juristenvereins, Bern 1865 ff.
ZBl.	Schweizerisches Zentralblatt für Staats- und Verwaltungsrecht (bis 1988: ...für Staats- und Gemeindeverwaltung), Zürich 1900 ff.
ZGB	Schweizerisches Zivilgesetzbuch vom 10. Dezember 1907 (SR 210)
ZGB-[Autor]	Kommentar zum schweizerischen Privatrecht, 1.–2. Aufl. Basel 1994 ff. (Basler Kommentar, ZGB)
Ziff.	Ziffer
ZPO	Zivilprozessordnung

ZR	Blätter für zürcherische Rechtsprechung, Zürich 1902 ff.
ZSR	Zeitschrift für schweizerisches Recht, Basel 1852 ff.
ZStR	Zeitschrift für schweizerisches Strafrecht, Bern 1896 ff.
Zürcher Komm.	Kommentar zum Schweizerischen Zivilgesetzbuch, 1.–3. Aufl., Zürich 1909 ff. (Zürcher Kommentar)
ZVW	Zeitschrift für Vormundschaftswesen, Zürich 1946 ff.
ZZW	Zeitschrift für Zivilstandswesen, Bern 1933 ff.

Dritter Teil: Das Erbrecht
Einleitung

Literatur: Alexander Beck, Grundriss des schweizerischen Erbrechts, 2. Aufl., Bern 1976; Jean Nicolas Druey, Grundriss des Erbrechts, 4. Aufl., Bern 1997; Arnold Escher, Das Erbrecht (Kommentar zum Schweizerischen Zivilgesetzbuch, Band III), 3. Aufl., bearb.
v. Arnold Escher jun., Zürich 1959–1960; Kommentar zum schweizerischen Privatrecht. Schweizerisches Zivilgesetzbuch II, hg. von
Heinrich Honsell, Nedim Peter Vogt und Thomas Geiser, Basel und
Frankfurt am Main 1998; Paul Piotet, Droit successoral (Traité de
droit privé suisse, tome IV), Fribourg 1975 (Supplément 1985) = Erbrecht (Schweizerisches Privatrecht, Band IV), Basel und Stuttgart
1978–1981 (Nachtrag 1986); *ders.,* Précis de droit successoral, 2. Aufl.,
Bern 1988; Peter Tuor, Schweizerisches Zivilgesetzbuch. Das Erbrecht (Berner Kommentar. Kommentar zum schweizerischen Zivil-
recht, Band III), 2. Aufl., 1. Abt.: Die Erben, Bern 1952; 2. Abt.: Der
Erbgang, bearb. v. Vito Picenoni, Bern 1964; Peter Tuor, Das
Schweizerische Zivilgesetzbuch, 11. Aufl., bearb. von Bernhard
Schnyder und Jörg Schmid, Zürich 1995, 428–592.

Der dritte Teil des Schweizerischen Zivilgesetzbuches enthält das Erbrecht. 1
Darunter versteht man diejenigen Normen des Privatrechts, die für das ver-
erbliche Vermögen verstorbener Personen gelten, das *Erbrecht im objekti-
ven Sinn.* Unter Erbrecht im subjektiven Sinn ist dagegen das subjektive
Recht zu verstehen, das der oder die Erben beim Tod des Erblassers an der
Erbschaft als Ganzem erwerben (vgl. Art. 560 Abs. 1).

I. Der Gegenstand des Erbrechts
im objektiven Sinn

Die Rechtsordnung verleiht allen Menschen Rechtsfähig- 2
keit (Art. 11), d.i. die Fähigkeit, Rechte und Pflichten zu haben, und ordnet
dem Einzelnen (nebst seiner Persönlichkeit und anderen Menschen) mate-
rielle und immaterielle Güter zu. Sie macht ihn dadurch zum Träger seines
Vermögens und lässt ihn für seine Schulden haften. Die Rechtsfähigkeit des
Einzelnen endet aber mit dem Tod (Art. 31 Abs. 1). Um zu verhindern, dass
das Vermögen des Verstorbenen herrenlos wird und seine Schulden erlöschen – was beides Chaos und Gewalt (vor und nach dem Todesfall) zur Folge hätte –, bestimmt das Recht, dass ein oder mehrere Erben das Vermögen
des Verstorbenen erhalten und für seine Schulden haften.

3   Den Subjektswechsel stellt man sich bildhaft als *Nachfolge* der Erben in die vererblichen privaten Rechte und Pflichten des Verstorbenen oder, in einem anderen Bild, als *Übergang* der Rechte und Pflichten des Verstorbenen auf die Erben (so Art. 560 Abs. 2) vor. Diese beiden *Bilder* – mehr noch das erste als das zweite – haben sich bewährt und werden beibehalten. Dass es sich aber nur um Bilder handelt, ergibt sich daraus, dass subjektive Rechte als Zuordnungen von Rechtsgütern zu Personen bei jedem Subjektswechsel notwendigerweise erlöschen und neu entstehen, denn die Zuordnung des Rechtsgutes A zu X ist eine andere Zuordnung als die Zuordnung desselben Rechtsgutes zu Y. Mithin ist z.B. das Eigentum des Erben Y an der Sache A ein anderes – wenn auch inhaltlich gleiches – subjektives Recht als das Eigentum, welches der Erblasser X an derselben Sache gehabt hatte. Rechtlich ist das im Allgemeinen jedoch ohne Bedeutung.

4   Die Tatsache des Todes einer Person ist der *Erbfall*. Der Verstorbene heisst *Erblasser*, d.i. derjenige, der Erben hinterlässt. Im Französischen und Italienischen nennt man ihn «de cuius», von lat. is *de cuius* hereditate agitur, «derjenige, um dessen Erbschaft es geht». Mit Bezug auf einen künftigen Erbfall kann man auch eine lebende Person «Erblasser» nennen. Der Nachfolger heisst *Erbe,* eigentlich die «Waise», der «Hinterbliebene» (vgl. griech. ὀρφανός und lat. orbus, «verwaist»). Die Gesamtheit der vererbten Rechte und Ansprüche des Erblassers heisst *Nachlass* oder, vor allem als Erwerb der Erben, *Erbschaft* (nur so das ZGB, s. Art. 474 Abs. 2). Die Nachfolge in die Erbschaft, die auch die Haftung für die Erbschaftsschulden zur Folge hat, heisst *Erbfolge*; sie ist der Urfall einer Gesamtnachfolge oder *Universalsukzession* (von lat. successio in universum) und tritt von Rechts wegen selbsttätig (ipso iure, eo ipso) im Augenblick des Todes des Erblassers ein.

5   Mit dem Erbfall und seiner sofort eintretenden Rechtswirkung, der Erbfolge, darf der *Erbgang* nicht gleichgesetzt werden. Das Gesetz versteht unter dem Erbgang (Art. 537 ff.) diejenigen rechtlichen Schritte, die nach dem Tod des Erblassers von den Beteiligten (Erben, Vermächtnisnehmern, Pflichtteilsberechtigten, Gläubigern des Erblassers und der Erben und anderen Privatpersonen sowie von Behörden und Gerichten) in Bezug auf den *Erb*fall zu *gehen* sind. Der Erbgang wird durch den Tod des Erblassers, den Erbfall, *eröffnet* (Art. 537 Abs. 1) und setzt diesen voraus. Der Erbgang dient der *Verwirklichung der Erbfolge* und eventuell ihrer nachträglichen, rückwirkenden Veränderung.

Nur der Tod eines *Menschen* ist ein Erbfall; nur er löst die Erbfolge aus. *Ju-* **6**
ristische Personen (Körperschaften und Stiftungen) bestehen zwar auch
nicht ewig, doch endet ihre Rechtsfähigkeit erst, wenn sie keinerlei Rechte
und Pflichten mehr haben, sei es nach einer Liquidation (Art. 58 ZGB;
739 ff.; 823; 913 ff. OR) durch die Auseinandersetzung mit den Aktionären
(Art. 739 OR) oder die Verteilung des restlichen Vermögens unter die
Genossenschafter (Art. 913 Abs. 3 OR), sei es infolge einer Fusion
(Art. 748 ff.; 914 OR) oder Umwandlung (Art. 824 OR) oder mit der Übernahme durch eine Körperschaft des öffentlichen Rechts (Art. 57 ZGB; 751;
915 OR). Das erbrechtliche Problem subjektloser Rechte und Pflichten
kann daher in Bezug auf juristische Personen gar nicht entstehen (vgl.
ESCHER/ESCHER, Art. 537 N. 3; PEDRAZZINI/OBERHOLZER, 187).

Das Erbrecht regelt die Nachfolge in die *vererblichen* privaten Rechte und **7**
Pflichten einer Person; dementsprechend bezeichnen ESCHER/ESCHER (Einl.
vor Art. 457 N. 5) den Nachlass im Anschluss an die deutsche Lehre als In-
begriff der nicht an die Person des Erblassers gebundenen Rechtsverhältnisse. Vererblich sind die vermögensrechtlichen Positionen des Erblassers, falls
sie nicht ausnahmsweise mit dem Tod erlöschen. Nicht vererblich sind dagegen die persönlichkeits- und familienrechtlichen Positionen. Um welche
Rechtspositionen es sich im Einzelnen handelt, ist in Art. 560 Abs. 2 geregelt (s. dort).

Das Erbrecht ist untrennbar mit dem Rechtsinstitut des *Privateigentums* **8**
verbunden, nicht nur *negativ*, weil es unter einer (theoretisch denkbaren)
Rechtsordnung, die kein Privateigentum kennt, nichts zu vererben gibt, son-
dern positiv, weil es kein Privateigentum ohne Erbrecht geben kann. Es ge-
hört an sich freilich nicht zum Wesen des Privateigentums, dass der
Eigentümer über den Tod hinaus Verfügungen und Anordnungen über sein
Vermögen treffen kann, aber nur das Erbrecht und die Testierfreiheit
ermöglichen es dem Eigentümer, sein Vermögen bis zum Augenblick des
Todes zu geniessen. Ohne Erbrecht müsste er seinen Angehörigen oder
Freunden Vermögensgegenstände, die er ihnen hinterlassen will, schon bei
Lebzeiten übertragen, und er müsste das, um sicherzugehen, sofort tun.

Das Erbrecht als Teil des Privatrechts regelt nicht die Nachfolge in die öf- **9**
fentlichen Rechte und Pflichten verstorbener Personen. *Öffentliche Rechte*
und Pflichten erlöschen im Allgemeinen beim Tod ihres Trägers, doch gehen
zahlreiche geldwerte öffentliche Ansprüche und Verpflichtungen auf die Erben über (s. Erl. zu Art. 560). Das ist aber keine unmittelbare Folge des Erbrechts, sondern des öffentlichen Rechts selbst, das diese Rechtsfolgen an die

private Erbenstellung knüpft (so das BGer. in stRspr. seit BGE 59 II 316, s.
BGE 102 Ia 483 Erw. 5; A. GRISEL, A propos de la succession en droit pu-
blic, Mél. Henri Zwahlen, Lausanne 1977, 297–321). Das gilt insbesondere
auch für Steuerschulden des Erblassers, in die die Erben kraft Steuersukzes-
sion eintreten (s. ERNST BLUMENSTEIN/PETER LOCHER, System des Steuer-
rechts, 5. Aufl., Zürich 1995, 66 ff.), m.E. auch dann nicht kraft Erbrechts,
wenn die Veranlagung beim Tod des Steuersubjekts (des Erblassers) schon
abgeschlossen war. Historisch gehen diese Regelungen freilich oft auf das
gemeine Recht zurück, in dem der Unterschied zwischen privatem und öffentlichem Recht von untergeordneter Bedeutung war.

10   Nicht Teil des Erbrechts, sondern des öffentlichen Rechts ist das *Erb-
schaftssteuerrecht*. Alle Kantone ausser Schwyz erheben Erbschaftssteuern,
in einigen Kantonen auch die Gemeinden. Besteuert wird meistens der
Rechtserwerb der Erben und Vermächtnisnehmer im Erbgang (sog. Erb-
gangsteuer oder Erbanfallsteuer). Dagegen wird in den Kantonen Graubünden, Neuenburg und zusätzlich im Kanton Solothurn der Nachlass als
solcher besteuert (sog. Nachlasssteuer oder Erbmassesteuer) (BLUMEN-
STEIN/LOCHER, 181 f.).

11   Das Zivilgesetzbuch enthält keine Bestimmungen darüber, was mit dem
Leichnam des Erblassers zu geschehen hat. Art. 53 Abs. 2 der BV von 1874
verpflichtete die Gemeinden, dafür zu sorgen, dass jeder Verstorbene eine
schickliche Beerdigung erhielt. Die am 1. Januar 2000 in Kraft getretene re-
vidierte Bundesverfassung enthält keine entsprechende Bestimmung mehr,
doch ergeben sich entsprechende Folgerungen aus dem Grundsatz der Men-
schenwürde (Art. 7 BV). Gesetze und Verordnungen gelten weiter. Es bestehen zahlreiche öffentlich-rechtliche Vorschriften des Bundes und der
Kantone über Totenschau, Leichentransport, Organentnahme, Verwendung
zu Forschungs- oder Lehrzwecken, Ort und Art der Bestattung. Hinzu kommen kommunale Verordnungen über das Bestattungs- und Friedhofswesen.

12   Soweit diese Bestimmungen Raum dafür lassen, steht es jedermann frei, in
Ausübung seines Persönlichkeitsrechts für den Todesfall einschlägige Anordnungen zu treffen. Solche Anordnungen sind keine erbrechtlichen Verfügungen und unterliegen nicht den Formvorschriften der Verfügungen von
Todes wegen (Art. 498 ff.). Die Anordnungen des Verstorbenen gehen dem
Willen der *Angehörigen* vor. Ihre Verbindlichkeit beruht auf einer Nachwir-
kung des Persönlichkeitsrechts, also auf dem Bundeszivilrecht (zum Persön-
lichkeitsrecht Verstorbener s. Art. 560). Die Angehörigen, sofern sie nicht
pflichtteilsberechtigt sind, haben m.E. nur als *Erben* des Verstorbenen mit-

zureden, denn es ist nicht anzunehmen, der Erblasser habe denen die Entscheidung über seine sterblichen Überreste überlassen wollen, die erbunwürdig sind, die er enterbt oder denen er andere als Erben vorgezogen hat. In die Kompetenz eines Willensvollstreckers fallen die betreffenden Entscheidungen nur kraft besonderen Auftrags (vgl. BGE 101 II 177, bes. Erw. 5 f.; ZH OGer. SJZ 86, 1990, 421 ff.; P. TERCIER, Qui sont nos «proches»? in: Familie und Recht. FG Bernhard Schnyder, Freiburg i. Ue. 1995, 799–816).

Die Behörden haben die Wünsche des Verstorbenen und der Hinterbliebenen nach Möglichkeit zu achten. Sie sind aber nicht verpflichtet, eine bestimmte Art der Bestattungsfeier anzuordnen oder zu untersagen (BGE 97 I 221, 231, unter Berufung auf ZBl. 31, 1930, 174, 176; WALTHER BURCKHARDT, Kommentar der Schweizerischen Bundesverfassung, 3. Aufl., Bern 1931, 492; ANTOINE FAVRE, Droit constitutionnel suisse, 2. Aufl., Fribourg 1970, 282 f.; LUDWIG RUDOLPH VON SALIS/WALTHER BURCKHARDT, Schweizerisches Bundesrecht. Staats- und verwaltungsrechtliche Praxis des Bundesrates und der Bundesversammlung seit 1903, Frauenfeld 1930 ff., Nr. 515, S. 249). Sie sind insbesondere nicht gehalten, dafür zu sorgen, dass eine von einem Verstorbenen gewünschte Bestattungsfeier auch gegen den Willen seiner Angehörigen abgehalten wird. Es liegt auf der Hand, dass die Bestattung nicht durch rechtliche Querelen aufgehalten werden darf und dass Bestattungsbehörden die Gültigkeit einer Anordnung des Verstorbenen oder das Erbrecht eines Verwandten oft nicht rechtzeitig werden klären können, wenn dieselben substantiiert bestritten werden. **13**

II. Inhalt und Gliederung des Erbrechts im objektiven Sinn

Inhalt des Erbrechts ist die Bestimmung der Erben und die Regelung des Erbgangs. Dementsprechend zerfällt das Erbrecht des Schweizerischen Zivilgesetzbuchs in zwei Abteilungen, in eine erste Abteilung «Die Erben» (Art. 457–536) und eine zweite Abteilung «Der Erbgang» (Art. 537–640). **14**

Die erste Abteilung umfasst den 13. und 14. Titel des Zivilgesetzbuchs. Im 13. Titel «Die gesetzlichen Erben» (Art. 457–466) werden nach dem Prinzip der Erbberechtigung der Familie die nächsten Verwandten und der überlebende Ehegatte des Erblassers als gesetzliche Erben berufen. Im 14. Titel des ZGB (Art. 467–536) werden «die Verfügungen von Todes wegen» gere- **15** gelt, durch die der Erblasser kraft der Testierfreiheit, d.i. die Privatautonomie im Erbrecht, die gesetzliche Erbfolge ausschliessen oder abändern und Vorschriften für den Erbgang aufstellen kann. Die zweite Abteilung umfasst den 15., 16. und 17. Titel des ZGB, in denen «die Eröffnung des Erbganges» (Art. 537–550), «die Wirkungen des Erbganges» (Art. 551–601) und – als letzter Schritt des Erbgangs – «die Teilung der Erbschaft» (Art. 602–640) behandelt werden.

16   Die Vereinheitlichung des kantonal zersplitterten Erbrechts war eine der wichtigen Leistungen des Zivilgesetzbuches. Seither hat das Erbrecht mehrere kleine Anpassungen, aber nur eine tiefergreifende Änderung erfahren, nämlich die Neuregelung des Erbrechts des überlebenden Ehegatten durch das BG über die Änderung des Schweizerischen Zivilgesetzbuches (Wirkungen der Ehe im allgemeinen, Ehegüterrecht und Erbrecht) vom 5. Oktober 1984, in Kraft seit 1. Januar 1988 (AS *1986* 122. – S. dazu hinten, Einl. vor Art. 457 N. 9 ff.). Die alten Bestimmungen, insbesondere die aArt. 460, 462–465, 466 und 470–473 sind gemäss SchlT Art. 15 auf Erbgänge, die vor dem 1. Januar 1988 eröffnet wurden, weiterhin anwendbar. (Sie sind hier deshalb jeweils hinter der neuen Bestimmung abgedruckt und kurz erläutert.)

Erste Abteilung. Die Erben
Einführung

Jeder Mensch hinterlässt bei seinem Tode einen oder meh- 1
rere Erben. Erbe ist, wer als Gesamtnachfolger – sei es allein, als *Alleinerbe*,
sei es gemeinschaftlich mit anderen, als *Miterbe* – dem Erblasser in alle vererblichen Rechte und Pflichten nachfolgt. Welche Personen Erben eines
Verstorbenen sind, wird entweder durch das Gesetz bestimmt oder durch
eine abweichende Verfügung von Todes wegen des Erblassers. Im ersteren
Fall handelt es sich um gesetzliche Erbfolge und gesetzliche Erben, im letzteren Fall um gewillkürte, d.h. letztwillige (testamentarische) oder erbvertragliche Erbfolge und eingesetzte Erben.

Werden in einer letztwilligen Verfügung die gesetzlichen Erben als solche, ohne Änderung der Erbteile zur Erbfolge berufen, so bleiben sie gesetzliche Erben, weil die Verfügung in Bezug auf die Erbfolge ohne Wirkung ist. Bei einer erbvertraglichen Bestätigung
der gesetzlichen Erbfolge ist es anders, weil der Erblasser an die vertragliche Verfügung
gebunden ist.

Auf der Unterscheidung zwischen gesetzlichen und eingesetzten Erben nach 2
dem Rechtsgrund ihrer Berufung zur Erbfolge beruht die Gliederung der
ersten Abteilung des Erbrechts in den 13. Titel «Die gesetzlichen Erben» und
den 14. Titel «Die Verfügungen von Todes wegen». Während aber im
13. Titel nur die (gesetzliche) Erbfolge geregelt wird, kann der Erblasser
durch Verfügungen von Todes wegen nicht nur anstelle der gesetzlichen Erben andere Personen als Erben einsetzen und Stiftungen errichten, einzelne
gesetzliche Erben von der Erbfolge ausschliessen oder ihnen einen grösseren
oder kleineren Erbteil zuweisen, sondern er kann auch durch Vermächtnisse
oder Legate einem Dritten oder einem Erben über dessen Erbteil hinaus einzelne Vermögensvorteile zuwenden und kann alle diese Bestimmungen mit
Auflagen versehen oder von Bedingungen abhängig machen. Der Erblasser
kann ferner auf den Erbgang Einfluss nehmen, durch die Berufung eines Willensvollstreckers und durch die Aufstellung von Teilungsvorschriften. Der
14. Titel regelt diesen ganzen Bereich der Testierfreiheit einschliesslich der
Verfügungsfähigkeit, der Grenzen der Verfügungsfreiheit, die sich aus dem
Pflichtteilsrecht der nächsten Angehörigen ergeben, der Verfügungsformen
und der Anfechtung ungültiger oder herabsetzbarer Verfügungen.

Nach einer im ersten Moment einleuchtenden Lehre (ESCHER/ESCHER, 3
13. Titel, Vorbem. N. 2 und 14. Titel, Einl., N. 1 f.; TUOR, Vorbem. zum
13. Titel, N. 1; TUOR/SCHNYDER/SCHMID, vor § 53, S. 432 f.) soll gewillkürte

Erbfolge nur eine Unterart von gesetzlicher Erbfolge sein, weil Erbe nur sei, wen «die objektive Rechtsordnung, das Gesetz, zur Erbschaft beruft; in diesem Sinne beruhe jedes Erbe-Sein auf dem Gesetz, sodass es nur ‹gesetzliche› Erben und ein ‹gesetzliches› Erbrecht» gebe. Dies entspricht der Ansicht, dass Freiheit und Privatautonomie des Einzelnen auf Recht und Gesetz beruhen. Dem freiheitlichen Menschenbild und dem freiheitlichen Rechtsbegriff entspricht aber diejenige Auffassung besser, wonach Freiheit und Privatautonomie gleichzeitig mit der Rechtsordnung entstanden sind und selbständig neben ihr bestehen, soweit sie nicht durch zwingende Normen beschränkt sind (vgl. Dig. 1,5,4). Diese Auffassung deckt sich auch mit dem historischen Befund. Hiernach ist gewillkürte Erbfolge, die auf der Testierfreiheit als einem Teilbereich der Privatautonomie (falsch: VITO PICENONI, Die Auslegung von Testament und Erbvertrag, Zürich 1955, 24, der ein «Fehlen der Privatautonomie» im Erbrecht glaubte feststellen zu können) beruht, kein Spezialfall gesetzlicher Erbfolge, sondern sehr wohl deren Gegenteil.

4   Nur wenige Erblasser pflegen bei Lebzeiten eine Verfügung von Todes wegen zu errichten; in den weitaus meisten Todesfällen kommt es zur gesetzlichen Erbfolge. Insofern ist diese der Normalfall. Gesetzliche Erbfolge tritt aber grundsätzlich nicht ein, wenn der Erblasser durch eine Verfügung von Todes wegen seine Beerbung anders geregelt hat. Prinzipiell verdrängt die gewillkürte Erbfolge die gesetzliche; sie geht ihr vor. Rechtstechnisch muss das so sein, wenn es Testierfreiheit gibt. Es entspricht das aber auch der Privatautonomie, die überhaupt das Fundament des Zivilrechts ist. Das Zivilrecht, wie es aus dem gemeinen Recht hervorgegangen und in den grossen europäischen Kodifikationen – auch im Schweizerischen Zivilgesetzbuch – niedergelegt ist, ist keine aus Geboten und Verboten bestehende Zwangsordnung. Es baut vielmehr auf die Fähigkeit des Einzelnen, seine privaten Verhältnisse selbst zu ordnen, und gibt ihm die Möglichkeit dazu (P. WEIMAR, Die privaten subjektiven Rechte, Mél. C.A. Cannata, Basel 1999, 437–448). Damit hängt auch der favor negotii oder, erbrechtlich, testamenti zusammen (s. hinten, Einl. vor Art. 467 N. 93 ff.). Er vermag allerdings weder eine Lockerung des Grundsatzes der Höchstpersönlichkeit der Verfügungen von Todes wegen noch irgendeine Form ergänzender Testamentsauslegung zu rechtfertigen (s. ebd. N. 26 f., 79 ff.). Im Übrigen bevorzugt das Gesetz weder die gesetzliche noch die gewillkürte Erbfolge; die Vorstellung von einem «*Primat* der gesetzlichen Erbfolge» (PICENONI, 24; ähnlich Erl. I, 386: «Verhältnis der Ausnahme zur Regel» zwischen Verfügungen von Todes wegen und gesetzlichem Erbrecht) findet in Gesetz und Recht keine Grundlage; sie ist abzulehnen (s. auch P. BREITSCHMID, Formvorschriften im Testamentsrecht, Diss. Zürich 1982, 137 ff.).

Das Zivilgesetzbuch schränkt die Testierfreiheit des Erblassers im Interesse   5
seiner nächsten Verwandten (Nachkommen und Eltern) und seines Ehegatten ein, indem es diesen Personen einen Bruchteil ihres gesetzlichen Erbteils als Pflichtteil sichert. Sie können eine Verfügung von Todes wegen, die
in den Pflichtteil eingreift, «herabsetzen», d.h. gerichtlich soweit beschränken lassen, dass der Pflichtteil ihnen unbelastet zukommt. Die einander widerstreitenden Prinzipien der Erbberechtigung der Familie und der Testierfreiheit werden also dadurch miteinander versöhnt, dass im Bereich der
Pflichtteile die gesetzliche Erbfolge gegenüber der Verfügung des Erblassers, im Übrigen aber, d.h. hinsichtlich der disponiblen Quote, Verfügungen
von Todes wegen vorgehen.

Die Pflichtteilsberechtigung wird manchmal als eine dritte Art der Beru-   6
fung zur Erbfolge neben die gesetzliche und die gewillkürte Erbfolge gestellt (PIOTET, § 1 III, p. 4 ss./S. 4 ff.; RAEMY, 23 ff.; s. auch TUOR/SCHNYDER/
SCHMID, § 59 IIa 1, S. 461). Diese Ansicht ist abzulehnen, aus folgenden
Gründen:
1. Pflichtteilsberechtigte Personen gelangen in den allermeisten Fällen als
   gesetzliche oder eingesetzte Erben zur Erbfolge, weil der Erblasser keine
   Verfügung errichtet oder die Pflichtteilsberechtigung bei seinen Verfügungen beachtet oder die Berechtigten als Erben eingesetzt hat.
2. Das Pflichtteilsrecht gibt dem Berechtigten keinen Anteil am Nachlass. Es
   ist kein Erbrecht im subjektiven Sinn, sondern ein Erwerbsrecht und, nach
   der Art des Rechtschutzes, ein Gestaltungsklagerecht (s. Art. 522 ff.),
   kraft dessen er sich das Erbrecht nötigenfalls verschaffen kann, freilich
   nur, wenn er den ihm gebührenden Anteil am Wert des Nachlasses auch
   nicht in Form eines Vermächtnisses oder eines Erbvorbezugs erhalten hat
   (s. auch hinten, Vorbem. vor Art. 470 N. 31 f.).
3. Der Pflichtteilsschutz kann für die Berechtigten von grosser Bedeutung
   sein, obgleich sie Erben geworden sind, wenn sie mit einer kleineren als
   der ihnen zustehenden Quote an der Erbschaft beteiligt sind oder wenn
   sie zwar die ganze dem Pflichtteil entsprechende Quote oder sogar mehr
   erhalten haben, aber durch Vergabungen unter Lebenden oder durch
   Vermächtnisse, Auflagen, Bedingungen oder die Einsetzung eines Willensvollstreckers in ihrem Pflichtteil verletzt sind.
Das Pflichtteilsrecht ist also einerseits keine Berufung zur Erbfolge; allenfalls könnte man von einer Berufung kraft Richterspruchs sprechen, doch
kommt auch diese nicht in jedem Fall zum Zuge. Andererseits geht die Bedeutung des Pflichtteilsrechtes über diese Fälle hinaus. Das alles wird durch
die Trichotomie verdunkelt. Es ist deshalb richtiger, bei der Zweiteilung gesetzliche und eingesetzte Erben zu bleiben und die Vorschriften über das

Pflichtteilsrecht als einen Normenkomplex zu verstehen, der einen partiellen und bedingten Schutz des gesetzlichen Erbrechts gewährleistet.

13. Titel. Die gesetzlichen Erben

Einleitung

Materialien: Erl. TE, 101 ff. – Erl. I, 324 ff.; 375 ff. = Mot. II, 7 ff.; 52 ff. – ExpKom. I.2, 506 ff. = II, Bl. 75 ff. – BBl. 1904 IV 48 ff. – NatR 1905, 1316 ff.; 1906, 128; 1907, 296 – StR 1906, 128 ff.; 1907, 300 ff. – *Revision 1984:* ExpRevFam. I, 23 ff.; II, 60 ff. – Botschaft 1979, 1223 f., Ziff. 162 f.; 1229, Ziff. 174.3; 1232, Ziff. 175.5; 1347 ff., Ziff. 235 ff. – NatR 1983, 687 ff. – StR 1984, 134 ff. – BBl. 1984 III 40 ff. – AS 1986 I 143 ff.

I. Die Erbberechtigung der Familie

Die Regelung der gesetzlichen Erbfolge beruht auf dem   1
Prinzip der *Erbberechtigung der Familie.* Danach kommen neben dem überlebenden Ehegatten die *Verwandten* des Erblassers als gesetzliche Erben in
Betracht, und zwar in erster Linie seine Nachkommen und notfalls seine
Vorfahren oder deren Nachkommen. Die Erbberechtigung der Familie ist
ein wesentliches Element des Rechtsinstituts der Familie: Ehegatten, Nachkommen, Vorfahren und Seitenverwandte sind einander im Rahmen der Familie auch zu dem Zweck zugeordnet, dass sie einander beerben; das Erbrecht am Vermögen von Eltern, Kindern oder anderen Verwandten ist
gleichsam das, was übrig bleibt, wenn diese dem Erben familienrechtlich zu-
geordneten Personen (s. P. WEIMAR, Die privaten subjektiven Rechte, in:
Mél. C.A. Cannata, Basel 1999, 437–448, 441, 443) sterben. Es entspricht
auch einem tief empfundenen Bedürfnis der meisten Menschen, ihr Vermö-

gen ihren Angehörigen zu hinterlassen. Das Prinzip der Erbberechtigung der Familie hat durch die Aufnahme der ausserehelichen Kinder und ihrer Nachkommen in den Kreis der gesetzlich erbberechtigten und beerbbaren Verwandten eine tief greifende Umgestaltung erfahren, entsprechend der romantischen Umwandlung des *Rechtsinstituts* der Ehe und Familie (vgl. P. WEIMAR, Ehe als Rechtsinstitut, in: Die nichteheliche Lebensgemeinschaft, hg. v. Albin Eser, Paderborn 1985, 81–98) in ein *faktisch-biologisches,* eventuell *moralisches Gebilde,* die Anfang des 19. Jahrhunderts angefangen und sich in jüngster Zeit rasant beschleunigt hat.

2   Das schweizerische Recht folgt dem Prinzip der Erbberechtigung der Familie insofern *nicht unbegrenzt*, als von den Verwandten nur die Kinder, Eltern oder Grosseltern des Erblassers bzw. deren Nachkommen gesetzlich erbberechtigt sind, während entferntere Verwandte nicht beachtet werden. Hinterlässt der Erblasser keine erbberechtigten Verwandten, so fällt der Nachlass ganz an den überlebenden Ehegatten oder, notfalls, an das Gemeinwesen, den «cousin de tout le monde».

II. Die Berufung der verwandten Erben

a) Bei ehelicher und ausserehelicher Geburt

3   *Verwandtschaft* ist die durch ein Kindesverhältnis oder eine Kette von mehreren Kindesverhältnissen bewirkte familienrechtliche Zuordnung zweier Personen zueinander. Heute gilt für die Entstehung des Kindesverhältnisses Folgendes: Das Kindesverhältnis zur Mutter entsteht mit der Geburt (Art. 252 Abs. 1). Mit der ehelichen Geburt (vgl. Art. 255) entsteht auch das Kindesverhältnis zum Ehemann der Mutter als dem vermuteten Vater des Kindes (Art. 252 Abs. 2). Bei ausserehelicher Geburt entsteht das Kindesverhältnis zum Vater (mit rückwirkender Kraft) durch Anerkennung oder durch Vaterschaftsurteil (Art. 252 Abs. 2, 260–263). Ist der Ehemann der Mutter nicht der Vater des Kindes, so kann das Kindesverhältnis zum Ehemann der Mutter angefochten und dadurch beseitigt werden. Danach kann das Kindesverhältnis zum leiblichen Vater anerkannt oder festgestellt werden (Art. 256 ff.). Wegen der Einzelheiten s. hinten Art. 457 N. 3 ff. und HEGNAUER, Berner Komm., 1984, Art. 252 ff.

4   Ehelich geborene und *ausserehelich* geborene Kinder sowie deren Nachkommen sind erbrechtlich einander gleichgestellt, da das Zivilgesetzbuch in

der Fassung des BG über die Änderung des Schweizerischen Zivilgesetzbuches (Kindesverhältnis) v. 25. Juni 1976, in Kraft seit 1. Januar 1978 (AS *1977* 237) nur noch eine Art des Kindesverhältnisses kennt. Intertemporalrechtlich sind ausserehelich geborene Kinder bei allen Erbfällen nach dem 31. Dezember 1977 voll erbberechtigt (Art. 15 SchlT). Bei Erbfällen vor dem 1. Januar 1978 hatten sie ein Erbrecht in der väterlichen Verwandtschaft nur, wenn sie durch Anerkennung oder Urteil des Richters den Stand des Vaters erhalten hatten (aArt. 461 Abs. 2); die Anerkennung der Unterhaltspflicht oder die Verurteilung zur Unterhaltsleistung (sog. Zahlvaterschaft) begründeten kein Erbrecht. Aber auch bei Anerkennung oder Zusprechung mit Standesfolge war der Erbteil ausserehelicher Kinder und ihrer Nachkommen nur halb so gross wie der ihrer ehelich geborenen Halbgeschwister (aArt. 461 Abs. 3). Wegen der Einzelheiten s. hinten aArt. 461 N. 5 f.

b) Bei Adoptivverwandtschaft

Ein vollwirksames Kindesverhältnis entsteht auch durch   5
Adoption (vgl. Art. 267 Abs. 1). Durch Adoption begründete Verwandtschaft steht der auf Abstammung beruhenden Verwandtschaft (früher: «Blutsverwandtschaft») erbrechtlich gleich. Grundsätzlich erlischt andererseits das bisherige Kindesverhältnis des Adoptivkindes zu seinen leiblichen Eltern. Intertemporalrechtlich ist ein durch Adoption begründetes Kindesverhältnis einem auf Abstammung beruhenden Kindesverhältnis erbrechtlich gleichgestellt, wenn die Adoption nach dem Inkrafttreten des BG über die Änderung des Schweizerischen Zivilgesetzbuches (Adoption und Art. 321) vom 30. Juni 1972, in Kraft seit 1. April 1973 (AS *1972* 2819) ausgesprochen (Art. 12a SchlT) oder wenn die früher erfolgte Adoption einer damals unmündigen Person auf gemeinsames Begehren der Adoptiveltern und des Adoptivkindes bis zum 31. März 1978 dem neuen Recht unterstellt worden ist (SchlT Art. 12b).

Bei *Adoption nach altem Recht* beerben angenommene Kinder nur den An   6
nehmenden gleichberechtigt mit dessen leiblichen Nachkommen (Art. 465 Abs. 1); gegenüber seinen Verwandten sind sie nicht erbberechtigt. Andererseits verlieren sie die bisherige Erbberechtigung gegenüber ihren leiblichen Eltern und deren Verwandten nicht (aArt. 268 Abs. 1). Umgekehrt haben der Annehmende und seine Blutsverwandten gegenüber dem angenommenen Kinde kein Erbrecht (Art. 465 Abs. 2); an deren statt kommen die leiblichen Eltern des Adoptivkindes und deren Verwandte als Erben in

Betracht. Über das Erbrecht des angenommenen Kindes gegenüber dem
Annehmenden konnten vor oder bei der Adoption durch öffentlich beur-
kundeten Vertrag beliebige Abweichungen vereinbart werden (aArt. 268
Abs. 3). Wegen der Einzelheiten s. hinten aArt. 465 N. 4 ff.

c) Die drei Klassen der Verwandten

7   Die erbberechtigten Verwandten des Erblassers werden
nicht alle miteinander, sondern *nacheinander in drei Klassen* zur Erbfolge
berufen: zuerst die Nachkommen des Erblassers (Art. 457), sodann die Eltern des Erblassers und deren Nachkommen (Art. 458), «der elterliche
Stamm», und zuletzt die Grosseltern des Erblassers und deren Nachkommen (Art. 459), «der grosselterliche Stamm». Verwandte des elterlichen
Stammes gelangen also nur dann zur Erbfolge, wenn keine Nachkommen
des Erblassers vorhanden sind, und Verwandte des grosselterlichen Stammes nur dann, wenn weder Nachkommen des Erblassers noch Nachkommen seiner Eltern erbberechtigt sind.

d) Das Eintritts- oder Repräsentationsrecht

8   Innerhalb jeder der drei Klassen schliesst jeder zur Erbfolge gelangende Verwandte des Erblassers seine eigenen Nachfahren von der
Erbfolge aus. An die Stelle eines weggefallenen (d.h. vorverstorbenen, erbunwürdigen, enterbten oder ausschlagenden) Verwandten treten jedoch seine Kinder (sog. *Eintritts- oder Repräsentationsrecht).* Es können also innerhalb jeder Klasse gradnähere und -fernere Verwandte des Erblassers nebeneinander zur Erbfolge berufen werden. Für die einzelnen Klassen heisst das
Folgendes: Ein Kind des Erblassers schliesst seine eigenen Nachkommen
von der Erbfolge aus; ist es jedoch weggefallen, so gelangen seine Kinder als
Enkel des Erblassers, eventuell neben dessen anderen Kindern oder neben
Urenkeln, zum Erbrecht. In der 2. Klasse kommen zuerst die beiden Eltern
als Erben in Betracht. Ist ein Elternteil weggefallen, so treten seine Nachkommen, also die Geschwister und eventuell die Neffen und Nichten usw.
des Erblassers an dessen Stelle. Dabei ist es ohne Bedeutung, ob es sich um
vollbürtige oder halbbürtige Geschwister, Neffen, Nichten usw. des Erblassers handelt. Ist ein Elternteil weggefallen, ohne Nachkommen zu hinterlassen, so gelangt die Erbschaft an den anderen Elternteil oder dessen Nachkommen. Die gleiche Regelung gilt, wenn der grosselterliche Stamm zum
Zuge kommt, und zwar mit der Massgabe, dass die Erbanteile der Grossel-

tern der väterlichen oder der mütterlichen Seite und ihrer Nachkommen der
andern Seite nur dann zufallen, wenn auf der betreffenden Seite gar keine
Verwandten zur Erbfolge gelangen.

III. Die Berufung des überlebenden Ehegatten

War der Erblasser bei Eintritt des Erbfalls verheiratet, so   9
ist der ihn *überlebende Ehegatte* heute der wichtigste gesetzliche Erbe. Er
wird nämlich seit der Revision des Ehegatten-Erbrechts durch das BG über
die Änderung des Schweizerischen Zivilgesetzbuches (Wirkungen der Ehe
im allgemeinen, Ehegüterrecht und Erbrecht) vom 5. Oktober 1984, in
Kraft seit 1. Januar 1988 (AS *1986* 122) neben Nachkommen des Erblassers
Miterbe zur Hälfte, neben den Eltern des Erblassers und deren Deszendenz
Miterbe zu drei Vierteln und, wenn der Erblasser weder Erben der ersten
noch solche der zweiten Klasse hinterlässt, Alleinerbe.

a) Die historische Entwicklung des Ehegatten-Erbrechts

Das gesetzliche Erbrecht des überlebenden Ehegatten war   10
den Entwürfen Eugen Hubers zum Zivilgesetzbuch noch fremd gewesen –
genauso wie es dem französischen Recht bis heute fremd ist, sofern der Erblasser Nachkommen, Vorfahren, Geschwister oder Nachkommen der Geschwister hinterlässt (vgl. Art. 765 ff. CC). Es wurde erst aufgrund der Bera-
tungen in den eidg. Räten in das Zivilgesetzbuch aufgenommen. Danach
sollte der überlebende Ehegatte neben Nachkommen des Erblassers «nach
seiner Wahl entweder die Hälfte der Erbschaft zu Nutzniessung oder den
Vierteil zu Eigentum» erhalten (aArt. 462 Abs. 1), wenn er mit Erben des
elterlichen Stammes zu teilen hatte, «einen Vierteil zu Eigentum und drei
Vierteile zu Nutzniessung», und neben Erben des grosselterlichen Stammes
die Hälfte der Erbschaft zu Eigentum und die andere Hälfte zu Nutzniessung (aArt. 462 Abs. 2).

Das Erbrecht des überlebenden Ehegatten hat sich auch in der gemeineuro-   11
päischen Tradition erst spät entwickelt. Das hängt wahrscheinlich damit zusammen, dass die Ehe nach gemeineuropäischer Auffassung keine über das
Ehegüterrecht hinausgehenden vermögensrechtlichen, insbesondere keine

erbrechtlichen Wirkungen haben sollte und hatte (man denke auch an die gemeinrechtliche Unmöglichkeit von Schenkungen unter Ehegatten). Eine erbrechtliche Begünstigung der Witwe zu ihrer Versorgung war dennoch von Alters her üblich, insbesondere die Zuwendung der Nutzniessung an der ganzen Erbschaft oder Teilen derselben. Das gemeine Recht kannte ausserdem eine Erbberechtigung in Höhe eines Viertels des Erbschaft, wenn die Witwe beim Tod ihres Ehegatten keine genügende Dos erhielt (die sog. Quart der armen Witwe). Dem Versorgungsgedanken entsprach die alte Regelung des Zivilgesetzbuchs weitgehend.

b) Gründe der Neuregelung von 1984 und deren Kritik

12   Zur Begründung der Änderungen wurde vor allem geltend gemacht (s. Botschaft 1979, insbes. Nr. 162; zuletzt R.E. Aebi-Müller, Gedanken zur Begünstigung des überlebenden Ehegatten, ZBJV 135, 1999, 492–542):
– die Nutzniessung schaffe komplizierte Rechtsverhältnisse, die leicht zu Streitigkeiten führen könnten;
– der überlebende Ehegatte habe normalerweise zur Vermögensbildung während der Ehe beigetragen und solle davon profitieren;
– die Kinder des Erblassers seien beim Eintritt des Erbfalls infolge der allgemein höheren Lebenserwartung in den meisten Fällen wirtschaftlich selbständig und bedürften der Erbschaft nicht.

13   Dazu ist aus heutiger Sicht Folgendes zu sagen:
1. Zwar bestanden Meinungsverschiedenheiten in der Lehre über die Auslegung des aArt. 462 (dazu zuletzt P. Weimar, Zum Erbrecht des überlebenden Ehegatten, ZSR 121 [1980] I, 379–420), doch ist die Nutzniessung an sich kein besonders kompliziertes Rechtsinstitut, und das Rechtsverhältnis zwischen Eigentümer und Nutzniesser hat im Zivilgesetzbuch (Art. 745 ff.) eine sachgemässe Regelung gefunden, die sich bewährt hatte. Es ist aber eine Tatsache, dass Nutzniessungsgegenstände infolge der doppelten Zuordnung (zum Eigentümer und zum Nutzniesser) schwer verkäuflich und beleihbar sind; die Nutzniessung steht einer raschen Liquidierung der Erbschaft im Wege. Dies dürfte – bewusst oder unbewusst – der wahre Grund für die Abschaffung der gesetzlichen Nutzniessung des überlebenden Ehegatten gewesen sein.

14   2. Die gleichberechtigte Beteiligung des überlebenden Ehegatten an dem im Laufe der Ehe gemeinsam erwirtschafteten Vermögen war und ist ein unab-

weisbares Postulat der Gerechtigkeit. Sie ist jedoch unter dem Güterstand
der allgemeinen Gütergemeinschaft ohnehin gegeben und im Falle der Gütertrennung absichtlich ausgeschlossen. Unter dem ordentlichen gesetzlichen Güterstand der Errungenschaftsbeteiligung wird sie durch den neuen
Art. 215, der die hälftige Vorschlagsteilung vorsieht, gewährleistet. Das Erbrecht ist nicht der Ort, um diese Frage zu regeln.

3. Das Erbrecht hat die Funktion, das vererbliche Vermögen des Erblassers   15
im Augenblick des Todes auf seine Erben als neue Rechtsträger überzulei-
ten, im Idealfall auf seine Nachkommen (s. vorn Einl. N. 2). Deren Bedürfnisse und deren Versorgung spielen dabei nach gemeinsamen europäischen
Vorstellungen (anders als im angloamerikanischen Pflichtteilsrecht) keine
Rolle. Nur das Erbrecht des überlebenden Ehegatten, der traditionell nicht
zu den gesetzlichen Erben gehörte, beruht auf dem Versorgungsgedanken
(s. oben N. 11). Es war deshalb systemfremd, die Erbberechtigung der Nachkommen mit deren Bedarf in Verbindung zu bringen und die Herabsetzung
der gesetzlichen Erbteile mit dem seit Erlass des ZGB geringer gewordenen
Bedarf zu begründen. Der Versorgungsgedanke hätte vielmehr *beim überlebenden Ehegatten* zu einer Reduktion des gesetzlichen Erbrechts führen
müssen, ist dessen Lebensunterhalt heute doch in den weitaus meisten Fällen nicht vom Erbrecht abhängig, sondern durch die Alters- und Hinterlassenenvorsorge und die berufliche Vorsorge gesichert (s. dazu auch hinten
Art. 476 N. 41 ff.).

Die Rechtsänderung von 1984 hat im Ergebnis, jedenfalls gegenüber den   16
Nachkommen des Erblassers, eine Überdotierung des Ehegatten gebracht.
Zu Konflikten kann das namentlich dann führen, wenn der Erblasser Nachkommen aus einer anderen Verbindung als mit dem überlebenden Ehegatten hat. Haben die Ehegatten gar von der Möglichkeit einer erhöhten Vorschlagszuweisung gemäss Art. 216 und 241 und der erbrechtlichen Maximalbegünstigung (s. hinten Art. 473 N. 12, 24) Gebrauch gemacht, so können
sogar Spannungen mit gemeinsamen Nachkommen auftreten.

Es drängt sich die Einsicht auf, dass man *zu weit* gegangen ist. Daran ändert   17
auch die Tatsache nichts, dass viele Ehepaare den Wunsch haben, die Wei-
tergabe ihres Vermögens an die nächste Generation bis zum Tod des Letzt-
versterbenden hinauszuschieben. Das ist bei intakten Familienverhältnis-
sen, wenn nicht besondere Umstände dagegen sprechen, zwar ein durchaus
achtenswerter Wunsch. Er kann aber nicht als Grundlage einer gesetzlichen
Regelung dienen, sondern muss im Einzelfall durch Verfügung von Todes
wegen verwirklicht werden, vorzugsweise durch einen Erbvertrag (zu des-

sen Abschluss sogar die Nachkommen beigezogen werden können). Die erbschaftssteuerlichen Gründe, die in diesem Zusammenhang bisher oft eine Rolle spielten, werden in Zukunft weniger stark ins Gewicht fallen, da die Tendenz besteht, auch die Nachkommen von der Erbschaftssteuer zu befreien.

IV. Die Berufung des Gemeinwesens

18   Hinterlässt der Erblasser weder Verwandte noch den Ehegatten als Erben, so wird *das Gemeinwesen,* der Kanton seines letzten Wohnsitzes oder die von dessen Gesetzgebung bezeichnete Gemeinde, sein gesetzlicher Erbe.

Art. 457

A. Verwandte
Erben
I. Nachkommen

[1] **Die nächsten Erben eines Erblassers sind seine Nachkommen.**
[2] **Die Kinder erben zu gleichen Teilen.**
[3] **An die Stelle vorverstorbener Kinder treten ihre Nachkommen, und zwar in allen Graden nach Stämmen.**

A. Les parents
I. Les descendants

[1] Les héritiers les plus proches sont les descendants.
[2] Les enfants succèdent par tête.
[3] Les enfants prédécédés sont représentés par leurs descendants, qui succèdent par souche à tous les degrés.

A. Eredi parenti
I. Discendenti

[1] I prossimi eredi del defunto sono i suoi discendenti.
[2] I figli succedono in parti uguali.
[3] I figli premorti sono rappresentati dai loro discendenti, i quali succedono per stirpe in ciascun grado.

Materialien: TE 403 – VE 484; Anträge, 95; Erl. I, 377 ff. = Mot. II, 52 ff. – E 465.

Literatur: CYRIL HEGNAUER, Grundriss des Kindesrechts und des übrigen Verwandtschaftsrechts, 5. Aufl., Bern 1999; PHILIPPE MEIER, MARTIN STETTLER, L'établissement de la filiation «art. 252 à 269c CC» (Droit civil VI.1), Fribourg 1998; MARTIN STETTLER, Das Kindesrecht (SPR III.2), Basel 1992.

I. Inhalt

1   Das Gesetz zieht vor allen andern Verwandten die Nachkommen des Erblassers für die Berufung zur Erbfolge in Betracht. Die Nachkommen bilden die erste Klasse der Erben kraft Verwandtschaft (die «verwandten Erben», «parents», «eredi consanguinei»), im Juristenjargon: die «1. Parentel». Es handelt sich um den Stamm des Erblassers selbst. Innerhalb der 1. Parentel werden in erster Linie die Kinder des Erblassers berufen. Sind mehrere Kinder vorhanden, so sind deren Erbteile gleich gross. Anstelle eines Kindes, das vor dem Erblasser gestorben ist oder aus einem andern Grund nicht Erbe wird oder die Erbschaft ausschlägt, wird dessen Stamm, seine Nachkommen, zur Erbfolge berufen, nicht dagegen sein (überlebender) Ehegatte oder seine testamentarischen Erben. Von den Nachkommen des weggefallenen Erben kommen wiederum in erster Linie die Kinder, Enkel des Erblassers, als dessen Erben in Betracht. Mehrere Kinder teilen sich gleichberechtigt in den Erbteil des weggefallenen Kindes. Fällt auch eines von ihnen weg, so treten seine Nachkommen nach denselben Grundsätzen an seine Stelle (Erbfolge nach Stämmen).

War der Erblasser beim Eintritt des Erbfalls verheiratet, so wird der überlebende Ehegatte nach Art. 462 Ziff. 1 neben den Nachkommen zur Erbfolge berufen und erhält die Hälfte der Erbschaft; für die Nachkommen steht dann nur die andere Hälfte zur Verfügung (wegen des Ehegatten-Erbrechts und seiner Auswirkungen auf das Erbrecht der Verwandten s. hinten Art. 462; zur Pflichtteilsberechtigung der Nachkommen s. hinten Art. 471 Ziff. 1).

II. Die Nachkommen

a) Begriff

2   Nachkommen des Erblassers im Rechtssinne (seine Deszendenten oder Verwandten in absteigender Linie) sind diejenigen Personen, die durch ein Kindesverhältnis oder eine Kette von Kindesverhältnissen als Kinder und Kindeskinder mit ihm verbunden sind. Nach geltendem Recht ist es einerlei, wie die einzelnen Kindesverhältnisse entstanden sind: Das Kindesverhältnis zwischen einer Mutter und ihrem Kind, das mit der Geburt entsteht (Art. 252 Abs. 1), das Kindesverhältnis zwischen einem Mann und einem Kind, das kraft der Ehe der Mutter begründet oder durch Anerkennung oder durch das Gericht festgestellt wird, und das Kindesver-

hältnis, das durch Adoption entsteht, haben rechtlich dieselben Wirkungen und machen das Kind und seine Nachkommen erbrechtlich zu Nachkommen der betreffenden Person. Früher wurden nur ehelich geborene Nachkommen durch Art. 457 zur Erbfolge berufen (wegen der Voraussetzungen und Beschränkungen der Erbfolge der ausserehelich geborenen Nachkommen und Adoptivkinder sowie ihrer Nachkommen nach altem Recht und wegen dessen Nachwirkungen s. aArt. 461 bzw. aArt. 465).

b) Die Entstehung des Kindesverhältnisses

1. *Das Kindesverhältnis zur Mutter* (s. dazu Hegnauer, § 3, 36 ff.) entsteht mit der Geburt (Art. 252 Abs. 1). Mutter des Kindes ist die Frau, die das Kind zur Welt bringt. Ob dies durch Geburt oder durch eine andere Art der Entbindung geschieht, ist ohne Bedeutung. Ohne Bedeutung ist auch, wie die Schwangerschaft bewirkt wurde und ob die Eizelle von der Mutter oder von einer andern Frau stammt. Im Falle der Leihmutterschaft entsteht das Kindesverhältnis zwischen dem Kind und der Leihmutter, nicht der Ei-Spenderin.

2. Das Kindesverhältnis zwischen dem *Ehemann der Mutter* und dem Kind (s. dazu Hegnauer, §§ 4 f., S. 39 ff.) entsteht mit der Geburt, wenn das Kind während der Ehe geboren wird (Art. 252 Abs. 2, 255 Abs. 1), selbst wenn die Ehe ungültig ist (Art. 104 ff.). Das Kindesverhältnis entsteht auch, wenn die Ehe durch den *Tod des Ehemannes* aufgelöst wurde und das Kind binnen 300 Tagen geboren oder nachgewiesenermassen vor dem Tod des Ehemannes gezeugt worden ist (Art. 255 Abs. 2). Ist der *Ehemann für verschollen erklärt* (Art. 35), so entsteht das Kindesverhältnis, wenn zwischen dem Zeitpunkt der Todesgefahr oder der letzten Nachricht und der Geburt nicht mehr als 300 Tage vergangen sein (Art. 255 Abs. 3) (S. Sandoz, Filiation paternelle d'un enfant né dans les 300 jours suivant la dissolution du mariage, ZZW 58, 1990, p. 388–390 = 59, 1991, S. 149–151; P. Piotet, Filiations paternelles d'un enfant conçu et né dans les 300 jours suivant la dissolution du mariage et d'un enfant conçu pendant le mariage, mais né plus de 300 jours après sa dissolution, ZZW 59, 1991, p. 90–94 = S. 152–156; C. Hegnauer, Zum Stand des vor Ablauf von 300 Tagen seit Auflösung der Ehe geborenen Kindes, ZZW 59, 1991, 157–159; ders., Neuerungen bei der Entstehung des Kindesverhältnisses, ZZW 67, 1999, 69–71).

Hat die Mutter in einem dieser Fälle vor der Geburt des Kindes eine neue Ehe geschlossen, so entsteht das Kindesverhältnis zwischen dem Kind und dem zweiten Ehemann der Mutter (Art. 257 Abs. 1). Wenn aber dieses Kindesverhältnis erfolgreich angefochten wird (vgl. Art. 256 ff.), entsteht rückwirkend auf den Zeitpunkt der Geburt das Kindes-verhältnis zwischen dem Kind und dem früheren Ehemann der Mutter (Art. 257 Abs. 2).

Wurde das Kind nach *Scheidung* der Ehe geboren, so gibt es keine entspre-chende Vermutung der Vaterschaft (C. HEGNAUER, Anwendung der Ehe-lichkeitsvermutung auf nach der Scheidung geborene Kinder, ZZW 61, 1993, 205–207; *Schweizerischer Verband der Zivilstandsbeamten*, Gegen Va-terschaftsvermutung bei 300-Tage-Kindern geschiedener Mütter, ZZW 65, 1997, 242–245).

5   Das Kindesverhältnis zwischen dem Ehemann der Mutter und dem Kind entsteht aufgrund der im Allgemeinen zutreffenden Annahme, dass er des-sen Vater ist (Art. 255 Abs. 1). Das Kindesverhältnis entsteht auch dann, wenn die Annahme nicht den Tatsachen entspricht. Entgegen der Margina-lie handelt es sich aber nicht um eine «Vermutung» im Sinne einer Regelung der Beweislast; der Beweis allein, dass das Kind nicht vom Ehemann der Mutter abstammt, beseitigt das Kindesverhältnis nicht. Die Vaterschaft muss vielmehr gerichtlich angefochten werden (Art. 256 ff.; s. dazu HEGNAU-ER, § 6, S. 48 ff.). Wird der Klage stattgegeben, so erlischt das Kindesverhält-nis mit der Rechtskraft des Urteils rückwirkend auf den Zeitpunkt der Ge-burt. Der Fall wird dann so angesehen, als habe das Kindesverhältnis nie be-standen.

6   Ist der Vater des Kindes nicht mit der Mutter verheiratet, so kann das Kin-desverhältnis zu ihm nur durch Anerkennung oder Vaterschaftsurteil ent-stehen (Art. 252 Abs. 2). Die Anerkennung ist auch dann erforderlich, wenn die Eltern nach der Geburt des Kindes geheiratet haben (Art. 259 Abs. 1); die «Ehelicherklärung durch nachfolgende Ehe» (aArt. 258), die gemein-rechtliche legitimatio per subsequens matrimonium, gibt es nicht mehr (MARIANNE SONDER, Die «Heirat der Eltern» nach Art. 259 ZGB, Diss. Frei-burg i.Ue. 1982).

7   3. Die *Anerkennung* (Art. 260 ff.; s. HEGNAUER, § 7, S. 56 ff.; BERNHARD SA-GER, Die Begründung des Kindesverhältnisses zum Vater durch Anerken-nung und seine Aufhebung, Diss. Zürich 1979) setzt voraus, dass die Mutter des Kindes bekannt ist; ein Findelkind kann nicht anerkannt werden. Es darf kein Kindesverhältnis zu einem anderen Mann bestehen (Art. 260 Abs. 1; s. HEGNAUER, Art. 260 N. 50 f.); eine Anerkennung für den Fall der Aufhebung dieses Kindesverhältnisses ist unwirksam (BGE 107 II 403; a.A. HEGNAUER, Art. 260 N. 36–46). Das Kind darf auch nicht adoptiert worden sein (HEGNAUER, Art. 260 N. 58 ff.).

Die Anerkennung erfolgt nach Art. 260 Abs. 3 durch Erklärung vor dem Zi- 8
vilstandsbeamten oder durch letztwillige Verfügung, nicht dagegen durch
Erbvertrag (HEGNAUER, N. 7.10, S. 58), oder, wenn eine Klage auf Feststellung der Vaterschaft (Art. 261 ff.) hängig ist, vor dem Gericht. Sie hat unbe-
dingt zu geschehen. Die Anerkennung ist jederzeit möglich, auch schon vor
der Geburt, vom Zeitpunkt der Zeugung an (HEGNAUER, Art. 260, N. 81–84;
ders., Pränatale Anerkennung – zulässig oder unzulässig? ZZW 66, 1998,
149–152; a.M. S. SANDOZ, La reconnaissance de nasciturus ou reconnaissance prénatale, in: *Commission internationale de l'état civil*, Mélanges édi-
tés à l'occasion de la 50e Assemblée générale, [Bern] 1997, 47–64, 64) und
noch nach dem Tod des Kindes. Im letzteren Fall wird die Anerkennung
aber gemäss Art. 2 Abs. 2 als rechtsmissbräuchlich angesehen, falls der Vater sich bei dessen Lebzeiten nicht um das Kind gekümmert hat und es nur
anerkennt, um es zu beerben (HEGNAUER, Art. 260 N. 85, m. Nachw.).

Die Anerkennung ist konstitutiv. Sie wirkt auf den Zeitpunkt der Geburt, 9
im Rahmen des Art. 544 sogar auf den Zeitpunkt der Zeugung des Kindes
und seiner Nachkommen zurück.

Anerkennt also der erbunwürdige Sohn nach dem Tod seines Vaters seine vorher ge-
zeugte ausserehelich geborene Tochter, so wird sie zur gesetzlichen Erbin ihres Grossvaters.

Das Wort «Anerkennung» und die Formulierung in Art. 252 Abs. 2, wonach
das Kindesverhältnis zum «Vater» «festgestellt» wird, die auf eine bereits bestehende Beziehung hinweisen, beziehen sich nicht auf das rechtliche Kindesverhältnis, sondern auf die biologische Abstammung, die der Anerkennung im Allgemeinen zugrunde liegt. Die Anerkennung ist, falls sie nicht of-
fensichtlich falsch ist (HEGNAUER, N. 7.05, S. 57; BGE 122 III 97 Erw. 3a), auch
dann gültig und schafft das Kindesverhältnis, wenn der Anerkennende nicht
der leibliche Vater des Kindes ist – sogar dann, wenn er die Anerkennung
wider besseres Wissen ausgesprochen hat (arg. Art. 260a Abs. 2).

Die Anerkennung kann jedoch von jedermann, der ein Interesse hat, ge- 10
mäss Art. 260a–260c bei Gericht angefochten werden, wenn das Kind biolo-
gisch nicht von dem Anerkennenden abstammt. Davon abgesehen kann jedermann, der ein Interesse hat, auf Feststellung der Gültigkeit oder Ungültigkeit der Anerkennung oder, richtiger, des Bestehens oder Nichtbestehens
des Kindesverhältnisses klagen (vgl. BGE 108 II 92 Erw. 5a).

4. Sowohl das ausserehelich geborene Kind als auch seine Mutter können im 11
Wege der *Vaterschaftsklage* auf «Feststellung» des Kindesverhältnisses kla-

gen (Art. 261 ff.; s. HEGNAUER, § 9, S. 66 f.). Es handelt sich um höchstpersönliche Ansprüche; selbst ein unmündiges Kind muss gesetzlich nur im Fall der Urteilsunfähigkeit im Prozess durch den Vormund oder einen Beistand vertreten werden. Die Klage richtet sich gegen den leiblichen Vater oder, wenn er gestorben ist, nacheinander gegen dessen Nachkommen, Eltern, Geschwister oder, wenn keine solchen in der Schweiz leben, gegen die zuständige Behörde seines letzten Wohnsitzes (Art. 261 Abs. 2). Die Witwe kann dem Prozess als Nebenintervenientin beitreten (vgl. Art. 261 Abs. 3). Die betreffenden Personen sind auch dann ausschliesslich passivlegitimiert, wenn sie den Vater des Kindes nicht beerbt haben (vgl. Art. 457–459, 466). Die Vaterschaftsklage ist ausgeschlossen, wenn das Kind im Wege der künstlichen Insemination unzulässigerweise (s. Art. 3 Abs. 4 FMedG) nach dem Tod des Samenspenders erzeugt worden ist.

12   5. Die Wirkungen der durch *Anerkennung oder Zusprechung mit Standesfolge* nach altem Recht entstandenen Kindesverhältnisse zwischen dem unehelichen Kind und seinem Vater (s. hinten, aArt. 461 N. 3 f.) stehen seit dem 1. Januar 1978 unter dem neuen Recht (Art. 12 Abs. 1 SchlT) und sind seither erbrechtlich nicht mehr diskriminiert (vgl. aArt. 461 Abs. 3). Das gilt im Hinblick auf die Beerbung von Verwandten des ausserehelichen Vaters auch dann, wenn dieser selbst vor dem Inkrafttreten des neuen Kindesrechts gestorben ist.

13   Altrechtliche durch Unterhaltvereinbarung oder einfaches Vaterschaftsurteil begründete *Zahlvaterschaften* sind dagegen auch nach dem Inkrafttreten des neuen Rechts keine erbrechtlich relevanten Kindesverhältnisse. Es bedurfte vielmehr der Feststellung des Kindesverhältnisses durch Urteil gemäss Art. 13a SchlT. Die Klage konnte bis zum 31. Dezember 1979 erhoben werden, wenn das Kind beim Inkrafttreten des neuen Rechts das 10. Lebensjahr noch nicht vollendet hatte, also nicht vor dem 1. Januar 1968 geboren war (TUOR/SCHNYDER/SCHMID, S. 311; PIOTET, Précis, 28; BGE 124 III 1).

14   6. Ein Kindesverhältnis entsteht auch durch *Adoption* (Art. 267 Abs. 1), und zwar durch den Ausspruch der zuständigen kantonalen Behörde am Wohnsitz der Adoptiveltern (Art. 268 Abs. 1). Gleichzeitig erlöschen die Kindesverhältnisse des Adoptivkindes zu seinen leiblichen Eltern. Nur wenn eine verheiratete Person das Kind ihres Ehegatten adoptiert, bleibt dessen Kindesverhältnis bestehen (Art. 267 Abs. 2). Eine Rückwirkung findet nicht statt; doch wird das Adoptivkind in der Familie des Annehmenden in sinngemässer Anwendung des Art. 544 bereits von der Einreichung des Adoptionsgesuchs an als erbberechtigt angesehen.

Mit dem Kindesverhältnis zu den leiblichen Eltern oder einem leiblichen   15
Elternteil wird auch die Verwandtschaft des Kindes zu deren Verwandten,
insbesondere zu den Grosseltern des Kindes, beendet. Ein gesetzliches Erbrecht des Adoptivkindes beim Tode eines leiblichen Vorfahren kommt daher nicht in Betracht.

Diese Rechtsfolge der Adoption ist sachgemäss, wenn die Eltern oder der betreffende El-   16
ternteil der Adoption zugestimmt haben. Weniger selbstverständlich ist sie dann, wenn
eine Waise oder Halbwaise adoptiert wird, deren verstorbene Eltern nicht zustimmen
konnten. Man denke etwa an den Fall, dass die verwitwete Mutter wieder heiratet und der
2. Ehemann das Stiefkind adoptiert, beides im besten Einvernehmen mit den Eltern des
verstorbenen Vaters des Kindes. Warum sollte das Kind in diesem Fall nicht gesetzlicher
Erbe seiner leiblichen Grosseltern väterlicherseits werden? Es scheint mir in solchen Fällen auch nicht gerecht, die Verwandtschaft zwischen den Grosseltern und dem Enkelkind
ohne deren (gar nicht vorgesehene) Zustimmung aufzuheben. Eine Lücke im Gesetz
(Art. 1 Abs. 2) ist jedoch nicht anzunehmen, weil dem Gesetzgeber die bei Stiefkindadop-
tionen im deutschen Recht geltende Ausnahmebestimmung des § 1756 Abs. 2 BGB bekannt war. Wie die Dinge liegen, müssen die leiblichen Grosseltern das adoptierte Kind
ggf. durch Verfügung von Todes wegen als Erben einsetzen.

7. Kein Kindesverhältnis besteht zwischen dem Erblasser und seinem *Stief-*   17
kind oder dem Stiefkind eines seiner Nachkommen. Stiefkinder sind Nachkommen des Ehegatten einer Person; sie sind mit der betreffenden Person
nicht verwandt, sondern verschwägert (Art. 21) und gehören folglich weder
zu ihren Nachkommen noch zu ihren gesetzlichen Erben.

III. Die Erbfolge der Nachkommen nach Stämmen

Aus der möglicherweise grossen Zahl der Nachkommen   18
eines Erblassers werden in erster Linie dessen Kinder, seine Nachkommen
ersten Grades, zur Erbfolge berufen. Sie schliessen ihre eigenen Nachkommen (Nachkommen des Erblassers zweiten und höheren Grades) prinzipiell
von der Erbfolge aus. Wenn aber ein Kind vorverstorben, enterbt (Art. 478
Abs. 2) oder erbunwürdig (Art. 541) ist, für seine Person auf die Erbschaft
verzichtet hat (vgl. Art. 495 Abs. 2 und arg. aus Abs. 3) oder dieselbe ausschlägt (Art. 572 Abs. 2; anders Art. 573 Abs. 1), kommen seine eigenen
Kinder oder, falls einer der eben genannten Fälle auch bei einem von ihnen
vorliegt, dessen Kinder zum Zuge usw. Ein Nachkomme, der nicht selbst
Erbe wird und auch keine erbenden Nachkommen hat, fällt für die Erbfolge
ausser Betracht; die Erbschaft gelangt (ausser im Fall des Art. 573 Abs. 1)
an die übrigen Erben, wie wenn er nie gelebt hätte. Es werden also nicht die

gradnäheren vor den -ferneren (vgl. Art. 20 Abs. 1) Nachkommen des Erblassers zur Erbfolge berufen, sondern die Stämme der Nachkommen, d.h.
jedes der Kinder des Erblassers mit seinen eigenen Nachkommen. Innerhalb des einzelnen Stammes wird zuerst der Aszendent (Stammvater oder
-mutter) zur Erbfolge berufen. Wird er aus einem der vorhin genannten
Gründen nicht Erbe, so treten nicht seine Geschwister, sondern kraft des sog.
Eintrittsrechts oder Repräsentationsrechts seine unmittelbaren Nachkommen an seine Stelle. Dies nennt das Gesetz «Erbfolge nach Stämmen», und
weil sich derselbe Vorgang bei den gradferneren Nachkommen wiederholt,
wenn einer von ihnen nicht Erbe wird, spricht das Gesetz von Erbfolge nach
Stämmen «in allen Graden». Es ist also durchaus nichts Ungewöhnliches,
wenn Nachkommen ersten und zweiten Grades, evtl. zusammen mit Nachkommen dritten und sogar vierten Grades, den Erblasser nebeneinander beerben.

IV. Die Erbteile der Nachkommen

19   Die zur Erbfolge gelangenden Kinder des Erblassers erben
zu gleichen Teilen (Abs. 2). Daraus folgt, dass nicht nur die Erbteile der Kinder gleich gross sind, sondern, falls ihre Nachkommen kraft des Eintrittsrechts zur Erbfolge gelangen, auch derjenige Erbteil, welcher auf den betreffenden Stamm entfällt. Kommen also die Enkel des Erblassers als Erben
zum Zug, so steht der auf den Stamm entfallende Erbteil ihnen gemeinschaftlich zu, und jeder einzelne erhält davon nur den ihrer Zahl entsprechenden Bruchteil. Ist z.B. von zwei Nachkommen des Erblassers der eine
vorverstorben, unter Hinterlassung dreier Kinder, so erhalten diese von der
Hälfte des Nachlasses, die auf ihren Aszendenten entfallen wäre, je einen
Drittel, also einen Sechstel des Ganzen, während ihr Onkel die andere Hälfte allein erhält. Daran würde sich auch nichts ändern, wenn der Onkel ebenfalls vorverstorben wäre und seine einzige Tochter an seiner statt Erbin würde: Ihr Erbteil wäre dann drei Mal so gross wie die Erbteile ihrer Vettern,
nämlich $1/2$ gegenüber je $1/6$, obwohl alle vier Enkel dem Erblasser nach dem
Grad der Verwandtschaft gleich nahe standen. Entsprechendes gilt, wenn
anstelle eines als Erben ausfallenden Enkels des Erblassers dessen Unter-
stamm zur Erbfolge berufen wird.

20   Stammt ein Erbe über zwei Vorfahren vom Erblasser ab, so erbt er als Angehöriger beider beteiligten Nachfahrenstämme. Haben z.B. die Kinder von
Halbgeschwistern geheiratet, so beerbt deren Tochter ihren Urgrossvater
ggf. sowohl im Stamm ihres Grossvaters väterlicherseits als auch im Stamm

ihrer Grossmutter mütterlicherseits. Neben ihrem einzigen Cousin erhielte sie $^3/_4$, jener dagegen $^1/_4$ der Erbschaft.

Im Übrigen sind die einzelnen Nachkommen als Erben einander völlig   21 gleichgestellt; weder Geschlecht oder Alter noch sonstige Eigenschaften oder Verhältnisse haben Einfluss auf die Rechtsstellung. Nur bei der Erbschaftsteilung wird den persönlichen Verhältnissen des einzelnen Erben gelegentlich Beachtung geschenkt, namentlich nach bäuerlichem Bodenrecht, wenn ein Erbe, der das Gewerbe selbst betreiben will und hiefür geeignet erscheint, Anspruch auf ungeteilte Zuweisung erhält (Art. 11 ff. BGBB), wenn Kindern, die noch in der Ausbildung stehen oder gebrechlich sind, ein angemessener Vorausbezug eingeräumt wird (Art. 631 Abs. 2) oder wenn die Teilungsbehörde unter Berücksichtigung der persönlichen Verhältnisse der Erben über die Veräusserung oder die Zuweisung vor allem von Familienschriften und Erinnerungsstücken entscheidet (Art. 613 Abs. 3).

Art. 458

II. Elterlicher Stamm	[1] Hinterlässt der Erblasser keine Nachkommen, so gelangt die Erbschaft an den Stamm der Eltern. [2] Vater und Mutter erben nach Hälften. [3] An die Stelle von Vater oder Mutter, die vorverstorben sind, treten ihre Nachkommen, und zwar in allen Graden nach Stämmen. [4] Fehlt es an Nachkommen auf einer Seite, so fällt die ganze Erbschaft an die Erben der andern Seite.
II. La parentèle des père et mère	[1] Les héritiers du défunt qui n'a pas laissé de postérité sont le père et la mère. [2] Ils succèdent par tête. [3] Le père et la mère prédécédés sont représentés par leurs descendants, qui succèdent par souche à tous les degrés. [4] A défaut d'héritiers dans l'une des lignes, toute la succession est dévolue aux héritiers de l'autre.
II. Stirpe dei genitori	[1] Se il defunto non lascia discendenti, l'eredità si devolve ai parenti della stirpe dei genitori. [2] Il padre e la madre succedono in parti uguali. [3] Il padre e la madre premorti sono rappresentati dai loro discendenti, i quali succedono per stirpe in ciascun grado. [4] Se non vi sono discendenti di una linea, tutta la successione è devoluta agli eredi dell'altra linea.

Materialien: TE 404 – VE 485; Anträge, 95; Erl. I, 377 ff. = Mot. II, 52 ff. – E 466.

Literatur: S. vorn, Art. 457

I. Inhalt

1

Wenn erbberechtigte Nachkommen, d.h. Erben der 1. Parentel, fehlen, beruft das Gesetz die Erben aus dem Kreis der Eltern des Erblassers und ihrer Nachkommen. Die Eltern und ihre Nachkommen bilden die zweite Klasse der Erben, im Juristenjargon: die 2. Parentel. Sie umfasst, obwohl das Gesetz vom (scheinbar einen) «Stamm der Eltern» spricht, zwei Stämme, den Stamm des Vaters und den Stamm der Mutter, also den Vater mit seinen Nachkommen und die Mutter mit den ihrigen. Innerhalb der 2. Parentel werden die Eltern des Erblassers vor seinen Geschwistern, Neffen und Nichten sowie deren Nachkommen zur Erbfolge berufen und jedes von ihnen erhält die Hälfte des Nachlasses als Erbteil. Anstelle eines Elternteils, der vor dem Erblasser gestorben ist oder aus einem anderen Grund nicht Erbe wird oder die Erbschaft ausschlägt, werden dessen Nachkommen zur Erbfolge berufen. Von den Nachkommen des betreffenden Elternteils kommen in erster Linie dessen Kinder, d.h. die Geschwister (oder Halbgeschwister) des Erblassers, als Erben in Betracht. Mehrere Kinder des vorverstorbenen Elternteils teilen sich gleichberechtigt in die Hälfte der Erbschaft. Fällt auch eines seiner Kinder weg, so treten dessen Nachkommen an seine Stelle und teilen sich in seinen Erbteil usw. in allen Graden, nach den Grundsätzen der Erbfolge nach Stämmen (s. Art. 457 N. 18). Fehlt es an erbenden Nachkommen des vorverstorbenen Elternteils, so gelangt sein Erbteil an den anderen Elternteil oder dessen Nachkommen. War der Erblasser verheiratet und hat sein Ehegatte ihn überlebt, so wird er neben den Eltern oder ihren Nachkommen zur Erbfolge berufen und erhält gemäss Art. 462 Ziff. 2 drei Viertel der Erbschaft; für jene steht folglich nur ein Viertel zur Verfügung. Wegen des Ehegatten-Erbrechts und seiner Auswirkungen auf das Erbrecht der Verwandten s. Art. 462. Zur Pflichtteilsberechtigung der Eltern s. Art. 471 Ziff. 2.

II. Die Eltern und ihre Nachkommen

Eltern des Erblassers im Rechtssinne (seine nächsten Aszendenten oder unmittelbaren Verwandten in aufsteigender Linie) sind diejenigen Personen, zu denen er als Sohn oder Tochter in einem Kindesverhältnis steht. Nachkommen der Eltern sind diejenigen Personen, die mit ihnen in absteigender gerader Linie durch je ein oder mehrere Kindesverhältnisse verbunden sind (Art. 20). Nach geltendem Recht ist es einerlei, wie die Kindesverhältnisse entstanden sind. Das Kindesverhältnis zwischen dem Erblasser und seiner Mutter, das mit der Geburt entstanden ist, das Kindesverhältnis zwischen ihm und seinem Vater, das kraft der Ehe der Mutter begründet oder, bei ausserehelicher Geburt, durch Anerkennung oder durch das Gericht festgestellt wurde, und die Kindesverhältnisse des Adoptivkin-

2

des zu den Adoptiveltern haben rechtlich dieselben Wirkungen und machen die betreffenden Personen zu Eltern des Erblassers. Dasselbe gilt in Bezug auf diejenigen Kindesverhältnisse, durch die dessen Geschwister, Neffen und Nichten und deren Nachkommen zu Nachkommen der Eltern oder eines Elternteils des Erblassers und damit zu seinen voll- oder halbbürtigen Seitenverwandten werden. Wegen Einzelheiten s. vorn Art. 457 N. 3–17. Wegen der Voraussetzungen und Beschränkungen der Erbfolge des ausserehelichen Vaters sowie der Adoptiveltern und der Verwandten derselben nach altem Recht und wegen dessen Nachwirkungen s. aArt. 461 bzw. aArt. 465.

III. Die Erbfolge der Eltern und ihrer Nachkommen

3   Die Angehörigen der 2. Parentel sind nur erbberechtigt, wenn Erben der 1. Parentel, d.h. erbberechtigte Nachkommen, fehlen. Das ist der Fall, wenn der Erblasser kinderlos gestorben ist, wenn er seine Nachkommen enterbt hat (Art. 477 f.) oder wenn sie erbunwürdig (Art. 541) sind oder auf die Erbschaft verzichtet haben (Art. 495 Abs. 2 und 3) und keine weiteren Nachkommen vorhanden sind, die an ihre Stelle treten. Haben dagegen alle erbberechtigten Nachkommen die Erbschaft ausgeschlagen, so gelangt sie gemäss Art. 573 nicht an Erben der 2. Parentel, sondern zur Liquidation durch das Konkursamt.

4   In erster Linie werden die Eltern des Erblassers zur Erbfolge berufen. Stand der Erblasser, bei ausserehelicher Geburt mangels Anerkennung der Vaterschaft oder Feststellung durch das Gericht, nur zu seiner Mutter in einem Kindesverhältnis, so wird die Mutter als Alleinerbin berufen. Die Eltern schliessen ihre Nachkommen (Geschwister des Erblassers und deren Nachkommen) von der Erbfolge aus. Ist ein Elternteil vorverstorben, enterbt (Art. 478 Abs. 2) oder erbunwürdig (Art. 541), hat er für seine Person auf die Erbschaft verzichtet (Art. 495 Abs. 2 und arg. Abs. 3) oder schlägt er dieselbe aus, so werden in allen Graden nach den Regeln der Erbfolge nach Stämmen seine Nachkommen zur Erbfolge berufen (vgl. Art. 457 N. 18). Sind beide Eltern weggefallen, so treten die Nachkommen jedes der beiden getrennt in den Erbteil ihres Vorfahren ein. Wenn ein ausgefallener Elternteil keine Nachkommen hat, welche den Erblasser beerben, gelangt die Erbschaftshälfte, die ihm zugefallen wäre, an den anderen Elternteil oder dessen Nachkommen. Wenn die Nachkommen der Eltern für die Erbfolge in

Betracht kommen, wird zwischen vollbürtigen und halbbürtigen Geschwistern des Erblassers prinzipiell kein Unterschied gemacht. Haben beide Eltern als alleinige gesetzliche Erben die Erbschaft ausgeschlagen, so gelangt sie nach Art. 573 zur Liquidation durch das Konkursamt.

IV. Die Erbteile der Eltern und ihrer Nachkommen

Wird der Erblasser von beiden Eltern beerbt, so erben sie   5
zu gleichen Teilen; sie erhalten also, sofern sie nicht mit dem überlebenden Ehegatten des Erblassers (ihrer Schwiegertochter oder ihrem Schwiegersohn) zu teilen haben, je die Hälfte der Erbschaft. Ist ein Elternteil vorverstorben, so treten kraft des Repräsentationsrechts seine Nachkommen gleichberechtigt an seine Stelle und haben seine Hälfte nach Köpfen zu teilen:

Drei Nachkommen eines vorverstorbenen Elternteils erhalten je einen Drittel der Hälfte, d.i. einen Sechstel, der Erbschaft.

Dabei bleibt es auch, wenn beide Eltern vorverstorben sind oder der Erblas-   6
ser aus einem anderen Grund von seinen Geschwistern beerbt wird: Die Nachkommen jedes Elternteils teilen sich in den hälftigen Erbteil ihres Vorfahren, vollbürtige Geschwister in die Hälften beider Eltern. Es ist also nicht so, dass dann sämtliche Nachkommen beider Eltern gemeinschaftlich die ganze Erbschaft erhielten. Die Unterscheidung ist von Bedeutung, wenn die beiden Eltern verschieden viele Nachkommen haben. Dieser Fall kann dann eintreten, wenn eines der Eltern ein Kind aus einer anderen (ehelichen oder ausserehelichen) Verbindung hat als derjenigen, der der Erblasser entsprungen ist, oder ein Adoptivkind, welches nicht auch vom anderen Elternteil adoptiert wurde oder von ihm abstammt; es handelt sich um halbbürtige Geschwister des Erblassers.

Der einzige erbende Sohn der Mutter erhält deren hälftigen Erbteil allein, während die drei erbenden Nachkommen des Vaters (ein Sohn und zwei Töchter) von dessen Hälfte jeder nur einen Drittel, d.i. einen Sechstel, der Erbschaft, erhalten.

Halbbürtige Geschwister sind nur über den Vater oder über die Mutter mit dem Erblasser verwandt und partizipieren nur am Erbteil des gemeinsamen Elternteils. Vollbürtige Geschwister sind dagegen mit dem Erblasser doppelt verwandt und haben Anteil an den Erbteilen beider Eltern. Sie sind auf diese Weise als Erben gegenüber den halbbürtigen Geschwistern des Erblassers bevorzugt, obwohl sie mit ihnen in derselben Klasse und nach denselben Grundsätzen zur Erbfolge berufen werden.

Ist der Sohn in dem vorgenannten Fall ein vollbürtiger Bruder des Erblassers, so erhält er sowohl die Erbschaftshälfte der Mutter als auch den Drittel der väterlichen Hälfte, insgesamt also zwei Drittel des Nachlasses gegenüber den Sechsteln seiner beiden Halbschwestern.

7   Nachkommen der Eltern des Erblassers können im Übrigen auch von einem Elternteil doppelt abstammen, mit den gleichen Folgen, wie sie in solchen Fällen bei einer Erbfolge im Rahmen der 1. Parentel eintreten (s. vorn Art. 457 N. 20).

8   Ist ein Elternteil weggefallen, ohne erbende Nachkommen zu hinterlassen, und gelangt die Erbschaft infolgedessen gemäss Abs. 4 an die Erben der anderen Seite, so erbt der andere Elternteil, wenn er noch lebt, vorbehaltlich des Erbrechts des überlebenden Ehegatten des Erblassers, allein. Ist er ebenfalls weggefallen, so erhalten seine Nachkommen, bei denen es sich notwendigerweise um halbbürtige Geschwister des Erblassers handelt, die ganze Erbschaft.

Art. 459

**III. Grosselter-
licher Stamm**

[1] **Hinterlässt der Erblasser weder Nachkommen noch Erben des elterlichen Stammes, so gelangt die Erbschaft an den Stamm der
Grosseltern.**

[2] **Überleben die Grosseltern der väterlichen und die der mütterlichen
Seite den Erblasser, so erben sie auf jeder Seite zu gleichen Teilen.**

[3] **An die Stelle eines vorverstorbenen Grossvaters oder einer vorverstorbenen Grossmutter treten ihre Nachkommen, und zwar in allen
Graden nach Stämmen.**

[4] **Ist der Grossvater oder die Grossmutter auf der väterlichen oder
der mütterlichen Seite vorverstorben, und fehlt es auch an Nachkommen des Vorverstorbenen, so fällt die ganze Hälfte an die vorhandenen Erben der gleichen Seite.**

[5] **Fehlt es an Erben der väterlichen oder der mütterlichen Seite, so
fällt die ganze Erbschaft an die Erben der andern Seite.**

**III. La parentèle
des grands-
parents**

[1] Les héritiers du défunt qui n'a laissé ni postérité, ni père, ni mère, ni
descendants d'eux, sont les grands-parents.

[2] Ils succèdent par tête, dans chacune des deux lignes.

[3] Le grand-parent prédécédé est représenté par ses descendants, qui
succèdent par souche à tous les degrés.

[4] En cas de décès sans postérité d'un grand-parent de la ligne paternelle ou maternelle, sa part échoit aux héritiers de la même ligne.

[5] En cas de décès sans postérité des grands-parents d'une ligne, toute
la succession est dévolue aux héritiers de l'autre.

**III. Stirpe degli
avi**

[1] Se il defunto non lascia nè discendenti nè eredi della stirpe dei genitori, l'eredità è devoluta ai parenti della stirpe degli avi.

[2] Se al defunto sopravvivono gli avi delle linee paterne e materne, essi
succedono in ogni linea in parti uguali.

[3] L'avo e l'ava premorti sono rappresentati dai loro discendenti, i quali succedono per stirpe in ciascun grado.

[4] Essendo premorto l'avo o l'ava della linea paterna o della linea materna senza lasciare discendenti propri, l'intera metà è devoluta agli
altri eredi della medesima linea.

[5] Se non vi sono eredi della linea paterna o materna, l'intera eredità è
devoluta agli eredi dell'altra linea.

Materialien: TE 404 – VE 486; Anträge, 96; Erl. I, 377 ff. = Mot. II,
52 ff. – E 467.

Literatur: S. vorn, Art. 457

Inhaltsübersicht

I. Inhalt

1   Wenn weder von den Nachkommen des Erblassers, der 1. Parentel, noch von seinen Eltern und ihren Nachkommen, der 2. Parentel, jemand Erbe wird, beruft das Gesetz die Erben aus dem Kreis der Grosseltern und ihrer Nachkommen. Die Grosseltern des Erblassers und ihre Nachkommen bilden die dritte Klasse der Erben, im Juristenjargon: die 3. Parentel. Sie umfasst vier Stämme: die beiden Stämme des Grossvaters und der Grossmutter der väterlichen Seite oder Linie – wobei unter «Linie» eine Person und ihre Vorfahren zu verstehen sind – sowie die beiden Stämme der Grosseltern der mütterlichen Linie. Innerhalb der 3. Parentel sind die Grosseltern des Erblassers vor ihren Kindern und Enkeln, den Onkeln, Tanten, Cousins und Cousinen (Vettern und Basen) des Erblassers, und deren Nachkommen erbberechtigt. Jedes der vier Grosseltern, das den Erblasser überlebt hat, erhält einen Viertel der Erbschaft. Anstelle eines Grosselternteils, der vor dem Erblasser gestorben ist oder aus einem andern Grund nicht Erbe wird oder die Erbschaft ausschlägt, wird dessen Stamm, seine Nachkommen, zur Erbfolge berufen. Von den Nachkommen des betreffenden Grosselternteils kommen in erster Linie seine Kinder, die Onkel und Tanten des Erblassers, in Betracht. Mehrere Kinder des vorverstorbenen Grosselternteils teilen sich gleichberechtigt in seinen Viertel der Erbschaft. Fällt auch eines seiner Kinder weg, so treten dessen Nachkommen an seine Stelle und teilen sich in seinen Erbteil usw. in allen Graden, nach den Grundsätzen der Erbfolge nach Stämmen. Fehlt es an erbberechtigten Nachkommen des vorverstorbenen Grosselternteils, so gelangt sein Erbteil an den andern Grosselternteil derselben Linie oder dessen Nachkommen. Fehlt es in einer Linie, sei es die väterliche oder die mütterliche, überhaupt an Erben, so fällt die ganze Erbschaft je zur Hälfte den beiden Stämmen der anderen Linie zu. Sind auch hier in einem Stamm keine Erben vorhanden, so erbt der als einziger überlebende Stamm das Ganze. War der Erblasser verheiratet und hat sein Ehegatte ihn überlebt, so wird dieser gemäss Art. 462 Ziff. 3 zum Alleinerben berufen, und die Grosseltern

und ihre Nachkommen erhalten nichts. Wegen des Ehegatten-Erbrechts und seiner Auswirkungen auf das Erbrecht der Verwandten s. Art. 462. Die Erben der 3. Parentel haben keine Pflichtteilsberechtigung.

II. Die Grosseltern und ihre Nachkommen

Grosseltern des Erblassers im Rechtssinne (seine Aszen- **2** denten oder Verwandten in aufsteigender gerader Linie 2. Grades) sind diejenigen Personen, mit denen er durch je zwei Kindesverhältnisse als Enkel verbunden war. Nachkommen der Grosseltern sind diejenigen Personen, die mit diesen in absteigender gerader Linie durch je ein oder mehrere Kindesverhältnisse verbunden sind (Art. 20). Nach geltendem Recht ist es einerlei, wie die Kindesverhältnisse zwischen dem Erblasser und seinen Grosseltern entstanden sind. Dasselbe gilt in Bezug auf diejenigen Kindesverhältnisse, durch die Onkel und Tanten, Cousins und Cousinen des Erblassers und ihre Nachkommen Nachkommen der Grosseltern und Seitenverwandte des Erblassers sind. Wegen der in Betracht kommenden Tatbestände s. vorn Art. 457 N. 3–17; s. auch vorn Art. 458 N. 2. Wegen der Voraussetzungen und Beschränkungen der Erbrechte der Grosseltern und ihrer Nachkommen bei ausserehelicher Geburt sowie bei Adoption nach altem Recht, die bei Erbfolgen im Rahmen der 3. Parentel noch für längere Zeit praktische Bedeutung haben werden, s. aArt. 461 bzw. 465.

III. Die Erbfolge der Grosseltern und ihrer Nachkommen

Die Angehörigen der 3. Parentel sind nur erbberechtigt, **3** wenn Erben der 1. und der 2. Parentel, d.h. erbberechtigte Nachkommen sowie Eltern und Nachkommen der Eltern, fehlen. Das ist dann der Fall, wenn der Erblasser das einzige Kind seiner Eltern war und kinderlos nach diesen gestorben ist oder wenn alle Nachkommen des Erblassers, seiner Eltern und diese selbst entweder vorverstorben oder enterbt (Art. 478 Abs. 1 und 2) oder erbunwürdig (Art. 541) sind oder die Erbschaft ausgeschlagen (Art. 566) oder auf sie verzichtet haben (Art. 495 Abs. 2 und 3). Haben jedoch alle Erben der 1. oder 2. Parentel die Erbschaft ausgeschlagen, so gelangt sie nicht an Erben der 3. Parentel, sondern gemäss Art. 573 zur Liquidation durch das Konkursamt.

4   Die Grosseltern des Erblassers werden vor ihren Nachkommen (Onkel und Tanten, Cousins und Cousinen des Erblassers und deren Nachkommen) zur Erbfolge berufen und schliessen diese davon aus. Stand infolge einer ausserehelichen Geburt der Erblasser oder eines seiner Eltern mangels Anerkennung der Vaterschaft oder Feststellung durch das Gericht nicht in einem Kindesverhältnis zu seinem Vater, so kommen die Grosseltern der väterlichen Seite bzw. der betreffende Grossvater und ihre Nachkommen als Erben nicht in Betracht, und die Erbschaft gelangt von vornherein an die anderen Grosseltern.

5   Ist ein Grosselternteil vorverstorben, enterbt (Art. 478 Abs. 2) oder erbunwürdig (Art. 541), hat er für seine Person auf die Erbschaft verzichtet (Art. 495 Abs. 2 und arg. Abs. 3) oder schlägt er dieselbe aus, so werden in allen Graden nach den Regeln der Erbfolge nach Stämmen seine Nachkommen zur Erbfolge berufen (vgl. vorn Art. 457 N. 18). Sind keine erbberechtigten Nachkommen vorhanden, so gelangt der Erbschaftsviertel, der dem betreffenden Grosselternteil zugefallen wäre, an den andern Grosselternteil derselben Linie oder dessen Nachkommen. Der Ausfall eines grosselterlichen Stammes kommt also nicht allen andern Grosseltern oder ihren Nachkommen zustatten, vielmehr bleibt der frei gewordene Erbteil zunächst der betreffenden Linie vorbehalten. Erst wenn auch im Stamm des anderen Grosselternteils dieser Linie keine Erben vorhanden sind, gelangt deren ganze Erbschaftshälfte zu gleichen Teilen an die beiden Stämme der andern Linie. Schlagen alle berufenen Erben die Erbschaft aus, so gelangt sie nach Art. 573 zur Liquidation durch das Konkursamt und nicht an deren Nachkommen.

IV. Die Erbteile der Grosseltern und ihrer Nachkommen

6   Wird der Erblasser von allen vier Grosseltern beerbt, so erhält jedes derselben einen Viertel der Erbschaft. Ist ein Grosselternteil weggefallen und gelangen seine Kinder an seiner statt zur Erbfolge, haben sie seinen Viertel nach Köpfen zu teilen. Entsprechendes gilt, wenn der Erbteil eines der Kinder an dessen Nachkommen fällt. Der Erbteil eines Grosselternteils verdoppelt sich auf die Hälfte der Erbschaft, wenn der Stamm des andern Grosselternteil derselben Linie für die Erbfolge ausfällt oder wenn eine Linie für die Erbfolge ausfällt und beide Grosseltern der andern Linie erben; erbt nach Ausfall einer Linie ein Grosselternteil der andern Li-

nie allein, so erhält er die ganze Erbschaft. Bei Eintritt von Nachkommen des erbenden Stammes oder der erbenden Stämme, erhält jeder der Nachkommen eine entsprechend doppelte oder vierfach höhere Quote.

Wie in der 1. und 2. Parentel können auch bei der Erbfolge im Rahmen der   7
3. Parentel Doppelabstammung, ferner wie in der 2. Parentel Halbbürtigkeit vorkommen und sind bei der Berechnung der Erbteile zu beachten (s. vorn Art. 457 N. 20; Art. 458 N. 6 ff.).

Art. 460

| IV. Umfang der Erbberechtigung | **Mit dem Stamm der Grosseltern hört die Erbberechtigung der Verwandten auf.** |

IV. Umfang der
Erbberechtigung

Mit dem Stamm der Grosseltern hört die Erbberechtigung der Verwandten auf.

IV. Derniers héritiers

Parmi les parents, les derniers héritiers sont les grands-parents et leur postérité.

IV. Estensione del diritto di successione

Il diritto di successione dei parenti cessa con la stirpe degli avi.

Materialien: TE 406 – VE 487; Anträge, 96; Erl. I, 377 ff. = Mot. II, 52 ff. – E 468 – *Revision 1984:* ExpRevFam. I, 23 ff.; II, 60 ff. – Botschaft 1979, 1353, Ziff. 235.6; 1423 – NatR 1983, 687 – BBl. 1984 III 40 – AS 1986 I 143.

Literatur: S. vorn, Art. 457

I. Inhalt

1   Die Urgrosseltern und noch frühere Vorfahren des Erblassers oder deren Nachkommen zieht das Gesetz nicht mehr als Erben in Betracht.

II. Die Begrenzung des gesetzlichen Erbrechts der Verwandten

2   Anders als das gemeine Recht, das Common Law und etwa auch das deutsche Bürgerliche Gesetzbuch beschränkt das ZGB die gesetzliche Erbberechtigung der Verwandten auf die drei Parentelen der Nachkommen des Erblassers, seiner Eltern und ihrer Nachkommen sowie seiner Grosseltern und deren Nachkommen. Auf diese Weise verhindert das Gesetz einerseits die endlose Suche nach gesetzlichen Erben und anderer-

seits die Aufsplitterung des Nachlasses bis zur Wertlosigkeit der einzelnen Erbteile, wie sie aus den Prinzipien der Erbfolge nach Stämmen bei der Berufung sehr entfernter Verwandter meist resultiert. Aus demselben Grunde sehen das jüngere gemeine Recht und das deutsche Bürgerliche Gesetzbuch vor, dass in solchen Fällen nur die gradnächsten Verwandten erben, und zwar nach Köpfen (vgl. DERNBURG, Pandekten III, § 132.4, 274; BGB §§ 1928 f.). Ein Erbrecht von Personen, die erst über die Urgrosseltern oder noch weitläufiger mit dem Erblasser verwandt sind, wäre auch kein Gebot der Gerechtigkeit. Es würde sich allenfalls um die sprichwörtlichen «lachenden Erben» handeln. Abgesehen davon, dass ein Erblasser seine fernen Verwandten durch Verfügung von Todes wegen zur Erbfolge berufen kann, zeigt auch die Tatsache, dass Erblasser in solchen Fällen den Nachlass oft öffentlichen oder milden Zwecken widmen, dass die Regelung des Art. 466, wonach mangels anderer gesetzlicher Erben das Gemeinwesen als Erbe berufen wird, sachgemäss ist.

aArt. 460

IV. Urgrosseltern

[1] **Mit dem Stamm der Grosseltern hört die Erbberechtigung der Verwandten auf.**
[2] **Urgrosseltern haben jedoch auf Lebenszeit die Nutzniessung an dem Anteil, der den von ihnen abstammenden Nachkommen zugefallen wäre, wenn diese den Erbfall erlebt hätten.**
[3] **An Stelle vorverstorbener Urgrosseltern erhalten auf Lebenszeit diese Nutzniessung die von ihnen abstammenden Geschwister der Grosseltern des Erblassers.**

IV. Les arrière-grands-parents

[1] Les grands-parents et leur postérité sont les derniers héritiers.
[2] Toutefois, les arrière-grands-parents ont droit à l'usufruit de la part qui eût été dévolue à leurs descendents si ces derniers avaient survécu.
[3] Cet usufruit, en cas de prédécès, passe aux grands-oncles et grands-tantes du défunt.

IV. Bisavi

[1] Il diretto di successione dei parenti cessa con la stirpe degli avi.
[2] Tuttavia i bisavi hanno, finche vivono, l'usofrutto della parte che sarebbe devoluta ai discendenti della loro stirpe se questi fossero superstiti.
[3] I prozii e le prozie del defunto hanno, finche vivono, questo usofrutto in rappresentanza dei bisavi premorti da cui discendono.

Materialien: TE 406 – VE 487; Anträge, 96; Erl. I, 377 ff. = Mot. II, 52 ff. – E 468.

1   Nach der bis zum 31. Dezember 1987 gültigen Fassung des Art. 460 erhielten die Urgrosseltern des Erblassers auf Lebenszeit die Nutzniessung an dem Erbteil, der den von ihnen abstammenden Grosseltern des Erblassers zugefallen wäre, wenn diese den Erbfall erlebt hätten. Waren die Urgrosseltern vorverstorben, so traten jeweils die von ihnen abstammenden Geschwister der Grosseltern des Erblassers (aber nur diese) in Bezug auf die Nutzniessung an ihre Stelle (Tuor, Art. 460 N. 2 ff.). Die Nutzniessungsrechte entstanden von Rechtes wegen mit der Eröffnung des Erbgangs, ohne dass es einer Bestellung durch Rechtsgeschäfte unter Lebenden bedurfte (ebd. N. 10). Diese Regelung galt bei Erbfällen vor dem 1. Januar 1988. Die an diesem Tag in Kraft getretene Gesetzesänderung hat die bestehenden Nutzniessungsrechte nicht berührt (Art. 17 SchlT), neue entstehen bei Erbfällen von diesem Tag an aber nicht mehr (Art. 15 SchlT). Die Nutzniessungsberechtigten sind nicht Erben, sondern gesetzliche Vermächtnisneh-

mer. Eine Haftung für Erbschaftsschulden kommt daher nicht in Betracht. Wegen der Gründe der Abschaffung der Nutzniessung s. vorn, Einl. vor Art. 457 N. 12 f.

aArt. 461

V. Ausabsereheliche
Verwandte

[1] Die ausserehelichen Blutsverwandten werden in der mütterlichen Verwandtschaft den ehelichen im Erbrecht gleichgestellt.
[2] In der väterlichen Verwandtschaft besteht nur dann ein Erbrecht, wenn das aussereheliche Kind durch Anerkennung oder Urteil des Richters den Stand des Vaters erhalten hat.
[3] Hat ein aussereehelicher Erbe oder sein Nachkomme mit ehelichen Nachkommen seines Vaters zu teilen, so erhält der aussereheliche Erbe oder sein Nachkomme je nur halb so viel, als einem ehelichen Kinde oder seinen Nachkommen zufällt.

V. Les parents
naturels

[1] Les parents naturels ont, du coté maternel, les mêmes droits successoraux que les légitimes.
[2] Ils n'ont ces droits du côté paternel, que si l'enfant suit la condition du père en vertu d'une reconnaissance ou d'une déclaration de paternité.
[3] Lorsque, dans la famille paternelle, un parent naturel ou son descendant est en concours avec des descendants légitimes du père, son droit est réduit à la moitié de la part afférente à un enfant légitime ou à ces descendants.

V. Parentela
naturale

[1] I parenti naturali consanguinei hanno nella parentela materna gli stessi diritti ereditari di quelli legittimi.
[2] Nella parentela paterna essi sono eredi solo in quanto il figlio naturale segua lo stato del padre, per riconoscimento o per sentenza del giudice.
[3] In concorso coi discendenti legittimi del padre, l'erede naturale od i suoi discendenti raccolgono la metà della parte che ricevono i figli legittimi od i loro discendenti.

Materialien: TE 409 – VE 488; Anträge, 96; Erl. I, 327 f., 379 f. = Mot. II, 10 f., 53 f. – E 469 – BBl. 1974 II 96, Ziff. 335 – AS 1977 I 259.

I. Inhalt

1

Die mit Wirkung vom 1. Januar 1978 durch Ziff. I 2 des BG vom 25. Juni 1976 (AS *1977* 237; BBl. 1974 II 1) aufgehobene Vorschrift regelte das Erbrecht der Verwandten bei ausserehelicher Geburt. Obwohl seither aussereehelich Geborene und ihre Nachkommen ehelich Geborenen erbrechtlich vollkommen gleichgestellt sind, sobald das Kindesverhältnis zum Vater festgestellt ist (s. vorn Art. 457 N. 6–10), ist die aufgehobene Vorschrift auf aussereehelich Geborene bei Erbgängen, die vor dem 1. Januar 1978 eröffnet wurden, weiterhin anzuwenden (Art. 15 SchlT), also immer dann, wenn die Beerbung einer vor diesem Tag verstorbenen Person eine Rolle spielt, sei es auch im Erbgang ihrer Erben oder Erbeserben.

Die erbrechtliche Stellung des aussereehelich geborenen Kindes gegenüber seiner *Mutter und ihren Verwandten* war nach aArt. 461 dieselbe wie heute: Das Kind beerbte seine Mutter und ihre Verwandten wie ein ehelich geborenes Kind und wurde von ihnen in gleicher Weise auch beerbt. In Bezug auf den *Vater und dessen Verwandte* war Voraussetzung sowohl der Erbberechtigung als auch der Beerbung des Kindes dessen Anerkennung oder Zusprechung mit Standesfolge. Ein in der väterlichen Verwandtschaft erbberechtigtes aussereeheliches Kind und seine Nachkommen erhielten in Konkurrenz mit ehelichen Nachkommen als Erben des Vaters und seiner Verwandten aber nur die Hälfte des Erbteils, der einem ehelichen Nachkommen zufiel.   2

II. Anerkennung und Zusprechung mit Standesfolge

Durch Anerkennung und durch Zusprechung mit Standesfolge (aArt. 302 ff.) wurde das aussereehelich geborene Kind als Nachkomme seines Vaters rechtlich anerkannt. Die *Anerkennung* konnte durch den Vater oder, wenn dieser gestorben oder dauernd urteilsunfähig war, durch den väterlichen Grossvater in der Form einer öffentlichen Urkunde oder einer letztwilligen Verfügung erfolgen (aArt. 303). Sie war aber bei Zeugung im Ehebruch oder in Blutschande nicht möglich (aArt. 304). Die *Zusprechung mit Standesfolge* geschah auf Vaterschaftsklage (aArt. 307 ff.) hin durch richterliches Urteil. Die Standesfolge wurde aber nur ausgesprochen, wenn ein dahin gehendes Begehren gestellt worden war und wenn deren besondere Voraussetzung erfüllt waren. Nach früherem Recht konnte die Vaterschaftsklage nämlich – anders als heute – auf Vermögensleistungen des Vaters an die Mutter und an das Kind (insbesondere Unterhaltszahlungen, aArt. 319) beschränkt werden (aArt. 309; sog. «Zahlvaterschaft»). Wurde einer solchen Klage stattgegeben, so enthielt das Urteil zwar auch eine Fest-   3 stellung der Vaterschaft und des ausserehelichen Kindesverhältnisses, hatte aber mangels Standesfolge keine erbrechtlichen Wirkungen (sog. einfaches Vaterschaftsurteil). Die für die Erbberechtigung relevante Zusprechung mit Standesfolge konnte nur verlangt werden, wenn der Vater der Mutter die Ehe versprochen oder sich durch den Geschlechtsverkehr eines Verbrechens an ihr schuldig gemacht oder die ihm über sie zustehende Gewalt missbraucht hatte. Gegenüber einem verheirateten Mann war die Zusprechung mit Standesfolge ausgeschlossen, wenn er auch schon zur Zeit der Zeugung des Kindes verheiratet gewesen war (aArt. 323).

4 Wird die für einen altrechtlichen Erbfall relevante ausserehelliche Vaterschaft erst nach Inkrafttreten des neuen Kindesrechts anerkannt (das ist denkbar, wenn ein Verwandter des Vaters gestorben ist und dieser noch lebt, aber selbst infolge Erbunwürdigkeit, Enterbung oder Ausschlagung nicht Erbe geworden ist) oder in Anwendung des neuen Rechts gerichtlich festgestellt (Art. 260; 261 ff.; Fälle bei HEGNAUER, Art. 261 ZGB N. 107–111), so entsteht das Erbrecht des ausserehelichen Kindes nur, wenn die Anerkennung auch nach altem Recht zulässig gewesen wäre (vgl. aArt. 304) bzw. wenn die gesetzlichen Voraussetzungen der Zusprechung mit Standesfolge nach altem Recht vorgelegen hätten (vgl. aArt. 309 Abs. 1, 323); eines besonderen Ausspruchs darüber im Vaterschaftsurteil bedarf es aber m.E. nicht. Ist das Kindesverhältnis gemäss Art. 13a SchlT durch Unterstellung der Zahlvaterschaft unter das neue Recht festgestellt worden, so wirkt das erbrechtlich nur für die Zeit nach Inkrafttreten des neuen Rechts, kann also kein Erbrecht in einem altrechtlichen Erbfall begründen.

III. Erbberechtigung und Beerbung des ausserehelichen Kindes

a) Die Erbberechtigung

5 Das aussereheliche Kind oder seine Nachkommen beerbten dessen *Mutter* sowie deren Vorfahren und Seitenverwandte genauso wie (nach altem oder neuem Recht) ein eheliches Kind und seine Nachkommen (s. Art. 457–459). Den *Vater* und seine Verwandten beerbten das aussereheliche Kind und seine Nachkommen nur, wenn der Vater das Kind anerkannt hatte oder wenn es ihm mit Standesfolge zugesprochen war. War das der Fall und war das aussereheliche Kind der einzige erbberechtigte Nachkomme seines Vaters, so beerbten es oder seine Nachkommen – genauso wie die

mütterliche Linie – auch den Vater und seine Verwandten wie eheliche Kinder. Hatte der Vater aber noch andere erbende Nachkommen, so erhielten das aussereheliche Kind oder seine Nachkommen nur die Hälfte dessen, was einem ehelichen Kind oder seinen Nachkommen zufiel. Man berechnet die Quoten praktisch, indem man dem ausserehelichen Kind oder seinen Nachkommen einen Anteil und jedem ehelichen Kind oder dessen Nachkommen deren zwei zuweist.

Auf den einen ausserehelichen Sohn des Erblassers entfallen also ein und auf seine eine eheliche Tochter zwei Anteile. Der Nachlass wird also gedrittelt, und der Sohn erhält einen, die Tochter zwei Drittel.
Hatte der Vater aussereheliche Zwillinge und drei eheliche Kinder, so errechnen sich Erbteile von zweimal einem Achtel und dreimal zwei Achteln oder einem Viertel.

b) Die Beerbung

Der Erblasser wurde von seinen *Nachkommen* ohne Rück-   6
sicht auf seine aussereheliche Geburt beerbt. Dasselbe gilt von der Erbberechtigung der *Eltern* oder der *Grosseltern* oder ihrer Nachkommen (Erben der 2. bzw. der 3. Parentel) beim Tode des von seinem Vater anerkannten (oder ihm mit Standesfolge zugesprochenen) ausserehelichen Kindes. Die väterliche Seite erbte in diesem Fall also gleichberechtigt neben der mütterlichen, obwohl der Erblasser selbst bei der Beerbung seiner väterlichen Verwandten benachteiligt war. War der aussereheliche geborene Erblasser von seinem Vater nicht anerkannt usw., so wurde er von seinen Verwandten väterlicherseits nicht beerbt, der ganze Nachlass gelangte vielmehr an die Mutter oder ihre Eltern oder deren Nachkommen.

Art. 462

B. Überlebender
Ehegatte
I. Erbanspruch

Der überlebende Ehegatte erhält:
1. wenn er mit Nachkommen zu teilen hat, die Hälfte der Erbschaft;
2. wenn er mit Erben des elterlichen Stammes zu teilen hat, drei Viertel der Erbschaft;
3. wenn auch keine Erben des elterlichen Stammes vorhanden sind, die ganze Erbschaft.

B. Le conjoint survivant
I. Son droit

Le conjoint survivant a droit:
1. en concours avec les descendants, à la moitié de la succession;
2. en concours avec le père, la mère ou leur postérité, aux trois quarts;
3. à défaut du père, de la mère ou de leur postérité, à la succession tout entière.

B. Coniuge superstite
I. Porzione ereditaria

Il coniuge superstite riceve:
1. in concorso con i discendenti, la metà della successione
2. in concorso con eredi della stirpe dei genitori, tre quarti della successione;
3. se non vi sono né discendenti né eredi della stirpe dei genitori, l'intera.

Materialien: TE 407 – VE 489; Anträge, 96; Erl. I, 116 ff., 233 ff., 380 = Mot. I, 99 ff., 197 ff., II, 54 – E 470, 471 – *Revision 1984:* ExpRevFam. Bd. I, 23; II, 61 – Botschaft 1979, 1223 f., Ziff. 162; 1229, Ziff. 174.3; 1347, Ziff. 235 2; 1351 f., Ziff. 235.3, 4; 1424 – NatR 1983, 687 – AS 1986 I 143.

Literatur: P. BREITSCHMID, Ehegattenerbrecht bei Scheidung, AJP 1993, 1447 ff.; H.A. KAUFMANN, Das Erbrecht sowie die ehe- und erbrechtliche Übergangsordnung, BTJP 1987, 117–178; P. PIOTET, Le régime matrimonial suisse de la participation aux acquêts, Berne 1986 (= Die Errungenschaftsbeteiligung nach schweizerischem Ehegüterrecht, Bern 1987); *ders.,* Nullité de mariage et droits successoraux, ZSR 110 (1991) I, 221–235; H.M. RIEMER, Nichtige (unwirksame) Testamente, FS Max Keller, Zürich 1989, 245–259; K. SPIRO, Rechtspolitische Miscellanea zum Erbrecht des Ehegatten, in: Familienrecht im Wandel. FS Hans Hinderling, Basel 1976, 265–279; THOMAS SUTTER/DIETER FREIBURGHAUS, Kommentar zum neuen Scheidungsrecht, Zürich 1999; CHRISTOPH WILDISEN, Das Erbrecht des überlebenden Ehegatten, Diss. Freiburg i.Ue. 1997.

Inhaltsübersicht

I. Der Inhalt

Der Ehegatte des Erblassers erhält als dessen gesetzlicher 1
Erbe neben Erben der 1. Parentel, Nachkommen des Erblassers (Art. 457),
die Hälfte und neben Erben der 2. Parentel, den Eltern des Erblassers oder
ihren Nachkommen (Art. 458), drei Viertel der Erbschaft. Hinterlässt der
Erblasser weder Nachkommen noch seine Eltern oder Nachkommen der
Eltern, so beruft das Gesetz den überlebenden Ehegatten als Alleinerben.
Zum Pflichtteil des überlebenden Ehegatten s. Art. 471 Ziff. 3.

II. Funktion

Die Erbberechtigung des überlebenden Ehegatten folgt 2
aus der familienrechtlichen Zuordnung von Ehegatten zueinander (s. vorn,
Vorbem. vor Art. 457 N. 9 ff.) und entspricht dem Prinzip Erbberechtigung
der Familie (ebd. N. 1 f.). Bei Ehen zwischen nahen Verwandten (im Rahmen des nach Art. 95 Abs. 1 Ziff. 1 Zulässigen) kann es ausnahmsweise vorkommen, dass der überlebende Ehegatte den Erblasser auch als dessen Verwandter beerbt, eventuell aber erst nach Ausschlagung der Erbschaft als
überlebender Ehegatte. Das ist der Fall, wenn der überlebende Ehegatte der
Neffe oder die Nichte des Erblassers ist, der Erblasser keine Nachkommen
hinterlässt und ihm (dem überlebenden Ehegatten) vorgehende Verwandte
der elterlichen Parentel weggefallen sind (s. Art. 462 Ziff. 2 und 458). Ist der
überlebende Ehegatte als Cousin oder Cousine, Onkel oder Tante des Erb-

lassers ein Nachkomme der Grosseltern desselben, so ist es theoretisch denkbar, dass er den Erblasser als dessen Verwandter beerbt, wenn er die Erbschaft als überlebender Ehegatte ausschlägt (s. Art. 462 Ziff. 3 und 459).

III. Der überlebende Ehegatte

3   Ehegatte ist, wer mit dem Erblasser im Augenblick des Todes verheiratet, d.h. durch Trauung (Art. 101 f.) zur ehelichen Gemeinschaft verbunden, ist (Art. 159 Abs. 1).

4   *Verlobte* (vgl. Art. 90) beerben einander gesetzlich nicht. Die gesetzliche Berufung zur Erbfolge kommt erst durch die Trauung zustande, in dem Augenblick, in dem der Bräutigam und die Braut auf die Frage des Zivilstandsbeamten die Erklärung abgegeben haben, die Ehe miteinander eingehen zu wollen (Art. 102 Abs. 3).

5   Der überlebende Ehegatte ist auch dann erbberechtigt, wenn die Ehe mit einem *Ungültigkeitsgrund* (Art. 104 ff.) behaftet war. Die Ungültigkeit wird erst wirksam, wenn das Gericht die Ehe für ungültig erklärt hat (Art. 109) und das Urteil formell rechtskräftig geworden ist (s. unten N. 8). Allerdings hat das Ungültigkeitsurteil, das erst nach dem Tod des Erblassers ergeht oder rechtskräftig wird, insoweit rückwirkende Kraft, als der überlebende Ehegatte sein Erbrecht verliert (Art. 109 Abs. 1), und zwar auch dann, wenn er in Bezug auf die Gültigkeit der Ehe gutgläubig war. Das Ungültigkeitsurteil hat auch dann rückwirkende Kraft, wenn die Ungültigkeitsklage erst nach dem Tod des Erblassers erhoben worden ist. Dies kann in Fällen der unbefristeten Ungültigkeit nach Art. 105 jederzeit geschehen, und jedermann, der ein Interesse hat, namentlich die erbberechtigten Verwandten des Erblassers, kann die Ungültigerklärung verlangen (Art. 106 Abs. 2 und 3). Handelte es sich um befristete Ungültigkeit, so können die Erben einen bereits anhängigen Prozess weiterführen, ein eigenes Klagerecht haben sie jedoch nicht (Art. 108 Abs. 2).

6   Aus *letztwilligen Verfügungen* des Erblassers kann der andere Ehegatte in sinngemässer Anwendung der Regelung für den Fall der Scheidung (Art. 120 Abs. 2) nach der Ungültigerklärung der Ehe keine Ansprüche erheben (RIEMER, FS Keller, 252; s. unten N. 10 ff.).

7   Auch wenn die Ehegatten *getrennt leben*, besteht die eheliche Gemeinschaft weiter, und der überlebende Ehegatte ist erbberechtigt. Das gilt sowohl bei Ehetrennung (Art. 117 f.) wie bei berechtigter Aufhebung des gemeinsamen

Haushalts (Art. 175 f.). Mit der Ehetrennung tritt von Gesetzes wegen Gütertrennung ein (Art. 118 Abs. 1). Bei begründeter (berechtigter) Aufhebung des gemeinsamen Haushalts hat das Gericht die Gütertrennung auf Begehren eines Ehegatten anzuordnen, wenn die Umstände es rechtfertigen (Art. 176 Abs. 1 Ziff. 3). Das wirkt sich auf den Nachlass aus, wenn die Ehe während der Gütertrennung durch den Tod eines Ehegatten aufgelöst wird (s. unten N. 22).

Der überlebende Ehegatte ist auch erbberechtigt, wenn zur Zeit des Todes   8
des Erblassers ein *Scheidungsverfahren anhängig* war. Das gemeinsame Begehren der Scheidung (Art. 111) und die Scheidungsklage (Art. 114) beenden die eheliche Gemeinschaft nicht. Diese endet erst in dem Augenblick, in dem die Gestaltungswirkung des Scheidungsurteils eintritt. Das ist der Fall, sobald das Urteil in formelle Rechtskraft erwachsen ist (W. HABSCHEID, Schweizerisches Zivilprozess- und Gerichtsorganisationsrecht, 2. Aufl. 1990, Nr. 518 f.; s. aber auch VOGEL, 8. Kap. N. 82). Bei Scheidungsurteilen (und ebenso bei Ungültigkeitsurteilen, oben N. 5) kantonaler Gerichte heisst das: mit dem ungenutzten Ablauf der Frist für die Einlegung des ordentlichen Rechtsmittels (Appellation, Berufung usw.) oder mit dessen Rückzug, bei einem Scheidungs- oder Ungültigkeitsurteil des Bundesgerichts: mit der Ausfällung des Urteils (HABSCHEID, Nr. 447, Nr. 702 Anm. 1; VOGEL, 8. Kap. N. 62; s. auch HANS HINDERLING, Das schweizerische Ehescheidungsrecht, 3. Aufl. Zürich 1967, 230 ff. und Supplement, 1973, 89). Bis zu diesem Augenblick, während der ganzen Dauer des Gerichtsverfahrens, besteht die Ehe fort. Wenn der Erblasser also während des Scheidungsverfahrens stirbt, ist sein Ehegatte nur dann nicht erbberechtigt, wenn er erbunwürdig ist (Art. 540). Praktisch bleibt dem Erblasser, der nicht will, dass sein Ehegatte ihn noch beerbt, nur die Möglichkeit, ihn zu enterben, wenn die Voraussetzungen dafür gegeben sind (Art. 477), oder auf den Pflichtteil zu setzen (Art. 471 Ziff. 3).

Mit der formellen Rechtskraft des Scheidungsurteils (N. 8) ist die Ehe des   9
Erblassers beendet. Der frühere Ehegatte ist von diesem Augenblick an nicht mehr erbberechtigt. Art. 120 Abs. 2 bestimmt ausdrücklich: «Geschiedene Ehegatten haben zueinander kein gesetzliches Erbrecht ...»

Nach derselben Vorschrift können geschiedene Ehegatten auch aus *Verfü-*   10
gungen von Todes wegen, die sie *vor der Rechtshängigkeit des Scheidungsverfahrens* errichtet haben, keine Ansprüche erheben. Der Eintritt der Rechtshängigkeit der Scheidungsklage ist in Art. 136 ZGB bundesrechtlich geregelt: Danach wird das *gemeinsame Scheidungsbegehren* ohne vorausgehen-

des Sühneverfahren direkt beim Gericht rechtshängig gemacht (Abs. 1); die Wirkungen der Rechtshängigkeit treten mit der Einreichung des formgültigen Scheidungsbegehrens beim zuständigen oder vermeintlich zuständigen Gericht ein (s. KARL SPÜHLER, Neues Scheidungsverfahren, Zürich 1999, 26 f.; SUTTER/FREIBURGHAUS, Art. 136 N. 14 ff.). In allen andern Fällen tritt die Rechtshängigkeit mit der Klageanhebung ein (Art. 136 Abs. 2). Ist die Klage nach kantonalem Recht beim Sühnebeamten einzuleiten, so genügt zur *Klageanhebung* im Allgemeinen dessen Anrufung (s. SPÜHLER, 27 f.; SUTTER/FREIBURGHAUS, Art. 136 N. 20 ff.; VOGEL, 12. Kap. N. 24 ff., 311 f.).

11   Nach früherem Recht (aArt. 154 Abs. 2) hatten geschiedene Ehegatten aus Verfügungen, die sie *vor der Scheidung* errichtet hatten, keine Ansprüche. Mit der Neuregelung sollte ein praktisches Bedürfnis befriedigt werden, welches daran bestehe, in Scheidungskonventionen Regelungen für den Todesfall treffen und schon im Scheidungsverfahren Verfügungen von Todes wegen zugunsten des geschiedenen Ehegatten errichten zu können (Botschaft 1995, Ziff. 233.2). Ein solches Interesse bestand aber nur vor dem Hintergrund des aArt. 151 Abs. 1, der dem Richter sonst die unlösbare Aufgabe aufbürdete, die durch die Scheidung zunichte gemachten (Erb-)Anwartschaften des schuldlosen Ehegatten in Geld zu bemessen. Mit der Aufhebung dieser Bestimmung ist das praktische Interesse an der Errichtung von Verfügungen von Todes wegen zugunsten des Ehegatten im Scheidungsverfahren weggefallen. Auf jeden Fall bleibt es dabei, dass *Verpflichtungen* zur Errichtung von Verfügungen von Todes wegen, auch wenn sie in einer Scheidungskonvention vereinbart wurden, nichtig sind und dass die *Verfügungen* selbst in den Formen der Art. 498 ff. errichtet werden müssen.

12   Die *frühere Regelung* galt nach h.M. als *zwingendes Recht* (BÜHLER/SPÜHLER, 1980, Art. 154 ZGB, N. 80 ff., insbes. N. 81, mit Nachw.; SPÜHLER/FREIMAURER, 1991, Art. 154, N. 80; TUOR/SCHNYDER/SCHMID, § 21 II c 2). Das BGer. hat jedoch im Jahr 1996 entschieden, dass Art. 154 Abs. 2 auf den hypothetischen Willen des Ehegatten abstelle, der im Einzelfall auch gegenteilig sein könne. Er dürfe, da grundsätzlich auch unter Ehegatten Vertragsfreiheit herrsche (Art. 168), daher nicht präsumiert werden, wo er nachweislich nicht vorhanden sei (BGE 122 III 308 Erw. 2b bb, v.a. im Anschluss an BREITSCHMID, AJP 1993, 1447 ff.; ähnlich, schon früher, PIOTET, ZSR 1991 I, 227; OGer. ZH, ZR 1990, Nr. 99; jetzt auch B. SCHNYDER, Die ZGB-Revision 1998/2000, Zürich 1999, 53; SUTTER/FREIBURGHAUS, Art. 120 N. 23 f.). Entgegen diesen Ansichten ist die *neue Bestimmung des Art. 120 Abs. 2* zwingender Natur. Die abweichende Auffassung vermag nicht zu überzeugen:

13   Der Hinweis auf den hypothetischen Erblasserwillen kann die Vorschrift nicht erklären, denn der *hypothetische* Wille ist nach bewährter schweizerischer Lehre und Rechtsprechung unbeachtlich (s. hinten, Einl. vor Art. 467 N. 79 ff.; anders § 2077 Abs. 3 BGB und die deutsche Doktrin). Gemeint ist

offenbar auch etwas anderes, nämlich die Abwesenheit eines Motivirrtums des Erblassers: Ausgehend vom Normalfall, dass Ehegatten einander nur unter der Voraussetzung bedenken wollen, dass die Ehe Bestand hat, weist das BGer. auf die Möglichkeit hin, dass das im Einzelfall anders ist. Art. 120 Abs. 2 antizipiert aber keinen Motivirrtum: Der Wortlaut weist darauf hin, dass der Fehler nicht in der Verfügung oder im Willen des Erblassers, sondern beim Begünstigten zu suchen ist: «*Geschiedene Ehegatten können* aus Verfügungen von Todes wegen, die sie vor der Rechtshängigkeit des Scheidungsverfahrens errichtet haben, *keine Ansprüche erheben.*» Auch wäre nicht einzusehen, warum *dieser* Motivirrtum die Verfügung eo ipso unwirksam machen sollte, während die Ungültigkeit sonst mit der Ungültigkeitsklage zur Geltung gebracht werden muss (Art. 519 ff.). Auch der Hinweis auf die *Vertragsfreiheit unter Ehegatten* nach Art. 168 geht fehl. Wenn der Erblasser vor der Rechtshängigkeit eines Scheidungsverfahrens seinem Ehegatten eine Zuwendung von Todes wegen gemacht hat, die er nach der Scheidung aufrechterhalten will, so steht es ihm frei, eine neue Verfügung zu errichten.

Art. 120 Abs. 2 trägt vielmehr dem tiefen Einschnitt Rechnung, den eine   14
Ehescheidung im Leben der Beteiligten meistens bedeutet (vgl. auch DESCHENAUX/TERCIER/WERRO, § 14 N. 670), mit der Möglichkeit und der Notwendigkeit eines Neuanfangs. Er ordnet die relative Erbunfähigkeit des geschiedenen Ehegatten an (richtig: RIEMER, FS Keller, 252) und erspart damit auch den andern Erben in vielen Fällen unangenehme Auseinandersetzungen mit dem geschiedenen Ehegatten des Verstorbenen.

Die *Verschollenerklärung* eines Ehegatten löst nach Art. 38 Abs. 3 (in Kraft   15
getreten am 1. Januar 2000) die Ehe auf (anders früher aArt. 120), und gemäss Art. 38 Abs. 1 können die aus dem Tod des Verschollenerklärten abgeleiteten Rechte geltend gemacht werden, wie wenn der Tod bewiesen wäre. Da die Ehe bis zum vermuteten Eintritt des Todes bestand, wird der Verschollenerklärte auch von seinem Ehegatten beerbt.

Gemäss Art. 38 Abs. 2 wird die Wirkung der Verschollenerklärung auf den   16
Zeitpunkt der Todesgefahr oder der letzten Nachricht zurückbezogen. Sind beide Ehegatten in derselben Todesgefahr verschwunden oder hat man zuletzt von beiden gemeinsam gehört (vgl. Art. 35 Abs. 1), so ergibt sich aus Art. 38 Abs. 2 die Vermutung, dass sie das Leben *gleichzeitig* verloren haben. Eine Beerbung des einen Ehegatten durch den andern kommt dann nicht in Betracht (s. Art. 542).

17   Wer mit dem Erblasser in einer nichtehelichen Gemeinschaft (schlichter Wohngemeinschaft, Konkubinat oder homosexueller Verbindung) lebt, ist *nicht* mit ihm verheiratet und einem Ehegatten auch nicht gleichgestellt. Der Erblasser kann ihn jedoch durch Verfügung von Todes wegen als Erben einsetzen (Art. 483). (Für eine Erbberechtigung de lege ferenda, im Anschluss an eine St. Galler Diplomarbeit, I. SCHWANDER, Sollen eheähnliche und andere familiäre Gemeinschaften in der Schweiz gesetzlich geregelt werden? AJP 1994, 924.)

IV. Der Erbteil des überlebenden Ehegatten

18   Die Grösse des *Erbteils* des überlebenden Ehegatten hängt davon ab, ob der Erblasser Nachkommen oder seine Eltern (oder deren Nachkommen) als Erben hinterlässt. Im ersteren Fall erbt der überlebende Ehegatte die Hälfte, im anderen Fall drei Viertel des Nachlasses. Wenn weder das eine noch das andere zutrifft, fällt ihm die ganze Erbschaft als Alleinerben zu. Anders als bei der Erbfolge der verwandten Erben (Art. 457 ff.) kommt es also nicht darauf an, wie viele andere gesetzliche Erben vorhanden sind, sondern allein darauf, ob Verwandte des Erblassers der 1. oder der 2. Parentel erbberechtigt sind. In der Praxis folgt daraus, dass man zuerst den Erbteil des überlebenden Ehegatten bestimmt und dann den Rest der Erbschaft nach den Vorschriften der Art. 457 und 458 auf die verwandten Erben aufteilt.

19   Von der beträchtlichen Grösse seines Erbteils (s. vorn, Vorbem. vor Art. 457 N. 10 ff.) abgesehen, sind der überlebende Ehegatte und die Verwandten des Erblassers als Erben einander grundsätzlich gleichgestellt. Das gilt auch bei der Erbschaftsteilung, soweit den persönlichen Verhältnissen der einzelnen Erben Beachtung geschenkt wird, z.B. wenn er Anspruch auf ungeteilte Zuweisung eines landwirtschaftlichen Gewerbes erhebt, das er selbst betreiben will (Art. 11 ff. BGBB), und wenn unter Berücksichtigung der persönlichen Verhältnisse der Erben über die Veräusserung oder die Zuweisung von Familienschriften und Erinnerungsstücken zu entscheiden ist (Art. 613 Abs. 3; vgl. auch Art. 457 N. 21). Bevorzugt wird der überlebende Ehegatte jedoch nach Art. 612a bei der Zuteilung des Hauses oder der Wohnung, worin die Ehegatten gelebt haben, sowie der Hausratsgegenstände.

V. Güterrechtliche Ansprüche und Verpflichtungen

Gegenstand der Erbfolge sind die vererblichen Rechte und   20
Pflichten des Erblassers, die Erbschaft oder der Nachlass. In jedem Erbfall
stellt sich daher die Frage, um welche Rechte und Pflichten es sich handelt.
Diese Frage drängt sich aber bei einem verheirateten Erblasser besonders
auf, aus zwei Gründen: erstens weil die Vermögen von Ehegatten oft nicht
scharf getrennt sind und zweitens weil aufgrund des Güterrechts der Ehegatten (Art. 181 ff.), je nach dem Güterstand, gemeinschaftliches Vermögen
vorhanden sein kann – insbesondere bei Gütergemeinschaft – und bei der
Auflösung des Güterstandes güterrechtliche Ansprüche entstehen können,
die als Aktiven oder Passiven zum Nachlass gehören – insbesondere bei der
Errungenschaftsbeteiligung. Ohne praktische Bedeutung sind diese Fragen
nur dann, wenn der überlebende Ehegatte Alleinerbe ist. Der Stand der Erbschaft ist im Erbgang von überragender Bedeutung und muss jedenfalls geklärt sein, bevor die Erbschaft geteilt werden kann, gerade weil eine vorgän-
gige güterrechtliche Teilung nicht durchgeführt zu werden braucht, wenn der
Güterstand durch den Tod eines Ehegatten aufgelöst worden ist (s. hinten,
Art. 474 N. 30). Die Auswirkungen des Güterrechts der Ehegatten auf die
Erbschaft und auf den Erbgang sind hier deshalb kurz zu resümieren. Wegen
aller Einzelheiten wird auf die vorzügliche Kommentierung von HAUSHEER/
REUSSER/GEISER im Berner Kommentar, 1992 und 1996 Bezug genommen.

Das Zivilgesetzbuch kennt drei verschiedene Güterstände: den ordent-   21
lichen Güterstand der Errungenschaftsbeteiligung (participation aux acquêts; participazione agli acquisti; Art. 196 ff.) sowie als vertragliche Güterstände die Gütergemeinschaft (communauté de biens; comunione dei beni;
Art. 221 ff.) und die Gütertrennung (séparation de biens; separazione dei
beni; Art. 247 ff.). Alle drei können durch einen Ehevertrag modifiziert, d.h.
in Einzelheiten von der gesetzlichen Regelung abweichend gestaltet werden. Als ausserordentlicher Güterstand wird Gütertrennung auf Begehren
eines Ehegatten aus wichtigen Gründen vom Gericht angeordnet (Art. 176
Abs. 1 Ziff. 3, 185; auch Art. 189); sie tritt von Gesetzes wegen mit der Ehetrennung ein (Art. 118; s. auch oben N. 7) und, falls Gütergemeinschaft besteht, mit Konkurseröffnung (Art. 188).

a) *Bei Gütertrennung.* Die Vermögen der Eheleute sind getrennt. Wer be-   22
hauptet, ein bestimmter Vermögenswert gehöre ihm, muss es beweisen.
Kann der Beweis nicht erbracht werden, so wird Miteigentum (s. Art. 646),
d.i. Mitberechtigung, beider Ehegatten angenommen (Art. 248). Steht ein

Vermögenswert im Miteigentum der Ehegatten, so fällt der dem Erblasser gehörende Eigentumsbruchteil in den Nachlass. Die Aufhebung des Miteigentums geschieht nach den Vorschriften der Art. 650 f. Gemäss Art. 651 kann das Miteigentum auch durch Übertragung der ganzen Sache auf einen oder mehrere der Miteigentümer – den überlebenden Ehegatten oder die Erben – unter Auskauf der Übrigen aufgehoben werden. In Ergänzung dieser Bestimmung ordnet Art. 251 an, dass diejenige Seite, die ein überwiegendes Interesse hat, von der anderen Seite *verlangen kann*, «dass ihr der Vermögenswert gegen Entschädigung … ungeteilt zugewiesen wird». Durch diesen Anspruch geht Art. 251 über Art. 651 hinaus. Nach Aufhebung des Miteigentums gehört der betreffende Gegenstand entweder ganz oder gar nicht mehr zum Nachlass. Der Wert des Nachlasses wird dadurch nicht verändert. Die Aufhebung des Miteigentums kann auch im Rahmen der Erbschaftsteilung erfolgen.

23 b) *Bei Errungenschaftsbeteiligung.* Das Vermögen der Ehegatten zerfällt in vier Vermögensmassen: in das Eigengut und die Errungenschaft jedes der beiden (Art. 196). *Errungenschaft* sind die Vermögenswerte, die ein Ehegatte während der Dauer des Güterstandes entgeltlich erworben hat: sein Arbeitserwerb, Leistungen der Sozialversicherungen, von Personalvorsorge- und Sozialfürsorgeeinrichtungen, Entschädigungen wegen Arbeitsunfähigkeit, die Erträge seines Eigengutes und Ersatzanschaffungen für Errungenschaft (Art. 197).

24 *Eigengut* sind von Gesetzes wegen die Gegenstände, die einem Ehegatten ausschliesslich zum persönlichen Gebrauch dienen, ihm zu Beginn des Güterstandes gehörten oder später durch Erbgang oder unter Lebenden unentgeltlich zugekommen sind, Genugtuungsansprüche sowie Ersatzanschaffungen für Eigengut (Art. 198). Durch Ehevertrag können die Ehegatten Vermögenswerte der Errungenschaft, die für die Ausübung eines Berufes oder den Betrieb eines Gewerbes bestimmt sind, zu Eigengut erklären. Überdies können sie durch Ehevertrag vereinbaren, dass Erträge aus dem Eigengut nicht in die Errungenschaft fallen (Art. 199).

25 Mit dem Tod eines Ehegatten wird der Güterstand aufgelöst (Art. 204 Abs. 1). Die Errungenschaftsbeteiligung ist eine abgewandelte Form der Gütertrennung (s. oben N. 22). Das Eigengut und die Errungenschaft des Erblassers bilden den Nachlass, während das Eigengut und die Errungenschaft des überlebenden Ehegatten dem Erbgang entzogen bleiben.

26 Wer behauptet, ein bestimmter Vermögenswert sei Eigentum des einen oder andern Ehegatten, muss es beweisen. Wird der Beweis nicht erbracht,

wird Miteigentum (s. Art. 646), d.i. Mitberechtigung, beider Ehegatten angenommen (Art. 200 Abs. 1 und 2). Steht ein Vermögenswert im Miteigentum der Ehegatten, so ist der dem Erblasser gehörende Eigentumsbruchteil Nachlassgegenstand. Für die Aufhebung des Miteigentums gelten die oben N. 22 dargestellten Regeln, wobei dem Art. 251 bei Gütertrennung bei Errungenschaftsbeteiligung der Art. 205 Abs. 2 entspricht.

Hat ein Ehegatte zum Erwerb, zur Verbesserung oder zur Erhaltung von   27
Vermögensgegenständen des andern ohne entsprechende Gegenleistung beigetragen, so ist der geleistete Beitrag zurückzugewähren. Ist der Wert des Gegenstandes, der angeschafft wurde oder für den die Aufwendungen erbracht wurden, aus konjunkturellen Gründen gestiegen, so erhöht sich der Rückforderungsanspruch im selben Verhältnis (NÄF-HOFMANN, § 36 VII, Nr. 1292 ff.). Eine konjunkturell begründete Wertminderung wird nicht berücksichtigt. Wurde der Gegenstand veräussert, so ist der Verkaufserlös für die Wertberechnung zugrunde zu legen. Die Ehegatten können durch schriftliche Vereinbarung den Mehrwertanteil ändern oder ausschliessen (Art. 206).

Von der Gütertrennung unterscheidet sich die Errungenschaftsbeteiligung   28
dadurch, dass jeder Ehegatte bei Beendigung des Güterstandes am sog. Vorschlag (bénéfice, aumento) des anderen beteiligt wird. Der *Vorschlag* – man hat darunter einen Vermögenszuwachs, das Gegenteil eines Rückschlages (déficit, diminuzione) zu verstehen (als Gegensatzpaar in der Marginalie zu aArt. 214) – ist der durch verschiedene Ausgleichsforderungen oder -schulden, Neuabgrenzungen und Hinzurechnungen berichtigte Wert der Errungenschaft im Zeitpunkt des Todes des Erblassers. Es muss also festgestellt werden, welche Vermögenswerte dem Eigengut jedes Ehegatten und welche seiner Errungenschaft zuzurechnen sind. Das Gesetz sagt: «Errungenschaft und Eigengut jedes Ehegatten werden nach ihrem Bestand im Zeitpunkt der Auflösung des Güterstandes ausgeschieden» (Art. 207 Abs. 1). Nach der Beweisvorschrift des Art. 200 Abs. 3 gilt bis zum Beweis des Gegenteils alles Vermögen eines Ehegatten als Errungenschaft.

Hat der *überlebende Ehegatte* von einer Vorsorgeeinrichtung oder wegen   29
Arbeitsunfähigkeit anstelle einer Rente eine Kapitalleistung erhalten, so wird der Betrag des Kapitalwertes, den die Rente bei der Auflösung der Gütergemeinschaft hätte, wenn sie nicht abgegolten worden wäre, dem Eigengut des überlebenden Ehegatten zugewiesen (Art. 207 Abs. 2; s. NÄF-HOFMANN, § 41 Nr. 1613 ff.). Das führt zu einer Minderung seines Vorschlages und, mittelbar, des Beteiligungsanspruchs der Erben. Hat der *Erblasser* eine

solche Kapitalleistung erhalten, so kommt es nicht zu einer Neuzuweisung, weil der Kapitalwert der Rente im Augenblick des Todes auf null sinkt (ebd., Nr. 1254); das gilt auch dann, wenn der Erblasser vor Ablauf der statistischen Lebenserwartung gestorben ist (ebd., Nr. 1256).

30   Dagegen werden zur Errungenschaft jedes Ehegatten *hinzugerechnet:*
  – unentgeltliche Zuwendungen, die er ohne Zustimmung des anderen Ehegatten während der letzten fünf Jahre vor dem Tod des Erblassers Dritten gemacht hat, abgesehen von üblichen Gelegenheitsgeschenken (Art. 208 Abs. 1 Ziff. 1) und
  – Vermögensentäusserungen, die er während der Dauer des Güterstandes vorgenommen hat, um den Beteiligungsanspruch des anderen Ehegatten zu schmälern (Art. 208 Abs. 1 Ziff. 2).
  Zur Bedeutung der güterrechtlichen Hinzurechnungen für die erbrechtliche Hinzurechnung s. hinten Art. 475 N. 56 ff.

31   Schliesslich wird ein Ausgleich vorgenommen, wenn ein Ehegatte Schulden seiner Errungenschaft aus seinem Eigengut bezahlt hat oder umgekehrt. Eine Schuld wird der Vermögensmasse zugerechnet, mit der sie sachlich zusammenhängt, im Zweifel aber der Errungenschaft (Art. 209 Abs. 1 und 2). Ein Ausgleich ist auch dann vorzunehmen, wenn ein Ehegatte Mittel der einen Vermögensmasse zum Erwerb, zur Verbesserung oder zur Erhaltung von Vermögensgegenständen der andern verwendet hat. Ist in einem solchen Fall ein konjunkturell bedingter Mehr- oder Minderwert eingetreten, so wird der Ausgleich im selben Verhältnis erhöht oder herabgesetzt (Art. 209 Abs. 3). Es wird hier also, anders als nach Art. 206, auch eine Wertminderung berücksichtigt.

32   Nach diesen Abgrenzungsberichtigungen werden die Errungenschaft des Erblassers und des überlebenden Ehegatten bewertet. Dabei ist der Verkehrswert (Art. 211) – jedoch bei einem landwirtschaftlichen Gewerbe, auf dessen ungeteilte Zuweisung der überlebende Ehegatte oder ein Nachkomme des Erblassers begründeten Anspruch erhebt, im Allgemeinen der Ertragswert (Art. 212 f.) – im Zeitpunkt der Auseinandersetzung (Art. 214) zugrunde zu legen. Der der so ermittelte Wert der Errungenschaft jedes Ehegatten stellt seinen Vorschlag dar.

33   Vom Vorschlag des Erblassers steht dem überlebenden Ehegatten von Gesetzes wegen die Hälfte zu, und ebenso den Erben vom Vorschlag des überlebenden Ehegatten. Die beiden Forderungen werden, soweit sie sich decken, miteinander verrechnet (Art. 215). In Höhe der Differenz bleibt die

«Beteiligungsforderung» bestehen, die als Forderung oder als Schuld zum Nachlass gehört. Durch Ehevertrag können die Ehegatten eine andere Beteiligung am Vorschlag vereinbaren (Art. 216 Abs. 1). Wegen der Wahrung der Pflichtteilsberechtigung der nichtgemeinsamen Kinder und ihrer Nachkommen s. Art. 474 N. 31–34.

Güterrechtlich wird der überlebende Ehegatte privilegiert: 34
– nach Art. 218, indem er die Einräumung von Zahlungsfristen verlangen kann, wenn die sofortige Bezahlung der Beteiligungsforderung (s. oben N. 33) und des Mehrwertanteils ihn in ernstliche Schwierigkeiten brächte. Die beiden Forderungen sind dafür vom Abschluss der Auseinandersetzung an zu verzinsen und, wenn die Umstände es rechtfertigen, sicherzustellen (Art. 218 Abs. 2). Die Erben können sich auf Art. 218 nicht berufen (HAUSHEER/REUSSER/GEISER, Art. 218 N. 15, m. Nachw.);
– nach Art. 219, indem er, um ihm die Beibehaltung seiner bisherigen Lebensweise zu ermöglichen, die Zuteilung der Nutzniessung oder eines Wohnrechts an dem Haus oder der Wohnung, worin die Ehegatten gelebt haben, auf Anrechnung verlangen kann, sowie, unter den gleichen Voraussetzungen, die Zuteilung des Eigentums am Hausrat. Wo die Umstände es rechtfertigen, kann auf Verlangen des überlebenden Ehegatten oder der andern gesetzlichen Erben das Eigentum am Haus oder an der Wohnung eingeräumt werden. Die Bestimmung geht weniger weit als Art. 612a (s. oben N. 19), hindert den überlebenden Ehegatten aber nicht, die ihm nach Art. 612a zustehenden Vorrechte geltend zu machen.

Deckt das Vermögen des überlebenden Ehegatten die Beteiligungsforde-   35
rung (oben N. 33) nicht, so können die Erben unentgeltliche Zuwendungen an Dritte, die zur Errungenschaft hinzuzurechnen sind (oben N. 30), bis zur Höhe des Fehlbetrages bei den begünstigten Dritten einfordern. Der Anspruch erlischt ein Jahr, nachdem die Erben von der Verletzung ihrer Rechte Kenntnis erhalten haben. Im Übrigen gelten sinngemäss die Vorschriften über die erbrechtliche Herabsetzungsklage (s. Art. 522 ff.), nicht aber Art. 538 Abs. 2 über den Gerichtsstand (Art. 220).

c) *Bei Gütergemeinschaft.* Das Vermögen der Ehegatten zerfällt in drei Ver-   36
mögensmassen: in das Gesamtgut sowie in das Eigengut jedes Ehegatten (Art. 221). Während das Gesamtgut den Ehegatten ungeteilt, d.h. als Gesamteigentum (vgl. Art. 652 ff.), zusteht (Art. 222), gehört das Eigengut jedes Ehegatten ihm allein. Was *Gesamtgut* ist, hängt vor allem von den ehevertraglichen Vereinbarungen der Ehegatten ab: Nach Art. 222 Abs. 1 vereinigt die *allgemeine Gütergemeinschaft* alles Vermögen und alle Einkünfte

der Ehegatten, soweit sie nicht von Gesetzes wegen (dazu sogleich) Eigengut sind. Die Ehegatten können die Gemeinschaft aber auch auf die Errungenschaft (s. oben N. 23) beschränken *(Errungenschaftsgemeinschaft,*
Art. 223) oder bestimmte Vermögenswerte oder Arten von Vermögenswerten wie Grundstücke, den Arbeitserwerb eines Ehegatten oder Vermögenswerte, mit denen dieser einen Beruf ausübt oder ein Gewerbe betreibt, von
der Gemeinschaft ausschliessen *(Arten der beschränkten Gütergemeinschaft,*
Art. 224).

37   *Eigengut* entsteht durch Ehevertrag, durch Zuwendungen Dritter oder von
Gesetzes wegen (Art. 225). Durch Ehevertrag entsteht Eigengut immer
dann, wenn eine andere als die allgemeine Gütergemeinschaft vereinbart
worden ist (s. oben N. 36). Dritte können bestimmen, dass Zuwendungen,
die sie freiwillig und unentgeltlich erbringen (HAUSHEER/REUSSER/GEISER,
Art. 225 N. 20 ff., m. Nachw.), beim Empfänger Eigengut werden. Was der
Empfänger als Pflichtteil zu beanspruchen hat, kann ihm allerdings nicht als
Eigengut zugewendet werden, wenn im Ehevertrag vorgesehen ist, dass diese Vermögenswerte Gesamtgut sind (Art. 225 Abs. 3). Von Gesetzes wegen
umfasst das Eigengut die Gegenstände, die jedem Ehegatten ausschliesslich
zum persönlichen Gebrauch dienen, sowie Genugtuungsansprüche (s. auch
oben N. 24).

38   Die Gütergemeinschaft wird mit dem Tod eines Ehegatten aufgelöst
(Art. 236 Abs. 1), doch bleiben die Erben einerseits und der überlebende
Ehegatte andererseits Gesamteigentümer der zum Gesamtgut gehörenden
Vermögensgegenstände, und zwar bis zur Aufhebung des Gesamteigentums
nach Art. 243–246, gewöhnlich im Rahmen der Teilung der Erbschaft (s.
Art. 602 ff.). Aus diesem Grunde sind die Gesamtgutsobjekte als Erbschaftsgegenstände zu betrachten. Bei der Teilung steht den Erben und dem
überlebenden Ehegatten vom Gesamtgut grundsätzlich je die Hälfte zu.
Demgegenüber bildet das *Eigengut* des Erblassers einen Teil des Nachlasses,
der allein unter den Erben zu teilen ist, während das Eigengut des überlebenden Ehegatten weiterhin ihm allein gehört. Es ist daher vor allem zu bestimmen, wie jede Gütermasse zusammengesetzt ist. Dafür ist der Zeitpunkt der Auflösung des Güterstandes massgebend (Art. 236 Abs. 3). Es
gelten jedoch alle Vermögenswerte als Gesamtgut, solange nicht bewiesen
ist, dass sie Eigengut eines Ehegatten sind (Art. 226). Darüber hinaus werden folgende Ausgleichungen und Neuzuweisungen vorgenommen:

39   1. Hat der *überlebende Ehegatte* von einer Vorsorgeeinrichtung oder wegen
Arbeitsunfähigkeit anstelle einer Rente eine Kapitalleistung erhalten und

ist dieselbe in das Gesamtgut gelangt, so wird sie im Betrag des Kapitalwertes, den die Rente bei der Auflösung der Gütergemeinschaft hätte, wenn sie nicht abgegolten worden wäre, zu Lasten des Gesamtgutes dem Eigengut des überlebenden Ehegatten zugewiesen (Art. 237; s. dazu NÄF-HOFMANN, Nr. 2372 ff.; 1613 ff.). Das führt mittelbar zu einer Minderung des Nachlasses. Hatte der *Erblasser* eine solche Kapitalleistung erhalten, so kommt es nicht zu einer Neuzuweisung, weil der Kapitalwert der Rente im Augenblick des Todes auf null gesunken wäre (ebd., Nr. 1658).

2. Hat ein Ehegatte aus seinem Eigengut Schulden des Gesamtgutes bezahlt   40
oder sind Schulden eines Eigenguts aus dem Gesamtgut bezahlt worden, so entstehen bei der güterrechtlichen Auseinandersetzung entsprechende Ersatzforderungen (Art. 238), die den Nachlasswert beeinflussen. Sind dagegen Schulden eines Ehegatten mit Mitteln des Eigenguts des anderen Ehegatten bezahlt worden, so steht diesem, wenn nicht Schenkung vereinbart wurde, eine Forderung aus Auftrag (Art. 402 OR), Geschäftsführung ohne Auftrag (Art. 422 OR) oder ungerechtfertigter Bereicherung (Art. 62 OR) zu, die als Aktivum oder Passivum zum Nachlass gehört (vgl. NÄF-HOFMANN, Nr. 2375 ff.).

3. Wenn aus dem Gesamtgut oder aus dem Eigengut eines der Ehegatten ein   41
Beitrag zum Erwerb, zur Verbesserung oder zur Erhaltung von Vermögensgegenständen einer andern Vermögensmasse geleistet worden ist, so gelten nach Art. 239 sinngemäss die Bestimmungen über den Mehrwertanteil bei der Errungenschaftsbeteiligung, d.h. Art. 206 (s. oben N. 27). Danach ist prinzipiell der geleistete Beitrag zurückzugewähren. Ist aber der Wert des Gegenstandes, der angeschafft wurde oder für den die Aufwendungen erbracht wurden, aus konjunkturellen Gründen gestiegen, so erhöht sich die Forderung im selben Verhältnis. Eine konjunkturell begründete Wertminderung wird nicht berücksichtigt (vgl. NÄF-HOFMANN, Nr. 2384; 1239 ff.).

Wird die Gütergemeinschaft durch den Tod eines Ehegatten aufgelöst, so   42
steht dessen Erben und dem überlebenden Ehegatten von Gesetzes wegen (Art. 241 Abs. 1) je die Hälfte des Gesamtgutes zu. Durch Ehevertrag können aber andere Anteile (Quoten) vereinbart sein (Art. 241 Abs. 2; wegen der Wahrung der Pflichtteilsansprüche der Nachkommen s. Art. 474 N. 34, 31 ff.).

Massgebend für den Wert des Gesamtgutes samt den Hinzurechnungen und   43
Abzügen gemäss Art. 237–239 (oben N. 39–41) ist der Zeitpunkt der Auseinandersetzung (Art. 240). Der überlebende Ehegatte wird bei der Teilung bevorzugt:

– nach Art. 243, indem er verlangen kann, dass ihm auf Anrechnung überlassen wird, was unter der Errungenschaftsbeteiligung sein Eigengut wäre, nämlich die Vermögenswerte, die ihm zu Beginn des Güterstandes gehörten oder ihm später durch Erbgang oder sonstwie unentgeltlich zugefallen sind, sowie Ersatzanschaffungen dafür (vgl. Art. 198 mit Art. 225);
– nach Art. 244, bei der Zuteilung des Hauses oder der Wohnung, worin die
  Ehegatten gelebt haben, sowie der Hausratsgegenstände. Die Bestimmung stimmt wörtlich mit Art. 612a überein (s. oben N. 19), sodass der
  überlebende Ehegatte die Zuteilung der Wohnung und des Hausrats entweder bei der Abgrenzung des Nachlasses von seinem eigenen Vermögen
  oder bei der Erbschaftsteilung verlangen kann;
– gemäss Art. 245, indem er bei Nachweis eines überwiegenden Interesses
  auch die Zuteilung anderer Vermögenswerte auf Anrechnung verlangen
  kann. Diese Regelung entspricht Art. 205 Abs. 2 und. Art. 251 über die
  Aufhebung von Miteigentum bei Errungenschaftsbeteiligung bzw. bei
  Gütertrennung (oben N. 26 und 22).

44 Im Übrigen gelten die Bestimmungen über die Teilung von «Miteigentum»
    (so der Wortlaut des Art. 246; gemeint ist «Gesamteigentum» oder «gemein-
    schaftliches Eigentum»), d.h. Art. 654 Abs. 2 in Verbindung mit Art. 651, und
    über die Durchführung der Erb(schafts)teilung, d.h. Art. 610–619.

VI. Güterrechtliche Übergangs-
bestimmungen (intertemporales Recht)

45   Das vorstehend kurz zusammengefasste geltende eheliche
    Güterrecht beruht auf dem BG über die Änderung des Schweizerischen
    Zivilgesetzbuchs (Wirkungen der Ehe im allgemeinen, Ehegüterrecht und
    Erbrecht) v. 5. Oktober 1984 und ist am 1. Januar 1988 in Kraft getreten. Es
    findet vorab Anwendung, wenn die Ehe des Erblassers nach dem 31. De-
    zember 1987 geschlossen wurde.

46 Wurde die Ehe des Erblassers vor dem 1. Januar 1988 geschlossen, so wer-
    den die güterrechtlichen Wirkungen nach dem alten Recht beurteilt, wenn
    der Erbfall und damit die Auflösung der Ehe vor dem 1. Januar 1988 einge-
    treten sind (Art. 9a Abs. 2 SchlT). Bei Erbfällen, die nach dem 31. Dezem-
    ber 1987 eintreten, wird dagegen das neue Güterrecht angewendet (Art. 9a
    Abs. 1 SchlT), wenn die Ehegatten nicht nach altem Recht einen Ehevertrag
    abgeschlossen hatten (Art. 10 Abs. 1 SchlT).

Im Einzelnen gilt folgendes:

a) Güterverbindung ohne ehevertragliche Änderung

Hatten die Ehegatten am 31. Dezember 1987 unter dem al-   47
ten ordentlichen Güterstand der *Güterverbindung* (aArt.
194–214) gestan-den und keinen Ehevertrag abgeschlossen, so wurden sie mit dem Inkraft-treten des neuen Rechts in den Güterstand der Errungenschaftsbeteiligung übergeleitet (Art. 9b Abs. 1 SchlT). Sie behielten den alten Güterstand je-doch bei, wenn sie spätestens am 2. Januar 1989 gemeinsam beim Güter-rechtsregisteramt ihres Wohnsitzes eine entsprechende Willenserklärung schriftlich eingereicht hatten (Art. 9e SchlT; s. unten N. 54).

Im Fall des Wechsels zur Errungenschaftsbeteiligung wurde, was jedem   48
Ehegatten am 1. Januar 1988 gehörte, gemäss Art. 197–199 dessen Eigengut oder dessen Errungenschaft (s. oben N. 23 f.). Bares Geld, andere vertretba-re Sachen und Inhaberpapiere, die die Frau in die Ehe eingebracht hatte und die gemäss aArt. 201 Abs. 3 Eigentum des Mannes geworden waren, fielen von Gesetzes wegen als Eigengut ins Eigentum der Frau zurück; die Aussonderung war nicht Voraussetzung des Eigentumswechsels (s. Bot-schaft 1979, Ziff. 242.52 Abs. 3 mit Verweis auf den Eintritt der gesetzlichen oder gerichtlichen Gütertrennung [aArt. 189 Abs. 1] und auf die güter-rechtliche Auseinandersetzung im Scheidungsfall [aArt. 154]). Nach Art. 9b Abs. 2 SchlT soll durch Ehevertrag begründetes Sondergut eines Ehegatten (aArt. 190 Abs. 1) sein Eigengut geworden sein. Art. 9b Abs. 2 SchlT ist aber mit Art. 10 Abs. 1 und 2 SchlT schwer zu vereinbaren und ist nach der h.L. nur dann anzuwenden, wenn die Eheleute nach altem Recht einen Ehevertrag abgeschlossen hatten und sich gemäss Art. 10b Abs. 1 SchlT der Errungenschaftsbeteiligung unterstellt haben (vgl. HAUSHEER/REUSSER/GEI-SER, Art. 181, Vorbem. N. 40, s. unten N. 54).

Die Ersatzforderung für fehlendes Frauengut (aArt. 201 Abs. 3; 201 Abs. 1   49
in Verb. mit 752; 209) wurden durch Art. 9b Abs. 3 SchlT bestätigt. Sie sind am 1. Januar 1988 fällig geworden (HAUSHEER/REUSSER/GEISER, Art. 181, Vorbem. N. 42) und verjähren mit Ablauf von 10 Jahren (Art. 127 OR). Die altrechtlichen Bestimmungen über die Ersatzforderungen der Ehefrau für das eingebrachte und nicht mehr vorhandene Frauengut bei Konkurs und Pfändung von Vermögenswerten des Ehemannes (aArt. 210 f. in Verb. mit Art. 110 f. und 219 Abs. 4 SchKG) bleiben nach Art. 9c SchlT «nach Inkraft-treten des neuen Rechts noch 10 Jahre anwendbar». Diese Bestimmung be-

grenzt m.E. weder die Anwendung der alten Vorschriften noch statuiert sie eine Ausschlussfrist, sondern nimmt auf die Verjährung der Ersatzforderungen Bezug. Diese bleiben nach Art. 9c SchlT privilegiert, solange sie nicht verjährt sind. Sie gehören zum Eigengut der Frau und können im Fall ihres Todes von den Erben geltend gemacht werden.

50   Als Investitionen in das Mannesvermögen im Sinn des neuen Art. 206 (s. oben N. 27) können nicht geltend gemachte Ersatzforderungen nur dann behandelt werden, wenn dessen Tatbestand erfüllt ist. Dazu gehört objektiv, dass die Ehefrau, indem sie – nach dem Inkrafttreten des neuen Rechts – auf die Geltendmachung der Forderung verzichtet, einen Beitrag zum Erwerb, zur Verbesserung oder zur Erhaltung eines Vermögensgegenstandes des Mannes leistet, und subjektiv, dass sie das will und *deshalb* von der Rückforderung absieht und dass der Mann damit einverstanden ist (vgl. HAUSHEER/REUSSER/GEISER, Art. 206 N. 9; nur unter diesen Voraussetzungen kann die kurze Bemerkung ebd., Vorbem. vor Art. 181 N. 42 unwidersprochen bleiben).

51   Die güterrechtliche Auseinandersetzung richtet sich vom Inkrafttreten des neuen Rechts an für die ganze Dauer des früheren und des neuen ordentlichen Güterstandes nach den Vorschriften über die Errungenschaftsbeteiligung (Art. 9d Abs. 1 SchlT). Daher werden Ersparnisse der Ehefrau aus selbständiger Arbeit als Errungenschaft (und nicht nach aArt. 191 Ziff. 3 als Sondergut) behandelt, gelten die neuen Vorschriften über die hälftige Vorschlagsteilung (anstelle der früheren Bevorzugung der Mannesseite nach aArt. 214) und kommt bei Investitionen in das Vermögen des anderen Ehegatten der Anspruch auf den Mehrwertanteil nach Art. 206 in Betracht (der dem alten Recht unbekannt war). Diese unter Umständen einschneidenden Konsequenzen sollten den Ehegatten nicht aufgezwungen werden. Deshalb konnte ein Ehegatte vor Inkrafttreten des neuen Rechts von dem anderen schriftlich verlangen, dass der alte Güterstand der Güterverbindung nach den Bestimmungen des früheren Rechts aufgelöst werde (Art. 9d Abs. 2 SchlT).

52   Die Frage, ob die Auseinandersetzung nach den Bestimmungen des früheren Rechts in den Fällen des Art. 9d Abs. 2 SchlT *sofort* hätte erfolgen sollen (so wohl Botschaft 1979, Ziff. 242.51 Abs. 4–6 und Ziff. 242.65 Abs. 2) oder im Rahmen einer «doppelten Abrechnung» erst bei der Auflösung des neuen Güterstandes vorzunehmen sei (so, aus praktischen und teleologischen Gründen, die h.L.: NÄF-HOFMANN, Nr. 2880; HAUSHEER/REUSSER/GEISER, Vorbem. vor Art. 181 N. 54 f. und Art. 215 N. 35, m. Nachw.), ist für die

güterrechtliche Auseinandersetzung anlässlich des Todes eines Ehegatten ohne Bedeutung. Der familienrechtliche Anspruch aus Art. 9d Abs. 2 SchlT unterliegt nämlich nicht der Verjährung, und es bestehen nach den Bestimmungen des früheren Rechts auch keine Fristen für die Auflösung des Güterstandes. Diese muss deshalb im Wege der «doppelten Abrechnung» beim Tod eines Gatten nachgeholt werden, wenn sie nicht früher vorgenommen worden ist. (Zur Beibehaltung der Güterverbindung kraft übereinstimmender schriftlicher Erklärung gegenüber dem Güterrechtsregisteramt nach Art. 9e SchlT s. oben N. 47.)

b) Ehevertraglicher Güterstand

Hatten die Ehegatten vor dem 1. Januar 1988 durch einen   53
Ehevertrag den ordentlichen Güterstand abgeändert oder Gütergemeinschaft vereinbart, so gilt dieser Ehevertrag weiter, und der Güterstand bleibt grundsätzlich dem alten Recht unterstellt (Art. 10 Abs. 1 SchlT). Das Sondergut jedes Ehegatten (aArt. 190 f.) steht jedoch in beiden vertraglichen Güterständen unter den *neuen* Vorschriften über die Gütertrennung, den Art. 247–251 (Art. 10 Abs. 2 SchlT). Wegen der Wahrung des Pflichtteils der nichtgemeinsamen Kinder und ihrer Nachkommen (Art. 10 Abs. 3 SchlT) s. hinten, Art. 474 N. 31–34.

Ehegatten, die gemäss Art. 10 Abs. 1 SchlT auch nach dem 31. Dezember   54
1987 unter Güterverbindung stünden, konnten bis ein Jahr nach Inkrafttreten des neuen Rechts, d.h. bis zum 2. Januar 1989, durch Einreichung einer gemeinsamen schriftlichen Erklärung beim Güterrechtsregisteramt an ihrem Wohnsitz ihre Rechtsverhältnisse dem neuen ordentlichen Güterstand der Errungenschaftsbeteiligung (Art. 196 ff., s. oben N. 23–35) unterstellen (Art. 10b Abs. 1 SchlT). Dabei bleibt aber eine vertragliche Änderung der Vorschlagsbeteiligung aufrechterhalten, mit der Massgabe, dass der Beteiligungsmodus inskünftig für die Gesamtsumme des Vorschlags beider Ehegatten gilt (Art. 10b Abs. 2 SchlT).

c) Gütertrennung

Lebten die Ehegatten am 31. Dezember 1987 unter dem   55
Güterstand der Gütertrennung, so standen sie seit Inkrafttreten des neuen Rechts unter den neuen Bestimmungen über die Gütertrennung, Art. 247–251. Das gilt sowohl dann, wenn die Gütertrennung von Gesetzes wegen

oder auf Anordnung des Gerichts eingetreten war (Art. 9f SchlT), als auch dann, wenn die Ehegatten den Güterstand vertraglich vereinbart hatten (Art. 10c SchlT). In Bezug auf die güterrechtliche Auseinandersetzung besteht jedoch zwischen dem alten und dem neuen Recht kein Unterschied.

aArt. 462

B. Überlebender
Ehegatte
I. Erbanspruch

[1] **Der überlebende Ehegatte erhält, wenn der Erblasser Nachkommen hinterlässt, nach seiner Wahl entweder die Hälfte der Erbschaft zu Nutzniessung oder den Vierteil zu Eigentum.**
[2] **Neben Erben des elterlichen Stammes erhält er einen Vierteil zu Eigentum und drei Vierteile zu Nutzniessung, neben Erben des grosselterlichen Stammes die Hälfte zu Eigentum und die andere Hälfte zu Nutzniessung und, wenn auch keine Erben des grosselterlichen Stammes vorhanden sind, die ganze Erbschaft zu Eigentum.**

B. Le conjoint survivant
I. Son droit

[1] Le conjoint survivant peut réclamer à son choix, si le défunt laisse des descendants, l'usufruit de la moitié ou la propriété du quart de la succession.
[2] Il a droit, en concours avec le père, la mère du défunt ou leur postérité, au quart en propriété et aux trois quarts en usufruit, en concours avec des grands-parents ou leur postérité à la moitié en propriété et à l'autre moitié en usufruit, et, à défaut de grands-parents ou de leur postérité, à la succession tout entière.

B. Coniuge
superstite
I. Porzione
ereditaria

[1] Quando il defunto abbia lasciato descendenti, il coniuge superstite riceve a sua scelta, la metà della successione in usufrutto od un quarto in proprietà.
[2] In concorso con eredi della stirpe dei genitori riceve un quarto in proprietà e tre quarti in usufrutto, in concorso con eredi della stirpe degli avi, la metà in proprietà e l'altra metà in usufrutto; se non vi sono eredi né dell'una né della altra stirpe, raccoglie l'intera successione in proprietà.

Materialien: TE 407 – VE 489; Anträge, 96; Erl. I, 116 ff., 233 ff., 380 = Mot. I, 99 ff., 197 ff.; II, 54 – E 470, 471.

Literatur: M. BAECHI, Das Wahlrecht des überlebenden Ehegatten nach Art. 462 I ZGB, Diss. Zürich 1965; P. PIOTET, Les usufruits du conjoint survivant en droit successoral suisse, Bern 1970; K. SPIRO, Rechtspolitische Miscellanea. Zum Erbrecht des Ehegatten, in: Familienrecht im Wandel, FS H. Hinderling, Basel 1976, 265–279 (272 ff.); P. WEIMAR, Zum Erbrecht des überlebenden Ehegatten, ZSR 121 (1980) I, 379–420.

Inhaltsübersicht

I. Inhalt

1   Der Ehegatte des Erblassers (s. Art. 462 N. 3–9) erhält als dessen gesetzlicher Erbe

– neben Nachkommen des Erblassers, Erben der 1. Parentel (Art. 457): nach seiner Wahl entweder die Hälfte der Erbschaft zur Nutzniessung oder einen Viertel zu Eigentum,

– neben Erben der 2. Parentel, den Eltern des Erblassers oder ihren Nachkommen (Art. 458): einen Viertel der Erbschaft zu Eigentum und drei Viertel zur Nutzniessung und

– neben Erben der 3. Parentel, den Grosseltern des Erblassers oder ihren Nachkommen (Art. 459): die Hälfte der Erbschaft zu Eigentum und die andere Hälfte zu Nutzniessung.

Hatte der Erblasser aus diesen drei Parentelen keine verwandten Erben, so berief das Gesetz seinen Ehegatten als Alleinerben. Zur Pflichtteilsberechtigung des überlebenden Ehegatten s. aArt. 471 Ziff. 4.

II. Anwendbarkeit (intertemporales Recht)

2   Die geltende Fassung des Art. 462 beruht auf dem BG v. 5. Oktober 1984 über die Änderung des Schweizerischen Zivilgesetzbuchs (Wirkungen der Ehe im allgemeinen, Ehegüterrecht und Erbrecht), das am 1. Januar 1988 in Kraft getreten ist. Nach Art. 15 SchlT wurden die erbrechtlichen Verhältnisse und die mit ihnen nach kantonalem Recht untrennbar verknüpften güterrechtlichen Wirkungen des Todes eines Vaters, einer Mutter oder eines Ehegatten, wenn der Erblasser vor dem Inkrafttreten des Schweizerischen Zivilgesetzbuchs am 1. Januar 1912 gestorben war, auch nach diesem Zeitpunkt durch das bisherige Recht bestimmt. Die Bestimmung gilt sinngemäss für die Anwendung oder Nichtanwendung des Ehegüter- und Erbrechts von 1984. Daraus ergibt sich, dass Erbfälle, die vor dem 1. Januar 1988 eingetreten sind, in erb- und ehegüterrechtlicher Hinsicht weiterhin nach dem früheren Recht zu beurteilen sind. In Bezug auf die gü-

terrechtlichen Wirkungen der Ehe eines vor dem 1. Januar 1988 verstorbenen Erblassers wird dasselbe auch in Art. 9a Abs. 2 SchlT ausdrücklich statuiert. Die Praxis wird noch auf Jahre hinaus immer wieder einmal im Erbgang eines Erben oder Erbeserben die Beerbung einer Person zu beurteilen haben, die vor 1988 gestorben ist und deren Nachlass ungeteilt blieb.

III. Das Wahlrecht des überlebenden Ehegatten

Der überlebende Ehegatte hatte neben Nachkommen (s. vorn Art. 457 N. 2 ff.; s. auch vorn aArt. 461 N. 2 f. und hinten aArt. 465 N. 4 f.) des Erblassers das Recht, sich nach seiner Wahl einen Erbteil von einem Viertel oder die Nutzniessung an der Hälfte der Erbschaft zu verschaffen (Abs. 1). Nach richtiger Ansicht musste die Wahl in sinngemässer Anwendung der Art. 566 Abs. 1, 567, 568, 570 und 576 (betreffend die Ausschlagung der Erbschaft) vor Ablauf von drei Monaten bei der zuständigen Behörde erklärt werden. Die getroffene Wahl war unwiderruflich, auch wenn die Nachkommen des Erblassers der Änderung zustimmten. Nahm der überlebende Ehegatte die Wahl nicht vor, so wurde er weder Nutzniesser noch Erbe. Das Wahlrecht war nicht vererblich (s. WEIMAR, ZSR 1980 I, 394–407).

Einzelheiten waren seinerzeit jedoch sehr umstritten: Die Wahlerklärung brauchte z.B. nach h.M. nicht gegenüber der für die Entgegennahme der Ausschlagung zuständigen Behörde abgegeben zu werden (ESCHER/ESCHER, Art. 462 N. 32; TUOR, Art. 462 N. 43); eine Befristung des Wahlrechts wurde nur selten anerkannt (dagegen ESCHER/ESCHER, Art. 462 N. 34; TUOR, Art. 462 N. 45; wie hier jedoch PIOTET, Les usufruits, 20–23 und Droit successoral, § 11 VII A 4, p. 54 s./S. 60 f.; s. auch BAECHI, 18, 35); PIOTET betrachtete den Ehegatten, der die Wahl nicht rechtzeitig vorgenommen hatte, als Miterben zu einem Viertel (ebd., p. 55/S. 61 und Les usufruits, 20–24), und nach der h.L. fiel den Erben des überlebenden Ehegatten der Eigentumsviertel zu (ESCHER/ESCHER, Art. 462 N. 35; TUOR, Art. 462 N. 39–41a). Nach Aufhebung der Vorschrift wird man keine strengeren Anforderungen an die Wahl stellen dürfen als zur Zeit ihrer Geltung. Lässt sich nicht mehr feststellen, ob und in welchem Sinn ein überlebender Ehegatte sie vorgenommen hat und ob er Erbe geworden ist oder war oder ob er die Nutzniessung an dem Nachlass seines Gatten erworben hat oder hatte, so wird es deshalb im Allgemeinen als Indiz genügen müssen, wenn er sich unwidersprochen selbst als Erbe

3

4

bzw. als Nutzniesser betrachtete oder von einem Beteiligten betrachtet wurde. Lässt sich weder das eine oder das andere noch die Vornahme der Wahl feststellen, so kann man ihn allerdings weder als Erben noch als Nutzniesser ansehen.

5   Wählte der überlebende Ehegatte die Nutzniessung, so erhielt er ein Nutzniessungsrecht auf Lebenszeit an der ideellen Hälfte jedes einzelnen Erbschaftsgegenstandes gemäss Art. 745 ff., und zwar rückwirkend von der Eröffnung des Erbgangs an, ohne dass es einer Bestellung durch Rechtsgeschäft unter Lebenden oder der Eintragung im Grundbuch bedurfte (dazu Weimar, 408–420). Es handelte sich um eine Art Vindikationslegat (Beck, 34). Die Nutzniessung machte den Ehegatten jedoch nicht zum Gesamtnachfolger des Erblassers (ganz h.M.; a.A. – wohl beeinflusst durch das französische «legs universel» – Piotet, p. 49/S. 54; ders., Les usufruits, 7 f.); er wurde nicht dessen Erbe und haftete daher auch nicht für dessen Schulden. Der überlebende Ehegatte und die Nachkommen konnten vereinbaren, dass an die Stelle der Nutzniessung an der ideellen Hälfte jedes Erbschaftsgegenstandes die Nutzniessung an der Hälfte der Erbschaftsgegenstände treten sollte. Dies war ein Rechtsgeschäft unter Lebenden, teils Verzicht auf die Nutzniessung, teils Neubestellung, das in Bezug auf Grundstücke der Eintragung im Grundbuch bedurfte (Art. 746, 748). – Wählte der überlebende Ehegatte den «Vierteil zu Eigentum», so wurde er Miterbe des Erblassers zu einem Viertel.

IV. Sein Erbrecht neben anderen verwandten Erben (Abs. 2)

6   Neben Erben des elterlichen Stammes (s. vorn Art. 458 N. 2) wurde der überlebende Ehegatte Miterbe zu einem Viertel und erhielt die Nutzniessung an den den restlichen drei Vierteln der Erbschaft; neben Erben des grosselterlichen Stammes (s. vorn Art. 459 N. 2) wurde er Miterbe zur Hälfte und erhielt die Nutzniessung an der andern Hälfte der Erbschaft. Die Nutzniessung hatte von der Eröffnung des Erbgangs an dingliche Wirkung. Sie bewirkte, dass der Ehegatte die Erbschaft unter Ausschluss der Miterben allein nutzen konnte. Zur Konstruktion der Nutzniessung in diesem Fall s. Weimar, 414.

Wegen Ehen, die vor dem 1. Januar 1912 geschlossen wurden, siehe die Kommentare zum alten Recht.

aArt. 463

II. Umwandlung
und Sicher-
stellung

[1] **Der überlebende Ehegatte kann, wo ihm die Nutzniessung zusteht, an ihrer Stelle jederzeit eine jährliche Rente von entsprechender Höhe verlangen.**
[2] **Hat eine solche Umwandlung stattgefunden, so kann der Ehegatte bei Gefährdung seiner Ansprüche von seinen Miterben Sicherstellung verlangen.**

II. Conversion
de ce droit et
sûretés

[1] Le conjoint survivant peut réclamer en tout temps, au lieu de son usufruit, une rente annuelle équivalente.
[2] Si l'usufruit a été converti en rente, le conjoint survivant dont les droits seraient mis en péril peut exiger que ses cohéritiers lui fournissent des sûretés.

II. Conversione
dell'usufrutto e
sua garanzia

[1] Il coniuge superstite cui compete l'usufrutto può sempre domandare, in luogo di questo, il pagamento di una rendita annua equivalente.
[2] Avvenuta la conversione, il coniuge può domandar garanzia ai coeredi in quanto i suoi diritti sieno esposti a pericolo.

Materialien und **Literatur:** S. vorn, aArt. 462

I. Inhalt

Der überlebende Ehegatte, dem nach Art. 462 – kraft seiner Wahl oder von Gesetzes wegen – die Nutzniessung an der Hälfte oder an drei Vierteln der Erbschaft zusteht, kann nach aArt. 463 deren Umwandlung in eine Leibrente von entsprechender Höhe verlangen. Die Leibrente (Art. 516 ff. OR) ist auf Lebenszeit des Ehegatten, also des Rentengläubigers, zu zahlen; ihre Höhe richtet sich nach der Höhe der laufenden Einkünfte aus der Nutzniessung. Hat eine solche Umwandlung stattgefunden,

[margin: 1]

so kann der überlebende Ehegatte und Rentengläubiger von seinen Miterben Sicherstellung verlangen, wenn seine Ansprüche gefährdet sind.

II. Anwendbarkeit (intertemporales Recht)

2   Art. 463 wurde durch das BG v. 5. Oktober 1984 über die
Änderung des Schweizerischen Zivilgesetzbuchs (Wirkungen der Ehe im
allgemeinen, Ehegüterrecht und Erbrecht) mit Wirkung vom 1. Januar 1988
aufgehoben. Da der Art. 462 durch dasselbe Gesetz in der Weise geändert
wurde, dass die gesetzliche Nutzniessung des überlebenden Ehegatten seit
diesem Tag nicht mehr entstehen kann, kommt auch deren Umwandlung in
eine Leibrente nicht mehr in Frage (vgl. Botschaft 1979, Nr. 235.7). Damit
ist aber die Frage nicht beantwortet, ob eine *bestehende* gesetzliche Nutzniessung nicht auch nach dem 1. Januar 1988 noch umgewandelt werden
kann. Diese Frage ist gemäss Art. 17 Abs. 3 SchlT zu bejahen: Zwar stehen
beschränkte dingliche Rechte in Bezug auf ihren Inhalt nach Art. 17 Abs. 2
SchlT grundsätzlich unter dem neuen Recht. Nach Art. 17 Abs. 3 SchlT bleiben sie aber unter dem bisherigen Recht, wenn ihre *Errichtung* nach dem
neuen Recht nicht mehr möglich ist. Diese Bestimmung ist auf die kraft Gesetzes oder durch Ausübung des Wahlrechts nach Art. 462 Abs. 1 entstandene Nutzniessung sinngemäss anzuwenden. Es lag ausserhalb des Willens des
Gesetzgebers und der Zwecke des neuen Ehe- und Erbrechts, die fortbeste-
henden alten Nutzniessungsrechte inhaltlich zu ändern. Art. 463 behält daher seine Bedeutung so lange, wie vor 1988 entstandene Nutzniessungsrechte nach aArt. 462 noch bestehen.

III. Die Voraussetzungen der Umwandlung

3   Die Umwandlung kommt nur in Bezug auf die Nutzniessung des überlebenden Ehegatten nach aArt. 462 Abs. 1 und 2 in Frage,
nicht in Bezug auf die Nutzniessung der Urgrosseltern oder ihrer Kinder
nach aArt. 460. Hat der überlebende Ehegatte nach aArt. 462 Abs. 1 nicht
die Nutzniessung, sondern den Erbteil von einem Viertel gewählt, so kommt
die Verrentung ebenfalls nicht in Betracht. Ferner hat die h.L. im Ergebnis
mit Recht angenommen, dass die Umwandlung nicht verlangt werden kann,
wenn der überlebende Ehegatte nach Art. 473 die Nutzniessung am ganzen
Nachlass erhalten hat (TUOR, Art. 463 N. 6; ESCHER/ESCHER, Art. 463 N. 3).
Folgende Argumente scheinen mir dafür ausschlaggebend zu sein:

- Art. 473 soll dem überlebenden Ehegatten die alleinige ungestörte Nutzung des Nachlasses ermöglichen, nicht die bequeme, von allen Verwaltungspflichten und -mühen befreite Abschöpfung der Einkünfte, die der Nachlass bietet;
- Art. 473 stellt die äusserste Grenze dar, bis zu der die Nachkommen Pflichtteilsbeschränkungen zugunsten eines Elternteils hinnehmen müssen; die Überbürdung der Verwaltung des Nachlasses wäre eine zusätzliche Belastung;
- die Umwandlung der Nutzniessung in eine feste Rente brächte die Gefahr mit sich, dass die Erben bei sinkenden Erträgen auf das eigene Vermögen zurückgreifen oder die Substanz der Erbschaft angreifen müssten – ein circulus vitiosus!

IV. Das Umwandlungsbegehren

Nur der überlebende Ehegatte, nicht auch die Miterben kön-   4
nen das Umwandlungsbegehren stellen. Man hat das de lege ferenda kritisiert (ESCHER/ESCHER, Art. 463 N. 1); diese Diskussion ist nach dem Inkrafttreten des neuen Eherechts überholt. Der überlebende Ehegatte kann die Umwandlung *jederzeit* verlangen, solange ihm die Nutzniessung zusteht, also solange er lebt. Es handelt sich um einen gesetzlichen *Anspruch*, nicht um ein Gestaltungsrecht. Das Begehren ist auf den Abschluss eines Leibrentenvertrages nach Art. 516 OR gegen Verzicht auf die Nutzniessung (Art. 748 Abs. 2) gerichtet. Der Vertrag bedarf der Schriftform (Art. 517 OR).

Der überlebende Ehegatte kann seinen Anspruch gerichtlich geltend ma-   5
chen, indem er die Miterben auf Abgabe der entsprechenden Willenserklärung verklagt. Der stattgebende Gerichtsentscheid ersetzt die Willenserklärung der Erben und ermöglicht nach Art. 963 bei Grundstücken auch die Löschung der Nutzniessung im Grundbuch (vgl. WALTHER J. HABSCHEID, Schweizerisches Zivilprozess- und Gerichtsorganisationsrecht, 2. Aufl. 1990, Nr. 962 ff.).

V. Die Leibrente

Der nutzniessungsberechtigte überlebende Ehegatte hat   6
zeitlebens Anspruch auf eine jährliche Rente von entsprechender Höhe. Die Rente wird also auf die Lebenszeit des Rentengläubigers versprochen

(vgl. Art. 516 Abs. 2 OR). Im Unterschied zu Art. 518 Abs. 1 OR ist sie nicht halbjährlich, sondern jährlich im Voraus zu leisten.

7   Die Höhe der Leibrente muss der Nutzniessung «entsprechen», d.h., die Rente muss der Nutzniessung *gleichwertig* sein. Auszugehen ist von dem aktuellen jährlichen Geldwert der Nutzungen. Es kommt auf die nachhaltig erzielbaren Einkünfte an. Nur im Augenblick anfallende Mehrerträge oder Ertragsausfälle sind ohne Bedeutung. Künftige Veränderungen sind zu berücksichtigen, wenn sie bereits absehbar sind. Dagegen bleiben spekulative Erwartungen oder Befürchtungen ausser Betracht. Die Lebenserwartung des überlebenden Ehegatten ist dagegen ohne Bedeutung, da sie in Bezug auf die Nutzniessung dieselbe ist wie in Bezug auf die Leibrente.

VI. Die Sicherstellung

8   Bei Gefährdung seiner Ansprüche kann der Ehegatte von seinen Miterben Sicherstellung verlangen. Sicherstellung wird geleistet, indem der oder die Rentenschuldner dem Ehegatten zusätzlich zu seiner Rentenforderung Rechte einräumen, die notfalls zu deren Erfüllung verwertet werden können. In Betracht kommen vor allem: Bürgschaften (Art. 492 ff. OR) und Garantieverträge (Art. 111 OR), Grund- und Fahrnispfandrechte (Art. 793 ff. bzw. 884 ff.), Forderungsabtretungen zur Sicherheit (Art. 164 ff. OR) und Sicherungsübereignungen (Art. 656 f.; 714 ff.). Der Umfang der Sicherheitsleistung wird durch Art. 518 Abs. 2 OR bestimmt, wonach der Leibrentengläubiger, falls der Schuldner in Konkurs fällt, berechtigt ist, seine Ansprüche in Form einer Kapitalforderung geltend zu machen, deren Wert durch das Kapital bestimmt wird, womit die nämliche Leibrente zur Zeit der Konkurseröffnung bei einer soliden Rentenanstalt bestellt werden könnte. Dabei spielt dann die Lebenserwartung des Gläubigers eine wichtige Rolle.

aArt. 464

III. Sicherstellung der Miterben

Der überlebende Ehegatte hat den Miterben im Falle der Wiederverheiratung sowie bei Gefährdung ihres Eigentums auf ihr Begehren Sicherheit zu leisten.

III. Sûretés en faveur des cohéritiers

A la requête de ses cohéritiers, le conjoint survivant est tenu de leur fournir des sûretés s'il se remarie ou s'il met leurs droits en péril.

III. Garanzia ai coeredi

A richiesta dei coeredi, il coniuge superstite è tenuto a prestar garanzia quando passi ad altre nozze od esponga a pericolo i loro diritti.

Materialien und **Literatur:** S. vorn, aArt. 462

I. Inhalt

Der überlebende Ehegatte des Erblassers als Nutzniesser 1
hat den Miterben Sicherheit zu leisten, wenn er wieder heiratet oder deren Eigentum gefährdet.

II. Anwendbarkeit (intertemporales Recht)

Die Vorschrift des aArt. 464, der durch das BG v. 5. Oktober 1984 über die Änderung des Schweizerischen Zivilgesetzbuchs (Wirkungen der Ehe im allgemeinen, Ehegüterrecht und Erbrecht) mit Wirkung vom 1. Januar 1988 aufgehoben wurde, ist bei Nutzniessungen, die vor diesem Tag entstanden sind, weiterhin anwendbar (s. vorn aArt. 463 N. 2). 2

III. Die Pflicht zur Sicherheitsleistung

3   Sicherheit ist zu leisten bei Gefährdung des Eigentums der Miterben oder wenn der überlebende Ehegatte wieder heiratet. Zu einer Gefährdung des Eigentums kann es vor allem (aber nicht nur dann) kommen, wenn der überlebende Ehegatte *Alleinbesitzer* der Erbschaftsgegenstände ist. Nach Art. 755 hat der überlebende Ehegatte als Nutzniesser das Recht auf den Besitz, den Gebrauch und die Nutzung der Erbschaft und besorgt deren Verwaltung. Wenn die Erben von der Nutzung ausgeschlossen sind, steht ihm dieses Recht allein zu, also neben Erben der 2. und der 3. Parentel, ferner neben Nachkommen in Bezug auf die Hälfte der Erbschaftsgegenstände, wenn die Nutzniessung auf diese beschränkt worden ist (vgl. vorn aArt. 462 N. 5).

4   Eine Gefährdung liegt vor, wenn eine negative Einflussnahme auf das Nutzniessungsgut zu befürchten ist, insbesondere dann, wenn der Ehegatte zur Verwaltung unfähig oder wenn zu befürchten ist, dass er Vermögenswerte beiseite schaffen oder unberechtigt darüber verfügen werde, z.B. aus Habsucht, Leichtsinn oder zur Bezahlung eigener Schulden. Es genügt eine objektive Gefährdung; ein Verschulden des Ehegatten wird nicht verlangt.

5   Die h.M. betrachtete aArt. 464 zutreffend als Spezialvorschrift gegenüber Art. 760 (s. ESCHER/ESCHER, Art. 464 N. 2 f.). Deshalb kann, anders als nach Art. 760 Abs. 2, auch für verbrauchbare Sachen und Wertpapiere Sicherheit nur bei einer Gefährdung des Eigentums der Miterben verlangt werden.

6   Eine Gefährdung wird gesetzlich vermutet bei Wiederverheiratung des überlebenden Ehegatten. Diese Vermutung war unter dem alten Güterstand der Güterverbindung bei Wiederverheiratung der Witwe ohne weiteres begründet, weil das Nutzniessungsgut nach aArt. 200 Abs. 1 unter die Verwaltung und in den Besitz des Ehemannes kam. aArt. 464 galt aber auch bei Wiederverheiratung des überlebenden Ehe*mannes* und gewährt deshalb auch heute bei jeder Wiederverheiratung einen Anspruch auf Sicherheitsleistung, obwohl das eingebrachte Gut der Ehefrau nach heutigem Güterrecht nicht mehr vom Ehemann verwaltet wird.

IV. Sicherungsmittel

7   Sicherungsmittel sind: Bürgschaften (Art. 492 ff. OR) und Garantieverträge (Art. 111 OR), Grund- und Fahrnispfandrechte

(Art. 793 ff. bzw. 884 ff.), Forderungsabtretungen zur Sicherheit (Art. 164 ff.
OR) und Sicherungsübereignungen (Art. 656 f.; 714 ff.; vgl. vorn aArt. 463
N. 8). Nach Art. 760 Abs. 3 genügt bei Wertpapieren auch deren Hinterlegung bei einer Bank, sodass der überlebende Ehegatte zwar die Erträge erhält, die Papiere aber nur mit Zustimmung der Erben veräussern oder aus
der Hinterlegung zurücknehmen kann.

Das Recht der Miterben als Eigentümer, einem widerrechtlichen oder un-   8
angemessenen Gebrauch des Nutzniessers zu widersprechen (Art. 759) oder
die Aufnahme eines Inventares zu verlangen (Art. 763), bleibt unberührt.

V. Das Begehren

Der überlebende Ehegatte ist zur Sicherheitsleistung auf   9
Begehren der Miterben verpflichtet. Es genügt das Begehren eines von
mehreren Miterben. Dieser kann seinen Anspruch notfalls auf dem ordentlichen Prozessweg durchsetzen. aArt. 464 enthält zwingendes Recht; die Befreiung des Ehegatten von der Sicherstellungspflicht seitens des Erblassers
ist unbeachtlich (nichtig). Ggf. wird das Gericht den überlebenden Ehegatten unter Ansetzung einer Frist (vgl. Art. 762) *zur Sicherheitsleistung* ver-
urteilen. Kommt der überlebende Ehegatte seiner Verpflichtung nicht nach,
so hat das Gericht ihm nach Art. 762 den Besitz bis auf weiteres zu entziehen und für die Verwaltung der Erbschaft einen Beistand zu ernennen
(s. Art. 392).

aArt. 465

C. Angenommene Kinder	**[1] Das angenommene Kind und seine Nachkommen haben zum Annehmenden das gleiche Erbrecht wie die ehelichen Nachkommen. [2] Der Annehmende und seine Blutsverwandten haben kein Erbrecht gegenüber dem angenommenen Kinde.**
C. Enfants adoptifs	[1] L'adopté et ses descendants ont envers l'adoptant le même droit de succession que les descendants légitimes. [2] L'adoption ne confère à l'adoptant et ses parents aucun droit sur la succession de l'adopté.
C. Figlio adottivo	[1] Il figlio adottivo ed i suoi discendenti hanno, verso l'adottante, i medesimi diritti ereditari dei discendenti legittimi. [2] L'adottante ed i suoi parenti consanguinei non hanno diritto all'eredità dell'adottato.

Materialien: TE 410 – VE 490; Erl. I, 326 f., 380 f. = Mot. II, 9 f, 54 f. – E 472 – BBl. 1971 I 1234, Ziff. 3.5.2.5 – AS 1972 III 2825.

Literatur: CYRIL HEGNAUER, Der Ausschluss des Pflichtteils des Adoptivkindes gemäss aArt. 268 Abs. 3 ZGB, SJZ 75 (1979) 233–236.

Inhaltsübersicht

I. Inhalt

1   Adoptivkinder und ihre Nachkommen sind nach altem Recht nur gegenüber dem Annehmenden erbberechtigt, nicht aber gegenüber seinen Verwandten. Umgekehrt haben der Annehmende und seine Verwandten gegenüber dem Adoptivkind und dessen Verwandten keine Erbberechtigung.

II. Anwendbarkeit (intertemporales Recht)

Die Vorschrift des aArt. 465 wurde durch das BG vom   2
30. Juni 1972 über die Änderung des Schweizerischen Zivilgesetzbuches
(Adoption und Art. 321) mit Wirkung vom 1. April 1973 an aufgehoben.
Aus dem neuen Art. 267 ergibt sich nun die gegenseitige uneingeschränkte
Erbberechtigung zwischen dem Adoptivkind und seinen Nachkommen einerseits und dem Annehmenden und seinen Verwandten andererseits (vgl.
vorn Art. 457 N. 14 ff.; 458 N. 2). Die alte Regelung ist jedoch nach Art. 12a
SchlT weiterhin anzuwenden, wenn die Adoption vor dem 1. April 1973
ausgesprochen und nicht gemäss Art. 12b SchlT bis zum 31. März 1978 den
neuen Bestimmungen unterstellt worden ist, was seinerzeit auf etwa die
Hälfte der altrechtlichen Adoptionen zutraf (HEGNAUER, 233).

Nach dem Tod des Annehmenden ist eine Unterstellung des Adoptionsverhältnisses   3
unter das neue Recht nicht mehr möglich. Ein trotzdem erlassener dahingehender
Entscheid unterliegt der Anfechtung nach Art. 269a. Er rechtfertigt aber nach einem
Entscheid des bündnerischen KGer.-Präsidiums v. 6.8.1974 (PKG 1974, Nr. 51, 120) bis zu
seiner Aufhebung die Ausstellung einer Erbbescheinigung über das Erbrecht des Adoptivkindes beim Tod einer Schwester des Annehmenden nach neuem Recht, Art. 458
Abs. 3.

III. Die Erbberechtigung des Adoptivkindes gegenüber dem Annehmenden

Die Erbberechtigung des Adoptivkindes und seiner Nach-   4
kommen gegenüber dem Annehmenden setzt voraus, dass das Adoptivverhältnis zum Annehmenden bei dessen Tod schon bestand und noch bestand.
Ist das Adoptivkind vorverstorben, so ist das Adoptivverhältnis dadurch
allerdings nicht aufgelöst und seine Nachkommen beerben den Erblasser
kraft des Eintrittsrechts an seiner statt.

Das Adoptivkind und seine Nachkommen beerben den Annehmenden wie   5
Nachkommen gemäss Art. 457. Sie haben jedoch keine Erbberechtigung
gegenüber den Verwandten des Annehmenden. Ist dieser also vorverstorben, so beerbt das Adoptivkind weder die Vorfahren des Annehmenden
(vgl. Art. 457) noch seine Nachkommen oder Seitenverwandten (vgl.
Art. 458 f.).

IV. Die gegenseitige Erbberechtigung zwischen dem adoptierten Kind und seinen leiblichen Verwandten

6   Die Adoption hat keinen Einfluss auf die Erbberechtigung des adoptierten Kindes oder seiner Nachkommen gegenüber ihren leiblichen Verwandten. Das adoptierte Kind oder kraft des Eintrittsrechtes seine Nachkommen beerben daher nach Art. 457–459 ihre leiblichen Verwandten in allen Parentelen. Umgekehrt wird auch das adoptierte Kind, das keine eigenen Nachkommen hat, von seinen leiblichen Eltern oder deren Nachkommen (Art. 458) oder von seinen leiblichen Grosseltern oder deren Nachkommen beerbt (Art. 459). Die leiblichen Eltern oder ihre Nachkommen beerben auch die Kinder des vorverstorben adoptierten Kindes, sofern diese ohne Nachkommen sterben (Art. 458) – stets unbeschadet selbstverständlich des Erbrechts eines überlebenden Ehegatten (Art. 462).

V. Dispositives Recht

7   Nach aArt. 268 Abs. 3 konnten vor der Adoption (spätestens im Adoptionsvertrag) über das Erbrecht «beliebige Abweichungen von den Bestimmungen über die Rechtsstellung eines ehelichen Kindes» durch öffentliche Urkunde zwischen dem Annehmenden und dem Anzunehmenden (oder seinem gesetzlichen Vertreter) vereinbart werden. Diese Vereinbarung ist kein Erbvertrag, sondern, auch wenn sie dem eigentlichen Adoptionsvertrag vorausgegangen ist, ein Teil desselben (a.A. PIOTET, § 10 II B, p. 40/S. 43 und § 28 I, p. 160/S. 175). Durch eine solche Vereinbarung konnte das Erbrecht des Adoptivkindes ausgeschlossen, eingeschränkt oder erweitert werden,
– eingeschränkt werden, z.B. durch Herabsetzung der Quote, Wegbedingung für den Fall, dass der Annehmende noch leibliche Nachkommen erhalte, Wegbedingung der Pflichtteilsberechtigung oder durch den Ausschluss des Eintrittsrechtes seiner Nachkommen;
– erweitert werden z.B. durch Berufung zum Alleinerben, immer aber unbeschadet der Pflichtteilsberechtigungen anderer naher Angehöriger des Annehmenden.
Dagegen konnte weder eine Erbberechtigung des Adoptivkindes gegenüber den Verwandten des Annehmenden noch eine Erbberechtigung des Annehmenden oder seiner Verwandten gegenüber dem Adoptivkind geschaf-

fen werden. Solches war nur durch Verfügungen von Todes wegen zu erreichen.

Ist der Pflichtteil des erbberechtigten Adoptivkindes wegbedungen, und
schliesst der Annehmende es durch Verfügung von Todes wegen von der
Erbfolge aus, so können Dritte daraus weder als Miterben noch als nachbe-
rufene Erben die Erhöhung oder Entstehung des eigenen Pflichtteils herlei-
ten. Der Annehmende kann in diesem Fall also über den Erbteil des Adoptivkindes frei verfügen (HEGNAUER, SJZ 1979, 233–236, m. Nachw.).

Art. 466

D. Gemeinwesen | **Hinterlässt der Erblasser keine Erben, so fällt die Erbschaft an den Kanton, in dem der Erblasser den letzten Wohnsitz gehabt hat, oder an die Gemeinde, die von der Gesetzgebung dieses Kantons als berechtigt bezeichnet wird.**

D. Canton et commune | A défaut d'héritiers, la succession est dévolue au canton du dernier domicile du défunt ou à la commune désignée par la législation de ce canton.

D. Enti pubblici | Se il defunto non lascia eredi, la successione è devoluta al Cantone in cui egli ha avuto l'ultimo domicilio od al Comune designato dal diritto di questo Cantone.

Materialien: TE 411–418 – VE 491; Erl. I, 329 ff., 381 ff. = Mot. II, 12 ff., 55 f. – E 473 – *Revision 1984:* ExpRevFam. I, 23; II, 65 – Botschaft 1979, 1424 – NatR 1983, 687 – BBl. 1984 III 40 – AS 1986 I 143.

I. Inhalt

1   Wenn der Erblasser keine erbberechtigten Verwandten hinterlässt und unverheiratet stirbt, werden der Wohnsitzkanton oder die Gemeinde, die von der Gesetzgebung dieses Kantons bezeichnet wird, seine gesetzlichen Erben.

2   Die bis zum 31. Dezember 1987 gültige Fassung der Vorschrift hatte noch einen Vorbehalt der Nutzniessungsrechte der Urgrosseltern und der Geschwister der Grosseltern enthalten. Dieser wurde durch das BG v. 5. Oktober 1984 über die Änderung des Schweizerischen Zivilgesetzbuchs (Wirkungen der Ehe im allgemeinen, Ehegüterrecht und Erbrecht) mit Wirkung vom 1. Januar 1988 gestrichen (s. aArt. 460 Abs. 2 und 3).

II. Die kantonalen Bestimmungen

Von der Ermächtigung des Art. 466, die Erbberechtigung   3
anders zu regeln, haben folgende Kantone in ihren Einführungsgesetzen
zum Schweizerischen Zivilgesetzbuch Gebrauch gemacht:

- Appenzell A.Rh. (Art. 71 EGZ GB): Die Erbschaft fällt zur Hälfte an den Kanton, zur andern Hälfte an die letzte Wohnsitzgemeinde.
- Appenzell I.Rh. (Art. 79 EG ZGB): Die Erbschaft fällt an die Bürgergemeinde des letzten Wohnsitzes.
- Baselland (Art. 72 EG ZGB): Miterben werden die Wohnortsgemeinde zu 25% und der Kanton zu 75%.
- Freiburg (Art. 144 EG ZGB): Erbberechtigt ist die Gemeinde des letzten Wohnsitzes.
- Glarus (Art. 103 EG ZGB): Die Erbschaft von Kantonsbürgern fällt an die Heimatgemeinde des Erblassers, von Nichtkantonsbürgern an den Kanton.
- Graubünden (Art. 109 EG ZGB): Bei Kantonsbürgern, die im Kanton wohnhaft waren, werden die Wohngemeinde und die Heimatgemeinde Miterben je zur Hälfte, bei Kantonsbürgern mit letztem Wohnsitz im Ausland wird die Heimatgemeinde Alleinerbin und bei Nichtkantonsbürgern erben Kanton und Wohngemeinde je die Hälfte.
- Nidwalden (Art. 66 EG ZGB): Miterben je zur Hälfte werden der Kanton und die Wohnsitzgemeinde.
- Schaffhausen (Art. 71 EG ZGB): Kanton und Einwohnergemeinde des letzten Wohnsitzes werden Miterben je zur Hälfte.
- Schwyz (§ 37 EG ZGB): Alleinerbin wird die Gemeinde des letzten schwyzerischen Wohnsitzes des Erblassers.
- Solothurn (§ 162 EG ZGB): Der Kanton und diejenige Gemeinde, der die vormundschaftlichen Massnahmen für den Erblasser zustanden (vgl. §§ 113 f. EG ZGB) werden Miterben je zur Hälfte.
- Thurgau (§ 61 EG ZGB): Alleinerbin wird die Munizipalgemeinde des letzten Wohnsitzes.
- Uri (Art. 55 EG ZGB): Der Kanton und die Einwohnergemeinde des letzten Wohnsitzes werden Miterben je zur Hälfte.
- Waadt (art. 120 LVCC): Miterben je zur Hälfte werden der Kanton und die Gemeinde des letzten Wohnsitzes.
- Wallis (Art. 146 EGZ GB): War der Erblasser Kantonsbürger, so werden der Kanton und die Heimatgemeinde Miterben je zur Hälfte, andernfalls wird der Kanton Alleinerbe. War der Erblasser in mehreren Walliser Gemeinden heimatberechtigt, so wird die Hälfte der Erbschaft verhältnismässig unter sie verteilt.
- Zug (§ 66 EGZ GB): Der Kanton wird Erbe zur Hälfte; Miterbin zur anderen Hälfte wird die Heimatgemeinde, wenn der Erblasser Kantonsbürger war, andernfalls die Wohnsitzgemeinde.

Von den verbleibenden Kantonen geben einige intern einen Teil der ihnen
zufliessenden Mittel an eine Gemeinde weiter, so Bern (Art. 57 EG ZGB),
der Jura (art. 53 LICC), Obwalden (Art. 98 EG ZGB), Tessin (art. 77 cpv. 2
LAC) und Zürich (Art. 124 EG ZGB); fast überall werden die Mittel für soziale Zwecke oder für die Schulen verwendet.

III. Das Erbrecht des Gemeinwesens

4   Die Bestimmung des Art. 466 regelt die Situation, die durch die Begrenzung der Erbberechtigung der Verwandten auf die Grosseltern und deren Nachkommen (Art. 460) leicht eintreten kann, dass nämlich der Erblasser keine erbberechtigten Verwandten hat und unverheiratet stirbt. In diesem Fall werden der Kanton des letzten Wohnsitzes des Erblassers oder die in der Gesetzgebung dieses Kantons bezeichnete Gemeinde – das «Gemeinwesen» (so die Marginalie des Art. 466 und Art. 550 Abs. 2) – zur Erbfolge berufen.

5   Entscheidend ist der letzte *privatrechtliche* Wohnsitz (Art. 23–26) des Erblassers. Dieser befindet sich nach Art. 23 Abs. 1 an dem Ort, wo sich der Erblasser zuletzt mit der Absicht dauernden Verbleibens aufgehalten hat. Niemand kann an mehreren Orten zugleich seinen Wohnsitz haben (Art. 23 Abs. 2). Hielt sich der Erblasser regelmässig an verschiedenen Orten auf, so kommt es darauf an, zu welchem Ort die stärkere, engere, überwiegende Beziehung bestand; das gilt auch dann, wenn sich der eine Ort in der Schweiz und der andere im Ausland befinden. Wegen Einzelheiten s. die Erl. zu Art. 538.

6   Befand sich der letzte Wohnsitz des Erblassers im Ausland, so kommt schweizerisches Recht nur dann zur Anwendung, wenn der Erblasser Schweizer Bürger war und wenn
1. das Kollisionsrecht des Wohnsitzstaates es zum Erbstatut erklärt (Art. 91 Abs. 1 IPRG) oder
2. die schweizerischen Gerichte oder Behörden entgegen der Regel des Art. 538 für den Erbgang zuständig sind (Art. 91 Abs. 2 IPRG), weil
– sich die ausländische Behörde mit dem Nachlass nicht befasst (Art. 87 Abs. 1 IPRG),
– der Erblasser sein in der Schweiz gelegenes Vermögen oder seinen gesamten Nachlass *dem schweizerischen Recht* unterstellt hat (Art. 87 Abs. 2 IPRG) oder
– sein in der Schweiz gelegenes Vermögen oder den ganzen Nachlass durch Verfügung von Todes wegen *der schweizerischen Zuständigkeit* unterstellt hat (Art. 87 Abs. 2 IPRG), ohne die Anwendung des an seinem letzten Wohnsitz geltenden Rechts in einer Verfügung von Todes wegen ausdrücklich vorzubehalten.
Gilt hienach das schweizerische Recht als Erbstatut, so findet auch Art. 466 Anwendung. Erbberechtigt ist dann der Heimatkanton des Erblassers (vgl.

Art. 91 Abs. 2 IPRG), und zwar auch dann, wenn er seinen letzten *schweize-rischen* Wohnsitz in einem anderen Kanton gehabt hatte.

Abweichende Bestimmungen in internationalen Übereinkommen bleiben vorbehalten.

An das Gemeinwesen fällt nach Art. 550 auch das Vermögen eines Ver-   7
schwundenen, wenn es

– während zehn Jahren in amtlicher Verwaltung (Art. 554) gestanden hat
  oder der Verschwundene ein Alter von 100 Jahren erreicht hätte,
– auf Verlangen der zuständigen Behörde die Verschollenerklärung von
  Amtes wegen durchgeführt worden ist
– und sich innerhalb der Auskündigungsfrist (Art. 36 Abs. 2 und 3) keine
  Berechtigten melden.

Hat der Verschollenerklärte nie in der Schweiz gewohnt, so ist das Heimat-gemeinwesen erbberechtigt.

Nach Art. 555 fällt die Erbschaft auch dann an das Gemeinwesen, wenn un-   8
gewiss ist, ob es erbberechtigte Personen gibt, und sich trotz öffentlicher
Aufforderung niemand binnen Jahresfrist zum Erbgang meldet.

IV. Das Gemeinwesen als Erbe

Die Erbberechtigung des Gemeinwesens ist privatrecht-   9
licher, nicht öffentlich-rechtlicher Natur. Sie ist keine Erbschaftssteuer und
keine Form des Spolienrechts, jenes alten Hoheitsrecht zur Aneignung her-renlosen Gutes. Das Gemeinwesen erwirbt die ganze Erbschaft, und es
kommt nicht darauf an, ob sich die Erbschaftsgegenstände auf Kantonsge-biet befinden. Grenzen des Erbrechts können sich nur aus dem Kollisions-recht (internationalen Privatrecht) und dem Privatrecht anderer Staaten er-geben (oben N. 6).

Das Gemeinwesen ist als Erbe, wie andere Erben auch, Gesamtnachfolger   10
des Erblassers nach den Bestimmungen des Schweizerischen Zivilgesetz-buchs. Wenn ein Kanton und eine oder ausnahmsweise (im Wallis) mehrere
Gemeinden (oben N. 3) den Erblasser gemeinsam beerben, bilden sie eine
Erbengemeinschaft gemäss Art. 602 ff. und haben die Erbschaftsteilung
nach diesen Bestimmungen vorzunehmen. Genauso wäre es in dem theore-tisch denkbaren Fall, dass das Gemeinwesen neben einem eingesetzten Er-ben zur Erbfolge gelangt.

11   Eine Besonderheit gilt insofern, als die zuständige Behörde (s. Art. 538),
     wenn die Erbschaft an das Gemeinwesen fällt, nach Art. 592 von Amtes
     wegen einen Rechnungsruf vorzunehmen und Erbschaftsgläubiger und
     -schuldner aufzufordern hat, sich zu melden. Sodann wird ein Inventar auf-
     genommen. Stellt sich heraus, dass die Erbschaft überschuldet ist, wird sie
     durch das Konkursamt liquidiert. Das Gemeinwesen haftet für die Schulden
     der Erbschaft in jedem Fall nur im Umfang der Vermögenswerte, die es aus
     der Erbschaft erworben hat (Art. 592).

12   Angesichts der Sonderbestimmung des Art. 592 dürfte das Gemeinwesen
     nur selten Grund zur Ausschlagung der Erbschaft haben. Dieses Recht wird
     ihm jedoch nicht abgesprochen (ESCHER/ESCHER, Art. 466 N. 3 lit. b; DRUEY,
     § 5 N. 19). Es ist z.B. denkbar, dass eine Gemeinde eine unbedeutende Erb-
     schaft dem als Miterben berufenen Kanton allein überlassen will oder um-
     gekehrt. Es ist auch nichts dagegen einzuwenden, dass ein als Alleinerbe
     berufenes Gemeinwesen die Erbschaft ausschlägt. Das Verfahren gemäss
     Art. 592 wird dann insofern abgekürzt, als die Erbschaft nach Art. 573 so-
     fort durch das Konkursamt liquidiert wird. Das Gemeinwesen braucht sich
     mit Erbschaftsgläubigern in diesem Fall überhaupt nicht (s. Art. 593 Abs. 3)
     abzugeben. Art. 571 findet keine Anwendung.

14. Titel. Die Verfügungen von Todes wegen
Einleitung

Materialien: Erl. I, 336 ff., 383 ff. = Mot. II, 18 ff., 57 ff.

Literatur: PHILIPPE AMSLER, Donation à cause de mort et désignation du bénéficiaire d'une assurance de personnes, Diss. Lausanne, Bern 1979; HANNES BAUMGARTNER, Depot- und Compte-Joint, Diss. Basel 1977; W. BLAUENSTEIN, Assurances sur la vie et quelques aspects du droit successoral, SVZ 47 (1979) 257–270; PETER BREITSCHMID, Formvorschriften im Testamentsrecht, Diss. Zürich 1982; *ders.*, Testament und Erbvertrag – Formprobleme, in: *ders.* (Hg.), Testament und Erbvertrag, Bern 1991, 27–78; P. CAVIN, Kauf, Tausch, Schenkung, SPR VII.1, 1 ff.; HANNES GLAUS, Irrtumsanfechtung und Auslegung beim Testament, Diss. Zürich 1982; IVO GRUNDLER, Willensmängel des Gegenkontrahenten beim entgeltlichen Erbvertrag, Diss. St. Gallen 1998, Bern 1998; F. GUISAN, Recherche théorique de la limite entre le contrat et l'acte à cause de mort, Univ. de Lausanne. Recueil de travaux publ. par la Faculté de droit, Lausanne 1934, 7–67 (grundlegend); H. HAUSHEER, Grenzfragen des Erbrechts und ihre Reflexwirkung auf das Grundbuch, ZBGR 52 (1971) 257–272; *ders.*, Die Abgrenzung der Verfügungen von Todes wegen von den Verfügungen unter Lebenden, in: Peter Breitschmid (Hg.), Testament und Erbvertrag, Bern 1991, 79–99; *ders.*/R. AEBI-MÜLLER, Begünstigung des überlebenden Ehegatten, in: Jean Nicolas Druey, Peter Breitschmid (Hg.), Güter- und erbrechtliche Planung, Bern 1999, 1–44; FRANZ HUBER, Begünstigung und Verfügungen von Todes wegen über Versicherungsansprüche, Diss. Bern, Freiburg i.Ue. 1963; CARL JAEGER, Kommentar zum schweizerischen Bundesgesetz über den Versicherungsvertrag, Bd. 3, Bern 1933; CH. KNAPP, Les clauses conventionnelles et les clauses unilatérales des pactes successoraux, in: Zum schweizerischen Erbrecht, FS Peter Tuor, Zürich 1946, 204–239; WILLY KOENIG, Der Versicherungsvertrag, in: Schweizerisches Privatrecht VII.2, Basel 1979, 481–730; SANDRA MAISSEN, Der Schenkungsvertrag im schweizerischen Recht, Diss. Freiburg i.Ue., 1996; ALFRED MAURER, Schweizerisches Privatversicherungsrecht, 3. Aufl., Bern 1995; E. MOSER, Kann der Erblasser die Bestimmung der Person, die eine letztwillige Zuwendung erhalten soll, einem andern überlassen, SJZ 12 (1916) 241–243; WALTER MOSER, Über die Abgrenzung der Rechtsgeschäfte von Todes wegen von den Rechtsgeschäften unter Lebenden, Diss. Bern 1926; KARL HEINZ MÜLLER, Zur Problematik der Abgrenzung von Rechtsgeschäften unter Lebenden und von Todes wegen, Diss. Bern 1973; VITO PICENONI, Die Auslegung von Testament und Erbvertrag, Zürich 1955; P. PIOTET, De la distinction entre actes entre vifs et actes à cause de mort, JdT 116 (1968) I, 354–363; *ders.*, Désignation d'un bénéficiaire non communiquée à l'assureur sur la vie, JdT, 1984 I, 375–379; *ders.*, La nature des pactes successoraux et ses conséquences, ZSR 111 (1992) I, 367–388; N. RASELLI, Erklärter oder wirklicher Wille des Erblassers? AJP 8 (1999) 1262–1268; H.M. Riemer, Nichtige (unwirksame) Testamente und Erbverträge, in: FS Max Keller, Zürich 1989, 245–259; Alex Rothenfluh, Zur Abgrenzung der Verfügungen von Todes wegen von den Rechtsgeschäften unter Lebenden, Diss. Bern 1984; Jürg Christian Schärer, Der Grundsatz der materiellen Höchstpersönlichkeit der letztwilligen Verfügung, Diss. Bern 1973; Hermann Schmid, Struktur des entgeltlichen Erbverzichts, Bern 1991; Urs Schwaller, Die Unwirksamkeit des eigenhändigen Testaments (Art. 505 ZGB), Diss. Freiburg i.Ue. 1981; Stephan Wolf, Vorschlags- und Gesamtgutszuweisung an den überlebenden Ehegatten, Bern 1996; Ernst Zeller, Auslegung von Gesetz und Vertrag, Zürich 1989.

Inhaltsübersicht

I. Verfügungen von Todes wegen

Im 14. Titel (Art. 467–536) werden die Verfügungen von   1
Todes wegen, kurz: «Verfügungen», geregelt. Man versteht darunter diejenigen Willenserklärungen, durch die der Erblasser kraft der Testierfreiheit seine Vermögensverhältnisse für den Fall seines Todes privatautonom ordnet, indem er rechtlich geschützte Bestimmungen für die Erbfolge oder den Erbgang trifft.

Die Bezeichnung «*Verfügung* von Todes wegen» wurde im Hinblick auf die dingliche Wirkung der Erbeinsetzungen und gemeinrechtlichen Vindikationslegate beim Eintritt des Erbfalls geprägt. Der Begriff der Verfügung von Todes wegen stimmte insoweit ursprünglich mit dem Begriff des Verfügungsgeschäfts überein. Er war der Gegenbegriff zu den *Verpflichtungen* auf den Todesfall, namentlich Schenkungsversprechen, mit deren Hilfe man die Wirkungen des dem gemeinen Recht unbekannten Erbvertrages, nämlich die Bindung des Erblassers an die getroffenen Anordnungen, zu erreichen suchte (s. P. WEIMAR, Erbvertrag und gute Sitten, in: Miscellanea Domenico Maffei, Goldbach 1995, IV, 233 ff.). Im Zivilgesetzbuch und allgemein in der modernen Rechtssprache wird der Ausdruck «Verfügung» im Erbrecht aber für alle Anordnungen gebraucht, die der Erblasser für die Erbfolge und den Erbgang trifft, auch wenn sie, wie Vermächtnisse und Auflagen, nur persönliche Ansprüche erzeugen.   2

a) Einseitige und zweiseitige Verfügungen

Verfügungen von Todes wegen werden entweder einseitig,   3
durch *letztwillige Verfügungen* (Testamente), oder zweiseitig, durch *Erbverträge,* errichtet (Art. 481 Abs. 1). Im Erbgang gehen zweiseitige (erbvertragliche) Verfügungen von Todes wegen den einseitigen (letztwilligen) Verfügungen vor.

4   Zweiseitige (erbvertragliche) Verfügungen sind genauso wie einseitige Verfügungen reine Verfügungen von Todes wegen. Nach dem Wortlaut des Art. 494 könnte man freilich meinen, es handle sich um Rechtsgeschäfte unter Lebenden, Obligationen, durch die der Erblasser sich einem andern gegenüber «verpflichte», ihm oder einem Dritten die Erbschaft oder ein Vermächtnis zu hinterlassen. Der Wortlaut ist aber nur eine Reminiszenz an die gerade erwähnten altrechtlichen Geschäfte auf den Todesfall, mit denen sich Erblasser früher unter Lebenden verpflichteten, ihr Vermögen oder einzelne Vermögensobjekte bei ihrem Tod auf jemand andern zu übertragen, weil das ältere gemeine Recht keine Erbverträge kannte. Nach dem geltenden Recht geht es weder um eine Verpflichtung zur Errichtung einer Verfügung von Todes wegen – sie wäre rechtswidrig und nichtig –, noch um die persönliche Verpflichtung des Erblassers, einem andern per Todestag sein Vermögen, «die Erbschaft», zu übertragen oder ihm einen Vermögensvorteil zu verschaffen, denn der Erbvertrag hindert den Erblasser nicht, über sein Vermögen frei zu verfügen (Art. 494 Abs. 2); erst mit der Eröffnung des Erbgangs entfaltet er seine Wirkungen.

Deshalb ist auch die Vorstellung, erbvertragliche Verfügungen seien sowohl Rechtsgeschäfte unter Lebenden als auch Verfügungen von Todes wegen, mit dem schweizerischen Recht nicht zu vereinbaren. Sie kann als überwunden bezeichnet werden, wenngleich neuerdings in einer Dissertation wieder von «Zwitternatur» und «Hybrid-Charakter» des Erbvertrags (GRUNDLER, 12 ff., bes. 20 f., 39; s. auch DRUEY, § 10 N. 5 ff.) geredet wird (dazu hinten, Vorbem. vor Art. 494; s. vorerst TUOR, Vorbem. vor Art. 494 N. 9; ESCHER/ESCHER, Vorbem. vor Art. 494 N. 8).

5   Testamente und Erbverträge enthalten meistens mehrere Verfügungen von Todes wegen. Die einzelnen Verfügungen in einem Testament sind notwendigerweise einseitige Willenserklärungen; dagegen kann ein Erbvertrag je nach dem Willen der Parteien neben zweiseitigen (vertraglichen) auch einseitige Verfügungen enthalten (BGE 70 II 7 Erw. 2). Das ist von Bedeutung, allgemein, weil der Erblasser nur an vertragliche Verfügungen gebunden ist, und speziell, bei denjenigen Verfügungen, die als vertragliche nicht zulässig sind, z.B. die Berufung eines Willensvollstreckers. Allerdings sind Verfügungen in einem Erbvertrag nicht schon deshalb als einseitige zu betrachten, weil sie als zweiseitige nicht zulässig und deshalb nichtig wären; entscheidend ist vielmehr der Wille der Parteien (dazu KNAPP, FS Tuor, 204 ff.; über die Möglichkeit der Konversion nichtiger erbvertraglicher Verfügungen s. unten N. 83 ff., bes. N. 90).

b) Andere Rechtsgeschäfte in Testamenten und Erbverträgen

6   Testamente und Erbverträge können ferner – neben rechtlich unverbindlichen Erklärungen (Wünschen und Ermahnungen) – Willenserklärungen enthalten, die mit dem Tod des Erblassers wirksam werden, aber keine Verfügungen von Todes wegen sind, weil sie die Erbfolge und den Erbgang nicht oder nicht unmittelbar betreffen. So kann die väterliche

Anerkennung eines ausserehelichen Kindes in der Form einer letztwilligen
Verfügung ausgesprochen werden (Art. 260 Abs. 3; s. dazu vorn Art. 457
N. 8 sowie DRUEY, § 11 N. 7). Der Erblasser kann auch Anordnungen in Bezug auf seinen Leichnam und die Bestattung treffen (s. vorn, Einl. N. 12).
Die Errichtung einer Stiftung durch Testament ist dagegen eine echte Verfügung von Todes wegen (s. Art. 493). Zu testamentarischen und erbvertraglichen Schiedsklauseln s. hinten, Vorbem. vor Art. 481.

Besonders wichtig sind folgende Rechtsgeschäfte unter Lebenden, die in   7
Erbverträgen enthalten sein oder mit solchen verbunden werden können:
– die Verpflichtung des Vertragserben oder -vermächtnisnehmers zu Leistungen unter Lebenden («entgeltlicher Erbvertrag») sowie des Erblassers im Zusammenhang mit dem Erbverzicht («Erbauskauf»);
– Erbvorbezüge (vgl. Art. 534) und Schenkungen;
– die Verpflichtung des Erblassers, über bestimmte Vermögensgegenstände
  nicht oder nicht unentgeltlich zu verfügen oder überhaupt keine Schenkungen zu machen.

Behält sich der Erblasser im Erbvertrag dagegen Schenkungen an Dritte oder die Aussetzung von Vermächtnissen vor, so bewirkt dieser Vorbehalt nur, dass entsprechende
Verfügungen im Erbgang nicht angefochten werden können (vgl. Art. 494 Abs. 3); es
handelt sich also um Verfügungen von Todes wegen, die die erbvertragliche Bindung
des Erblassers näher bestimmen (beschränken);

– die Bestellung eines Kaufs- und Vorkaufsrechts, das beim Tod des Erblassers auszuüben ist, sowie
– ehegüterrechtliche Vereinbarungen («Ehe- und Erbvertrag»).

Zur Abgrenzung der Verfügungen von Todes wegen von Rechtsgeschäften
unter Lebenden s. unten N. 96 ff.

c) Erbeinsetzungs- und Vermächtnisvertrag und Erbverzicht

Im Hinblick auf die Verfügungen von Todes wegen in Erb-   8
verträgen unterscheidet das Gesetz den Erbverzicht vom Erbeinsetzungs-
und Vermächtnisvertrag (Art. 494 f.). Durch *Erbverzicht* (Art. 495) regelt
der Erblasser seine Vermögensverhältnisse für den Fall des Todes, indem er
einen künftigen Erben mit dessen Zustimmung von der Erbfolge ausschliesst. Bei Lebzeiten des Erblasser hat der Erbverzicht keine Wirkungen
(richtig SCHMID, 15). Erst bei der Eröffnung des Erbgangs und nur wenn der

Verzichtende den Erblasser überlebt, zeigt sich, dass er infolge des Erbverzichts nicht Erbe geworden ist. Der Erbverzicht *war* deshalb nach bewährter gemeinrechtlicher Auffassung *und ist* nach geltendem schweizerischem Recht eine Verfügung von Todes wegen (s. oben N. 1; Tuor, Art. 495 N. 3; Piotet, § 28 I, p. 158 s./S. 173 ff., der aber von «Enterbung» spricht, worunter das ZGB etwas anderes versteht, vgl. Art. 477; zögernd Escher/Escher, Vorbem. vor Art. 494 N. 5). Die auch beim Erbverzicht (trotz dieser Bezeichnung) rechtlich und faktisch dominierende Stellung des Erblassers wird verkannt, wenn gesagt wird, der Erblasser «nehme einfach eine Erklärung des Verzichtenden entgegen» (Escher/Escher, Art. 495 N. 3; Tuor, Art. 495 N. 3), oder gar, «der Gegenkontrahent und nicht der Erblasser selbst gebe die die erbrechtlichen Verhältnisse gestaltende Erklärung ab» (Escher/Escher, Vorbem. vor Art. 494 N. 5). Da der Erbverzicht eine zweiseitige Verfügung von Todes wegen ist, wird er notwendigerweise in der Form des Erbvertrags abgeschlossen. Dass der Erblasser trotzdem nicht gebunden ist, folgt daraus, dass das nicht Zweck des Erbverzichts ist und der Verzichtende als Gegenpartei daran auch nicht interessiert sein kann.

9   Man spricht auch von *positiven* und *negativen Erbverträgen*. Das ist knapp und einprägsam, darf aber nicht zu Missverständnissen führen: Einerseits hat nämlich jeder Erbeinsetzungs- und Vermächtnisvertrag auch negative Wirkungen, denn jede Erbeinsetzung *schmälert* den Erbteil eines gesetzlichen Erben oder *schliesst* ihn ganz von der Erbfolge *aus*, und jedes Vermächtnis *beschwert* einen Erben oder Vermächtnisnehmer. Andererseits unterstehen Erbverzicht und Erbauskauf andern Regeln als der (erbvertragliche) Ausschluss eines nicht pflichtteilsberechtigten gesetzlichen Erben von der Erbfolge, und es wäre nutzlos, beides unter einem Namen zusammenzufassen. «Negativer Erbvertrag» kann daher nichts anderes sein als die vereinfachende Bezeichnung von Erbverzicht (und Erbauskauf) im Unterschied zu allen andern Erbverträgen, den «positiven».

d) Einfache, beiderseitige und entgeltliche Erbverträge

10   Alle Erbverträge sind entweder einfache oder beiderseitige oder entgeltliche. Diese Einteilung ist bei Ungültigkeit oder Nichtigkeit einzelner von mehreren Verfügungen in einem Erbvertrag von Bedeutung und spielt auch bei der Debatte um die Auslegung der Erbverträge und die Beachtlichkeit von Willensmängeln eine Rolle. Es ist aber zu bedenken, dass es in erster Linie immer auf die Geltung und Wirkung der einzelnen einseitigen oder vertraglichen Verfügungen von Todes wegen und Rechtsgeschäfte unter Lebenden ankommt, während von einem einfachen, beiderseitigen oder entgeltlichen Erbvertrag nur im Hinblick auf die Urkunde ge-

sprochen werden kann, durch die jene errichtet werden und in der sie enthalten sind:

1. Beim *einfachen Erbvertrag* verfügt nur eine Partei, der Erblasser, von To-   11
des wegen; die Gegenpartei beschränkt sich darauf, deren Verfügung(en)
anzunehmen. Auf diese Weise können auch Verfügungen zugunsten Dritter
errichtet werden. Die Gegenpartei verpflichtet sich zu nichts und verfügt
auch nicht, weder unter Lebenden noch von Todes wegen. Der einfache
Erbvertrag ist die Grundform des Erbvertrags schlechthin, nicht der beiderseitige und erst recht nicht der entgeltliche Erbvertrag.

Auch beim einfachen Erbverzicht verfügt die Gegenpartei nicht, und sie ver-   12
zichtet auch auf nichts, denn das Erbrecht im subjektiven Sinn, auf das sie zu
verzichten scheint, hat sie noch nicht, und es ist völlig ungewiss, ob sie es je erlangt. In Betracht käme nur ein Verzicht auf den möglichen künftigen Erwerb
des Erbrechts. Das wäre dann eine «vorzeitige Ausschlagung der Erbschaft»,
die dem schweizerischen Recht aber genauso fremd ist wie dem deutschen
(PIOTET, § 28 I, p. 158 s./S. 173 f.; *ders.*, ZSR 1992 I, 368; falsch in Bezug auf das
deutsche Recht). Die Gegenpartei nimmt vielmehr die Verfügung des Erblassers an, durch die er ihr ihren Erbteil entzieht, stimmt ihr zu.

2. In einem *beiderseitigen Erbvertrag* errichten beide Parteien als Erblasser   13
je eine oder mehrere Verfügungen von Todes wegen, und jede Partei nimmt
als Gegenpartei die Verfügung(en) der anderen Partei an. Oft begünstigen
die Parteien sich gegenseitig (gegenseitiger Erbvertrag, die gebräuchlichste
Form des Erbvertrages). In diesen Fällen sollen die Verfügungen einer Partei meistens nicht ohne diejenigen der anderen Partei wirksam sein. Es handelt sich um eine Art kaptatorischer Verfügungen (s. Art. 482), nicht um einen entgeltlichen Erbvertrag (so aber GRUNDLER, 23 f.). Möglich sind auch
beiderseitige Erbverzichte, z.B. zwischen Ehegatten, die zugleich ihre Kinder
begünstigen oder eine Stiftung errichten.

3. Beim *entgeltlichen Erbvertrag* ist ein einseitig verpflichtendes *Rechtsge-*   14
schäft unter Lebenden (meistens ein Vertrag über die Gewährung von Unterhalt und Pflege oder ein Leibrentenvertrag) mit einer vertraglichen *Ver-*
fügung von Todes wegen verbunden. Gültigkeit und Wirkungen des Ersteren richten sich nach den Vorschriften des Obligationenrechts, während die
Letztere dem Erbrecht unterstellt ist.

Man kann den entgeltlichen Erbvertrag durchaus als «Doppelgeschäft» be-   15
zeichnen (BGE 90 II 75 Erw. 4; TUOR, Vorbem. vor Art. 494 N. 12, der damit

aber nur sagen wollte, dass Erbverträge oft mehrere Verfügungen enthalten, s. oben N. 5; contra: ESCHER/ESCHER, Vorbem. vor Art. 494 N. 7; PIOTET, § 28 VI A, p. 171/S. 187). Damit wird weder geleugnet, dass das Rechtsgeschäft unter Lebenden und die Verfügung von Todes wegen (auf unterschiedliche Weise) voneinander *abhängig* sind, noch wird die überholte Ansicht wieder aufgenommen, wonach *alle* Erbverträge «Doppelgeschäfte» seien, weil der Erblasser *unter Lebenden* an die darin enthaltenen Verfügungen *von Todes wegen* gebunden sei (s. oben N. 4).

16 In welcher Weise die Verpflichtung der Gegenpartei unter Lebenden und die vertragliche Verfügung des Erblassers von Todes wegen miteinander verbunden sind (vgl. Art. 514, 528 Abs. 2), hängt stark von der Ausgestaltung des einzelnen Vertrages ab. Es kann nur im Wege der Auslegung festgestellt werden, ob die Nichtigkeit oder Ungültigkeit des einen Geschäfts das andere in Mitleidenschaft zieht (vgl. Art. 20 Abs. 2 OR). Derjenige Typ des entgeltlichen Erbvertrags, von dem viele Autoren in jüngerer Zeit stillschweigend ausgegangen sind, durch den die Gegenpartei dem Erblasser die Erbeinsetzung gleichsam «abkauft», und der dadurch eine gewisse Ähnlichkeit mit einem gegenseitigen Vertrag des Obligationenrechts aufweist, kommt in der Praxis kaum vor. Ein solcher Handel wird höchstens bei Vermächtnisverträgen abgeschlossen, wenn der Erblasser der Gegenpartei ein Objekt, z.B. eine Liegenschaft, von der er sich bei Lebzeiten nicht trennen will, gegen Zahlung einer Leibrente vermacht. Die beiderseitigen Interessen können im Allgemeinen durch einen Kaufvertrag auf den Tod des Verkäufers (Rechtsgeschäft unter Lebenden) besser gewahrt werden.

17 Meistens will der Erblasser die Gegenpartei durch die Verfügung von Todes wegen für empfangene Wohltaten *belohnen*, z.B. für Beherbergung, Unterhalt, Pflege und Zuwendung, die ihm im Rahmen einer bestehenden Lebensgemeinschaft vielleicht schon zuteil geworden sind und weiterhin zuteil werden sollen oder deren künftige Gewährung die Gegenpartei verspricht. Wenn man in solchen Fällen überhaupt von einem Entgelt sprechen will, ist das die Erbeinsetzung und nicht die Leistung der Gegenpartei. Man würde daher besser von einem «erbvertraglichen Entgelt» als von einem «entgeltlichen Erbvertrag» sprechen. Oft ist die Gegenpartei ohnehin zu Unterhaltsleistungen verpflichtet und andererseits gesetzlich erb- und eventuell pflichtteilsberechtigt. Durch den entgeltlichen Erbvertrag wird dann nur der Umfang der Unterhaltsverpflichtung geklärt und der Erblasser an Verfügungen (im Rahmen der disponiblen Quote) gehindert, die die Erbaussichten der Gegenpartei schmälern würden.

Es sind meistens mehrere Gründe und Zwecke, die durch den Abschluss ei-   18
nes entgeltlichen Erbvertrags verwirklicht werden sollen. Um ein blosses
«Abkaufen», ein scharf kalkuliertes Nehmen und Geben geht es fast nie.
Wenn es aber doch einmal das Ziel des Erblassers sein sollte, seine Haut so
teuer wie möglich zu verkaufen, und die Gegenpartei nicht mehr als nötig
dafür bezahlen will, dann wäre ein solcher Vertrag ein in hohem Masse alea-
torisches Geschäft, gegen dessen Risiken die Gegenpartei keinen Schutz
verdient und auch nicht geschützt werden kann. Dies aus drei Gründen:
Man kann nur darüber spekulieren, wie lange der Erblasser noch lebt und
die Renten- oder Dienstleistungen der Gegenpartei in Anspruch zu nehmen
berechtigt ist, welchen Wert der Nachlass bei der Eröffnung des Erbgangs
haben und ob die Gegenpartei diesen Tag überhaupt erleben wird.

Aus diesen faktischen Gründen ist es *nicht sachgemäss,* entgeltliche Erbver-   19
träge als synallagmatische Verträge, d.h. als zweiseitige Verträge im Sinn des
Art. 82 OR, zu betrachten. Aus rechtlichen Gründen ist es auch *nicht richtig,*
denn der Erblasser *verpflichtet sich zu nichts,* weder zur Übertragung seines
Vermögens – was den entgeltlichen Erbvertrag eventuell von einem Ver-
pfründungsvertrag unterscheidet (s. auch Art. 521 Abs. 2 OR) – noch zur
Errichtung einer Verfügung von Todes wegen – was unzulässig wäre. Der
Erblasser *gibt* auch nichts. Zwar *verfügt* er von Todes wegen, das verschafft
der Gegenpartei aber keinen rechtlichen Vorteil, solange er lebt. Der entgeltliche Erbvertrag ist deshalb auch kein Realkontrakt im Sinne des römischen und gemeinen Rechts. Den Verpflichtungen und Leistungen der Gegenpartei steht weder eine *Leistung* des Erblassers noch eine *Verpflichtung
zu einer Leistung* gegenüber.

Selbst von der auf den ersten Blick bestehenden *Ähnlichkeit* entgeltlicher   20
Erbverträge mit synallagmatischen Verträgen bleibt bei näherer Prüfung
nichts übrig (so auch: Tuor, Art. 514 N. 2; Escher/Escher, Vorbem. vor
Art. 494 N. 15; contra: Piotet, § 28 VI A, p. 171/S. 187; *ders.*, ZSR 1992 I,
373–379). Vollends sinnlos ist die Unterscheidung zwischen entgeltlichen und
«gemischt entgeltlichen Erbverträgen» (so neuerdings Grundler, 24 ff.).

Der *entgeltliche Erbverzicht (Erbauskauf;* Art. 495) enthält genauso wie ent-   21
geltliche Erbeinsetzungs- und Vermächtnisverträge neben der Verfügung
von Todes wegen ein Rechtsgeschäft unter Lebenden und, daraus resultie-
rend, eine Zuwendung unter Lebenden. Es ist jedoch nicht die Gegenpartei,
sondern der Erblasser, der (nicht nur von Todes wegen, s. oben N. 8, sondern
auch) unter Lebenden verfügt oder sich zu einer Leistung unter Lebenden
verpflichtet.

e) Die Verfügungsfähigkeit

22   Eine Verfügung von Todes wegen kann errichten, wer verfügungs- oder testierfähig ist. Die Verfügungsfähigkeit ist für einseitige und für vertragliche Verfügungen verschieden geregelt (s. Art. 467 f. «Die Verfügungsfähigkeit»).

f) Die Verfügungsarten

23   Es besteht ein numerus clausus der Verfügungen von Todes wegen. Verfügungen, die keiner der gesetzlich anerkannten Verfügungsarten (s. Art. 481 ff. «Die Verfügungsarten») entsprechen, sind ohne Rechtsschutz, d.h. nichtig.

g) Die Verfügungsformen

24   Nach den Vorschriften über die Verfügungsformen (s. Art. 498 ff. «Die Verfügungsformen») können *letztwillige Verfügungen* entweder mit öffentlicher Beurkundung oder eigenhändig oder, als Nottestament, durch mündliche Erklärung errichtet werden (Art. 498); *Erbverträge* bedürfen der Form der öffentlichen Beurkundung (Art. 512, 499 ff.).

25   Besondere Vorschriften (Formerleichterungen) für letztwillige Verfügungen, die keine Erbeinsetzungen enthalten (Kodizille, vgl. § 553 ABGB und zum gemeinen Recht DERNBURG, III, § 66, 124 ff.), kennt das Zivilgesetzbuch nicht. Unzulässig sind die Bezugnahme auf eine Urkunde, die nicht selbst ein gültiges Testament des Erblassers ist, das mystische Testament (BGE 56 II 351 Erw. 2; vgl. § 582 ABGB, Art. 976 ff. CC fr., Art. 604 CC it.; s. auch unten N. 77) sowie fremdhändige letztwillige Verfügungen (vgl. § 579 ABGB). Gemeinschaftliche Testamente (vgl. §§ 2265 ff. BGB; § 1248 ABGB) sind dem Zivilgesetzbuch unbekannt und unzulässig (ebenso Art. 968 CC fr.; Art. 589 CC it.). Verfügungen von Todes wegen zweier oder mehrerer Personen müssen daher jede für sich den Testamentsformen genügen oder als Erbverträge errichtet werden. Ungültige gemeinschaftliche Verfügungen können aber eventuell im Wege der Konversion teilweise gerettet werden.

h) Das Prinzip der formellen Höchstpersönlichkeit

26   Aus den Vorschriften über die Verfügungsformen ergibt sich der Grundsatz der *formellen Höchstpersönlichkeit* der Verfügungen von Todes wegen. Danach muss der Erblasser die Verfügung *persönlich* errichten. An seiner statt kann weder ein gesetzlicher oder bevollmächtigter Ver-

treter noch ein Bote handeln; es gibt keine Vertretung, weder im Willen noch in der Erklärung. Auch die nachträgliche Genehmigung einer durch einen andern errichteten Verfügung ist ausgeschlossen (PIOTET, § 16 II 1, p. 76/ S. 84; ESCHER/ESCHER, Vorbem. vor Art. 467 N. 4; TUOR, Vorbem. vor Art. 467 N. 5). Beim Abschluss eines Erbvertrages kann die Gegenpartei sich allerdings vertreten lassen.

i) Das Prinzip der materiellen Höchstpersönlichkeit

Aus dem gemeinrechtlichen, im Zivilgesetzbuch nicht kodi-   27
fizierten Grundsatz der *materiellen Höchstpersönlichkeit* (HAUSHEER, Probleme, 55 ff.; SCHÄRER, bes. S. 31 ff.; s. auch PIOTET, § 16 Anm. 5, 86 sowie MOSER, SJZ 1916, 241–243; zur Geschichte GERHARD IMMEL, Die höchstpersönliche Willensentscheidung des Erblassers, Köln 1965) wird abgeleitet, dass der Erblasser selbst entscheiden muss, ob eine *Erbeinsetzung* gelten, wer Erbe sein und welche Quote er erhalten soll (vgl. § 2065 BGB). Er kann diese Entscheidung weder der begünstigten oder einer dritten Person noch dem Los überlassen.

Wenn der Erblasser, wie das neuerdings Notariatspraxis zu sein scheint,   28
nach dem Vorbild der früheren gesetzlichen Regelung (s. vorn aArt. 462) dem überlebenden Ehegatten neben gemeinsamen Nachkommen die *freie Wahl* zwischen dem gesetzlichen Erbteil von $^1/_2$ nach Art. 462 Ziff. 1 und der Nutzniessung am ganzen den gemeinsamen Nachkommen zufallenden Teil der Erbschaft nach Art. 473 Abs. 1 einräumt (NÄF-HOFMANN, Rz. 2625 ff.), ist diese Anordnung mit dem Grundsatz der materiellen Höchstpersönlichkeit unvereinbar und nichtig (P. WEIMAR, Art. 473 ZGB und die disponible Quote, SJZ 1999, 453; anders: NÄF-HOFMANN, Rz. 2625 ff.; CHRISTOPH WILDISEN, Das Erbrecht des überlebenden Ehegatten, Diss. Freiburg i.Ue. 1997, 270 ff.; HAUSHEER/AEBI-MÜLLER, 23, 25; BURCKHARDT, SJZ 1987, 4; ZGB-STAEHELIN, Art. 473 N. 17). Der Erblasser muss selbst entscheiden, ob der überlebende Ehegatte das Nutzniessungsvermächtnis haben oder Erbe werden soll.

Die Anordnung ist jedoch gültig, wenn der Erblasser die Art der Zuwendung von einer über das blosse Wollen des überlebenden Ehegatten hinausgehenden Bedingung abhängig gemacht hat (s. unten N. 35 f.). Zulässig ist auch die Einräumung eines Wahlrechts zwischen der Begünstigung gemäss Art. 473 und dem Pflichtteil, weil der überlebende Ehegatte diesen sowieso verlangen kann (s. hinten Art. 473 N. 8). Zulässig ist auch die Zuwendung der Nutzniessung oder der Hälfte der Erbschaft, je nach dem Alter des überlebenden Ehegatten bei der Eröffnung des Erbgangs (vgl. hinten Art. 473 N. 11).

29   Wenn ein Erblasser 19 Neffen und Nichten hat, die als seine nächsten gesetzlichen Erben in Frage kommen, und er sich nicht entscheiden kann, welcher der beiden Söhne seiner jüngsten Schwester sein Alleinerbe werden soll, und deshalb anordnet, dass zwischen ihnen das Los entscheiden solle, so ist die Verfügung nichtig (contra: PIOTET, § 38 I, p. 217/ S. 235). Möglich ist aber deren Konversion (s. unten N. 83 ff.) in die Einsetzung *beider* als Erben unter Übergehung aller anderen.

30   Der Grundsatz der materiellen Höchstpersönlichkeit gilt nach h.L. und Rspr. sinngemäss aber auch bei *Vermächtnissen.* Anders als im deutschen (§ 2151 BGB) und im österreichischen Recht (§ 651 ABGB) darf der Erblasser es auch bei einem Vermächtnis weder dem Beschwerten noch einem Dritten, z.B. dem Willensvollstrecker, überlassen zu bestimmen, wer «von den mehreren» bzw. «aus einer gewissen Klasse von Personen» ein Vermächtnis erhalten soll.

31   Im Leitentscheid BGE 68 II 155 Erw. 7 hat das BGer. das Vermächtnis eines Schlossguts an «eine Niederlassung des Ordens Sacré-Cœur im Elsass oder in der Schweiz» nach Wahl der beiden Nutzniesserinnen desselben Anwesens als nichtig angesehen: «Das ZGB geht von der gesetzlichen Erbfolge aus. Es kennt letztwillige Verfügungen nur als solche, die in ihrem ganzen wesentlichen Inhalt vom Erblasser selbst getroffen worden sind... Anspruch auf ein Vermächtnis hat also nur, wer aus der Verfügung des Erblassers unmittelbar als in dieser Weise Bedachter hervorgeht.»
Nach BGE 81 II 22 Erw. 6 ist nichtig («kein Vermächtnis im Sinne des Gesetzes») die Anordnung, wonach der Willensvollstrecker «über den noch vorhandenen Vermögensteil zur Heranbildung von katholischen Priesteramtskandidaten verfügt», weil der Erblasser die mit einem Vermächtnis bedachten Personen selbst zu bezeichnen hat und deren Individualisierung keinem Dritten überlassen kann. Es wäre gefährlich, die Bezeichnung des Vermächtnisnehmers einem Dritten zu überlassen, weil keine Gewähr dafür bestehe, dass er den wirklichen Absichten des Erblassers gemäss verfahre.
Ein Legat ist als Ganzes nichtig, wenn bestimmte Gegenstände ohne genaue Aufteilung einer vom Erblasser selbst bestimmten und weiterer von den Willensvollstreckern zu bestimmenden Personen zugewiesen wurden («Incarico i miei esecutori testamentari di devolverlo [scil. un avanzo attivo eventuale] in prima linea all'Istituto S. Pietro Canisio... *e poi a loro giudizio»)*, weil der Teil, den der einwandfrei Begünstigte erhalten soll, nicht bestimmt und nicht bestimmbar ist (BGE 89 II 278 Erw. 4a). Im Übrigen ist, wenn mehrere Vermächtnisnehmer benannt sind, im Zweifel zu vermuten, dass sie den Vermächtnisgegenstand zu gleichen Teilen erhalten sollen (ebd. Erw. 4b, unter Hinweis auf § 2157 BGB und ESCHER/ESCHER, Art. 484 N. 5; keine Änderung der Rechtssprechung hat insoweit BGE 100 II 98 gebracht [s. hinten Art. 539].

32   Der Erblasser kann auch die Auswahl eines *Willensvollstreckers* nicht einem andern überlassen, auch nicht dem Gericht, nicht einmal für den Fall, dass der ernannte Willensvollstrecker wegfallen sollte (h.M.: ESCHER/ESCHER, Art. 517 N. 2; W. FLÜGEL, Zu einigen Fragen aus dem ehelichen Güterrecht und dem Erbrecht, BJM 1965, 118; PIOTET, § 24 II A, p. 142/S. 156, m. Nachw.; PICENONI, Auslegung, 43 f.; THOMAS HUX, Die Anwendbarkeit des Auftragsrechts auf die Willensvollstreckung, Diss. Zürich 1985, S. 26; CLAU-

DE WETZEL, Interessenkonflikte des Willensvollstreckers, Diss. Zürich 1985, N. 41–46, m. Nachw.; BGE 44 II 115; anders das deutsche Recht). Nicht erforderlich ist es dagegen, dass der Erblasser den Willensvollstrecker persönlich namhaft macht; es genügt wenn er ihn durch die Angabe einer öffentlichen oder privaten Funktion bezeichnet oder seine Person auf andere Weise eindeutig bestimmt (BGE 91 II 177 Erw. 3).

Der Erblasser kann den Willensvollstrecker nicht von der Beachtung der   33 gesetzlichen *Teilungsvorschriften* entbinden, ohne selbst abweichende Vorschriften aufzustellen (anders, mit Hinweis auf § 2048 BGB, ESCHER/ ESCHER, Art. 518 N. 18; zweifelnd PIOTET, § 24 IV B, p. 154/S. 168; wie hier ARMAND PFAMMATTER, Erblasserische Teilungsvorschriften, Diss. Zürich 1993, 13).

Die kompromisslose Durchführung des Prinzips der materiellen Höchstper-   34 sönlichkeit der Verfügungen im schweizerischen Recht ist als Schranke der Testierfreiheit zu verstehen, die ihre Rechtfertigung im Grund der Testierfreiheit selbst findet, d.h. im Tod des Erblassers: Der Erblasser darf zwar durch Rechtsgeschäfte von Todes wegen Anordnungen über die Erbfolge und für den Erbgang treffen, damit er sein Vermögen bis zum Augenblick seines Todes selbst geniessen kann und nicht schon bei Lebzeiten darüber verfügen muss (s. vorn, Einl. N. 8). Aber er hat als Verstorbener an sich kein Recht, sich in die Angelegenheiten der Erben einzumischen, denen sein Vermögen dann gehört, und er trägt auch keine Verantwortung für den Nachlass (abw. SCHÄRER, 61 ff. und – in Bezug auf § 2065 BGB – B. GROSSFELD, Höchstpersönlichkeit der Erbenbestimmung und Auswahlbefugnis Dritter, JZ 1968, 113–122). Wer bei seinen Lebzeiten nicht weiss, welche besseren Regeln er für die Erbfolge oder den Erbgang aufstellen könnte, als sie das Gesetz vorsieht, und das vielleicht auch noch gar nicht wissen kann, der *soll nicht* verfügen. Das ist kein alter Zopf, sondern eine sehr menschenwürdige Auffassung, die den wohlverstandenen Interessen *des Erblassers und der Erben* gerecht wird. Von daher ist jedem Versuch einer Aufweichung des Prinzips der materiellen Höchstpersönlichkeit unter wirtschafts- oder sozialpolitischen Gesichtspunkten (HAUSHEER, Probleme, 55 ff.; SCHÄRER, 88 ff., PIOTET, § 16 Anm. 5, 86; DRUEY, § 8 N. 29 f.) eine Absage zu erteilen (im gleichen Sinne SCHWALLER, 48 f.).

Das Prinzip der materiellen Höchstpersönlichkeit hindert den Erblasser aber   35 nicht daran, mit seiner Verfügung im Voraus auf künftige Ereignisse einzugehen, auch wenn diese nicht ohne den Willen einer andern Person eintreten können. Der Erblasser kann die Geltung seiner Verfügung nämlich von Bedingungen abhängig machen, grundsätzlich auch von willkürlichen oder Potestativbedingungen (s. Art. 482 sowie SCHÄRER, 179 ff.). Nur *reine Wollensbedingungen*, die sich in der Äusserung des Willens einer anderen Person erschöpfen (vgl. v. TUHR/ESCHER, § 84 III 2, 257), genauer: in einer Willenserklärung, die unmittelbar auf die Geltung der Verfügung gerichtet ist (s. unten N. 36 ff.), sind mit dem Prinzip der materiellen Höchstpersönlichkeit unvereinbar. Man kann die Geltung einer Verfügung eben nicht davon abhängig machen, dass eine andere Person, der Begünstigte oder ein Dritter, deren Geltung will. Eine solche Wollensbedingung macht die Verfügung ungültig.

36   Zulässig sind dagegen *gemischte Potestativbedingungen* oder *Willkürbedingungen,* bei denen der fremde Wille nicht unmittelbar auf die Geltung der Verfügung, sondern auf die Herbeiführung eines anderen Erfolges gerichtet ist. Es muss dem Erblasser aber darauf angekommen sein, seine Verfügung gerade von diesem Erfolg abhängig zu machen. Irgendeine belanglose Handlung, an der ihm gar nichts gelegen sein kann, z.B. die Ersteigung des Capitols, ist nicht geeignet, eine unzulässige Wollensbedingung in eine gültige Willkürbedingung zu verwandeln – so aber das gemeine Recht. Es ist z.B. nichts dagegen einzuwenden, wenn der Erblasser seinen Neffen zum Erben beruft und seiner Nichte ein Legat aussetzt, falls jener sich zur Auswanderung entschliessen und diese den Beruf einer Krankenschwester ergreifen sollte – übrigens unabhängig davon, ob er mit seinen Verfügungen auf die Entscheidungen der beiden Einfluss zu nehmen versucht. Ebenso kann der Erblasser die Geltung einer Erbeinsetzung oder eines Vermächtnisses davon abhängig machen, dass sich auch der Zuwendungsempfänger oder ein Dritter zu einer Erbeinsetzung oder zur Aussetzung eines Vermächtnisses entschliesst (zu den kaptatorischen Klauseln s. Art. 482). S. zum Ganzen PIOTET, § 16 II 2, p. 76 s./S. 85; SCHÄRER, 184 ff. Dagegen sind die *Motive des andern* gleichgültig. Auch wenn er die Handlung nur vorgenommen hat, um Einfluss auf die Geltung der Verfügung zu nehmen, wird die Bedingung gültig erfüllt. Er braucht andererseits auch keine Kenntnis von der Existenz der Verfügung zu haben.

37   Das Gesetz selbst sieht vor, dass der Erblasser in seiner Verfügung «eine oder mehrere Personen bezeichnet, denen die Erbschaft oder das Vermächtnis für den Fall ... der Ausschlagung des Erben oder Vermächtnisnehmers zufallen soll» (Art. 487, *Ersatzverfügung*); auch die Benennung eines Ersatzwillensvollstreckers ist möglich (s. Art. 517). Obwohl der Ausschlagende hier kein äusseres Ereignis herbeiführt, sind die Ausschlagung der Zuwendung und die Ablehnung des Willensvollstreckermandats in Bezug auf die Ersatzverfügung keine reinen Wollensbedingungen, denn der frem-

de Wille ist in erster Linie auf die Ablehnung des angefallenen Erwerbs bzw. des Auftrages gerichtet und die Ersatzverfügung wird nur indirekt, durch die Ausschlagung, in Kraft gesetzt. Der Ausschlagende braucht die Geltung der Ersatzverfügung nicht zu wollen. Er kann die Ausschlagung deshalb auch nicht mit der Begründung anfechten, er habe von der Existenz der Ersatzverfügung keine Kenntnis gehabt.

Eine *Nacherbeneinsetzung* kann davon abhängig gemacht werden, dass der   38
(Vor-)Erbe nicht anders verfügt, und der Erblasser kann dem Vorerben gestatten, den Nacherben durch die Einsetzung eines andern Erben auszuschalten (s. Art. 488). Auch hierzu bedarf es zwar nur einer Willenserklärung, doch zielt diese wieder nicht unmittelbar auf die Ausserkraftsetzung der Nacherbeneinsetzung, auch wenn gerade das das Motiv des Vorerben für die Einsetzung eines eigenen Erben sein sollte. Sie ist deshalb in Bezug auf diese keine reine Wollensbedingung – genauso wenig wie die Ausschlagung in Bezug auf die Ersatzverfügung (N. 37).

Zulässig sind *Wahlvermächtnisse*, weil der Vermächtnisnehmer dann nicht   39
über die Geltung oder den Inhalt der Verfügung zu entscheiden hat, sondern das Wahlrecht ein Teil des ihm zugewendeten Vermögensvorteils selbst ist.

II. Die Verfügungen von Todes wegen als Willenserklärungen

Verfügungen von Todes wegen müssen als einseitige, nicht-   40
empfangsbedürftige oder vertragliche (s. oben N. 3) *Willensäusserungen* (so Art. 1 OR) oder *Willenserklärungen* aus dem entsprechenden Geltungs- oder Erklärungswillen des Erblassers bzw. der Erbvertragsparteien hervorgehen und seinen oder deren Geschäfts- oder Verfügungswillen zum Ausdruck bringen. Äusserungen des Erblasser ohne Geltungswillen oder ohne Geschäftswillen sind keine Willenserklärungen (vgl. KRAMER, Berner Komm., Art. 1 OR N. 30 ff.; GAUCH/[SCHLUEP]/SCHMID, Nr. 169 ff.) und grundsätzlich nichtig, d.h. wirkungslos.

Unter dem *Geschäftswillen* versteht man den Entschluss zur Begründung,   41
Änderung oder Aufhebung eines Rechts oder eines Rechtsverhältnisses (KRAMER, Art. 1 OR N. 34; GAUCH/[SCHLUEP]/ SCHMID, Nr. 171; zur Kontroverse um die sog. Rechtsfolgentheorie s. KRAMER, Art. 1 OR N. 35). Bei Rechtsgeschäften von Todes wegen intendiert der Geschäftswille eine An-

ordnung, die für die Erbfolge oder im Erbgang gelten soll, d.h. eine «Verfügung» (s. oben N. 1); man kann ihn deshalb als *Verfügungswillen* (animus
testandi) bezeichnen. Der *Geltungs- oder Erklärungswille* besteht in dem
Entschluss, den Geschäftswillen durch Erklärung zur Geltung zu bringen
(KRAMER, Art. 1 OR N. 33; GAUCH/[SCHLUEP]/SCHMID, Nr. 172). Der Gel-
tungs- oder Erklärungswille setzt einen *Handlungswillen* voraus. Äusserungen des Erblassers mit einem Bezug auf den Erbgang, die ohne Handlungswillen oder ohne Geltungs- oder Erklärungswillen zustande gekommen sind
oder keinen Verfügungswillen (Geschäftswillen) erkennen lassen, sind wirkungslos (nichtig). Auch ein nur durch eine Willensbetätigung (zum Begriff
s. v. TUHR/PETER, § 21 I 2, 159 f.) geäusserter Verfügungswille ist nichtig. Erst
recht bleiben ein nicht (und daher nur durch Indizien erschliessbarer) geäusserter Verfügungswille und gar nicht zu einem Willensentschluss gereifte
Motive im Erbgang wirkungslos.

42 Der *Handlungswille fehlt* bei Äusserungen, die der Erblasser im Zustand
der Bewusstlosigkeit, unter Hypnose oder unter überwältigender Gewalt
(vis absoluta) abgegeben hat. Der *Geltungs- oder Erklärungswille fehlt* dem
Entwurf einer Verfügung, bei nichternstlichen Erklärungen (sog. Scherzerklärungen), bei zum Schein abgegebenen (simulierten) Erklärungen und bei
Erklärungen, die unter dem geheimen Vorbehalt (reservatio mentalis) abgegeben werden, das Erklärte nicht zu wollen. Von diesen Fällen ist nur die
Simulation gesetzlich geregelt, nämlich in Art. 18 OR. Der *Verfügungswille
fehlt* bei Anregungen, Ratschlägen, Wünschen usw.

a) Fehlender Handlungswille

43   Wer *bewusstlos* ist, hat keinen Willen; es ist allerdings auch
kaum vorstellbar, dass er eine Äusserung von sich zu geben vermöchte, die
als Verfügung von Todes wegen betrachtet werden könnte. Wer unter *Hypnose* steht oder wem die Hand *unter überwältigendem Zwang* zur Unter-
schrift geführt wird (BGE 72 II 154 Erw. 2; BGE 98 II 73 Erw. 3a), vollzieht
keinen eigenen, sondern einen fremden Willen. Ihm fehlt der *Handlungswille* (s. KRAMER, Art. 1 OR N. 32, 59). Auch bei Fälschungen fehlt jeder Handlungswille des Erblassers (vgl. SCHWALLER, 34). Hat der Dritte dagegen dem
Erblasser die Hand *mit dessen Willen* geführt, so fehlt der Handlungswille
nicht, doch ist die letztwillige Verfügung möglicherweise nicht eigenhändig
niedergeschrieben, sodass Art. 505 verletzt ist. Die letztwillige Verfügung
wäre dann nicht nichtig, sondern ungültig (vgl. BGE 98 II 73 Erw. 3).

b) Fehlender Geltungs- oder Erklärungsswille

Entwürfe von Verfügungen sind, auch wenn sie nicht als   44
solche zu erkennen sind, Äusserungen ohne Geltungs- oder Erklärungswillen. Der Erblasser, der den Entwurf einer Verfügung redigiert, will die konzipierte Verfügung (noch) nicht erklären und zur Geltung bringen (BGE 78 II 348 Erw. 2, wo allerdings gesagt wird, Testamentsentwürfe seien «ungültig»). Entwürfe, die nicht als solche gekennzeichnet sind, gleichen fertigen letztwilligen Verfügungen objektiv allerdings vollkommen. Im Streitfall kann daher die Partei, die aus der Verfügung ein Recht ableiten will, sich auf den Beweis des ersten Anscheins berufen. Sie muss aber beweisen, dass es sich um eine Verfügung handelt, sobald die Gegenpartei Indizien dafür vorgebracht hat, dass es sich auch um einen Entwurf handeln könnte. Der Geltungs- oder Erklärungswille fehlt erst recht, wenn der Erblasser nur die Absicht hatte, später eine Verfügung bestimmten Inhalts zu errichten (BGE 48 II 308 Erw. 2), oder einem Notar den Auftrag erteilt hat, den Text einer solchen aufzusetzen (BGE 73 II 148 Erw. 2).

Auch *nichternstliche Erklärungen* sind ihrem Inhalt nach verbindliche   45
Anordnungen für den Erbgang, sollen aber nach dem Willen des Erblassers nicht gelten. Sie sind blosse Redensarten oder sollen ein Scherz sein («Scherzerklärungen») oder als Beispiel dienen. Der Erblasser erwartet, dass der Mangel der Ernstlichkeit nicht verkannt wird:

Ein humorvoller Jurist schickt seine Frau in den April, indem er sie eigenhändig wegen schwerer Verletzung ihrer Hausfrauenpflichten «enterbt» und ihr das «Testament» hinter den Spiegel steckt. Die Frau hat ebenfalls Humor und legt es in den Tresor, wo es nach dem Tod des Mannes gefunden wird.
Ein Professor der Rechte schreibt zum Gebrauch in der Erbrechtsvorlesung eigenhändig ein Beispiel einer letztwilligen Verfügung auf eine Folie. Nach seinem Tod wird das Blatt bei den Vorlesungsunterlagen gefunden.

Beim *geheimen Vorbehalt* (reservatio mentalis) behält sich der Erblasser   46
insgeheim vor, die Verfügung nicht zu wollen.

Um einen besorgten Angehörigen zu «beruhigen» oder einen Erbschleicher loszuwerden, schliesst der Erblasser mit ihnen einen Erbvertrag ab oder legt ihnen eine zu diesem Zweck fabrizierte letztwillige Verfügung vor.

Anders als bei einer nichternstlichen Erklärung versucht der Erblasser also, einen oder mehrere andere zu täuschen; zugleich vertraut er darauf oder trifft Vorkehrungen dafür, dass Dritte seinen wahren Willen kennen und die

Verwirklichung der unter dem Vorbehalt abgegebenen Erklärung verhindern werden.

47   Auch mit einer zum *Schein abgegebenen (simulierten) Erklärung* soll jemand getäuscht werden. Anders als beim geheimen Vorbehalt handelt es sich aber stets um eine empfangsbedürftige Erklärung; getäuscht werden soll ein Dritter, während der Erklärungsempfänger durch die Simulationsvereinbarung ins Vertrauen gezogen wird (KRAMER, Art. 18 OR, N. 103 ff.). Simulation ist daher bei letztwilligen Verfügungen nicht möglich, weil diese nicht empfangsbedürftig sind (anders PICENONI, 48, der zwischen nichtempfangsbedürftigen und einseitigen Rechtsgeschäften nicht unterschieden und sich zu Unrecht auf MEIER-HAYOZ berufen hat), wohl aber beim Abschluss eines Erbvertrages (BGE 72 II 154; ESCHER/ESCHER, Art. 469 N. 4; TUOR, Art. 469 N. 10). Dem steht weder dessen notarielle Beurkundung noch die Formbedürftigkeit der Aufhebung (Art. 513) entgegen:

> In dem oben N. 46 gegebenen Beispiel schliesst der Erblasser mit seiner Schwester, die er eingeweiht hat, zum Schein einen Erbvertrag ab, um den Angehörigen oder den Erbschleicher zufrieden zu stellen.

48   Wenn der Erblasser klar zum Ausdruck bringt, was im Falle seines Todes mit seinem Vermögen geschehen soll, dann fehlt ihm der Geltungs- oder Erklärungswille nicht deshalb, weil er daran zweifelt, ob die Erklärung der Form genügt (BGE 56 II 245 Erw. 1), oder weil er die briefliche Mitteilung nur deshalb für genügend hält, weil er der (irrigen) Meinung ist, er habe bereits gültig im selben Sinne testiert (BGE 88 II 67, 72). Die Frage, ob ein Brief nur dann als Testament gelten könne, wenn der Erblasser *wusste*, dass man auf diese Weise testieren kann, wollte das BGer. zwar offen lassen, hat sie in Wahrheit aber doch wohl verneint – m.E. mit Recht, denn es genügte, dass die Erblasserin ihren Geschäftswillen hatte zum Ausdruck bringen wollen. Der Erklärungswille verlangt keine Rechtskenntnis.

49   Keine Fälle fehlenden Geltungswillens sind folgende Tatbestände:
   – suspensiv bedingte Verfügungen nach Ausfall und resolutiv bedingte nach Eintritt der Bedingung,
   – befristete Verfügungen nach bzw. vor Ablauf der Frist,
   – der Widerruf einseitiger sowie Aufhebung und Rücktritt von vertraglichen Verfügungen (a.A. RIEMER, 249 f., lit. f und g).
In allen diesen Fällen will der Erblasser bei Abgabe der Erklärung, dass seine Verfügung gelte. Der Geltungswille fehlt nicht, ist auch nicht begrenzt, sondern er begrenzt die Geltung der Verfügung.

c) Fehlender Verfügungswille

Blosse *Anregungen, Ratschläge, Ermahnungen, Empfeh-*   50
lungen, Wünsche oder Bitten sind keine Verfügungen, weil deren Befolgung
ins Belieben des Adressaten gestellt ist; sie sind schon nach ihrem Inhalt keine verbindlichen Anordnungen. Dem Erblasser fehlt der Verfügungswille
(BGE 56 II 351 Erw. 1; 90 II 476 Erw. 3 f.). Dagegen verhindert die höfliche
Form eines «Wunsches» («je désire») nicht die Verbindlichkeit der briefli-
chen Anweisung des Erblassers an seine Bank, wie sie bei seinem Tode mit
einem Depot verfahren solle (BGE 88 II 67).

d) Nichtigkeit

Wenn es keine Verfügungen von Todes wegen ohne Hand-   51
lungs-, Geltungs- und Verfügungswillen gibt und in jedem dargestellten Tatbestand einer dieser Willensaspekte fehlt, dann sind grundsätzlich alle betreffenden Äusserungen nichtig (so ESCHER/ESCHER, Art. 469 N. 4; TUOR,
Art. 469 N. 10; PIOTET, § 35 II, p. 202/S. 218 f.; RIEMER, 247 f.). Darauf kann
sich jedermann ohne weiteres berufen; es braucht und gibt keine Möglichkeit der Nichtig*erklärung*, wohl aber kann beim Vorliegen eines Interesses
im Erbgang auf *Feststellung der Nichtigkeit* geklagt werden (nicht anders
RIEMER, 246).

Für den Fall der *Simulation* ergibt sich die Nichtigkeit auch aus Art. 18   52
Abs. 1 OR. In sinngemässer Anwendung von Art. 18 Abs. 2 OR kann aber
einem Dritten, der dem Vertragserben oder -vermächtnisnehmer die Erbschaft oder den Vermächtnisgegenstand abgekauft hat, der Einwand der Simulation nicht entgegengesetzt werden.

Bei Verfügungen unter *Mentalreservation* (geheimem Vorbehalt) sind die   53
Meinungen geteilt (für Unbeachtlichkeit des Vorbehalts: v. TUHR/PETER,
§ 35, 292, Anm. 5, unter Berufung auf KIPP/COING, § 24 VIII; in Deutschland
auch STAUDINGER/OTTE, Vorbem. zu §§ 2064 ff. N. 12–15, m. Nachw.; a.A.
ESCHER/ESCHER, Art. 469 N. 4). Die Mentalreservation darf auch im Erbrecht nicht beachtet werden. Die nicht gewollte Rechtswirkung der Verfügung muss eintreten, denn wer bewusst und willentlich eine Erklärung ab-
gibt, die nach Form und Inhalt Rechtsgeltung hat, kann die Folgen derselben nicht dadurch vermeiden, dass er behauptet, *insgeheim* habe er das Erklärte gar nicht gewollt. Es ist nicht Sache des Rechts, ein unseriöses Verhal-

ten zu honorieren. Das muss umso mehr gelten, als mit dem geheimen Vorbehalt, wenn er nicht völlig irrational ist, jemand getäuscht werden soll.

54   Dass nicht *immer alles* vom Vorhandensein eines Geschäftswillens des Erklärenden abhängt, ergibt sich auch aus dem sog. *Vertrauensprinzip*, und eben auf das Vertrauensprinzip hat man auch die Geltung von Willenserklärungen, die unter geheimem Vorbehalt abgegeben wurden, zurückzuführen versucht (s. A. MEIER-HAYOZ, Das Vertrauensprinzip beim Vertragsabschluss, Diss. Zürich 1948, 149–155). Das Vertrauensprinzip versagt nun aber insbesondere bei letztwilligen Verfügungen allein schon deshalb, weil kein Erklärungsempfänger vorhanden ist, dessen Vertrauen geschützt werden könnte (zur Auslegung der Verfügungen von Todes wegen nach Willensprinzip s. unten, N. 60 ff.). Deshalb hat man aufgrund eines Umkehrschlusses gemeint, der geheime Vorbehalt führe bei letztwilligen Verfügungen zur Nichtigkeit (PICENONI, 48 f.; BROX, N. 252). Diese Ansicht ist abzulehnen, weil sich die Unbeachtlichkeit der reservatio mentalis, wie dargelegt, nicht erst aus dem Vertrauensschutz ergibt, sondern, viel fundamentaler, nichts anderes ist als eine Konsequenz der Verbindlichkeit der Willenserklärungen, d.h. der Privatautonomie schlechthin. Deshalb ist es in diesem Zusammenhang auch ohne Bedeutung, dass der Erblasser letztwillige Verfügungen frei widerrufen kann – ganz abgesehen davon, dass das immerhin in einer der dafür vorgesehenen Formen (Art. 509) geschehen müsste.

III. Die Auslegung der Verfügungen von Todes wegen

55   Geltungsgrund jeder Willenserklärung ist der in ihr zum Ausdruck kommende Geschäftswille ihres Urhebers, den die Rechtsordnung im Rahmen der Privatautonomie anerkennt. Verfügungen von Todes wegen gelten, weil und soweit sie dem Verfügungswillen des Erblassers entsprechen. Damit dieser im Erbgang verwirklicht werden kann, muss man ihn kennen. Das wichtigste Mittel zu seiner Erkenntnis ist die Willenserklärung selbst. Die Erforschung des Sinns der Erklärung, des durch sie geäusserten Willens, heisst Auslegung. Auslegen und zu verstehen suchen ist dasselbe.

56   Wie jede sprachliche Äusserung bedarf auch jede Willenserklärung und insbesondere jede Verfügung von Todes wegen der Auslegung (so, mit Bezug auf das Gesetz, H. DESCHENAUX, Der Einleitungstitel, SPR II, 1967, 80;

U. HÄFELIN, Bindung des Richters an den Wortlaut des Gesetzes, FS Hegnauer, 1986, 111 ff., 116). Zum Bewusstsein kommt die Auslegung den Beteiligten freilich nur, wenn sie auf Schwierigkeiten stösst. Das erklärt die gängige Meinung, nur unklare oder mehrdeutige Erklärungen bedürften ihrer (Art. 1 Abs. 1; A. MEIER-HAYOZ, Berner Komm., 1966, Art. 1 ZGB N. 29).

Ausgelegt wird die Verfügung, d.h. ihr Inhalt, nicht ihre Form und deren Einhaltung (so aber BREITSCHMID, Formvorschriften, 157 ff. und Testament, 34).   57

Datumsangaben bedürfen im Allgemeinen keiner Auslegung (anders BGE 116 II 117 passim, m. Nachw. in Erw. 4a), es sei denn, der Erblasser habe das Datum in einem Chronogramm versteckt oder er habe «3/1/97» geschrieben und könnte damit in amerikanischer Lesart den 1. März 1997 gemeint haben (Beispiel von DRUEY, § 9 N. 27). Dagegen haben weder der Nachweis, dass das in einer Verfügung von Todes wegen angegebene Datum unrichtig ist, noch die Feststellung des richtigen Datums etwas mit der Ermittlung des Sinns der Angabe, d.h. mit Auslegung, zu tun. Deshalb war auch die Einsicht, dass alle Willenserklärungen der Auslegung bedürfen und dass dabei auch auf sog. Externa (s. unten N. 66 f.) zurückgegriffen werden darf, kein brauchbares Argument für die Gültigkeit falsch datierter Verfügungen von Todes wegen (insoweit immer noch richtig BGE 101 II 31 Erw. 3; s. jetzt aber Art. 520a).

Ziel der Auslegung ist die *Erkenntnis des Willens,* und zwar des der Verfügung zugrunde liegenden wirklichen Verfügungswillens, *des Erblassers.* Er ist der *rechtlich massgebliche Sinn* der Erklärung, auf dessen Ermittlung es nach einer neueren (vor allem deutschen) Lehre (s. STAUDINGER/OTTE, Vorbem. zu §§ 2064 ff. N. 23, 25, m. Nachw.; BREITSCHMID, Testament, 36) bei der Auslegung jeweils ankommen soll. Ob freilich eine Verfügung von Todes wegen rechtsgültig und der Wille des Erblasser *in diesem Sinn* «rechtlich massgeblich» ist, hängt von den Grenzen ab, in denen die Rechtsordnung den Erblasserwillen anerkennt. Diese ergeben sich aus Recht und Gesetz und werden durch Auslegung *des Gesetzes,* nicht durch Auslegung der Verfügung festgestellt.

Lässt sich im Wege der Auslegung nicht entscheiden, ob der Erblasser a oder b anordnen wollte, und ist nur a möglich oder zulässig, so soll die Verfügung nach dem Gesichtspunkt des Favor testamenti im Sinn a verstanden werden, damit sie gültig sein kann (s. unten N. 93 ff.). Lässt sich aber überhaupt nicht mit hinreichender Sicherheit feststellen, was der Erblasser anordnen wollte, so ist die Verfügung nichtig, weil man keine Rechtsfolgen aus ihr ableiten kann (BGE 89 II 182).   58

Die Auslegung der Verfügungen von Todes wegen ist im Streitfall Sache der kantonalen Gerichte und gegebenenfalls des BGer. Das BGer. prüft nach   59 ständiger Rspr. die vorinstanzliche Auslegung einer Verfügung von Todes wegen frei. Es ist nur an die Feststellung der Tatsachen gebunden, aus denen sich der Wille des Erblassers ergibt (BGE 115 II 323 Erw. 1a; 117 II 142 Erw. 2a; 120 II 182 Erw. 2a). Der Erblasser kann niemanden mit der *verbindlichen Auslegung* seiner Verfügung betrauen; das wäre mit dem Prinzip der materiellen Höchstpersönlichkeit der Verfügungen von Todes wegen (oben N. 27 ff.) unvereinbar. Wohl aber kann er für Streitigkeiten der Erben untereinander, sofern es nicht um Pflichtteilsansprüche geht, einen *Schiedsrichter* ernennen (s. dazu hinten, Vorbem. vor Art. 481).

a) Willensprinzip und Vertrauensprinzip

60   Das Ziel der Auslegung jeder Verfügung von Todes wegen ist es also, den Willen des Erblassers zu erkennen (vgl. Art. 18 OR), d.h. festzustellen, was er mit der Erklärung sagen wollte (subjektive Auslegung, sog. *Willensprinzip*). Dagegen kommt es nicht darauf an, wie «der Empfänger die Erklärung in guten Treuen verstehen durfte und musste» (sog. *Vertrauensprinzip*). Die Auslegung nach dem Vertrauensprinzip dient bei Rechtsgeschäften unter Lebenden dem Verkehrsschutz (vgl. BGE 105 II 16 Erw. 3a). Dieser spielt bei sog. *Verkehrsgeschäften*, den alltäglichen Geschäften vor allem des Obligationenrechts, eine Rolle, nicht jedoch bei Verfügungen von Todes wegen, weil das keine Verkehrsgeschäfte sind. Das Vertrauensprinzip wird daher nach herkömmlicher Auffassung bei der Auslegung der Verfügungen von Todes wegen nicht angewendet (BGE 47 II 30 Erw. 1; 75 II 280 Erw. 3; 90 II 476 Erw. 4; 108 II 278 Erw. 4a; 109 II 403 Erw. 2b; 120 II 182 Erw. 2a; Tuor, Vorbem. vor Art. 481 N. 15; Escher/Escher, Einl. 14. Titel N. 14).

61   Bei letztwilligen Verfügungen ist das unbestritten, weil sie als nichtempfangsbedürftige Willenserklärungen gar keinen Empfänger haben, auf dessen Vertrauen Rücksicht genommen werden könnte. Bei *Erbverträgen* will dagegen eine neuere Lehre die Erklärungen beider Parteien, auch die des Erblassers, nach dem *Vertrauensprinzip* auslegen (Piotet, § 33 I, p. 189 ss./ S. 205 ff.; Druey, § 12 N. 4–6; Kramer, Art. 18 OR N. 54; schon 1955 hatte Picenoni, 93 für die Auslegung der erblasserischen Erklärungen im Erbvertrag die Anwendung des Vertrauensprinzips aus der Sicht des *Bedachten* – gemeint war aber wohl die Gegenpartei – vorgeschlagen). Das führt aber zu nichts, weil immer, wenn der nach nach dem Vertrauensprinzip festgestellte Sinn einer Erklärung vom wirklichen Willen des Erblassers abweicht, ein Erklärungsirrtum des Erblassers gegeben wäre, der die Verfügung nach

Art. 469 ungültig machen würde (einschränkend freilich BGE 99 II 382, s. dazu jedoch unten N. 102 und hinten Art. 469 N. 7). Anders als bei obligationenrechtlichen Verträgen hätte die Gegenpartei in solchen Fällen auch keinen Anspruch auf Ersatz des Vertrauensschadens (des negativen Interesses) aus Art. 26 OR. Es wäre also für sie nur dann etwas gewonnen, wenn die ungültige Verfügung nicht angefochten würde, was aber nur in unbedeutenden Fällen vorkommen wird.

Für den Begünstigten, sei es die Gegenpartei oder ein Dritter, liegt darin   62
keinerlei Härte, denn wer durch ein Rechtsgeschäft von Todes wegen begünstigt wird – als Erbe oder Vermächtnisnehmer oder auf andere Weise – erwirbt bei Lebzeiten des Erblassers nichts und wird in seiner Anwartschaft (Erwerbsaussicht) nicht geschützt, weil niemals sicher ist, dass er den Erblasser überleben und in den Genuss der Zuwendung von Todes wegen kommen wird. Das gilt auch bei erbvertraglichen Verfügungen. Der Begünstigte kann sich daher auf die Verfügung nicht verlassen und wäre übel beraten, wenn er sich bei seinen Entscheidungen durch die Hoffnung auf einen so unsicheren Erwerb beeinflussen liesse (abwegig PICENONI, 93; über die Auswirkungen der Auslegung nach dem Willensprinzip auf die Fälle des Irrtums s. hinten, Art. 469 N. 15 ff.). Es gibt überhaupt keinen Grund, Verfügungen von Todes wegen nach dem Vertrauensprinzip auszulegen, auch dann nicht, wenn es sich um erbvertragliche Verfügungen handelt.

Es ist vielmehr Dissens anzunehmen, wenn die Gegenpartei die Erklärung   63
des Erblassers anders versteht, als sie gemeint ist, mit der Folge, dass die Verfügung als *erbvertragliche* nicht zustande kommt. Die nichtige Verfügung kann jedoch im Erbgang im Wege der Konversion in eine *letztwillige* Verfügung umgedeutet werden, sofern feststeht, dass der Erblasser auch dann an ihr festgehalten hätte, wenn er gewusst hätte, dass er nicht gebunden war (s. unten N. 83 ff., 90 und hinten Art. 469 N. 11–13).

b) Die Ermittlung des Willens des Erblassers

Die Willenserklärung selbst ist das direkteste und weitaus   64
beste und sicherste Mittel zur Erkenntnis des erklärten Willens. Willenserklärungen sind aber kaum je allein aus sich selbst heraus verständlich, sondern nur im Zusammenhang mit den Umständen, unter denen sie abgegeben wurden. Das gilt ganz besonders von Verfügungen von Todes wegen, mit denen mancher Erblasser im Hinblick auf den Tod aus seinen Lebensverhältnissen *insgesamt* vermögensrechtliche Folgerungen zieht. Verfügun-

gen von Todes wegen sind daher erst dann richtig verstanden und ausgelegt, wenn es gelungen ist, sie in die Vorstellungswelt des Erblassers einzuordnen. Zu diesem Zweck muss der Ausleger zwischen der Verfügung und der Vorstellungswelt des Erblassers gleichsam hin- und hergehen und alles erwägen. Dadurch tritt der Sinn einer anfangs vielleicht unklaren Verfügung immer klarer hervor, und oft wird der Ausleger seine erste Meinung korrigieren müssen (und können!). Darin liegt die Bedeutung dieses Auslegungsverfahrens. Ein «Hin- und Hergehen» zwischen der Verfügung und der Vorstellungswelt des Erblassers ist natürlich nur sinnvoll, wenn man über die Vorstellungen des Erblassers mehr weiss oder in Erfahrung zu bringen vermag, als sich aus der Verfügung selbst ergibt. Daher darf und muss der Ausleger alle Tatsachen in Betracht ziehen, die über die Vorstellungen des Erblassers in Bezug auf seine Verfügung Aufschluss geben können, auch und gerade solche, die nicht in der auszulegenden Verfügung enthalten sind, die sog. *Externa*.

65   Bei der Ermittlung des (Verfügungs-)Willens wird der Ausleger auch die Motive des Erblassers zu ermitteln suchen und beachten (BGE 72 II 225 Erw. 4; 75 II 280 Erw. 3), vor allem deshalb, weil der Wille manchmal nur aus den Motiven richtig verstanden werden kann, sodann deshalb, weil sich aus den Motiven ein Fehler der Willensbildung (Motivirrtum) ergeben kann, der eventuell die Ungültigkeit der Verfügung zur Folge hat (s. Art. 469). Mehr als diese doppelte Hilfsfunktion kommt der Kenntnis der Motive aber nicht zu; den fehlenden Verfügungswillen können sie nicht ersetzen (s. unten N. 79 ff.).

66   *Externa.* Es kommen alle Umstände bei der Errichtung der Verfügung in Betracht:
– Familienverhältnisse und persönliche Beziehungen
– Beruf und Bildungsstand, Sprach- und Schreibgewohnheiten
– Religion, Weltanschauung, politische Haltung
– Ansichten, Meinungen, Liebhabereien, Gewohnheiten
– Herkunft, Lebensgeschichte, Erfahrungen, Ereignisse
– der Vermögensstand
– andere Verfügungen von Todes wegen usw.
Eigene Aussagen des Erblassers über den Inhalt oder den Sinn der Verfügung sind als Externa dann beachtlich, wenn sie einen Rückschluss auf seinen Willen *bei deren Errichtung* zulassen.

67   Von Seiten der Rechtsprechung und der Lehre ist immer anerkannt worden, dass Tatsachen ausserhalb der Urkunde bei der Auslegung von Verfügungen von Todes wegen zu berücksichtigen sind, wenn diese nicht eindeutig ist:

BGE 50 II 109; 52 II 431; 56 II 14; 67 II 98; 70 II 13; 64 II 186, 187; 73 II 208 Erw. 2; 75 II 280 Erw. 3:

«Und wie zur Auslegung auch ausserhalb des Testamentes oder Erbvertrages liegende Momente herangezogen werden können, soweit sie dazu dienen, den Sinn der in gesetzlicher Form getroffenen Verfügungen klarzustellen (…), sind auch zur Ermittlung der Beweggründe ausserhalb der Urkunde liegende Umstände zu beachten»;

BGE 79 II 36 Erw. 1, 3; 82 II 513 Erw. 4; 83 II 435 Erw. 1a; 86 II 451 Erw. 7:

«… denn der Wortlaut des Testaments ist in dieser Frage nicht eindeutig und gibt der von den Klägern vertretenen Auffassung mindestens Raum. Die Kläger durften daher ausserhalb der Testamentsurkunde liegende Beweismittel für den wahren Verfügungswillen des Erblassers anrufen» (BGE 83 II 435 mit Hinweisen);

BGE 88 II 68 Erw. 2:

«… la volonté déjà exprimée précédemment dans … la convention du 26 avril 1941, que l'on peut faire intervenir à titre d'élément extrinsèque pour interpréter la volonté de A.S.»;

BGE 91 II 264 Erw. 3:

«Pour interpréter un testament, le juge doit partir de son texte, qui seul exprime valablement la volonté du disposant. Il peut cependant recourir aux circonstances extrinsèques lorsqu'elles éclairent le sens de la volonté manifestée dans les formes légales par le testateur» (RO 75 II 284 consid. 3, 79 II 39 consid. 1 et [p.] 46, 82 II 517, 83 II 435, 88 II 73);

BGE 100 II 440 Erw. 6; 103 II 88 Erw. 3a; 108 II 278 Erw. 4a:

«Pour déterminer les intentions d'un testateur, il faut se référer à ce qu'il a écrit et s'il subsiste une obscurité, interpréter les termes d'éléments extrinsèques – dans la mesure où ils permettent d'élucider, d'appuyer ou de corroborer une indication contenue dans le texte» (ATF 101 II 34 consid. 3 et les références);

BGE 115 II 323 Erw. 1a; 117 II 142, 144:

«Il suit de là que pour déterminer les intentions d'un testateur, il faut se référer à ce qu'il a écrit, au texte de l'acte. S'il subsiste une obscurité, on peut interpréter les termes dont il s'est servi en tenant compte de l'ensemble du testament, voire d'éléments extrinsèques, mais dans la mesure seulement où ils permettent d'élucider ou de corroborer une indication contenue dans le texte»;

sowie jüngst BGE 120 II 182 Erw. 2a und 124 III 414 Erw. 3. Ein Musterbei-
spiel dafür, wie das ganze Leben des Erblassers in die Auslegung seiner Verfügungen von Todes wegen einbezogen werden kann, ist BGE 91 II 264.

68 *Eindeutigkeitsregel.* In den vorgenannten Entscheiden wird manchmal gesagt, man müsse vom Text der Verfügung ausgehen, dürfe aber auch Externa zur Beseitigung von Unklarheiten berücksichtigen. Damit ist primär eine
positive Aussage gemacht: *Externa dürfen berücksichtigt werden*, wenn die
Verfügung unklar ist. Deren Umkehrung ins Negative, sodass Externa *nicht*
berücksichtigt werden dürften, wenn der Text der Verfügung, für sich betrachtet, klar ist, wird in der Literatur als «Regel vom eindeutigen Wortlaut,
Sens-clair- oder Eindeutigkeitsregel» bezeichnet. Sie ist in folgenden Entscheiden ausgesprochen worden:

BGE 47 II 30:

«… de même qu'en matière de contrat ce qui est exprimé de façon claire et nette ne souf-
fre en principe aucune interprétation, de même lorsque la volonté du testateur ressort
clairement de l'acte, à la seule condition d'être faites dans les formes légales, les dispositions qu'il a prises doivent être réputées correspondre à ses véritables intentions»;

BGE 83 II 427 Erw. 1a:

«Für die Auslegung des Testamentes ist vom Wortlaut desselben auszugehen. Der Text
verkörpert allein den rechtsgültigen letzten Willen des Erblassers. Wenn der Text des Testamentes, für sich betrachtet und aus sich selbst erklärt, klar ist, so hat es bei dieser Aussage zu bleiben; dann geht es nicht an, aus Elementen und Umständen, die im Testament
keinen Niederschlag gefunden haben, Rechtsfolgerungen zu ziehen und auf diese Weise
etwas in dasselbe hineinzuinterpretieren, was nicht darin steht. Was der Erblasser allenfalls mit Bezug auf seinen Nachlass gedacht, gewünscht und sich vorgestellt hat, ist rechtlich nur insoweit relevant, als es im formbedürftigen Testament formgültig zum Ausdruck
gelangt ist. Nur wenn Testamentsbestimmungen der Klarheit in dem Masse entbehren,
dass sie ebensogut im einen wie im andern Sinne ausgelegt werden können, dürfen ander-
weitige Äusserungen des Testators, Aussagen eines Beraters u. dgl. zur Interpretation herangezogen werden» (BGE 64 II 187, 69 II 382, 70 II 13, 72 II 232, 75 II 284; ESCHER/
ESCHER, Vorbem. zum 14. Titel N. 13, PICENONI, Auslegung, 46);

BGE 100 II 440 Erw. 6; 103 II 88 Erw. 3a; 115 II 323 Erw. 1a:

«Für die Auslegung eines Testamentes ist von dessen Wortlaut auszugehen. Ist er, für sich
selbst betrachtet und aus sich selbst erklärt, klar, so hat es bei dieser Aussage zu bleiben.
Sind dagegen die Testamentsbestimmungen so unklar, dass sie ebensogut im einen wie im
andern Sinne verstanden werden können bzw. sich mehrere Auslegungen mit guten
Gründen vertreten lassen (vgl. BGE 86 II 463), so dürfen ausserhalb der Testaments-

urkunde liegende Beweismittel zur Auslegung herangezogen werden» (BGE 109 II 406 Erw. 2b, 108 II 282 Erw. 4a, 104 II 340 Erw. 2c, 100 II 446 Erw. 6);

sowie, zuletzt, in BGE 120 II 182 Erw. 2a:

«Für die Auslegung eines Testamentes ist von dessen Wortlaut auszugehen. Ergibt er für sich selber betrachtet ein eindeutiges Ergebnis, so hat es bei dieser Aussage zu bleiben. Sind dagegen die Anordnungen so unklar, dass sie ebensogut im einen wie im andern Sinn verstanden werden können oder lassen sich mit guten Gründen mehrere Auslegungen vertreten, so dürfen ausserhalb der Testamentsurkunde liegende Beweismittel zur Auslegung herangezogen werden.»

Die Eindeutigkeitsregel, vom römischen Juristen Iulius Paulus († 222/235) prägnant formuliert (Dig. 32,25,1: «Cum in verbis nulla ambiguitas est, non debet admitti voluntatis quaestio»), ist *abzulehnen* (für die Eindeutigkeitsregel TUOR, Vorbem. vor Art. 481 N. 12; anders ESCHER/ESCHER, Vorbem. zum 14. Titel N. 13; richtig: PICENONI, Auslegung, 73 f.; BREITSCHMID, Formvorschriften, 143 ff.; ders., Testament, 36 f.; KRAMER, Berner Komm., Art. 18 OR N. 52 f.; P. MÜNCH, ZBJV 1995, 241; RASELLI, AJP 1999, 1262 ff.; seit einigen Jahren auch der deutsche Bundesgerichtshof, BGHZ 86, 45, in Abkehr von seiner altüberlieferten Rspr.), weil sie fundamentalen Erfordernissen der Auslegung und des Verstehens von Willenserklärungen, ja von Sprache überhaupt widerspricht. Die vordergründige Plausibilität der Eindeutigkeitsregel beruht darauf, dass Verfügungen von Todes wegen, die präzise formuliert sind, von vornherein in einem bestimmten Sinn verstanden werden und Zweifel als abwegig erscheinen. Dabei wird aber übersehen, dass diese Klarheit nicht allein dem Wortlaut der Verfügung zu verdanken ist, sondern auch darauf beruht, dass der Leser die Situation des Erblassers unmittelbar versteht (vgl. STAUDINGER/OTTE, Vorbem. zu §§ 2064 ff. BGB N. 55). Die praktische Erfahrung lehrt zwar, dass zwischen klaren Gedanken und einer klaren Sprache eine Interdependenz besteht. Dennoch gibt es keine *an sich* klaren Erklärungen (vgl. TUOR, Vorbem. vor Art. 481 N. 12–15; DRUEY, § 12 N. 12). Verfügungen von Todes wegen sind nur im Hinblick auf die Situation des Erblassers und seine Vorstellungswelt klar oder unklar. Ob eine Verfügung klar ist, kann daher erst *nach Beiziehung der Externa* entschieden werden. Man braucht die Externa schon um festzustellen, was der Erblasser angeordnet *hat*, nicht erst um festzustellen, was er anordnen *wollte*. Daher ordnet man jede Verfügung bewusst oder unbewusst in grössere Zusammenhänge ein, sei es auch nur um zu prüfen, ob die erste Meinung, die man sich von ihrem Sinn gemacht hat, richtig ist (s. N. 64). Erst wenn man eine stimmige Vorstellung vom Willen des Erblassers erlangt hat, wenn

69

die Verfügung also schon ausgelegt ist, kann man sagen, ob sie seinen Willen klar und eindeutig wiedergibt oder nicht.

70 Auch für das BGer. selbst scheint die Eindeutigkeitsregel eine Floskel ohne praktische Bedeutung zu sein. In keinem einzigen Entscheid hat das Gericht aussagekräftige Externa zurückgewiesen, weil es eine Verfügung *positiv* im entgegengesetzten Sinn als klar und eindeutig betrachtete. Dagegen hat es wiederholt festgestellt, *nach* Würdigung der Externa, dass ein bestimmter Wille des Erblassers in der Verfügung nicht zum Ausdruck gekommen und die Verfügung in diesem *negativen* Sinn klar sei. Damit hat das BGer. aber nicht die Eindeutigkeitsregel, sondern das Andeutungsprinzip angewendet.

71 *Andeutungsprinzip.* Das Andeutungsprinzip besagt, dass nur ein in der Verfügung *wenigstens andeutungsweise* zum Ausdruck gekommener Wille des Erblassers rechtlich zu beachten ist, mit anderen Worten, dass nur ein *erklärter* Wille Rechtswirkungen haben kann. Einen Entschluss gefasst zu haben genügt allein nicht; der Wille muss auch erklärt worden sein. Es darf durch die Auslegung nichts in die Verfügung hineingelegt werden, was nicht darin enthalten ist (st. Rspr.):

BGE 64 II 186, 189; 72 II 225 Erw. 3 a.E.; 82 II 513 Erw. 5:

«… wie denn ein als vorhanden nachgewiesener, aber im Testamente nicht irgendwie, und wäre es auch in ungeschickter Weise, ausgesprochener Wille infolge der Formbedürftigkeit letztwilliger Verfügungen ausser Betracht bleiben muss» (BGE 69 II 383 Mitte).

BGE 83 II 427 Erw. 1a, 435 und Erw. 1b, 439:

«… dann geht es nicht an, aus Elementen und Umständen, die im Testament keinen Niederschlag gefunden haben, Rechtsfolgerungen zu ziehen und auf diese Weise etwas in dasselbe hineinzuinterpretieren, was nicht darin steht … Die Feststellung der beiden Vorinstanzen …, dass der Testator tatsächlich den Willen hatte …, eine Nacherbschaft anzuordnen, ist freilich für das Bundesgericht bindend. Sie ist aber ohne Belang, denn dieser Wille hat im Testament keinen Ausdruck gefunden».

BGE 104 II 337 Erw. 2c:

«Les éléments extrinsèques peuvent tout au plus servir à interpréter les indications contenues dans le texte, mais ils ne sauraient en aucun cas y suppléer (ATF 101 II 33/34 consid. 2 et les références); or à suivre le raisonnement du défendeur, on introduirait dans le testament une disposition (soit l'obligation pour le légataire de reprendre la dette) qui n'y est pas. Le défendeur n'a d'ailleurs établi aucun fait qui constituerait l'indice d'une volonté du testateur sur ce point: selon le notaire qui a instrumenté l'acte, ‹la question de savoir à qui incomberait le paiement de la dette garantie par hypothèque n'a pas été soulevée›».

BGE 108 II 393 Erw. 6c, 396; 109 II 403 Erw. 2b:

«Può anche riferirsivi in modo approssimativo o persino implicito, purchè il testo della disposizione a causa di morte contenga indizi univoci, gli elementi estrinseci potendo servire semmai a interpretare le indicazioni che emergono dal testo, ma non a supplire o a sostituire il medesimo.»

BGE 117 II 142 Erw. 2a:

«Toutefois, si le juge ne peut s'arrêter à un sens qui ne trouve aucun appui dans le texte du testament, ici également la volonté interne n'est pas synonyme de la volonté déclarée, seule décisive.»

Keine Änderung der Rspr. hat BGE 125 III 35 Erw. 3 gebracht, obwohl das 71bis BGer. in diesem Fall eine Professio iuris gleichsam aus dem Nichts erschaffen hat. Man meinte nämlich, in der Verfügung selbst eine unvollständige und auslegungsbedürftige, aber auch auslegungsfähige Rechtswahl der Erblasserin erkennen zu können (Erw. 2 c; der Hinweis auf ein «riferirsi in maniera tacita», die längst als contradictio in adiecto erkannte «stillschweigende Erklärung» der Begriffsjurisprudenz, ist wohl nur ein Lapsus). Davon kann indes keine Rede sein:

Die Erblasserin, eine Deutsche (mit letztem Wohnsitz im Tessin) errichtete sieben Tage, bevor sie in Deutschland starb, vor einem deutschen Notar in Augsburg ein öffentliches Testament und setzte darin, unter Übergehung ihrer einzigen, in Deutschland verheirateten Tochter aus erster Ehe, vermutlich einer Deutschen, nach Belehrung über deren Pflichtteil, nach deutschem Recht versteht sich, eine andere Deutsche als Alleinerbin ein.

Aus der Überfülle deutscher Bezüge hat das BGer. wohl mit Recht geschlossen, dass die Erblasserin angenommen habe, sie werde nach deutschem Recht beerbt, zumal nach deutschem IPR für das Erbstatut das Nationalitätsprinzip gilt. Das ist aber nicht die unvollkommene Erklärung einer Rechtswahl, sondern das sicherste Indiz dafür, dass eine solche überhaupt nicht in Erwägung gezogen wurde, weil sie als ganz und gar überflüssig erscheinen musste (und überdies nach deutschem Recht unzulässig gewesen wäre). Es fehlte offenbar jeder auf eine Rechtswahl gerichtete Erklärungs- und Verfügungswille (s. oben N. 44 ff.). Die Rechtswahl ist aber gemäss Art. 90 Abs. 2 IPRG eine Verfügung von Todes wegen; sie muss *ge-*

wollt sein und *erklärt* werden. Der Irrtum über das anzuwendende Recht kann sie nicht ersetzen.

72   Das Andeutungsprinzip wird auch von der Lehre anerkannt (TUOR, Vorbem. vor Art. 481 N. 12; ESCHER/ESCHER, Einl. vor Art. 467 N. 13; PIOTET, § 33 II, p. 192/S. 208; DRUEY, § 12 N. 6; PICENONI, 46 f.; krit. Stimmen s. unten N. 78). Es ist nichts anderes als eine zwingende Folgerung aus dem Fundamentalsatz, dass nur ein *erklärter* Wille Rechtswirkungen hat und ein nicht erklärter Geschäfts- oder Verfügungswille wirkungslos bleiben muss (s. oben N. 41). Praktisch bedeutet das, dass der Ausleger, wenn er den Verfügungswillen (und die Motive, vgl. oben N. 65) des Erblassers ermittelt hat, noch einmal zum Text der ausgelegten Verfügung zurückkehren und prüfen muss, ob der festgestellte Wille wenigstens andeutungsweise darin zum Ausdruck gekommen ist. Da die Auslegung beim Text der Verfügung angefangen hat (oben N. 64), wird der Ausleger geneigt sein, das anzunehmen, und gegenüber der Verfügung insoweit positiv «voreingenommen» sein (benigna interpretatio, «bereitwillige Deutung»). Im Zweifel wird er auch unter dem Gesichtspunkt des Favor testamenti (s. unten N. 93 f.) eine Andeutung bejahen.

Hat der Erblasser seinen Sohn, seine Gattin und deren Nichte als Erben eingesetzt und kann mit Hilfe von Externa festgestellt werden, dass die gesetzlichen Erben nach dem Willen des Erblassers ihre Pflichtteile von $^3/_8$ bzw. $^1/_4$ und die Nichte die disponible Quote von $^3/_8$ erhalten sollten, so genügt die Einsetzung der drei Personen als Andeutung dieses Willens. Andernfalls bekäme jedes einen Drittel, und der Pflichtteil des Sohnes wäre verletzt, sodass die Erbteile der Witwe und ihrer Nichte um je $^1/_{48}$ herabgesetzt werden müssten.

73   Die Erklärung des Erblassers ist auch dann als Andeutung seines Verfügungswillens zu betrachten, wenn sie durch einen *Erklärungsirrtum* verunstaltet ist, denn nach Art. 469 Abs. 3 wird eine Verfügung, die einen offenbaren Irrtum in Bezug auf Personen oder Sachen enthält, richtig gestellt, wenn sich der wirkliche Wille des Erblassers ermitteln lässt. Durch Art. 469 Abs. 3 scheint allerdings das Gesetz selbst das Andeutungsprinzip zu desavouieren.

Wenn der Erblasser zwei Neffen, Gustav und Adolf, hatte und er Gustav (in Anerkennung einer hervorragenden wissenschaftlichen Leistung) ein Vermächtnis aussetzen wollte, versehentlich aber «Adolf» geschrieben hat (Erklärungsirrtum!), so deutet scheinbar nichts in dieser Verfügung auf den wirklichen Willen des Erblassers hin.

Die postulierte Andeutung fehlt aber nur dann, wenn man den Massstab der oben abgelehnten Eindeutigkeitsregel anlegt und die Verfügung vom Standpunkt eines «objektiven» Beobachters aus betrachtet. Sucht man dagegen zwecks Auslegung der Verfügung, wie das richtig ist, in der Vorstellungswelt des Erblassers nach dem Grund für das Vermächtnis, betrachtet man die Verfügung gleichsam von seinem Standpunkt aus, so erkennt man in dem scheinbar angeordneten Vermächtnis für Adolf sehr wohl den verunstalteten Ausdruck des Willens, Gustav zu bedenken. Die Verfügung genügt also auch dem Andeutungsprinzip. Art. 469 Abs. 3 widerspricht dem Andeutungsprinzip nicht. – Anders läge der Fall, wenn der Erblasser der irrigen Meinung gewesen sein sollte, Adolf habe die wissenschaftliche Leistung vollbracht (Motivirrtum!) (dazu hinten Art. 469 N. 38 f.).

Das Gleiche lässt sich in den Fällen feststellen, in denen der Erblasser bewusst vom üblichen Sprachgebrauch abgewichen ist oder sich absichtlich einer verschlüsselten Ausdrucksweise bedient hat: Wenn der Erblasser einem Freund die «Bibliothek», worunter er humorvollerweise seinen Weinkeller versteht, oder seinem Sohn das «Tagebuch», wie er ein nicht versteuertes Sparheft nennt, vermacht, so bringt er seinen Geschäftswillen zum Ausdruck oder deutet ihn mindestens an, und der Geltung seiner Erklärung steht nichts im Wege.   74

Selbst Art. 469 Abs. 3 ist *zu eng* formuliert. Die Beschränkung auf Falschbezeichnungen «in bezug auf Personen und Sachen», die auf den römischen Klassiker Gaius (um 160) zurückgeht (Dig. 35,1,17 pr.; zum engeren Anwendungsbereich der Falsa-demonstratio-Regel im römischen Recht s. WIELING, SZRom. 87, 1970, 197 ff., 211 f.; *ders.*, JZ 1983, 760 f.), ist nicht sachgemäss und muss aufgegeben werden (s. hinten Art. 469 N. 40). Nur wenn nicht festgestellt werden kann, was der Erblasser anordnen wollte, machen ein Erklärungsirrtum oder eine vom allgemeinen Sprachgebrauch abweichende Wortwahl eine Verfügung von Todes wegen nichtig.   75

Bei jedem Erklärungsirrtum und jeder bewusst falschen Wortwahl besteht die Gefahr, dass nicht bemerkt wird oder dass die interessierte Partei nicht beweisen kann, dass der Erblasser mit seiner Erklärung einen anderen als den üblichen Sinn verband und welchen. Die Folge davon ist, dass nicht der wahre Wille des Erblassers zur Geltung kommt, sondern etwas, was er gar nicht gewollt hat. Deshalb empfiehlt es sich, Testamente in allgemein verständlichen Worten möglichst klar und genau zu formulieren (s. auch Art. 469 N. 16 ff.). Es ist nicht richtig, wenn gegen das Andeutungsprinzip eingewendet wird, es *benachteilige klare Verfügungen*. Dass auch unklare Verfügungen eine Chance haben, heisst nicht, dass sie klaren Verfügungen vorgezogen würden.   76

Eine Andeutung fehlt aber dann, wenn der Wille des Erblassers in der Verfügung keine Spuren hinterlassen hat. Das ist z.B. der Fall, wenn der Erblasser oder der Notar   77

- eine einzelne Verfügung bei der Übertragung aus einem Entwurf in das Original versehentlich ausgelassen oder
- im Original auf ein anderes Schriftstück, etwa auf «das Buch von Harry Goodmaker ‹Love God – Live Better›» (Beispiel von DRUEY), verwiesen haben.

> Hier handelt es sich nicht um ein Auslegungsproblem, das mit Hilfe von Externa zu lösen wäre (so aber PIOTET, § 38 I p. 217/S. 235). Der Sinn der Erklärung als Verweisung auf die Urkunde oder das Buch ist völlig klar (höchstens die Ratschläge in dem Buch bedürfen der Auslegung). Es geht vielmehr darum, dass die beschriebenen Erbeinsetzungen und Vermächtnisse nicht im Testament des Erblassers enthalten sind (gl.M. DRUEY, § 9 N. 15; s. auch oben N. 25 und Art. 498 ff.).
>
> Wenn der Erblasser dagegen den Inhalt seines Schreibtischs oder Wertschriften-Depots seinem Neffen vermacht hat, und man nach der Eröffnung des Erbgangs erst nachsehen muss, was und ob überhaupt etwas vorhanden ist, so ist das nicht mit der Verweisung auf eine Liste zu vergleichen, in der die Vermächtnisgegenstände aufgeführt sind (so wiederum PIOTET, ebd.), sondern mit der Feststellung des Nachlasses, der den Erben zugefallen ist.

Meistens fehlt die Andeutung deshalb, weil der behauptete Verfügungs- oder Erklärungswille gar nicht gebildet wurde (s. oben N. 42 ff.):

- Der Erblasser hat die Regelungsbedürftigkeit einer Frage nicht erkannt:

> Er war durch eine Pflichtverletzung eines nahen Angehörigen tief gekränkt, hielt ihn für erbunwürdig und versäumte es, ihn zu enterben.
> Die Erblasserin und der Notar verkannten die Notwendigkeit der Rechtswahl (s. die Kritik an BGE 125 III 35 oben N. 71bis);

- er hat eine zur Erreichung seines Ziels ungeeignete Anordnung getroffen und das Richtige nicht gewollt:

> Der Erblasser hat sämtlichen gesetzlichen Erben die Erbteile entzogen, in der irrigen Meinung, nur dann Verfügungen über einzelne Vermögensgegenstände treffen zu können, und hat es unterlassen, positiv zu verfügen (BGE 72 II 225).
> Er hat einem Bergführer als dem vermeintlichen Retter seines Sohnes ein Vermächtnis ausgesetzt und den wahren Retter nicht bedacht (Motivirrtum)

- oder hat keine Bestimmung über die Anpassung der Verfügung bei einer Veränderung der Verhältnisse getroffen, weil er eine Veränderung gar nicht in Erwägung zog:

> Der Erblasser hat seiner ausländischen Pflegerin eine monatlich zahlbare Rente vermacht, in der Meinung, sie reiche für ein sorgenfreies Leben, was einige Jahre nach seinem Tod nicht mehr der Fall war: Von Rechtes wegen gibt es keinen Teuerungsausgleich.

Auch Nebenbestimmungen (Auflagen und Bedingungen) müssen in der Verfügung zumindest andeutungsweise angeordnet sein und können nicht allein aus Externa gültig erschlossen werden. In diesen und ähnlichen Fällen ermöglicht das Andeutungsprinzip klare und sachgemässe Entscheidungen.

Das Andeutungsprinzip ist neuerdings ins Schussfeld der Kritik geraten 78 (Jäggi/Gauch, Art. 18 OR N. 479; Gauch/[Schluep]/Schmid, N. 1244 ff., m. Nachw.; Breitschmid, Formvorschriften, 143 ff.; Testament, 36; zustimmend: Schnyder, ZBJV 121, 1985, 126; Tuor/Schnyder/Schmid, § 62 II, 494; Kramer, Art. 18 OR N. 93; Raselli, AJP 1999, 1262 ff.). Diese Kritik richtet sich vor allem gegen die Eindeutigkeitsregel und ist insoweit berechtigt und in den vorstehenden Ausführungen berücksichtigt worden (s. oben N. 68 ff.). Im Übrigen ist sie abzulehnen: Nicht richtig ist es, wenn gesagt wird, das Andeutungsprinzip führe zur «Vermengung von Auslegungs- und Formfrage». Das Andeutungsprinzip betrifft weder die Auslegung noch die Formgebundenheit der Verfügungen von Todes wegen. Die Auslegung, nämlich die Erforschung des Willens des Erblassers, ist bereits abgeschlossen, wenn geprüft wird, ob der Verfügungswille in der Erklärung (andeutungsweise) zum Ausdruck gekommen ist. Und mit den Verfügungsformen hat das Andeutungsprinzip nichts zu tun, weil es um die Frage geht, die sich bei formfreien und formgebundenen Geschäften gleichermassen stellt, ob überhaupt eine Willenserklärung vorliegt. Es geht den Gegnern des Andeutungsprinzips letztlich denn wohl auch darum, eine ergänzende Auslegung der Verfügungen von Todes zu ermöglichen, also um Fälle, in denen der Verfügungswille tatsächlich gefehlt hat, aber, wie man meint, als hypothetischer Wille *konstruiert* werden kann.

c) Der hypothetische Wille und die ergänzende Auslegung

Die Auslegung dient der Erforschung des Willens des Erb- 79 lassers, d.i. der Wille, den er in der Verfügung zum Ausdruck bringen wollte und mehr oder weniger klar zum Ausdruck gebracht hat: sein *wirklicher Wille*. Wenn nun die Willensbildung des Erblassers mangelhaft war, d.h. durch irgendeinen Irrtum oder durch eine unzulässige Einflussnahme anderer Personen gestört wurde (s. dazu Art. 469 N. 21 ff.), oder wenn die Verfügung unvollständig ist, kann man sich im Erbgang überlegen, was der Erblasser ohne jene Störung der Willensbildung gewollt und was er angeordnet hätte, wenn er den übersehenen Punkt geregelt hätte. Die gleiche Frage kann man sich stellen, wenn sich die Verhältnisse nach der Errichtung der

Verfügung geändert haben: Was hätte der Erblasser gewollt und angeordnet, wenn er die späteren Entwicklungen in Betracht gezogen hätte? Derartige Überlegungen führen zu einer Vermutung (Hypothese) über einen nicht vorhanden gewesenen und in der Verfügung daher auch nicht zum Ausdruck gekommenen Verfügungswillen: den sog. *hypothetischen Willen.*

80   Es liegt auf der Hand, dass sich mittels solcher Hypothesen besonders elegante Lösungen finden lassen, zumal der spätere Ausleger notwendigerweise «klüger» ist als der Erblasser. Deshalb beachtet die deutsche Lehre und Rechtsprechung den hypothetischen Willen im Rahmen einer *ergänzenden Auslegung* der Verfügung von Todes wegen, wenn das Ziel einer fehlgeschlagenen Verfügung im Testament klar erkennbar festgelegt ist (vgl. KIPP/ COING, § 21 III 5). Andererseits ist nicht zu verkennen, dass hier die Meinung des Auslegers an die Stelle des Willens des Erblassers tritt, denn der «hypothetische Wille» ist *nicht* der Wille des Erblassers. Das ist nicht unproblematisch, denn es ist allein Sache des Erblassers, durch Verfügungen von Todes wegen die gesetzliche Regelung der Erbfolge und des Erbgangs zu verändern oder ausser Kraft zu setzen. Das schweizerische Recht steht der ergänzenden Auslegung daher traditionell ablehnend gegenüber. Die unterschiedlichen Auffassungen treten in den Entscheidungen zweier sehr ähnlicher Fälle, RGZ 99, 82 und BGE 64 II 186, 189, hervor:

In dem Fall, den das Reichsgericht zu beurteilen hatte, hatte die Erblasserin die beiden Kinder ihrer Schwester als Erben eingesetzt. Der Neffe war vor ihr gestorben und hatte zehn Kinder hinterlassen. Obwohl die Erblasserin den Fall seines Vorversterbens nicht bedacht hatte, betrachtete das Reichsgericht im Wege ergänzender Auslegung seine Kinder als Ersatzerben.

In dem Fall, den das Bundesgericht entschieden hat, hatte der Erblasser seine Schwester Emma als Alleinerbin eingesetzt. («Bei derselben erhalte ich einzig richtige Fürsorge und Pflege, und ich sehe mich nicht veranlasst die übrigen Verwandten nach deren Verhalten erbrechtlich zu bedenken.») Emma starb aber vor dem Erblasser. Das BGer. hat es abgelehnt, ihre Kinder als Ersatzerben zu betrachten: «Wollte aus weitern, ausserhalb des Testamentes liegenden Äusserungen des Testators und den Begleitumständen etwas anderes abgeleitet werden, so wäre das nicht mehr Auslegung, sondern Ergänzung der letztwilligen Verfügung.»

81   Die ergänzende Auslegung ist mit der h.M. in der Schweiz abzulehnen. Sie wird vom Zweck der Testierfreiheit (s. vorn Einleitung N. 8; s. auch oben, N. 34) nicht gedeckt: Das Recht anerkennt die Anordnungen Verstorbener über den Tod hinaus als verbindlich und setzt sie durch, damit der Erblasser sich nicht schon zu Lebzeiten von seinem Vermögen trennen muss, wenn er seine Vorstellungen über dessen künftige Zuordnung verwirklichen will. Erweist sich sein letzter Wille als mangelhaft (unvollständig, durch Irrtum oder unerlaubte Einflussnahme Dritter beeinflusst oder durch unvorhergesehene

Ereignisse obsolet geworden), dann muss das Recht wohl dessen Verbindlichkeit aufheben (falls die mangelhafte Verfügung nicht immer noch dem wirklichen Willen des Erblassers besser entspricht als die gesetzliche Regelung). Es ist aber weder notwendig noch entspricht es einem Gebot der Gerechtigkeit, dass alsdann der Wille eines Auslegers (des Gerichts) anstelle des Willens des Erblassers herrschen sollte. Auch unter dem Gesichtspunkt des Favor testamenti ist nur der wirkliche Wille des Erblassers zu schützen, nicht eine von einem Dritten aufgestellte Hypothese über einen Willensentschluss, den der Erblasser tatsächlich nie gefasst hat.

Deshalb ist die in diesem Zusammenhang beklagte «logische Spannung», 82 die dadurch entstehe, dass Externa zur Anfechtung unbeschränkt, zur Auslegung aber nur beschränkt herangezogen werden können, kein durchschlagendes Argument (GLAUS, 13 f.; BREITSCHMID, Testament, 39; vgl. auch DRUEY, § 12 N. 17). Remedur soll dadurch geschaffen werden, dass die ergänzende Testamentsauslegung zugelassen wird («Waffengleichheit»): Während GLAUS nur bei veränderten Umständen für die ergänzende Auslegung eintritt und nur solche Motive heranziehen will, die in der Verfügung des Erblassers selbst zum Ausdruck gekommen sind (182 ff.; ebenso KRAMER, Art. 18 OR N. 263 und früher schon FAHRLÄNDER, 84 ff.), will DRUEY (§ 12 N. 16) im Anschluss an BREITSCHMID (Testament, 41; vgl. GAUCH/ [SCHLUEP]/SCHMID, N. 1243 ff., 1278 f.) auch mittels Externa ermittelte Motive zur Testamentsergänzung heranziehen. Dem allem ist wie bisher das «recht kategorische ‹Nein›» (DRUEY, § 12 N. 15) der h.M. entgegenzusetzen. Weder die Motive des Erblassers noch von Dritten über dessen Willen aufgestellte Hypothesen sollen den wirklichen Willen des Erblassers ersetzen.

d) Konversion oder Umdeutung

Nichtige und ungültige Verfügungen von Todes wegen 83 werden im Wege der Umdeutung (Konversion) aufrechterhalten, wenn dem Testierwillen des Erblassers auf diese Weise wenigstens teilweise Geltung verschafft wird. Eine allgemeine Regelung der Umdeutung fehlt in der schweizerischen Kodifikation (s. jedoch hinten Art. 479 N. 9), findet sich aber in § 140 BGB:

«Entspricht ein nichtiges Rechtsgeschäft den Erfordernissen eines anderen Rechtsgeschäfts, so gilt das letztere, wenn anzunehmen ist, dass dessen Geltung bei Kenntnis der Nichtigkeit gewollt sein würde.»

Lehre und Rechtsprechung nehmen an, dass dieser Satz als gemeinrechtliche Rechtsanwendungsnorm auch im schweizerischen Recht gilt.

84   Konversion ist immer möglich, wenn der Erblasser testierfähig war und das
     ungültige Geschäft eine der Formen letztwilliger Verfügungen erfüllt. Das
     Ersatzgeschäft darf keine anderen oder weiter reichenden Wirkungen ha-
     ben als die ungültige Verfügung. Ihr gegenüber muss es als ein Weniger (Mi-
     nus) erscheinen, das in ihr enthalten und vom Willen des Erblassers gedeckt
     ist (vgl. SCHMIDLIN, Art. 11 OR, N. 161–168; KRAMER, Art. 18 OR, N. 267–
     271; GUHL/KOLLER, § 14 N. 34 ff., S. 128; s. auch RIEMER, 245 ff., 259; BGE 46
     II 11 Erw. 4; 75 II 81 Erw. 4; 76 II 273 Erw. 3; 89 II 437 Erw. 2; 93 II 223
     Erw. 3; 96 II 273 Erw. 3 und 9; vgl. auch BGE 76 II 8 Erw. 3–5 und, über Kon-
     version im allg., BGE 93 II 452 Erw. 5, m. Hinw.).

85   § 140 BGB bringt das letztere Erfordernis mit der Formulierung zum Aus-
     druck, «es müsse anzunehmen sein, dass die Geltung [scil. des Ersatzge-
     schäfts] bei Kenntnis der Nichtigkeit [scil. des in erster Linie beabsichtigten
     Geschäfts] *gewollt sein würde».* Es kommt also scheinbar auf den sog. hypo-
     thetischen Willen des Erblassers an. Hypothesen über den Willen des Erb-
     lassers werden nach schweizerischem Erbrecht aber nur zur Begründung
     der *Nichtgeltung* einer Verfügung von Todes wegen aufgestellt: Wenn die
     Ursächlichkeit eines Willensmangels für die Errichtung (und Nichtwieder-
     aufhebung) einer Verfügung zu prüfen ist, wird gefragt, ob der Erblasser die
     Verfügung ohne den Willensmangel *nicht errichtet* oder *wieder aufgehoben*
     hätte. Als Grund der *Geltung* einer Verfügung kommt der hypothetische
     Wille nicht in Betracht (s. die Unzulässigkeit der ergänzenden Testaments-
     auslegung, oben N. 79 ff.). Man müsste die Zulässigkeit der Umdeutung im
     schweizerischen Erbrecht daher verneinen, wenn sie wirklich auf einer Hy-
     pothese über den erblasserischen Willen beruhte. Das ist aber nicht der Fall.
     Die Bezugnahme auf das, was der Erblasser eventuell angeordnet hätte, ist
     nur eine Eselsbrücke, die die Entscheidungsfindung erleichtern soll (und
     manchmal auf Abwege führt, s. unten N. 92).

86   In Wahrheit geht es darum, ein Urteil darüber zu fällen, ob der in der ungül-
     tigen Verfügung erklärte *wirkliche Wille* des Erblassers nicht auch durch das
     in derselben gleichsam enthaltene «Ersatzgeschäft» verwirklicht werden
     kann. Diese Entscheidung wird durch *Auslegung* der ungültigen Verfügung
     getroffen. Eine Hypothese über einen nicht vorhanden gewesenen Ge-
     schäftswillen des Erblassers wird dazu nicht gebraucht und nicht aufgestellt.

87   Die Umdeutung kommt bei Verfügungen von Todes wegen nicht nur in Fäl-
     len der *Nichtigkeit* (z.B. wegen Unzulässigkeit der Verfügungsart), sondern
     auch der *Ungültigkeit* in Betracht, wenn dieselbe auf einem Grund beruht,
     der bei einem Rechtsgeschäft unter Lebenden Nichtigkeit zur Folge hätte
     (wie namentlich mangelnde Handlungsfähigkeit und Formmängel). Die

Umdeutung ist in Fällen der Ungültigkeit allerdings nur in Betracht zu ziehen, wenn die Ungültigkeit klage- oder einredeweise geltend gemacht wird, weil ungültige Verfügungen, anders als nichtige Verfügungen, im Erbgang sonst sowieso als gültig angesehen werden.

Sieht man davon ab, dass die Konversion einer ungültigen Verfügung nur in Betracht gezogen wird, wenn jemand, der ein Interesse daran hat, die Ungültigkeit geltend macht, geschieht die Konversion *von Rechtes wegen* und wird nicht, wie man bisweilen liest, «vom Richter vorgenommen»; ihre Wirkungen treten mit der Eröffnung des Erbgangs ein. Das Gericht *beachtet sie von Amtes wegen*. Zu Lebzeiten des Erblassers spielt die Konversion einer nichtigen oder ungültigen Verfügung von Todes wegen keine Rolle, weil Verfügungen von Todes wegen dann überhaupt noch keine Wirkungen haben.   88

Weil es nicht darum geht, einen hypothetischen Willen des Erblassers bei der Errichtung der nichtigen Verfügung zu konstruieren, sondern zu beurteilen, ob der wirkliche Wille des Erblassers, das «Geschäft», nicht (wenigstens teilweise) auch durch ein «Ersatzgeschäft» verwirklicht werden kann (s. oben N. 86), beurteilt das Gericht die Konversion nicht, wie allgemein angenommen wird, aus der Sicht bei der Errichtung der ungültigen Verfügung, sondern *bei der Eröffnung des Erbgangs*.   89

Die entgegengesetzte h.M. scheint auch dem Wortlaut des § 140 BGB nicht zu entsprechen, heisst es doch nicht «… gewollt worden wäre», nämlich damals, sondern «… gewollt sein würde», nämlich jetzt.

Es sind mithin auch Umstände zu berücksichtigen, die der Erblasser nicht kannte und vielleicht gar nicht kennen konnte, weil sie erst in der Zeit zwischen der Errichtung der Verfügung und seinem Tod eingetreten sind. Andernfalls müsste eine Konversion auch dann angenommen werden, wenn feststünde, dass der Erblasser die künftige Entwicklung nicht richtig eingeschätzt hatte und das Ersatzgeschäft wegen Irrtums ungültig wäre. Oder die Umdeutung müsste abgelehnt werden, wegen Befürchtungen des Erblassers, die sich inzwischen als unbegründet erwiesen haben (so in der Tat, unrichtig, BGE 96 II 273; dazu unten, N. 92).

Praktische Bedeutung hat im Erbrecht – neben der Umdeutung einer unbegründeten Enterbung in eine Beschränkung auf den Pflichtteil (Art. 479 Abs. 3) – vor allem die Konversion erbvertraglicher in letztwillige Verfügungen (zur Umdeutung von Vermächtnissen an Haustiere in Auflagen s. den Hinweis bei P. BREITSCHMID, Entwicklungen im Erbrecht, SJZ 96, 2000, 111). Sie kommt in Betracht, wenn die Art der Verfügung nicht in der Form eines   90

Erbvertrags, sondern nur einer letztwilligen Verfügung errichtet werden kann (z.B. die Ernennung eines Willensvollstreckers), eventuell auch wegen Formmängeln oder fehlender Erbvertragsfähigkeit im Falle der Entmündigung des Erblassers (vgl. BGE 93 II 223 Erw. 3; PIOTET, § 34 III A, p. 199/ S. 216). Da der Erblasser an letztwillige Verfügungen nicht gebunden ist, ist die Konversion jedoch abzulehnen, wenn sich ergibt, dass er sich über die Bindung im Irrtum befunden hat und die umgedeutete Verfügung aufgehoben hätte, wenn er gewusst hätte, dass keine Bindung bestand. Beweispflichtig ist insoweit die Partei, die ihre Position mit der Nichtigkeit oder Ungültigkeit der erbvertraglichen Verfügung begründet.

91   Bei beiderseitigen (und erst recht bei gegenseitigen) Erbverträgen (s. oben N. 13 ff.) ist die Gültigkeit der Verfügungen im Allgemeinen davon abhängig, dass auch die Verfügungen der Gegenpartei verbindlich sind. Deshalb kommt die Umdeutung einer Verfügung des Erblassers bei beiderseitigen Erbverträgen im Allgemeinen nur in Betracht, wenn die Gegenpartei an ihre vertraglichen Verfügungen gebunden ist (vgl. BGE 46 II 11 Erw. 4; 76 II 273 Erw. 3), und ist ausgeschlossen, wenn deren Verfügungen ebenfalls ungültig oder gar nichtig sind (BGE 96 II 273 Erw. 3, 9). Umgekehrt sind die Verfügungen der Gegenpartei ungültig, wenn die Verfügungen des Erblassers ungültig sind. Falls eine Konversion sonst in Betracht käme, fragt es sich in solchen Fällen, was vorgeht: die Ungültigkeit der Verfügungen der Gegenpartei, sodass die Konversion der erblasserischen Verfügung ausgeschlossen ist, oder die Konversion der erblasserischen Verfügungen, sodass die Verfügungen der Gegenpartei (ebenfalls) gültig sind. Solange der Erblasser lebt, stellt sich die Frage freilich nicht, weil die Konversion erst bei seinem Tod eintritt. Jede Partei kann ihre Verfügung aufheben, wenn diese oder die Verfügungen der Gegenpartei ungültig sind. Sobald aber der Erbgang eröffnet ist, ohne dass eine der Parteien von dieser Freiheit Gebrauch gemacht hat, bewirkt die Konversion der erblasserischen Verfügungen, dass der Grund der Ungültigkeit der Verfügungen der Gegenpartei wegfällt und die Gegenpartei an ihre Verfügungen gebunden ist. Die Ungültigkeit des beiderseitigen Erbvertrages wird also durch die Konversion der erblasserischen Verfügungen mit Eröffnung des Erbgangs geheilt. Die Konversion der erblasserischen Verfügungen geht der Ungültigkeit der Verfügungen der Gegenpartei vor. Mutatis mutandis gilt das auch bei entgeltlichen Erbverträgen. Wenn freilich die Verfügungen der Gegenpartei selbst mangelhaft sind und auch nur kraft Konversion als letztwillige aufrecht erhalten werden können, dann tritt dieselbe für die Verfügungen beider Parteien erst ein, wenn auch die Gegenpartei verstorben ist, ohne die gleichsam einseitigen Ersatzverfügungen geändert zu haben.

Zu Unrecht hat das BGer. nach dem Tod beider Parteien eines Erbvertrags, zweier Schwes-   92
tern, die Konversion der nichtigen erbvertraglichen in eine gültige letztwillige Stiftung abgelehnt, weil die Parteien auf die beiderseitige Gebundenheit Wert gelegt hätten (BGE 96
II 273 Erw. 3 Abs. 2, Erw. 9). Die Befürchtung, die die Parteien beim Abschluss des Erbvertrags wohl gehegt und derenthalben sie die Stiftung nicht durch (gleich lautende) letztwillige Verfügungen errichtet hatten, hatten sich nämlich mit Eintritt des zweiten Erbfalls als
unbegründet erwiesen: Die erstverstorbene Schwester hatte nichts getan, was der Stiftung
widersprochen hätte, und die letztverstorbene hatte nur – vielleicht sogar nach Absprache
mit der erstverstorbenen – nach deren Tod drei kleine Vermächtnisse ausgesetzt; davon abgesehen, stand der ganze Nachlass, wie vorgesehen, der Stiftung zur Verfügung. – Das Lieb-
lingstier, das einem Strassenunfall unversehrt entronnen ist, wird eingeschläfert, um ihm
Schmerzen zu ersparen, die es hätte erdulden müssen, wenn es angefahren worden wäre! –
Es kommt bei der Konversion eben nicht auf einen (erklärungszeitlichen) sog. hypothetischen Willen der Parteien an, sondern es geht um die (geltungszeitliche) Beurteilung der
wirklich gewollten Wirkungen der Erklärungen der Beteiligten (oben N. 86).

IV. Der Favor testamenti

Unter dem Gesichtspunkt des Favor testamenti, «Begünsti-   93
gung des Testaments», einem gemeinrechtlichen Locus argumentorum, werden nichtpositivierte Rechtsanwendungsregeln und -grundsätze, die Verfügungen von Todes wegen in Grenz- und Zweifelsfällen zur Geltung verhelfen
können, und gesetzliche Rechtswohltaten (Beneficia iuris) für Verfügungen
von Todes wegen zusammengefasst. Im letzteren Sinn hat man im 19. Jahr-
hundert z.B. die Lockerung der römischen Regel, dass Erbeinsetzungen immer den ganzen Nachlass erfassen («Nemo pro parte testatus, pro parte intes-
tatus decedere potest»; anders heute Art. 481 Abs. 1), und die Geltung einer
früheren Verfügung, wenn die spätere sich als deren blosse Ergänzung dar-
stellte (heute Art. 511 Abs. 1), mit dem Favor testamenti erklärt (vgl. DERN-
BURG III, § 57, 102 ff.). Im gleichen Sinn führten TUOR (Vorbem. vor Art. 481
N. 16) und ESCHER/ESCHER (Einl. vor Art. 467 N. 16) die Rechtswohltaten der
Art. 469 Abs. 3, 482 Abs. 3, 486 Abs. 2 und 3, 539 Abs. 2, 545 Abs. 2 auf den
Favor testamenti zurück.

Von nichtpositivierten Rechtsanwendungsregeln und -grundsätzen hat man   94
folgende mit dem Favor testamenti in Verbindung gebracht (s. auch PIOTET,
§ 33 IV A, p. 196/S. 211):
– die Regel, dass Verfügungen von Todes wegen im Zweifel so zu verstehen
   (auszulegen) sind, dass sie gültig sein können (BGE 89 II 437 Erw. 2: «…
   la règle du *favor testamenti* commande de choisir, entre deux interpréta-
   tions possibles d'une disposition pour cause de mort, celle qui permet de
   maintenir la disposition [RO 75 II 92 *in fine*]»; 101 II 31 Erw. 3; 109 II 403
   Erw. 2b; 124 III 414 Erw. 3; dazu DRUEY, § 12 N. 22) und

- die Konversion nichtiger Verfügungen von Todes wegen (s. oben N. 83 ff.; 89 II 437 Erw. 2; dazu DRUEY, § 12 N. 23) sowie
- die Regel, dass gesetzliche Formvorschriften einschränkend zu interpretieren sind (BGE 89 II 185 Erw. 3, 191; 112 II 23: Gültigkeit eines Erbvertrages, obwohl nicht festgestellt war, dass die Parteien die Urkunde *in Gegenwart der Zeugen* unterschrieben hatten, vgl. Art. 512 Abs. 2; 116 II 117 Erw. 7b: Gültigkeit eines eigenhändigen Testaments mit unrichtiger Datierung, jetzt Art. 520a; anders noch BGE 101 II 31 Erw. 3; s. auch oben N. 57) und
- die Vermutung der blossen Teilungültigkeit bei Formungültigkeit einzelner Verfügungen in einem Testament in Analogie zu Art. 20 Abs. 2 OR und § 2085 BGB (BGE 98 II 73 Erw. 3b cc).

95   Der Favor testamenti ist selbst keine Rechtsnorm oder -regel, sondern nur ein allgemeiner Gesichtspunkt, aus dem man bestenfalls Argumente mit unbestimmter Tragweite ableiten kann (über Argumenta und Loci argumentorum s. P. WEIMAR, Argumenta brocardica (1967), jetzt in: *ders.*, Zur Renaissance der Rechtswissenschaft im Mittelalter, Goldbach 1997, 45–77; 356–359). Zur Entscheidungsfindung im Wege der Subsumtion ist er nicht geeignet (krit. registriert von DRUEY, § 12 N. 22).

V. Verfügungen von Todes wegen und Rechtsgeschäfte unter Lebenden

a) Im Allgemeinen

96   Allen Verfügungen von Todes wegen ist gemein, dass sie ihre Wirkungen erst beim Tod des Erblassers entfalten; zu seinen Lebzeiten sind sie wirkungslos. Das entspricht deren Funktion und dem Willen des Erblassers (s. oben N. 1). Dass der Erblasser seine letztwilligen Verfügungen frei widerrufen kann, ist nicht die Ursache, sondern eine Folge dieser Rechtslage. Der Grundsatz gilt auch für vertragliche Verfügungen von Todes wegen, obwohl diese grundsätzlich nur mit Zustimmung der Gegenpartei aufgehoben werden können (Art. 513 Abs. 1). Ein gesetzlicher Hinweis darauf, dass das so ist, ergibt sich aus Art. 494 Abs. 2 und 3, wonach der Vertragserblasser über sein Vermögen unter Lebenden weiterhin frei verfügen kann und Verfügungen, die mit dem Erbvertrag nicht vereinbar sind, erst im Erbgang (mit der Herabsetzungsklage) angefochten werden können.

Rechtsgeschäfte unter Lebenden haben dagegen Rechtswirkungen vom Augenblick des Abschlusses an, auch dann, wenn sie *unter einer aufschiebenden Bedingung*, namentlich des Vorversterbens einer Partei, abgeschlossen wurden. In einem solchen Fall ist für den «Beginn der Wirkungen des Vertrages» zwar der Zeitpunkt massgebend, in dem die Bedingung in Erfüllung geht (Art. 151 Abs. 1 OR), der bedingt Verpflichtete darf aber schon während des Schwebens der Bedingung nichts unternehmen, was die gehörige Erfüllung seiner Verbindlichkeit hindern könnte (Art. 152 Abs. 1 OR). Allerdings entsteht auch der Schadenersatzanspruch bei Verletzung dieser Pflicht nach Art. 98 Abs. 2, 152 Abs. 1 OR erst mit Eintritt der Bedingung und kann deshalb nur die Erben treffen (BGE 50 II 370 Erw. 1), doch ist der Berechtigte nach Art. 152 Abs. 2 OR befugt, bei Gefährdung seiner Rechte *sofort*, d.h. *vom Erblasser selbst*, Sicherungsmassregeln zu verlangen. Die bedingte Forderung ist abtretbar, pfändbar und vererblich; der Gläubiger kann sie im Konkurs des Schuldners geltend machen. Darum ist es unrichtig, einen Vertrag allein deshalb als Rechtsgeschäft von Todes wegen zu behandeln, weil er erst nach dem Ableben einer Partei *erfüllt* werden soll (so aber BGE 93 II 223, 227, mit Recht kritisiert von PIOTET, JdT 354 f.; s. dazu unten N. 101). 97

Ist das Geschäft *aufschiebend befristet* (bis zum Tod des Schuldners)*, so ist nur die Fälligkeit der Forderung aufgeschoben; dass der Schuldner mit sofortiger Wirkung gebunden ist, steht ausser Frage (vgl. WINDSCHEID/KIPP, § 96. – Über Schenkungen, deren Vollziehbarkeit auf den Tod des Schenkers gestellt ist, nach Art. 245 Abs. 2 OR s. unten N. 118 ff.). 98

Die Gültigkeit eines Rechtsgeschäfts kann davon abhängen, ob es als Rechtsgeschäft von Todes wegen oder unter Lebenden zu qualifizieren ist, weil für jede Art andere Vorschriften gelten (gute Zusammenstellung bei WOLF, 106 f.), und zwar in Bezug auf Geschäftsfähigkeit (s. Art. 467 f.), Willensmängel (s. Art. 469) und Form (s. Art. 498); auch die Auslegung folgt je eigenen Regeln (s. vorn. N. 55 ff.). Was für eine Art von Rechtsgeschäft im Einzelfall vorliegt, hängt davon ab, ob das Geschäft *nach dem Willen der Parteien* schon zu deren Lebzeiten Rechtswirkungen haben soll oder nicht, ob es «das Vermögen des noch nicht verstorbenen Rechtsträgers betrifft (oder) dessen Nachlass» (HAUSHEER, 84; sehr klar BGE 113 II 270 Erw. 2b). Nicht anders ist auch BGE 99 II 268, 272 zu verstehen, wo gesagt wird, es sei 99

«jeweils aufgrund einer Würdigung aller Umstände des einzelnen Falles, vor allem unter Mitberücksichtigung des Willens der Vertragschliessenden (Entstehungszweck) zu beurteilen, ob das Geschäft von den Vertragschliessenden dazu bestimmt worden sei, das Ver-

mögen des Verpflichteten oder erst dessen Nachlass zu belasten, bzw. in welchem Zeitpunkt nach dem Willen der Vertragschliessenden seine Wirkungen eintreten sollten».
(«*Mit*berücksichtigt» werden soll offenbar der Vertragszweck, nicht der Parteiwille, der
*allein*entscheidend ist.)

Einen Umkehrschluss in dem Sinn, dass (alle) Rechtsgeschäfte, die Auswirkungen auf den Nachlass haben, Verfügungen von Todes wegen seien, darf
man freilich nicht ziehen, denn fast alle Rechtsgeschäfte unter Lebenden
beeinflussen das Vermögen des Erblassers und wirken sich damit auch auf
seinen Nachlass aus.

100   Im Einzelfall kann die Entscheidung zweifelhaft sein. Schwierigkeiten bereiten vor allem Bestimmungen für den Todesfall in Rechtsgeschäften unter Lebenden, namentlich in Eheverträgen und Gesellschaftsverträgen (s.
N. 106 ff., 110 f.; zum entgeltlichen Erbvertrag oben N. 14 ff.). Wenn man sie
aus dem Zusammenhang herausreisst und isoliert betrachtet, ist allerdings
nicht mehr zu erkennen, was die Parteien gewollt haben. Deshalb muss jeweils *das ganze Rechtsgeschäft* beurteilt und *als Einheit* behandelt werden,
wenn nicht der Wille zum Ausdruck gekommen ist, dass einzelne Bestimmungen bei Lebzeiten der betreffenden Partei keine Wirkungen haben,
d.h. nicht verbindlich sein sollen. (Das ist es, was ROTHENFLUH, 92 ff., 93 als
«Grundvermutung» bezeichnet hat; treffend BGE 50 II 370 Erw. 1; s. auch
BGE 84 II 247 Erw. 6). Wenig Verlass ist dabei auf die tatsächlichen
Vermutungen, die dem Praktiker empfohlen werden (s. PIOTET, JdT 1968,
357–361; s. auch HAUSHEER, 261 f. und BGE 99 II 268 Erw. 3f). Sie sind *Argumente*, die in einem Fall annehmbar sein mögen, in einem andern aber
nicht (vgl. ROTHENFLUH, 107 ff., 116 ff.). Dagegen mag man sich zunächst ei-
ner Art Differenzialdiagnose bedienen, die darauf beruht, dass als gültige
Verfügungen von Todes wegen nur Erbeinsetzungen, Vermächtnisse und
Anordnungen für den Erbgang in Frage kommen (vgl. BGE 99 II 268
Erw. 3b).

b) Einzelne Rechtsgeschäfte unter Lebenden

101   Rechtsgeschäfte unter Lebenden sind:
        1. *Kaufverträge,* auch wenn der Gegenstand erst nach dem Tod des Ver-
käufers zu liefern und zu bezahlen ist, sowie, meist, die *Vereinbarung von
Kaufs- oder Vorkaufsrechten,* auch wenn sie erst nach dem Tod des Eigentü-
mers ausgeübt werden können, namentlich (aber keineswegs nur!) dann,
wenn sie im Grundbuch vorgemerkt werden sollten (BGE 46 II 230; BGE
50 II 370 Erw. 1; vgl. GUISAN, 39; BGE 84 II 247 Erw. 6; bespr. v. H. MERZ,

ZBJV 95, 1959, 426 ff.; ZH OGer., ZR 84, 1985, Nr. 48; BGE 99 II 268; bespr. v. H. Merz, ZBJV 111, 1975, 59 ff.).

Ein Grenzfall war ein als «Kaufvertrag» bezeichneter, aber unter der Aufschrift «letztwillige Verfügung» hinterlegter und eröffneter notariell beurkundeter Vertrag, durch den der Erblasser seiner langjährigen Haushälterin eine Liegenschaft «gegen Übernahme der auf dem Kaufobjekt haftenden Grundpfandschulden» verkauft hatte, mit der Massgabe, dass die Differenz zwischen dem Verkehrswert und den zu übernehmenden Grundpfandschulden als «Ausgleich für vorenthaltenen Lohn» zu betrachten sei und dass der Antritt mit dem Tod des Erblassers erfolgen solle.

Aus dieser letzten Bestimmung hat das BGer. geschlossen, dass das Geschäft dazu bestimmt gewesen sei, seine Wirkungen nach dem Tod des Erblassers zu entfalten. Zu beachten ist aber, dass die Wirkungen eines obligatorischen Geschäfts nicht allein in den Erfüllungsansprüchen bestehen, sondern u.U. schon lange vor deren Fälligkeit in der Gebundenheit der Parteien (s. die zutreffende Kritik von Piotet, JdT 354 f.). Auch lag, da es darum ging, der Haushälterin einen Ausgleich für vorenthalten Lohn zu geben, die Annahme einer Bindung des Erblassers unter Lebenden sehr nahe. Es wäre wohl richtig gewesen, in diesem Sinn zu entscheiden (BGE 93 II 223; bespr. v. H. Merz, ZBJV 104, 1968, 480).

Als Rechtsgeschäft unter Lebenden hätte auch das Kaufsrecht zugunsten der Witwe in dem berühmten BGE 99 II 382 qualifiziert werden müssen: Ein Ehemann hatte seiner Gattin in einem «Erbvertrag», an dessen Abschluss auch der Sohn der Ehefrau aus erster Ehe als Partei beteiligt war, ein Kaufsrecht bestellt, das sie zu einem festen Preis binnen eines Jahres nach seinem Tod sollte ausüben können (Ziff. 2). Für den Fall ihres Vorabsterbens sollte das Kaufsrecht zu denselben Bedingungen ihrem Sohn zustehen (Ziff. 3). Ausserdem räumte der Ehemann dem Stiefsohn ein Vorkaufsrecht für den Fall ein, dass er das Grundstück nach dem Tod seiner Gattin einem Dritten verkaufen werde. Dieses Vorkaufsrecht sollte nach dem Tod der Ehefrau auf Lebenszeit des Ehemannes bestehen und für zehn Jahre im Grundbuch vorgemerkt werden. Es war ausserdem an Bedingungen geknüpft (Ziff. 4). Es folgten Erbeinsetzungen für den Fall des Todes des Ehemanns und der Ehefrau (Ziff. 5). Das BGer. hat das Kaufsrecht der Witwe als Verfügung von Todes wegen beurteilt und die von den beklagten Miterben erhobene Einrede der Ungültigkeit der Verfügung wegen Irrtums nicht gelten lassen (Urteil der II. Zivilabteilung vom 1. November 1973 i.S. Z. gegen H., Aktenzeichen: C 148/73/kn; in BGE 99 II 382 ohne den Sachverhalt veröffentlicht).

Die Kaufs- und Vorkaufsrechte bildeten in diesem Fall eine Einheit. Sie banden den Ehemann schon zu seinen Lebzeiten, wie sich aus der vorgesehenen Eintragung des Vorkaufsrechts des Stiefsohns im Grundbuch und aus dem Aufbau des Erbvertrags ergibt. Es handelte sich deshalb um Rechtsgeschäfte unter Lebenden. Erst die Erbeinsetzungen unter Ziff. 5 des Vertrages waren Verfügungen von Todes wegen. Das BGer. hat kein einziges Wort zur Begründung seiner entgegengesetzten Ansicht gefunden. Es hat wohl gemeint, es genüge, dass die Urkunde als «Erbvertrag» errichtet war, hat aber übersehen, dass Erbverträge auch Rechtsgeschäfte unter Lebenden enthalten können. Dass der Motivirrtum des Erblassers kein wesentlicher war, hat seine Geltendmachung nur deshalb verhindert, weil die Bestellung des Kaufsrechts der Witwe gerade keine Verfügung von Todes wegen, sondern ein Rechtsgeschäft unter Lebenden war. Der Entscheid war wohl im Ergebnis richtig; als Präjudiz für die Beachtlichkeit von Willensmängeln beim Abschluss von Erbverträgen (s. oben N. 61 und hinten Art. 469 N. 7) hat er aber kein Gewicht.

102

103 Eine Teilungsvorschrift und damit eine Verfügung von Todes wegen dürfte dagegen die als «Vorkaufsrecht» bezeichnete Vereinbarung in einem Pachtvertrag zwischen Vater und Sohn gewesen sein, wonach dieser, «bei einer Liquidation des elterlichen Nachlasses die gepachteten Liegenschaften zum Ertragswert übernehmen kann» (AppHof, ZBJV 96, 1960, 431 Erw. 2; «ein innerlicher und demzufolge notwendiger Zusammenhang» zwischen dem Vorkaufsrecht und dem Pachtvertrag habe nicht bestanden);

104   2. Auftrag (Art. 394 ff. OR) und Ermächtigung (Art. 32 ff. OR), auch wenn sie über den Tod des Auftraggebers hinaus wirksam bleiben sollen (Art. 405 bzw. 35 OR).

Die Erben können den *Auftrag über den Tod hinaus* jederzeit widerrufen oder kündigen (Art. 404), jedoch nur *gemeinsam* (vgl. Art. 602). Die *Ermächtigung über den Tod hinaus* kann jeder Erbe für sich persönlich *allein* widerrufen, sodass der Ermächtigte nur noch die übrigen Miterben vertreten und nur noch mit Zustimmung des von ihm nicht mehr vertretenen Miterben Erbschaftsschulden begründen und über Erbschaftsgegenstände verfügen kann.

Dagegen sind Aufträge, die erst nach dem Tod des Auftraggebers ausgeführt werden sollen (sog. mandata post mortem), und zu diesem Zweck erteilte Ermächtigungen notwendigerweise Verfügungen von Todes wegen, denn sie betreffen das Vermögen des Erblassers im Fall seines Todes (s. oben N. 1). Sie sind auch dann keine Rechtsgeschäfte unter Lebenden, wenn es sich um besondere Anweisungen im Rahmen eines über den Tod hinaus verbindlichen Auftrags unter Lebenden handelt oder wenn andere unter Lebenden verbindliche Vereinbarungen getroffen wurden, z.B. über eine Vergütung (Art. 394 Abs. 3 OR). Mandata post mortem und einschlägige Ermächtigungen sind nach Art. 520 ungültig, wenn die Verfügungsformen der Art. 498–511 verletzt sind. Die Frage, ob sie als Rechtsgeschäfte unter Lebenden wegen Umgehung zwingender Vorschriften des Erbrechts nichtig wären, stellt sich nicht (str.; Nachweise s. hinten, Vorbem. vor Art. 517);

105   3. die *Anerkennung einer bestehenden Schuld*, auch wenn dieselbe erst beim Tod des Schuldners bezahlt werden soll (BGE 46 II 38 Erw. 2; s. auch unten N. 121);
    4. ein kurz vor dem Tod des Rentenschuldners *schenkungshalber* abgeschlossener, auf den Tod der Rentengläubigerin gestellter Leibrentenvertrag (BGE 110 II 156 Erw. 2 a) und die als «pacte successoral» bezeichnete und durch einen simulierten Verkauf verdeckte *Schenkung* eines Grundstücks (BGE 53 II 101 Erw. 3);
    5. *Erbvorbezüge* (BGE 45 III 151 Erw. 3, betreffend eine sog. «lebzeitige Teilung» nach altem solothurnischem Recht; s. auch P. WEIMAR, Zehn

Thesen zur erbrechtlichen Ausgleichung, FS B. Schnyder, Fribourg 1995, 837 ff.; anders die h.M., s. hinten Art. 626);

6. *ehevertragliche Bestimmungen,* namentlich *Vorschlags- und Gesamtguts-* 106
zuweisungen an den überlebenden Ehegatten gemäss Art. 216 Abs. 1 und 241 Abs. 2. Sie sind Teile von Rechtsgeschäften unter Lebenden und keine Verfügungen von Todes wegen (richtig die frühere Auffassung des BGer. in BGE 58 II 1; 82 II 477; 99 II 9 und 100 II 277; ferner: Tuor, Vorbem. vor Art. 494 N. 21 und Art. 527 N. 21; Escher/Escher, Art. 462 N. 6; Ch. Knapp, Le régime matrimonial de l'union des biens, Neuchâtel 1955, 281 f., N. 847 ff.; H.A. Kaufmann, Berner FG zum Schweiz. Juristentag 1979, Bern 1979, 255; *ders.,* Vorschlagszuweisung, 79 ff., 100; Steinauer, Mél. Engel, Lausanne 1989, 411 f.; anders: Egger, Zürcher Komm. [1936], Art. 214 N. 20; Cavin, Mél. Guisan [1950], 116 ff.; Lemp, Berner Komm. [1963], Art. 214 N. 81, 94 und Art. 226 N. 7; P. Piotet, Die Errungenschaftsbeteiligung im schweiz. Ehegüterrecht, Bern 1987, 166). Die Qualifikation dieser Klauseln als Schenkungen, deren Vollziehbarkeit auf den Tod des Schenkers gestellt ist (Art. 245 Abs. 2 OR; s. unten N. 118 ff.) durch BGE 102 II 313 und 106 II 276 Erw. 2 (zust.: Piotet, § 32, p. 186 s./203 f.; *ders.,* SJZ 1990, 37 f.; Hausheer/Reusser/Geiser, Art. 182 N. 16, Art. 216 N. 10, 34, 36 und Art. 241 N. 44; Stettler/Waelti, Droit civil IV, 238), ist abzulehnen (mit Recht krit. Wolf, 113 f. Anm. 507). Vorschlags- und Gesamtgutszuweisungen sind keine Schenkungen, weil *keiner* der Ehegatten *dem andern* etwas schenken will. Die Ehegatten wollen sich *auch nicht gegenseitig* etwas schenken. Vielmehr treffen sie eine Bestimmung über das eheliche Vermögen für den Todesfall. Trotzdem ist die Vorschlags- oder Gesamtgutsregelung auch an sich, d.h. unabhängig von Art. 245 Abs. 2 OR, keine Verfügung von Todes wegen, denn sie ist für die Gatten mit dem ganzen Ehevertrag sofort verbindlich. Sie ist ein Rechtsgeschäft unter Lebenden oder, genauer, eine unselbständige Bestimmung in einem solchen.

Eine Schenkung käme nur in Betracht, wenn der Ehevertrag als Ganzes si- 107
muliert und es den Ehegatten nur darum gegangen wäre, *eine Partei* zu begünstigen. Das mag anzunehmen sein, wenn die Ehegatten beim Abschluss des Ehevertrages mit dem *baldigen Tod* eines von ihnen rechneten. Der Ehevertrag wäre auch dann simuliert, wenn es den Parteien, was kaum vorstellbar ist, *nur* um die Bereicherung *des Überlebenden, wer auch immer das sei,* gegangen wäre. Dissimuliert wäre dann ein *Spiel,* und der Vertrag wäre nach Art. 513 Abs. 1 OR nicht klagbar; der aleatorische Charakter einer *solchen* Vorschlags- und Gesamtgutszuweisung stünde nicht nur der Annahme

einer Schenkung entgegen, sondern würde das Geschäft als Ganzes ungültig machen.

108   Normalerweise sind Eheverträge *nicht simuliert* und Vorschlagszuweisungen an den überlebenden Ehegatten *nicht aleatorisch,* auch wenn die Ehegatten nicht wissen können, wer den anderen überlebt. Eheverträge sind auch *weder entgeltlich noch unentgeltlich;* diese Unterscheidung des Obligationenrechts passt für sie so wenig wie für andere familienrechtliche Verträge wie etwa Eheschliessung und Adoption.

109   Die neue Rspr. hat ihre Schuldigkeit getan und ist wieder aufzugeben, nachdem der Gesetzgeber – in der Sache völlig zu Recht – die Vorschlags- und Gesamtgutszuweisungen für die altrechtliche Güterverbindung durch Art. 10 Abs. 3 SchlT, für den neuen ordentlichen Güterstand der Errungenschaftsbeteiligung durch Art. 216 Abs. 2 und für die Gütergemeinschaft durch Art. 241 Abs. 3 gegenüber nichtgemeinsamen Nachkommen der Herabsetzung unterstellt hat. Diese Regelungen waren notwendig, gerade weil es sich *nicht* um unentgeltliche Zuwendungen handelt, die unter Art. 245 Abs 2 OR zu subsumieren wären. Man kann auch nicht *wegen* der Unterstellung unter die Herabsetzung argumentieren, der Gesetzgeber selbst habe Vorschlags- und Gesamtgutszuweisungen als Schenkungen von Todes wegen qualifiziert (so WOLF, 114); solches wäre gar nicht seine Sache;

110   *7. Fortsetzungs-, Eintritts-, Nachfolge- und Abfindungsklauseln in Gesellschaftsverträgen.* Durch eine *Fortsetzungsklausel* wird bestimmt, dass die Gesellschaft beim Ausscheiden eines Gesellschafters (durch Tod) nicht aufgelöst und liquidiert, sondern als werbende Gesellschaft fortgesetzt werden soll (vgl. Art. 576, 619 Abs. 1 OR); durch die *Eintrittsklausel* wird die Aufnahme neuer Gesellschafter (eventuell beim Ausscheiden eines Gesellschafters durch Tod) zugelassen und geregelt. Für den Todesfall kann vorgesehen werden, dass die Gesellschaft mit den Erben oder mit einem von ihnen oder einer anderen vom Erblasser zu bezeichnenden Person fortgesetzt wird (Art. 547 Abs. 1 Ziff. 2; 574 Abs. 1, 619 Abs. 1 OR; Nachfolgeklausel) oder dass die Erben eine Abfindung erhalten sollen (Abfindungsklausel). Durch die *Nachfolgeklausel* wird der Eintritt des Nachfolgers von Seiten der Gesellschaft ermöglicht; insofern ist sie Fortsetzungs- und Eintrittsklausel. Die einschlägigen Abmachungen sind für die Gesellschafter unter Lebenden verbindlich. Wer die Erben sein werden oder wer von ihnen oder welche andere Person beim Tod des Erblassers an seiner statt in die Gesellschaft eintreten wird, ist damit aber noch nicht gesagt. Diese Bestimmung kann der Erblasser durch eine Verfügung von Todes wegen (Erbeinsetzung, Teilungsvorschrift, Ver-

mächtnis) in den dafür vorgesehenen Formen oder durch Rechtsgeschäft unter Lebenden (Vereinbarung mit dem Nachfolger) treffen.

Durch eine *Abfindungsklausel* wird bestimmt, welche Leistungen ein ausscheidender Gesellschafter oder die Erben eines verstorbenen Gesellschafters erhalten. Gesellschaftsvertragliche Abfindungsklauseln, die die Erben eines verstorbenen Gesellschafters schlechter stellen, als er selbst im Falle des Ausscheidens zu Lebzeiten oder im Falle der Liquidation der Gesellschaft stünde, werden oft als Verfügungen von Todes wegen angesehen, weil darin eine unentgeltliche Zuwendung des Erblasser an die übrigen Gesellschafter liege (HEINZ HAUSHEER, Erbrechtliche Probleme des Unternehmers, Bern 1970, 118 f.; *ders.*, ZBGR 52, 1971, 269 ff.; *ders.*, ZBJV 114, 1978, 181; *ders.*, in: Breitschmid (Hg.), Testament und Erbvertrag, 1991, 95 f.; v. GREYERZ, Die Unternehmensnachfolge in den Personengesellschaften, BTJP 1970, Bern 1972, 87 f.; PIOTET, § 30 II i.f., p. 181/S. 198; BÄR, ZBJV 125, 1989, 238 ff.; MEIER-HAYOZ/FORSTMOSER, Grundriss des schweiz. Gesellschaftsrechts, 8. A., Bern 1998, § 12 N. 75; BGE 113 II 270; a.A., mit Recht: SIEGWART, Zürcher Komm. (1938), Art. 545–547 OR N. 10; ROTHENFLUH, 92 f.; DRUEY, § 8 N. 48, 101). Auch solche Abfindungsklauseln sind jedoch als Bestandteile des betreffenden Gesellschaftsvertrages Rechtsgeschäfte unter Lebenden und dürfen genauso wenig wie Vorschlags- und Gesamtgutszuweisungen in Eheverträgen (oben N. 106 ff.) von den sonstigen Ansprüchen und Verpflichtungen der Gesellschafter getrennt werden. Eine ungünstige Regelung der Abfindung für den Todesfall wird nicht schenkungshalber akzeptiert, sondern weil sie im Interesse der Gesellschaft liegt und damit auch im Interesse aller Gesellschafter, von denen keiner weiss, ob nicht er durch den Tod aus der Gesellschaft ausscheiden wird. Es kann insbesondere notwendig sein, den Abfluss der Mittel für *überraschend* notwendig werdende Abfindungen zu begrenzen (so wohl im Fall BGE 113 II 270; s. die krit. Anm. v. DRUEY, SAG 1988, 30 f.; s. auch VerwGer. BL, ZBl. 62, 1961, 400 und, für das deutsche Recht, W. FLUME, Die Abfindungsklauseln ..., FS Kurt Ballerstedt, 1975, 197, 203 ff.). Wenn nur *ein einzelner Gesellschafter* es in Kauf genommen hat, dass seine Erben (und evtl. er selbst) durch eine Abfindungsklausel benachteiligt werden, so lässt das (falls nicht auf mangelndes Verhandlungsgeschick zurückzuführen) nur erkennen, was ihm die Gesellschaft trotzdem wert war (vgl. für den umgekehrten Fall einer Begünstigung BGE 98 Ia 258). Abfindungsklauseln können nur dann als Schenkungen betrachtet werden, wenn ein *selbständiger Schenkungswille* vorhanden war, der quasi *zufällig* beim Abschluss des Gesellschaftsvertrages betätigt wurde (anders BGE 98 Ia 258; anders auch v. GREYERZ, Die Unternehmensnachfolge in den Personengesellschaften, BTJP 1970, Bern 1972, 87–90);

111

112   8. *Lebensversicherungen* sind Rechtsgeschäfte unter Lebenden, einerlei ob sie auf den Todesfall oder auf den Erlebensfall gestellt sind oder ob es sich um gemischte Versicherungen handelt, denn sie entfalten Rechtswirkungen unter Lebenden. Das gilt auch von der Abtretung und Verpfändung von Ansprüchen aus Personenversicherungsverträgen (Art. 73 VVG) und der *versicherungsrechtlichen Begünstigung* (Art. 76 ff. VVG) (h.M.; a.A.: GUISAN, Recherche, 56 f.; PIOTET, § 31 II, p. 183 s./S. 200 f. und § 65 I, p. 436/ S. 468 f.; AMSLER, 84 ff.; BLAUENSTEIN, SVZ 1979, 260 ff.; IZZO, 81 ff., mit Nachw. des Meinungsstandes).

113   Eine versicherungsrechtliche Begünstigung und damit ein Rechtsgeschäft unter Lebenden ist auch anzunehmen, wenn der Versicherungsanspruch dem Begünstigten in einem Testament oder Erbvertrag auf den Tod des Erblassers *vermacht* worden ist (sog. Versicherungsvermächtnis; vgl. Art. 563 Abs. 2). Zwar wird eine solche Begünstigung erst mit dem Tod des Erblassers wirksam und muss, wenn sie niemandem gegenüber abgegeben wird, in der Form einer letztwilligen Verfügungen erklärt werden. Nach ihrer wesentlichen Wirkung ist sie aber trotzdem ein Rechtsgeschäft unter Lebenden, denn der Begünstigte erwirbt, anders als ein Vermächtnisnehmer, keinen Anspruch auf Abtretung des Versicherungsanspruchs gegen die Erben, sondern wird eo ipso Gläubiger des Versicherers, und die Versicherungssumme fällt nicht in den Nachlass. Die Stellung des Begünstigten gleicht der Stellung desjenigen, dem der Erblasser den Anspruch unmittelbar vor seinem Tod unter Lebenden zugewendet hat. Dementsprechend wird nach Art. 476 nicht die Summe der Versicherungsleistungen, sondern der Rückkaufswert zum Nachlass hinzugerechnet (s. hinten Art. 476 N. 8 f.) und nach Art. 529 der Herabsetzung unterstellt (ebd. N. 20–23).

114   Eine ähnliche Auffassung hat F. HUBER mit der «in einer Verfügung von Todes wegen niedergelegten Begünstigung» entwickelt (65 ff.). Die Probleme blieben aber ungelöst, weil er annahm, es gebe ausserdem das Versicherungsvermächtnis als gewöhnliche Verfügung von Todes wegen (50 ff.). Das Versicherungsvermächtnis ist eine Art «Gegenstück» zur Schenkung auf den Todesfall, nämlich ein Rechtsgeschäft unter Lebenden, obwohl es scheinbar eine Verfügung von Todes wegen ist (s. unten N. 118).

115   Die versicherungsrechtliche Begünstigung, wiewohl Rechtsgeschäft unter Lebenden, weist freilich Besonderheiten auf, die sie in die Nähe der Verfügungen von Todes wegen rücken, da sie
        1. im Allgemeinen unter dem Vorbehalt steht, dass der Begünstigte den Erblasser überlebt (KOENIG, § 95 IV, S. 704);

2. mit der Pfändung oder Konkurseröffnung über den Versicherungsnehmer erlischt (Art. 79 Abs. 1 VVG), in diesen Fällen bei Lebzeiten des
   Erblassers also gleichsam wirkungslos ist und
3. bis zum Eintritt des Versicherungsfalls wie eine letztwillige Verfügung
   frei widerruflich ist (Art. 77 Abs. 1 VVG).

Ist der Anspruch aus einer Todesfallversicherung einem Dritten schen-   116
kungshalber abgetreten oder durch Begünstigung übertragen worden, so
handelt es sich nicht um eine Schenkung, deren Vollziehbarkeit auf den Tod
des Schenkers gestellt ist, nach Art. 245 Abs. 2 OR, sondern um eine sofort
vollzogene Schenkung, die eine aufschiebend befristete oder bedingte Forderung zum Gegenstand hat. Das zeigt sich klar bei der Zuwendung einer
Versicherung auf fremdes Leben nach Art. 74 VVG, die selbstverständlich
nicht beim Tod des Versicherungsnehmers und Schenkers fällig wird, sondern beim Tod der versicherten Person (contra: PIOTET, SJZ 1960, 155; *ders.*,
SJZ 1972, 198 f.).

Nach gemeinrechtlichen Begriffen wäre die *unentgeltliche* Zuwendung eines   117
Versicherungsanspruchs durch *versicherungsrechtliche Begünstigung* eine
donatio mortis causa (s. unten N. 119) gewesen. Im System des schweizerischen Rechts ist sie eine «Schenkung, die der Erblasser frei widerrufen
konnte» im Sinne des Art. 527 Ziff. 3 (vgl. Art. 77 VVG), während die unentgeltliche *unwiderrufliche Begünstigung* – genauso wie die unentgeltliche
Abtretung – die schlichte Schenkung (von Hand zu Hand) einer aufschiebend befristeten oder bedingten Forderung ist. Für die Berechnung der
Pflichtteile und die Herabsetzung gelten jedoch die Spezialvorschriften der
Art. 476 und 529. Nur soweit die letzteren Bestimmungen nicht zur Anwendung kommen, weil die Versicherung nicht auf den Tod gestellt ist, behalten
die allgemeinen Regeln und Begriffe ihre Gültigkeit, insbesondere bei
Erlebensfalls- und Terme-fixe-Versicherungen (s. hinten, Art. 476 N. 30 ff.),
nicht jedoch bei Risikoversicherung (ebd. N. 27 ff.).

c) Schenkungen auf den Todesfall

Schenkungen, «deren Vollziehbarkeit auf den Tod des   118
Schenkers gestellt ist» (Schenkungen auf den Todesfall), sind nach dem Willen und den Vorstellungen der Parteien bis zum Tod des Schenkers aufschiebend befristete Rechtsgeschäfte unter Lebenden. Art. 245 Abs. 2 OR stellt
solche Schenkungen jedoch unter die «Vorschriften über die Verfügungen
von Todes wegen». Lehre und Rspr. haben die Bestimmung immer so ver-

standen, dass die Schenkung auf den Todesfall in der Form einer Verfügung von Todes wegen errichtet werden muss. Daraus folgt zwingend, dass das Recht diese Schenkungen als solche nicht anerkennt, sondern sie nur als Vermächtnisse schützt.

119 Der Tatbestand der Schenkung auf den Todesfall deckt sich nicht ganz mit demjenigen der gemeinrechtlichen *Donatio mortis causa* (Schenkung von Todes wegen). Donatio mortis causa war jede Schenkung, die unter der aufschiebenden oder auflösenden Bedingung stand, dass der Beschenkte den Schenker überlebe bzw. nicht überlebe (statt aller: DERNBURG III, §§ 117 f.; KOEPPEN, §§ 141 ff.). Auch die Schenkung auf den Todesfall steht unter der Bedingung, dass der Beschenkte den Schenker überlebt (s. unten N. 126), doch fällt die auflösend bedingte Handschenkung nicht unter Art. 245 Abs. 2 OR, sondern unter Art. 247 OR. Ein Spezialfall der Donatio mortis causa, der nicht von Art. 245 Abs. 2 OR erfasst wird, war auch die «Schenkung, die der Erblasser frei widerrufen konnte» des Art. 527 Ziff. 3 (s. vorerst hinten Art. 475 N. 17).

120 Schenkungen auf den Todesfall gefährden die Interessen der Erbschaftsgläubiger und der pflichtteilsberechtigten Erben, wenn nicht verhindert wird, dass Nachlassgegenstände am Erbgang vorbei vom Erblasser auf den Beschenkten übergehen.

Eben darin hat das BGer. (BGE 89 II 87 Erw. 5) mit Recht den Hauptzweck des Art. 245 Abs. 2 OR gesehen: «Il résulte encore de l'art. 245 al. 2 CO que les biens donnés échoient au bénéficiaire non pas par un transfert entre vifs, mais par une dévolution à cause de mort. Celle-ci est régie de manière impérative et exhaustive par la loi (titres XV et XVI CC). Elle ne doit pas être occulte» (vgl. auch BGE 96 II 79 Erw. 7d).

Deshalb war schon die donatio mortis causa im römischen und gemeinen Recht den Vermächtnissen weitgehend gleichgestellt, freilich ohne dass man sie an die Formen der letztwilligen Verfügungen gebunden hätte. Man hätte auch die Schenkung auf den Todesfall ohne weiteres so ordnen können, dass sie in der Form des Art. 243 OR abzuschliessen gewesen wäre und als Rechtsgeschäft unter Lebenden einen pfändbaren, abtretbaren und vererblichen (wenn auch aufschiebend befristeten) Anspruch gewährt hätte, wie dies dem Begriff der Schenkung entspricht. Um eine Benachteiligung der Erbschaftsgläubiger und der Pflichtteilberechtigten zu verhindern und die Einheit der Erbschaft und das Prinzip der Universalsukzession zu wahren, hätte es genügt, die nicht vollzogene Schenkung in Übereinstimmung mit der gemeinrechtlichen Tradition nach dem Tod des Schenkers einem Vermächtnis gleichzustellen und in den Erbgang einzubeziehen. Die radikale Vorschrift des Art. 245 Abs. 2 OR, die wohl darauf zurückzuführen ist, dass dem Bundesgesetzgeber beim Erlass des alten Obligationenrechts die Kompetenz zur Gesetzgebung im Erbrecht fehlte, schliesst das jedoch aus.

Als Schenkung auf den Todesfall nach Art. 245 Abs. 2 OR gilt jede *nach*   121
dem Tod des Erblassers zu vollziehende unentgeltliche Zuwendung. Neben
dem eigentlichen Schenkungsversprechen kommen in Betracht (vgl. auch
BGE 96 II 79 Erw. 7d):

– ein schenkungshalber erteiltes, beim Tod des Schuldners fälliges Schuldbekenntnis
   (BGE 46 II 38 Erw. 2),
– der Auftrag an einen Bevollmächtigten zur Übereignung hinterlegter Aktien nach
   dem Tod der Schenkerin (BGE 58 II 423; 67 II 88 Erw. 1c),
– die Errichtung eines Wertschriftendepots oder eines Sparkontos auf den Namen des
   Beschenkten unter Vorbehalt des alleinigen lebenslänglichen Verfügungs- und des
   Nutzniessungsrechts (BGE 67 II 88 Erw. 1b; 88 II 67 Erw. 1; 89 II 87 Erw. 1–3; TG
   OGer. SJZ 1982, 379),
– ein unentgeltlicher Rechtsverzicht beim Tod des Berechtigten (S. Sandoz, D. Piotet,
   Abandon d'une hypothèque, Semjud 1996, 48–52, vgl. auch Druey, § 8 N. 44; unbegründet aber die Kritik am Entscheid des BGer. in Semjud 1995, 665, weil es sich nicht
   um eine Schenkung, sondern um einen Teil der Regelung des Kaufpreises im Rahmen
   eines Kaufvertrags handelte, s. oben N. 101).

Eine vollzogene Schenkung, z.B. ein sofort in Kraft tretender, unentgeltli-   122
cher, auf das Leben der Gläubigerin gestellter Leibrentenvertrag (BGE 110
II 156 Erw. 2a), fällt nicht unter Art. 245 Abs. 2 OR. Dass dem Beschenkten
bis zum Tod des Schenkers noch Beschränkungen auferlegt sind, steht der
Annahme des Vollzugs der Schenkung unter Lebenden nicht entgegen, z.B.
dann nicht,

– wenn der Schenker sich die lebenslängliche Nutzniessung am Zuwendungsobjekt vorbehalten hat (VS OGer. ZBGR 12, 1931, 130; BE OGer. ZBJV 73, 1937, 400), bei einer Kapitalforderung auch mit der Bestimmung, dass der Beschenkte sie erst nach seinem Tod kündigen dürfe (BGE 69 II 305 Erw. c) und
– wenn der Schenker sich Verfügungen über das abgetretene Depot vorbehalten hat
   (BGE 96 II 145 Erw. 3).

Offen gelassen hat das BGer. die Frage, ob Art. 245 Abs. 2 OR auf die Errichtung eines Trusts anwendbar ist, durch den sich der Erblasser definitiv
von seinem Vermögen trennt, das seine Kinder nach seinem Tod erhalten
sollen (BGE 96 II 79 Erw. 9). Sie ist zu verneinen, denn entscheidend ist der
Zeitpunkt des Ausscheidens der Vermögensgegenstände aus dem Vermögen des Erblassers. Die unentgeltliche Zuwendung fällt unter die Bestimmungen der Art. 475 und 527.

Um gültig zu sein, muss das Geschäft in Form einer Verfügung von Todes we-   123
gen abgeschlossen werden und *ist* dann eine solche. Als Verfügung von Todes
wegen ist es *keine* Schenkung und deshalb nicht notwendigerweise ein Vertrag, sondern kann als (einseitige) letztwillige Verfügung errichtet werden (so

früher auch HONSELL, Obligationenrecht, 2. Aufl., 1992, § 18 VI, 160. Anders die h.M.: BGE 45 II 146; BGE 75 II 184, 188; TUOR, Einl. v. Art. 467 N. 5; sie kommt aber auf dem Wege der Umdeutung zum selben Ergebnis: 76 II 273 Erw. 1a; ESCHER/ESCHER, Einl. v. Art. 467 N. 7d aa; OR-VOGT, Art. 245 N. 7; ebenso jetzt HONSELL, 5. Aufl., 1999, 194 f.). Schon im gemeinen Recht war anerkannt, dass die letztwillige Erklärung, jemandem etwas schenken zu wollen, ein Vermächtnis ist (KOEPPEN, 823; s. auch BGE 75 II 184). Ein vom Erblasser eigenhändig geschriebener und vom Beschenkten mitunterzeichneter Schenkungsvertrag ist jedoch als letztwillige Verfügung ungültig, obwohl er der Form des Art. 505 genügt, wenn der Erblasser die Schenkung nur deshalb nicht widerrufen hat, weil er meinte gebunden zu sein.

124 Wenn der Erblasser sein ganzes Vermögen auf den Tod hin «verschenkt», wird weniger eine Erbeinsetzung als ein Universalvermächtnis gewollt sein: Der Bedachte wird nicht Erbe, sondern erhält den Reinnachlass (Auslegungsfrage).

125 In Bezug auf Geschäftsfähigkeit und Willensmängel gelten die Vorschriften des Erbrechts (Art. 467 ff.). Die Nichtbeachtung der Form hat keine Nichtigkeit, sondern die Ungültigkeit der Verfügung gemäss Art. 519 f. zur Folge (BGE 89 II 87 Erw. 3; 113 II 270 Erw. 3a; CAVIN, SPR VII.1, 192 f.).

126 Die Schenkung auf den Todesfall hat bei Lebzeiten des «Schenkers» keine Wirkungen (ESCHER/ESCHER, Einl. vor Art. 467 N. 7 bb; GUISAN, 40; KNAPP, FS Tuor, 227; PIOTET, § 30; a.A.: TUOR, Einl. vor Art. 467 N. 5; OSER/SCHÖNENBERGER, Art. 245 OR N. 19; GUHL/KOLLER, § 43 N. 23 ff., S. 400 f.). Mit dem Tod des Erblassers erhält der «Beschenkte» einen Vermächtnisanspruch gegen die Erben, für den keinerlei Sonderbehandlung in Betracht zu ziehen ist:

– Der «Beschenkte» muss den «Schenker» überleben (Art. 515 Abs. 1, 543; offen gelassen von BGE 89 II 87 Erw. 4; wie hier CAVIN, SPR VII.1, 193; ESCHER/ESCHER, Einl. v. Art. 467 N. 7d bb; OR-VOGT, Art. 245 N. 8).
– Der Anspruch wird nach Art. 562 fällig, wenn der «Schenker» gestorben ist und seine Erben die Erbschaft nicht mehr ausschlagen können.
– Die Gläubiger des Erblassers und der Erben gehen nach Art. 564 mit ihren Ansprüchen dem «Beschenkten» vor; es besteht die Möglichkeit der Herabsetzung nach Art. 565.
– Die «Schenkung» kann, wenn der Erblasser seine Verfügungsbefugnis überschritten hat, als Vermächtnis nach Art. 522–526 (nicht: Art. 527) herabgesetzt werden, und zwar gemäss Art. 532 vor den Zuwendungen unter Lebenden.
– Bei der Berechnung des verfügbaren Teils bleibt die «Schenkung» als Vermächtnis ausser Betracht (s. hinten Art. 474 N. 11).

1. Abschnitt: Die Verfügungsfähigkeit
Vorbemerkungen

Materialien: Erl. TE, 144 ff. – Erl. I, 383 ff. = Mot. II, 57 ff. –
ExpKom. I.2, S. 535 ff. = II, Bl. 101 ff. – BBl. 1904 IV 50 ff. – NatR
1905, 1351 ff., 1374 ff., 1391 ff. – StR 1906, 139 f.

Verfügungsfähigkeit ist die Fähigkeit, Verfügungen von Todes wegen zu er-   1
richten. Die Verfügungsfähigkeit ist die persönliche Voraussetzung für die
Ausübung der Privatautonomie im Bereich der Testierfreiheit. Sie ist die
besondere Art der Handlungsfähigkeit (vgl. Art. 12 ff.), und zwar der Geschäftsfähigkeit, in diesem Bereich. Die Rechtsordnung anerkennt die
ursprüngliche Freiheit jedes Einzelnen zur Regelung seiner Vermögensan-
gelegenheiten auch für den Fall seines Todes. Sie macht diese Selbstbestim-
mung jedoch davon abhängig, dass der Einzelne in der Lage ist, vernunftgemäss, d.h. frei, zu handeln; das Recht setzt die Willensfreiheit des Menschen
voraus. Seit alters her hat das Recht deshalb die Handlungsfähigkeit des
Einzelnen an bestimmte formale Voraussetzungen geknüpft, insbesondere
an die Erreichung eines bestimmten Alters. Das Zivilgesetzbuch verlangt
ausserdem in jedem Fall Urteilsfähigkeit.

Der Begriff der Verfügungsfähigkeit umfasst die Fähigkeit zur Errichtung   2
sowohl einseitiger als auch zweiseitiger Verfügungen von Todes wegen. Sie
ist jedoch für beide Gruppen verschieden geregelt. Deshalb kann man Testierfähigkeit bei einseitigen und Erbvertragsfähigkeit bei zweiseitigen Verfügungen unterscheiden. Art. 467 regelt die Testierfähigkeit als den Normalfall der Verfügungsfähigkeit, und Art. 468 enthält eine Spezialvorschrift
für die Erbvertragsfähigkeit.

Während nämlich für einseitige Verfügungen von Todes wegen die Vollen-   3
dung des 18. Lebensjahres und Urteilsfähigkeit genügen (Art. 467), muss der
Erblasser bei der Abschliessung eines Erbvertrages mündig sein (Art. 468),
wobei die Mündigkeit an die Stelle des Alterserfordernisses des Art. 467 tritt,
nicht aber die Urteilsfähigkeit ersetzt. Seitdem mit Wirkung vom 1. Januar
1996 an das Mündigkeitsalter (Art. 14) von 20 auf 18 Jahre herabgesetzt wurde, besteht ein Unterschied nur noch bei urteilsfähigen, entmündigten Personen, die zwar testierfähig sind, nicht aber erbvertragsfähig.

Das Gesetz regelt im Abschnitt über die Verfügungsfähigkeit auch die Wil-   4
lensmängel bei Verfügungen von Todes wegen (Art. 469).

5   Mangelnde Verfügungsfähigkeit und Willensmängel führen bei Verfügun-
     gen von Todes wegen, anders als mangelnde Handlungsfähigkeit und Wil-
     lensmängel bei Rechtsgeschäften unter Lebenden, nicht zur Nichtigkeit
     oder einseitigen Unverbindlichkeit des betreffenden Geschäftes, sondern
     zur sog. Ungültigkeit, d.h. seiner Vernichtbarkeit durch gerichtliches Gestal-
     tungsurteil (Art. 519 ff.).

Art. 467

A. Letztwillige Verfügung	**Wer urteilsfähig ist und das 18. Altersjahr zurückgelegt hat, ist befugt, unter Beobachtung der gesetzlichen Schranken und Formen über sein Vermögen letztwillig zu verfügen.**

A. Par testament   Toute personne capable de discernement et âgée de 18 ans révolus a la faculté de disposer de ses biens par testament, dans les limites et selon les formes établies par la loi.

A. Per testamento   Chi è capace di discernimento ed ha compito gli anni diciotto può, nei limiti e nelle forme legali, disporre dei suoi beni per atto di ultima volontà.

Materialien: TE 419 – VE 492; Anträge, 97; Erl. I, 383 f. = Mot. II, 57 f. – E 474.

Literatur: HANS BINDER, Die Geisteskrankheit im Recht, Zürich 1952; *ders.*, Die Urteilsfähigkeit in psychologischer, psychiatrischer und juristischer Sicht, Zürich 1964; DESCHENAUX/STEINAUER, 22 ff.; JACQUES-MICHEL GROSSEN, Das Recht der Einzelpersonen (SPR II, 1967, 285 ff.), 318 ff.; ARTHUR KIELHOLZ, Geisteskraft und Geistesstörung im Alter. Ärztliche Betrachtungen zum Altersproblem, Zürich 1954; RAINER MÜLLER, Die Beurteilung der Testierfähigkeit. Eine empirische Untersuchung, med. Diss. München 1991; HANS RUDOLF OERI, Die Stellung des urteilsunfähigen Mündigen im schweizerischen Privatrecht, Diss. Basel 1945; PEDRAZZINI/OBERHOLZER, 63–76; ROLF RASCHEIN, Die Ungültigkeit der Verfügungen von Todes wegen, Diss. Bern 1954; MAX ROTH, Anforderungen an die Urteilsfähigkeit, Schweiz. Archiv f. Neurologie und Psychiatrie 83 (1959) 266–283; URS SCHWALLER, Die Unwirksamkeit des eigenhändigen Testamentes, Diss. Freiburg 1981; DANIEL SEILER, Testierfähigkeit und Geisteskrankheit, ST 67 (1993) 513; *Weltgesundheitsorganisation (WHO)*, Internationale Klassifikation psychischer Störungen: ICD-10, Kapitel V (F), Forschungskriterien, hg. von H. Dilling u.a., Bern 1994; FRANZ WERRO, La capacité de discernement et la faute dans le droit suisse de la responsabilité, Diss. Fribourg 1986; JAKOB WYRSCH, Über psychische Norm und ihre Beziehung zur Urteils- und Zurechnungsfähigkeit, ZStR 73 (1958) 382–400.

I. Inhalt: Die Testierfähigkeit

1   Der Artikel regelt die Verfügungsfähigkeit bei (einseitigen) letztwilligen Verfügungen, die Testierfähigkeit: Der Erblasser muss urteilsfähig sein und das 18. Lebensjahr vollendet haben. Ausserdem wird daran erinnert, dass der Erblasser die Vorschriften über den Pflichtteil
(Art. 470 ff.) und über die Formen letztwilliger Verfügungen (Art. 498 ff.) zu
beachten hat.

II. Die Urteilsfähigkeit

2   Nach Art. 16 ZGB ist Urteilsfähigkeit die Fähigkeit, vernunftgemäss zu handeln (s. dazu BUCHER, Art. 16). Das gilt auch im Rahmen
des Art. 467 (BGE 117 II 231 Erw. 2; 124 III 5 Erw. 1). Vernunftgemäss ist
ein Handeln, das im Fühlen, Denken und Wollen hinreichend vom Ich des
Handelnden und seiner Bewusstheit überwacht, in seinen kognitiven, emo-
tionalen und voluntativen Grundlagen gelenkt ist (BINDER, Urteilsfähigkeit,
S. 12 ff.). Vernunftgemäss handelt, wer sich in einer gegebenen Situation angemessen verhält, auf ein Ereignis angemessen reagiert. Voraussetzung dafür ist, dass der Handelnde die Beweggründe und Folgen seines Tuns richtig
zu erkennen und sich gemäss dieser Erkenntnis zu verhalten vermag (so,
eingehender als Art. 16 ZGB, Art. 10 VE, ferner ZH OGer., ZR 77, 1978,
Nr. 21). Es kommt also auf *die Fähigkeit* an, *vernunftgemäss zu wollen*
(BUCHER, Art. 16 N. 37 ff.). Ob eine Verfügung *im Einzelfall* vernünftig ist,
ist nicht zu beurteilen.

3   Es gibt Menschen, deren Fähigkeit zu vernunftgemässem Wollen *herabgesetzt* ist. Im Strafrecht gelten sie als *vermindert zurechnungsfähig;* im Privatrecht gibt es dagegen keine «verminderte Urteilsfähigkeit», jedenfalls nicht
bei rechtsgeschäftlichen Handlungen (Willenserklärungen), sondern nur
Urteils*fähigkeit* oder *-unfähigkeit* (vgl. Art. 17 f.). Das liegt in der Natur der
Sache: Man kann zwar eine Strafe wegen verminderter Zurechnungsfähigkeit des Täters mildern; die verminderte Geltung von Rechtsgeschäften – es
sei Eheschliessung, Arbeitsvertrag, Schenkung oder letztwillige Verfügung –

ist aber nicht vorstellbar. Deshalb ist privatrechtlich *ganz urteilsunfähig*, wer in einer bestimmten Situation sein Handeln der Vernunft *nicht in hinreichendem Masse* zu unterwerfen vermag (sog. «Alles-oder-nichts-Prinzip», vgl. BGE 111 V 61 Erw. 3a; ebenso für das Deliktsrecht: P.-A. WESSNER, Le discernement: Contre la notion de capacité restreinte en droit de la responsabilité civile, SJZ 79, 1983, 333–338, m. Nachw.; a.A.: BGE 102 II 368 Erw. 4).

Die Urteilsfähigkeit besteht aus zwei Elementen, einem verstandesmässi-   4
gen und einem willensmässigen oder charakterlichen, nämlich der Fähigkeit, erstens den Sinn, die Zweckmässigkeit und die Auswirkungen einer konkreten Handlung zu erkennen und zweitens nach freiem Willen gemäss dieser Einsicht zu handeln: «Le discernement … comporte deux éléments: un élément intellectuel, la capacité d'apprécier le sens, l'opportunité et les effets d'un acte déterminé, et un élément volontaire ou caractériel, la faculté d'agir en fonction de cette compréhension raisonnable, selon sa libre volonté» (BGE 117 II 231, 232, m. Nachw.; 124 III 5 Erw. 1a).

Voraussetzung der Urteilsfähigkeit ist demnach *erstens* «die Fähigkeit zu in-   5
tellektueller Einsicht und rationaler Beurteilung, Denkvermögen und Urteilskraft, kurz ‹Verstand›» (BUCHER, Art. 16 N. 44). Verstand schafft Lebenserfahrung, und Lebenserfahrung schärft den Verstand. Darum muss dem Erblasser bei der Errichtung der letztwilligen Verfügung dasjenige Mass an Lebenserfahrung zur Verfügung stehen, welches ihn befähigt, von den gegenwärtigen und – weil Verfügungen von Todes wegen erst dann wirksam werden – von den bei seinem Tode bestehenden Verhältnissen Vorstellungen zu entwickeln, die mit der allgemeinen Lebenserfahrung vereinbar sind, ihr nicht widersprechen. Zur intellektuellen Komponente der Urteilsfähigkeit gehören Erinnerungs-, Merk- und Denkfähigkeit, die das BGer. bei einer Erblasserin verneint hat, die allgemein unter einem Zustand der Verwirrtheit litt, in dem sie einmal versucht hatte, abends aus dem Fenster zu steigen, und ein andermal mitten auf der Hauptstrasse gelaufen war (BGE 124 III 5 Erw. 4c aa).

Bei komplizierten Verhältnissen bedarf der Erblasser darüber hinaus beson-   6
derer Sachkunde, die er sich eventuell verschaffen muss (BGE 117 II 321, 233; 39 II 196; 44 II 114). Trifft er seine Anordnungen, ohne dies getan zu haben, so wird es sich kaum um eine vernunftgemässe letztwillige Verfügung handeln. Dennoch fehlt dem Erblasser die Urteilsfähigkeit in diesem Fall nicht, wenn er seinen Informationsmangel erkennen konnte. So hat das BGer. einmal erklärt, es komme darauf an, «ob die betreffende Person im-

stande war, sich die nötigen Kenntnisse anzueignen, und ob sie gegebenenfalls zu erkennen vermochte, dass sie vor einer Frage stand, die sie nicht von sich aus, sondern nur mit Hilfe des Rates von Sachverständigen beurteilen konnte» (BGE 77 II 99 Erw. 1). Fehlt die Fähigkeit zu dieser Einsicht, so ist die Urteilsfähigkeit zu verneinen, nicht dagegen dann, wenn der Handelnde sich die nötige Sachkenntnis aus Bequemlichkeit oder wegen äusserer Hindernisse nicht beschaffen will oder nicht zu beschaffen vermag. Eine letztwillige Verfügung, die bei vorhandener Urteilsfähigkeit ohne genügende Sachkenntnis errichtet wurde, kann aber eventuell wegen eines Irrtums des Erblassers angefochten werden (Art. 469).

7   Der Erblasser muss *zweitens* fähig sein, aufgrund seiner Einschätzung der künftigen Situation annehmbare Motive zu entwickeln, diese kritisch gegeneinander abzuwägen, sich auf diese Weise zu einer – wenn auch durchaus persönlichen, so doch nachvollziehbaren – Entscheidung (vgl. BGE 44 II 120; BUCHER, Art. 16 N. 50–61) durchzuringen und seinen Willen richtig zu erklären. Er muss sich so weit in der Hand haben, dass er einer nicht akzeptierten Beeinflussung von anderer Seite widerstehen und seinen eigenen Willen zum Ausdruck bringen kann (BGE 39 II 196). In BGE 124 III 5 hat das BGer. die Urteilsfähigkeit der Erblasserin verneint, weil das Willenselement fehlte: Sie habe sich «aufgrund ihres Geisteszustandes mehr von einem momentan überwiegend emotional bedingten Gedanken» gegenüber dem sie zur Testamentserrichtung beim Notar begleitenden Begünstigten leiten lassen «als von ihren habituellen Einstellungen und Überzeugungen» (Erw. 4c aa). Allerdings kommt Urteilsunfähigkeit wegen Willensschwäche gegenüber dem Einfluss einer anderen Person nur dann in Betracht, wenn ein solcher Einfluss tatsächlich ausgeübt worden ist (BUCHER, Art. 16 N. 62 ff.; BGE 117 II 231, 233, m. Nachw.).

8   Man pflegt von der *Relativität der Urteilsfähigkeit* zu sprechen und bringt damit zum Ausdruck, dass Urteilsfähigkeit keine Eigenschaft der Person an sich ist, sondern immer *in Bezug auf ein bestimmtes Rechtsgeschäft* gegeben oder nicht gegeben ist (vgl. BUCHER, Art. 16 N. 87 ff.). Es ist allerdings kaum zu leugnen, dass es so schwere geistige Defekte gibt, z.B. den Schwachsinn, dass nicht denkbar ist, eine davon betroffene Person könne für irgendein Rechtsgeschäft urteilsfähig sein. Richtig ist aber, dass es auf den Geisteszustand des Handelnden im Augenblick der Willenserklärung und auf seine Fähigkeit zu vernunftgemässem Handeln *in der konkreten Sache* ankommt. Daher kann dieselbe Person zu einer bestimmten Zeit urteilsfähig sein, obwohl sie es sonst nicht ist und umgekehrt, und die Urteilsfähigkeit kann ihr in Bezug auf ein schwieriges Geschäft fehlen, obwohl sie ein einfacheres

Geschäft vernünftig beurteilen könnte: «La capacité de discernement ... ne doit pas être appréciée dans l'abstrait, mais concrètement, par rapport à un acte déterminé, en fonction de sa nature et de son importance» (BGE 117 II 231 Erw. 2, unter Berufung auf BGE 109 II 276 Erw. 3 und 102 II 367 Erw. 4; s. auch BGE 124 III 5 Erw. 1a; 108 V 128; ZH OGer., ZR 77, 1978, Nr. 21). Dagegen ist BGE 77 II 100 etwas zu allgemein formuliert, wenn auf «die in Frage stehende *Art* von Angelegenheiten» abgestellt wird.

Obwohl es demnach auf die Umstände des einzelnen Geschäftes ankommt,   9
darf doch nicht die Vernünftigkeit dieses Geschäftes kontrolliert werden. Vielmehr ist die Urteilsfähigkeit nur dann zu verneinen, wenn eine vernunftgemässe Willensbildung dem Erblasser, aus einem der sogleich zu besprechenden Gründe, *unmöglich* war. Unvernünftige Anordnungen können nur Indizien mangelnder Urteilsfähigkeit sein (vgl. BUCHER, Art. 16 N. 83 ff., 155 ff.; BGE 117 II 231 Erw. 2a, 233; 124 III 5 Erw. 4c cc).

Die Möglichkeit zu vernunftgemässem Handeln und damit die Urteilsfähig-   10
keit kann dem Erblasser nach Art. 16 fehlen: «wegen seines Kindesalters oder infolge von Geisteskrankheit, Geistesschwäche, Trunkenheit oder ähnlichen Zuständen». Im Einzelfall kann die Urteilsunfähigkeit trotz diesen Gründen vorhanden sein. Andererseits ist die Aufzählung abschliessend; es gibt keinen Fall von Urteilsunfähigkeit, der nicht auf eine dieser Ursachen zurückgeführt werden könnte. Wenn leidenschaftliche Gefühle, z.B. der Liebe oder des Hasses, *übermächtig* sind, sodass wirklich eine «Bewusstseinsstörung» eintritt und die Person nicht mehr vernunftgemäss handeln *kann*, so ist das die Folge einer psychischen Störung. Wer dagegen aus Hass oder Liebe unvernünftig handelt, obwohl er anders könnte, muss selbstverständlich dafür einstehen (im Ergebnis ebenso: PEDRAZZINI/OBERHOLZER, 3.2.3.4, 72 f.).

Urteilsunfähigkeit wegen *Kindesalters* ist für Rechtsgeschäfte von Todes   11
wegen ohne praktische Bedeutung, weil der Erblasser für letztwillige Verfügungen und Erbverträge (s. Art. 468) erst mit Vollendung des 18. Lebensjahres bzw. mit dem Eintritt der Mündigkeit verfügungsfähig wird. Andererseits ist ein *sehr hohes Alter* des Erblassers an sich kein Grund, an dessen Urteilsfähigkeit zu zweifeln. «Zwar ist nicht zu übersehen, dass altersbedingte Verminderung der Geisteskräfte zu den häufigsten Ursachen der – von der Umwelt nicht immer hinreichend erkannten – Urteilsunfähigkeit einer Person gehört» (BUCHER, Art. 16 N. 72), doch handelt es sich um *Hirnerkrankungen des Alters* (BINDER, Urteilsfähigkeit, 74 f.), *nicht um natürliche Alterserscheinungen*.

12   Als Ursachen der Urteilsunfähigkeit kommen vor allem «Geisteskrankheit, Geistesschwäche, Trunkenheit und ähnliche Zustände» in Betracht. Mit diesen Worten sind *alle Störungen im Ablauf der normalen Lebensvorgänge* – sowohl in Organen und Organsystemen als auch des Erlebens und der Erlebensweise – gemeint, *die zu einer von der Norm abweichenden Beeinträchtigung der psychischen Befindlichkeit* führen. Das Gesetz unterscheidet im Anschluss an den alltäglichen Sprachgebrauch zwischen «Geisteskrankheit», d.s. psychische Störungen, bei denen die Äusserungen des Kranken dem Betrachter *vollkommen uneinfühlbar* sind, «Geistesschwäche», d.s. psychische Störungen, bei denen die Äusserungen der betroffenen Person nur als *unangemessen stark oder schwach* erscheinen oder im täglichen Leben gar nicht als Abweichungen wahrgenommen werden (BINDER, Geisteskrankheit, 70 ff.; s. auch BGE 117 II 231, 233 f.; 85 II 460 Erw. 2; 62 II 264; SCHNYDER/MURER, Art. 369 N. 26–90), und «Trunkenheit und ähnlichen Zuständen», d.s. akute *Hirnvergiftungen* durch Alkohol oder andere psychotrope Substanzen *sowie akute traumatische oder entzündliche Hirnstörungen*. Im Hinblick auf die Urteilsfähigkeit ist diese Unterscheidung aber rechtlich ohne Bedeutung, da einerseits jede dieser Arten psychischer Störungen Urteilsunfähigkeit zur Folge haben kann, andererseits aber keine derselben dieselbe notwendigerweise nach sich zieht. Deshalb kann hier auf eine präzise Abgrenzung verzichtet werden; relevant ist allein, ob eine psychische Störung vorliegt.

13   Psychische Störungen sind Tatsachen, mit denen sich von Berufs wegen Psychiater und Psychologen befassen. Deshalb handelt es sich um einen Begriff der medizinischen Wissenschaft (Psychiatrie) und der Psychologie. Diese Wissenschaften vermögen auch darüber Auskunft zu geben, welche Auswirkungen eine psychische Störung auf die Willensbildung der Person hat, d.h. auf deren *Urteilsfähigkeit im medizinischen und psychologischen Sinn*. Die Gerichte haben sich daher mangels eigener Sachkenntnis durch das Gutachten eines psychiatrischen oder psychologischen Sachverständigen Gewissheit über Vorhanden- oder Nichtvorhandensein einer psychischen Störung und von deren Auswirkungen auf die Willensbildung der Person zu verschaffen. Hingegen ist der im Zivilgesetzbuch verwendete Begriff der Urteilsfähigkeit ein Rechtsbegriff. Deshalb entscheidet auf der Grundlage der Expertise allein das Gericht darüber, ob die Person bei dem zu beurteilenden Rechtsgeschäft *in hinreichendem Masse vernunftgemäss* handeln konnte, d.h., ob sie *rechtlich urteilsfähig* war: Der Psychiater oder Psychologe erheben den psychischen Befund; das Gericht zieht daraus die rechtlichen Schlüsse (vgl. BGE 117 II 231 Erw. 2c, S. 235; 91 II 338; 90 II 12, m. Nachw.).

Als psychische Störungen, die die Urteilsfähigkeit beeinträchtigen können, 14
kommen nach der «Internationalen Klassifikation psychischer Störungen
(ICD-10, Kapitel V [F])» der Weltgesundheitsorganisation (WHO) namentlich in Betracht:

1. Hirnorganische psychische Störungen (F0)
   (chronischer oder akuter Natur)
2. Psychische und Verhaltensstörungen durch psychotrope Substanzen (F1)
   (Alkohol, Opioide, Halluzinogene und zahllose andere Substanzen)
3. Schizophrenie, schizotype und wahnhafte Störungen (F2)
4. Affektive Störungen (F3)
   (manische, depressive, bipolar affektive Störungen u.a.)
5. Neurotische, somatoforme und Belastungsstörungen (F4)
   (z.B. Angst- und Zwangsstörungen)
6. Krankhafte Persönlichkeits- und Verhaltensstörungen (F6)
7. Intelligenzminderung (F7)

Kaum in Betracht kommen dürften: «Verhaltensauffälligkeiten in Verbindung mit körperlichen Störungen und Faktoren» (F5), zu denen Ess-,
Schlaf-, sexuelle und andere Funktionsstörungen gehören, «Entwicklungsstörungen» (F8) sowie «Verhaltens- und emotionale Störungen mit Beginn
in der Kindheit und Jugend» (F9). – Die vorstehende Liste soll vor allem
dem Juristen einen *Überblick* geben, *nicht* aber die Erwägungen des psychiatrischen oder psychologischen Gutachters *begrenzen*. Sie gibt den gegenwärtigen Stand der Wissenschaft wieder und kann durchaus *nicht endgültig* sein.

III. Das Alterserfordernis

Der Erblasser muss bei der Errichtung der letztwilligen 15
Verfügung das 18. Lebensjahr zurückgelegt haben. Mündigkeit wird dagegen nicht verlangt, sodass auch ein bevormundeter Erwachsener, sofern er
urteilsfähig ist, ein Testament errichten kann.

Die Bestimmung ermöglichte früher, vor der Herabsetzung des Mündig- 16
keitsalters auf 18 Jahre mit Wirkung vom 1. Januar 1996 an (BG vom 7. Oktober 1994 [AS 1995 1126]), 18- oder 19-jährigen Unmündigen (aArt. 14)
die Errichtung letztwilliger Verfügungen. Dagegen konnte nach altem
Recht eine durch Heirat mündig gewordene, noch nicht 18-jährige Ehefrau
(aArt. 14, Satz 2; aArt. 96 Abs. 2) keine gültige letztwillige Verfügung errichten (h.M.: BECK, S. 38; TUOR, Art. 467 N. 5; wohl auch ESCHER/ESCHER,
Art. 467 N. 12; a.A.: PIOTET, § 34 II, p. 198/S. 214 f.). Der Ansicht PIOTETS ist

nicht zu folgen: Das Gesetz regelte die Testierfähigkeit nicht allgemein weniger streng als die Erbvertragsfähigkeit (so PIOTET, ebd., Anm. 3), sondern
anders. Es ist durchaus einleuchtend, dass das Gesetz allen Ehefrauen den
Abschluss von Erbverträgen, insbesondere in Verbindung mit Eheverträgen, ermöglichen wollte, ohne doch 17-jährigen die Fähigkeit zur (einseitigen) Errichtung einer letztwilligen Verfügung zuzugestehen.

17   Das 18. Lebensjahr wird am 18. Geburtstag um 0 Uhr vollendet (str.; wie
hier: BUCHER, Art. 14 N. 43 f., ebenso die ganze h.M. im gemeinen Recht,
vgl. WINDSCHEID/KIPP, I, § 103 Anm. 12; a.A.: TUOR, Art. 467 N. 5: «… mit
Ablauf des 18. Geburtstages»). Frühestens in diesem Augenblick darf die
Testamentserrichtung abgeschlossen sein.

IV. Der Beweis

18   Nach Art. 8 hat, wo das Gesetz nichts anderes bestimmt,
derjenige das Vorhandensein einer behaupteten Tatsache zu beweisen, der
aus ihr Rechte ableitet. Wer aus einer letztwilligen Verfügung Rechte ableiten will, muss also beweisen, dass der Erblasser bei deren Errichtung das
18. Lebensjahr vollendet hatte. Prinzipiell müsste er auch die Tatsachen behaupten und beweisen, aus denen sich die Urteilsfähigkeit des Erblassers als
Voraussetzung der Gültigkeit der letztwilligen Verfügung ergibt. Die h.L.
und die Rspr. nehmen aber an, dass die Urteilsfähigkeit *vermutet* werde.
Deshalb sei diejenige Partei beweispflichtig, die sich auf deren Fehlen beruft. Der Beweis sei an keine besonderen Vorschriften gebunden: «Une très
grande vraisemblance excluant tout doute sérieux suffit (wie stets, weil absolute Gewissheit im Prozess niemals zu erlangen ist!), notamment quand il
s'agit de l'état mental d'une personne décédée, car la nature même des choses rend alors impossible une preuve absolue» (BGE 117 II 231 Erw. 2b, 234,
mit Hinweisen auf BGE 108 V 126 Erw. 4; 98 Ia 325; 91 II 338 Erw. 8; 90 II
12 Erw. 3; 78 II 199; 74 II 205 Erw. 1 und Semjud 1988, 286; BGE 124 III 5
Erw. 1b; ZH OGer., ZR 77, 1978, Nr. 21; PKG 1956 Nr. 8, S. 33).

19   Das ist richtig. Bewiesen werden muss: erstens der konkrete geistig krankhafte, geschwächte oder rauschhafte Zustand des Erblassers und zweitens
derjenige (daraus resultierende) Grad verminderter Fähigkeit zu vernünftigem Handeln, der rechtlich als für das konkrete Geschäft nicht mehr genügend, d.h. als Urteilsunfähigkeit, zu werten ist. Die psychische Störung kann
durch Indizien bewiesen werden (N. 9; vgl. PKG 1956 Nr. 8); sie selbst ist

aber kein *Indiz* der Urteilsunfähigkeit (so ZR 77, 1978, Nr. 21, S. 39a), sondern ein Tatbestandselement des Art. 16.

Nach der Rspr. ist der Beweis einer Beeinträchtigung der Urteilsfähigkeit   20
für einen ganz bestimmten Zeitpunkt dann nicht erforderlich, wenn bewiesen
wird, dass die Person aufgrund ihres allgemeinen Gesundheitszustandes *im
Normalfall und mit grosser Wahrscheinlichkeit* als urteilsunfähig gelten
muss. «Während die Lebenserfahrung im allgemeinen für die Vermutung
der Urteilsfähigkeit spricht, findet diese Vermutung dort ihre Grenzen, wo
aufgrund des allgemeinen Gesundheitszustandes der betroffenen Person
die Lebenserfahrung dafür spricht, dass die Person im allgemeinen für urteilsunfähig zu gelten hat» (BGE 124 III 5 Erw. 4b).

Ein psychiatrisches oder psychologisches Gutachten einzuholen steht im   21
pflichtgemässen Ermessen der Tatsacheninstanzen. Die Einholung eines
Gutachtens wird die Regel sein, wenn das Gericht im Zweifel ist (vgl.
ESCHER/ESCHER, Art. 467 N. 9, lit. bb). Das Gericht kann aber davon absehen (a.A.: TUOR, Art. 467 N. 9b), wenn es die Voraussetzungen der Urteilsunfähigkeit aus eigener Sachkunde bejahen kann (vgl. BGE 118 Ia 236
Erw. 2b) oder wenn gar keine Tatsachen behauptet werden, die den Schluss
auf eine psychische Störung zulassen. Das Prinzip des rechtlichen Gehörs
verlangt, dass die Parteien Gelegenheit erhalten, zu der Expertise Stellung
zu nehmen (so ausdrücklich: § 180 ZH ZPO). Danach würdigen die Tatsacheninstanzen nach freier Überzeugung die der Expertise zugrunde geleg-
ten Tatsachen und die psychiatrischen und psychologischen Schlussfolge-
rungen, die der Sachverständige daraus gezogen hat (BGE 117 II 231
Erw. 2c, S. 235 m. Hinw. auf BGE 91 II 338).

Der Entscheid der kantonalen Gerichte über die Urteilsfähigkeit ist für das   22
BGer. nicht bindend. Das BGer. muss seiner Entscheidung zwar die Tatsachen zugrunde legen, die das kantonale Gericht ohne Verfahrensfehler festgestellt hat, nämlich eine bestimmte psychische Störung und einen bestimmten Grad verminderter Fähigkeit zu vernünftigem Handeln. Der Schluss
von diesen Tatsachen auf die Urteilsfähigkeit oder -unfähigkeit aber ist ein
nachprüfbarer Akt der *Anwendung des Bundesrechts* (BGE 117 II 231
Erw. 2c, S. 235; 91 II 338; 90 II 12 Erw. 3 m. Nachw.; ESCHER/ESCHER, Art.
467 N. 11).

«So stellt der Sachrichter den geistigen Zustand einer Person im fraglichen Zeitraum sowie Art und Tragweite möglicher störender Einwirkungen fest; dazu gehört insbesondere,
ob und inwieweit die Erblasserin zur Beurteilung der Folgen ihres Handelns und zur Leistung von Widerstand gegenüber Versuchen der Willensbeeinflussung befähigt war. Diese

tatsächlichen Feststellungen können vom BGer. im Berufungsverfahren unter Vorbehalt offensichtlicher Versehen nicht überprüft werden (Art. 55 Abs. 1 lit. c. und d und 63 Abs. 2 OG). Hingegen prüft das BGer. frei, ob das kantonale Gericht zu Recht vom festgestellten geistigen Gesundheitszustand bzw. diesbezüglichen Störungen auf die Urteilsfähigkeit geschlossen habe...» (BGE 124 III 5 Erw. 4).

23   Die Urteilsunfähigkeit des Erblassers kann auch im Hinblick auf ein öffentliches Testament behauptet und bewiesen werden, obwohl ein solches die Erklärung der Zeugen enthält, dass der Erblasser sich nach ihrer Wahrnehmung im Zustande der Verfügungsfähigkeit befunden habe (vgl. Art. 501 Abs. 2), und öffentliche Urkunden nach Art. 9 für die durch sie bezeugten Tatsachen vollen Beweis erbringen. Die Erklärung der Zeugen gehört nämlich nicht zu demjenigen Urkundeninhalt, «um dessentwillen die Form der öffentlichen Urkunde gefordert ist» (KUMMER, Art. 9 N. 39, 48). Sie ist nur ein Indiz der Urteilsfähigkeit (BUCHER, Art. 16 N. 137 f., m. Nachw.). Das Gericht ist weder an die Bestätigung der Testierfähigkeit durch die Zeugen noch an die Erklärungen des Urkundsbeamten gebunden (BGE 124 III 5 Erw. 1c; 117 II 231 Erw. 2b und 3b bb, S. 234 und 238).

V. Die Folgen der Testierunfähigkeit

24   Ist der Erblasser nicht testierfähig, weil er nicht urteilsfähig oder zu jung ist, so kann er keine gültige letztwillige Verfügung errichten, wegen des Prinzips der formellen Höchstpersönlichkeit (s. vorn, Einl. vor Art. 467 N. 26) auch nicht durch einen Akt seines gesetzlichen Vertreters oder mit dessen Zustimmung (nicht anders zu verstehen: BUCHER, Art. 19 N. 19, s. ebd. N. 275).

25   Letztwillige Verfügungen nicht testierfähiger Erblasser sind *ungültig*: Sie werden im Erbgang binnen Jahresfrist auf erhobene Klage (Ungültigkeitsklage) für ungültig erklärt; andernfalls entfalten sie ihre Wirkungen. Einredeweise kann die Ungültigkeit jedoch auch ohne Ungültigerklärung geltend gemacht werden (Art. 519 ff.). Es gibt keine wegen Verfügungsunfähigkeit des Erblassers *nichtigen* Verfügungen von Todes wegen (so auch PIOTET, § 43 I, p. 248/S. 269). Das Gesetz legt jeder Verfügung, die aus dem Geschäfts- oder Verfügungswillen des Erblassers hervorgegangen ist, die Wirkungen bei, die ungültige Verfügungen bis zu ihrer Ungültigerklärung entfalten. Nichtigkeit wegen Kindesalters oder infolge von Geisteskrankheit usw. ist nur anzunehmen, wenn der Erblasser keinen Geschäftswillen bilden konnte (anders: SCHWALLER, 54–64; TUOR/SCHNYDER/SCHMID, § 58

V a, S. 458 f.; H. M. RIEMER, Nichtige [unwirksame] Testamente und Erbverträge, FS Max Keller, Zürich 1989, 245 ff., 259).

Eine Heilung der Ungültigkeit in Analogie zu Art. 469 Abs. 2 für den Fall,   26
dass der Erblasser die Testierfähigkeit vor dem Erbfall (wieder)erlangt, z.B.
das 18. Lebensjahr vollendet hat, die Verfügung aber nicht binnen Jahresfrist aufgehoben hat (so PIOTET, § 34 II, p. 198/S. 215, weil das Klagerecht verwirkt sei, § 45 IV, am Ende, p. 264/S. 285), ist abzulehnen (h.M. TUOR, Vorbem. vor Art. 467 N. 7; ESCHER/ESCHER, Vorbem. vor Art. 467 N. 6; s. auch RASCHEIN, 49; a.A.: ZGB-BREITSCHMID, Art. 467 f. N. 21; s. dazu hinten Art. 468 N. 18 ff.), zumal Heilung des Testaments und Verwirkung der Ungültigkeitsklage ganz verschiedene Dinge sind. Willensmängel und Verfügungsunfähigkeit sind zu verschieden, als dass sie gleichbehandelt werden könnten. Der Erblasser muss die ungültige Verfügung nach Erlangung der Testierfähigkeit entweder neu vornehmen oder aber aufheben (Art. 509 ff.), um ihre Gültigkeit bzw. ihre völlige Unwirksamkeit herbeizuführen.

Art. 468

B. Erbvertrag	**Zur Abschliessung eines Erbvertrages bedarf der Erblasser der Mündigkeit.**

B. Dans un pacte successoral	Pour conclure un pacte successoral, le disposant doit être majeur.

B. Per contratto successorio	Per concludere un contratto successorio il disponente deve essere maggiorenne.

Materialien: TE 484 – VE 493; Anträge, 98; Erl. I, 384 = Mot. II, 58. – E 475.

Literatur: IVO GRUNDLER, Willensmängel des Gegenkontrahenten beim entgeltlichen Erbvertrag, Diss. St. Gallen, Bern 1998; MARKUS HOHL, Aufhebung von Erbverträgen unter Lebenden und von Todes wegen, Diss. Zürich 1974, 129 ff.; ALBERT JOHANNES ITSCHNER, Die Bindung des Erblassers an den Erbvertrag, Diss. Bern 1974; GOTTFRIED MÜLLER, Die Ungültigkeitsklage bei den Verfügungen von Todes wegen, Diss. Zürich 1929; PAUL PIOTET, Les vices de la volonté dans le pacte successoral, in: FG Wilhelm Schönenberger, Freiburg (Schweiz) 1968, 329–344; *ders.*, La nature des pactes successoraux et ses consequences, ZSR 111 (1992) I, 367 ss.; ROLF RASCHEIN, Die Ungültigkeit der Verfügungen von Todes wegen, Diss. Bern 1954; HERMANN SCHMID, Struktur des entgeltlichen Erbverzichts gemäss Art. 495 Abs. 1 ZGB, Diss. Bern 1991.

I. Inhalt

Der Artikel modifiziert die Vorschrift des Art. 467 über   1
die Verfügungsfähigkeit des Erblassers im Hinblick auf den Abschluss (oder
«die Abschliessung», wie das Gesetz hier sagt) von *Erbverträgen* (s.
Art. 494 f.). An dem Erfordernis der Urteilsfähigkeit ändert er nichts (s.
dazu vorn, Art. 467 N. 2 ff.), schreibt jedoch statt der Vollendung des
18. Lebensjahres *Mündigkeit* vor (Erbvertragsfähigkeit). Seitdem das Mündigkeitsalter, mit Wirkung vom 1. Januar 1996, auf 18 Jahre herabgesetzt
worden ist (Art. 14), unterscheidet sich die Erbvertragsfähigkeit nur noch
bei entmündigten Personen von der Testierfähigkeit.

II. Allgemeines

Unter einem «Erbvertrag» ist hier die einzelne *vertragliche*   2
Verfügung von Todes wegen im Sinn von Art. 494 ff. zu verstehen, nicht die
Erbvertragsurkunde nach Art. 512, die mehrere vertragliche (und einseitige) Verfügungen von Todes wegen des Erblassers und solche der Gegenpartei sowie Rechtsgeschäfte unter Lebenden enthalten kann (s. vorn, Einl. vor
Art. 467 N. 5 ff.). Art. 468 regelt nur die Erbvertragsfähigkeit des Erblassers; die Gegenpartei muss beim Abschluss des Erbvertrages nach Art. 12 ff.
handlungsfähig sein. Beides gilt ausnahmslos auch für den Erbverzicht (s.
vorn, Einl. vor Art. 467 N. 12 ff.). Für *einseitige Verfügungen* in der Erbvertragsurkunde bleibt es beim Erfordernis der Testierfähigkeit nach Art. 467.
Für *Rechtsgeschäfte unter Lebenden* genügt auch auf Seiten des Erblassers
Geschäftsfähigkeit nach Art. 12 ff.

Die Anforderungen an die Handlungsfähigkeit der Parteien bei der Errich-   3
tung einer Erbvertragsurkunde hängen also davon ab, ob eine erbvertragliche oder eine letztwillige Verfügung oder ein Rechtsgeschäft unter Lebenden zu beurteilen ist, bei erbvertraglichen Verfügungen ferner davon, ob
die Person als Erblasserin oder als Gegenpartei handelt oder gehandelt
hat. Zu alledem muss die Handlungsfähigkeit auch noch *in Bezug auf die*
einzelne Verfügung beurteilt werden, denn wegen der sog. Relativität der
Urteilsfähigkeit (s. vorn, Art. 467 N. 8) ist es denkbar, dass beispielsweise
eine komplizierte Nacherbeneinsetzung mangels Urteilsfähigkeit des Erblassers ungültig, ein schlichtes Vermächtnis im selben Erbvertrag aber gültig ist.

4   Fehlte dem Erblasser für eine bestimmte erbvertragliche Verfügung die Erbvertragsfähigkeit, so ist die Verfügung ungültig (Art. 519 Abs. 1 Ziff. 1), genauso wie die letztwilligen Verfügungen eines nicht testierfähigen Erblassers. Fehlte aber der Gegenpartei die erforderliche Handlungsfähigkeit, so ist die erbvertragliche Verfügung nichtig (Art. 12 e contrario; ESCHER/ESCHER, Art. 468 N. 10). Auch die in einem Erbvertrag möglicherweise enthaltenen Rechtsgeschäfte unter Lebenden sind nichtig, wenn nicht beide Parteien handlungsfähig waren (Art. 12) oder ordnungsgemäss vertreten wurden oder mit Zustimmung ihrer gesetzlichen Vertreter handelten.

5   Ungültige und nichtige erbvertragliche Verfügungen können jedoch unter Umständen im Wege der Konversion (Umdeutung) als letztwillige Verfügungen aufrechterhalten werden, wenn der Erblasser testierfähig war (s. unten N. 23 ff.).

6   Sind in einer Erbvertragsurkunde mehrere Verfügungen von Todes wegen oder, neben solchen, Rechtsgeschäfte unter Lebenden enthalten und ist eines dieser Geschäfte ungültig oder nichtig, so fragt es sich, ob die andern an sich gültigen Verfügungen oder Vereinbarungen für sich allein bestehen können oder von der Mangelhaftigkeit des einen Geschäfts in Mitleidenschaft gezogen werden. Die Frage ist in sinngemässer Anwendung des Art. 20 Abs. 2 OR zu beantworten; zu den Einzelheiten s. unten N. 20 ff.

III. Verfügungsfähigkeit des Erblassers

7   Aus Art. 467 ergibt sich, dass der Erblasser beim Abschluss des Erbvertrages urteilsfähig sein muss (s. Art. 467 N. 2–14). Nach Art. 468 muss er ausserdem mündig sein. Er kann einen Erbvertrag also frühestens an seinem 18. Geburtstag (Art. 14; vgl. vorn Art. 467 N. 17) abschliessen.

8   Bei Erbverträgen, die vor dem 1. Januar 1996 abgeschlossen wurden, muss der Erblasser 21 Jahre alt gewesen sein (aArt. 14 Satz 1), doch ist auch Mündigkeit kraft Mündigerklärung (aArt. 15) oder Heirat (aArt. 14 Satz 2) in Betracht zu ziehen (PIOTET, § 34 III A, p. 199/S. 216; ebenso TUOR, Art. 467 N. 5, von PIOTET missverstanden). Die Herabsetzung des Mündigkeitsalters hat einen Erbvertrag, den ein 18-, aber noch nicht 20-jähriger Erblasser vor 1996 abgeschlossen hatte, nicht geheilt (SchlT Art. 16 Abs. 1 e contrario).

9   Ein wegen Unfähigkeit unter Vormundschaft gestellter mündiger (vgl. Art. 369–372) Erblasser kann keinen Erbvertrag errichten, auch keinen Erbverzicht «entgegennehmen». Das ergibt der Wortlaut der Vorschrift

(ESCHER/ESCHER, Art. 468, N. 5; PIOTET, § 34 III A, p. 199/S. 216; TUOR, Art. 468 N. 8; ebenso BUCHER, Art. 19 N. 19, 168, 276; a.A. neuerdings – für den Fall dass «der Nachlass nicht belastet werde», z.B. beim Erbverzicht – ZGB-BREITSCHMID, Art. 467/468 N. 5, der BUCHER missverstanden hat). Die scheinbar widersprechende Vorschrift des Art. 422 Ziff. 5 gilt nur für die Gegenpartei (s. unten N. 12 ff.). Der Erblasser behält dagegen die Erbvertragsfähigkeit, auch wenn ihm nach Art. 393 Ziff. 1 oder 2 zur Vermögensverwaltung ein Beistand ernannt oder nach Art. 395 ein Beirat gegeben wird (s. BGE 60 II 507). Ein hängiges Entmündigungsverfahren beeinträchtigt die Erbvertragsfähigkeit nicht.

Der Erblasser muss alle Erbverträge, auch einen Erbverzicht, persönlich ab   10
schliessen und darf sich dabei weder eines Vertreters noch eines Boten bedienen (vorn, Einl. vor Art. 467 N. 26). Eine Zustimmung des gesetzlichen
Vertreters kommt nicht in Betracht und kann die fehlende Mündigkeit des
Erblassers nicht ersetzen.

IV. Handlungsfähigkeit der Gegenpartei

Für die Gegenpartei gelten die Vorschriften über die   11
Handlungsfähigkeit (Art. 12 ff.): Danach muss die Gegenpartei urteilsfähig
und grundsätzlich mündig sein. Anders als der Erblasser kann sie sich beim
Abschluss des Erbvertrages vertreten lassen (Art. 493 VE; Erl. I, 384;
ESCHER/ESCHER, Art. 468 N. 7; TUOR, Art. 468 N. 12), auch der Verzichtende
beim Erbverzicht (LGVE 1984 I, Nr. 3). Steht die Gegenpartei unter elterlicher Gewalt (Art. 296 ff.) oder unter Vormundschaft (Art. 369–371), so wird
sie durch ihren gesetzlichen Vertreter (Art. 304, 367) vertreten.

Als Gegenpartei können unmündige und entmündigte Personen, die urteils   12
fähig sind, Erbverträge nach Art. 19 Abs. 1 mit Zustimmung ihres gesetzlichen Vertreters auch selbst abschliessen (h.M.; ebenso BUCHER, Art. 19
N. 19 [leicht misszuverstehen], 168, 276). Die Zustimmung kann ausdrücklich oder stillschweigend zum Voraus gegeben oder nachträglich erteilt werden (Art. 410 Abs. 1, 304 Abs. 3). Gemäss Art. 410 Abs. 2 kann dem gesetzlichen Vertreter vom Erblasser oder vom Gericht (Angelegenheit der freiwilligen Gerichtsbarkeit; § 215 Ziff. 14 ZH ZPO: summarisches Verfahren)
eine angemessene Frist für die Genehmigung angesetzt werden.

Hat der gesetzliche Vertreter beim Abschluss des Erbvertrages Interessen,   13
die denen der Gegenpartei widersprechen, so ist er an der Vertretung ge-

hindert, und die Gegenpartei bedarf eines Beistandes (Art. 306 Abs. 2, 392 Ziff. 2). Eine Interessenkollision ist nicht nur dann anzunehmen, wenn eine konkrete Gefährdung der Interessen des Vertretenen nachgewiesen ist; es genügt vielmehr die blosse Möglichkeit, der Vertreter nehme die Interessen des Vertretenen nicht ausreichend wahr (s. dazu allgemein BGE 107 II 105).

Interessenkollision wurde zutreffend *bejaht* beim Erbauskauf (Art. 495) der von der Mutter vertretenen unmündigen Kinder seitens der Eltern des vorverstorbenen Vaters (BGE 118 II 101) und zutreffend *verneint* bei einem Vertrag zwischen dem von der Mutter vertretenen ausserehelichen Kind und seinem Vater über die Begrenzung des Pflichtteils auf 1 000 000 Fr. (partieller Erbverzicht) für den Fall der Anerkennung des Kindes (ZVW 1981, Nr. 6, S. 34).

14   Erlangt die Gegenpartei durch den Erbvertrag nur *Vorteile, die unentgeltlich sind*, so wird allgemein angenommen, Art. 19 Abs. 2 finde Anwendung, mit der Folge dass ein urteilsfähiger Unmündiger oder Bevormundeter den Erbvertrag als Gegenpartei auch ohne die Zustimmung seines gesetzlichen Vertreters (und der Vormundschaftsbehörden) abschliessen kann (TUOR, Art. 468 N. 12; ESCHER/ESCHER, Art. 468 N. 7). Das scheint auch für *Erbverträge zugunsten Dritter* zu gelten (PIOTET, § 34 III B, p. 200/S. 216).

15   Die Erbeinsetzung wird aber meistens *nicht* als *unentgeltlicher Vorteil* im Sinn des Art. 19 Abs. 2 betrachtet, weil sie die Haftung für die Erbschaftsschulden mit sich bringe (TUOR, 1. Aufl., 1929, N. 12; anders: ESCHER, 2. Aufl., 1937, N. 7, weil der Vertragserbe die Erbschaft ausschlagen könne; unklar: TUOR, 2. Aufl., 1952, mit Hinweis auf ESCHER; wie TUOR, 1. Aufl. dagegen: ESCHER/ESCHER, 3. Aufl., 1960, weil die Gefahr bestehe, dass die Ausschlagung versäumt werde; ebenso PIOTET, § 34 III B, p. 200/S. 216 f.). Diese Auffassung vermag nicht zu überzeugen: Durch die Erbeinsetzung allein erlangt die Gegenpartei noch kein Erbrecht, sondern nur eine Anwartschaft. Prinzipiell ist das ein unentgeltlicher Vorteil. Vor den Gefahren der Haftung für die Erbschaftsschulden werden die Erben durch die Möglichkeit der Ausschlagung geschützt (gl.M.: BUCHER, Art. 19 N. 168 [unklar N. 186]; DRUEY, § 12 N. 27; ZGB-BREITSCHMID, Art. 468 N. 6). Dass das genügt, folgt daraus, dass Unmündige und Bevormundete gegen eine gesetzliche oder letztwillige Berufung zur Erbfolge auch nicht anders als durch die Möglichkeit der Ausschlagung geschützt werden.

16   Auch wenn die erbvertragliche Zuwendung mit einem Vermächtnis oder einer Auflage beschwert ist, bleibt sie für die Gegenpartei doch ein unentgeltlicher Vorteil. Es besteht kein grösseres Risiko als bei einer unbelasteten

Zuwendung, denn die Gegenpartei kann nach Art. 468 Abs. 2 Herabsetzung verlangen oder sich durch Ausschlagung der Zuwendung von den Belastungen befreien. Eine nicht voll handlungsfähige, aber urteilsfähige Gegenpartei kann also alle einfachen «positiven» Erbverträge (s. vorn, Einl. vor Art. 467 N. 11) ohne die Zustimmung ihres gesetzlichen Vertreters abschliessen. Dessen Mitwirkung wird nur beim Abschluss eines Erbverzichts und bei entgeltlichen Erbverträgen gebraucht.

Steht die Gegenpartei unter Vormundschaft, so bedürfen Erbverträge, die 17 nur mit Zustimmung des Vormundes abgeschlossen werden können, der Genehmigung durch die Vormundschaftsbehörde und der Zustimmung der Aufsichtsbehörde (Art. 422 Ziff. 5).

V. Die Folgen mangelnder Verfügungsfähigkeit des Erblassers

War der Erblasser beim Abschluss des Erbvertrages *nicht* 18 *verfügungsfähig* (erbvertragsfähig), so sind seine vertraglichen Verfügungen, auch ein Erbverzicht, *ungültig* (Art. 519 Abs. 1 Ziff. 1). Ungültigkeit bedeutet, dass jedermann, der als Erbe oder Bedachter ein Interesse daran hat, die Verfügung im Erbgang binnen Jahresfrist (Art. 521) durch Ungültigkeitsklage für ungültig erklären (vernichten) lassen kann. Einredeweise kann die Ungültigkeit jederzeit geltend gemacht werden (Art. 521 Abs. 3). Wenn niemand die Ungültigkeit geltend macht, entfaltet der Erbvertrag nach dem Tod des Erblassers seine Wirkungen, wie wenn er gültig wäre.

Mit Konvaleszenz hat das nichts zu tun (unklar TUOR, Art. 468 N. 16 am Ende; ESCHER/ 19 ESCHER, Art. 468 N. 9 Ziff. 2; ganz anders PIOTET, § 45 IV, p. 262 ss./S. 283 ff.); ein wegen Verfügungsunfähigkeit des Erblassers beim Vertragsabschluss ungültiger Erbvertrag wird nicht durch Zeitablauf geheilt. Es handelt sich vielmehr um eine Folge der Regelung der erbrechtlichen Ungültigkeit in Art. 519 ff. Art. 469 Abs. 2 kommt (genauso wie Art. 31 OR) nur bei Willensmängeln in Betracht, nicht in Fällen mangelnder Verfügungsfähigkeit (s. auch vorn, Art. 467 N. 26).

Die Ungültigkeit einer einzelnen Verfügung in einem *einfachen* Erbvertrag 20 (s. vorn, Einl. vor Art. 467 N. 11 f.) macht weitere Verfügungen in demselben Erbvertrag in sinngemässer Anwendung des Art. 20 Abs. 2 OR nur ausnahmsweise ungültig. Dagegen ist bei *beiderseitigen* Erbverträgen (s. vorn, Einl. vor Art. 467 N. 13), insbesondere bei gegenseitigen Erbverträgen (BGE 46 II 11, 16), meistens anzunehmen, dass die Ungültigkeit der Verfügungen der einen Partei auch die Verfügungen der andern Partei ungültig macht. Das gilt auch beim entgeltlichen Erbvertrag (s. vorn, Einl. vor Art. 467 N. 16 ff.): Wenn sich herausstellt, dass die Verfügung des Erblassers ungültig ist, kann die Gegenpartei gegebenenfalls ihre Leistungen sofort verweigern und bereits Geleistetes zurückfordern (condictio indebiti, Art. 63 OR); es widerspräche Treu und Glauben, wenn sie die Ungültigkeit der Verfügung von Todes wegen und damit ihrer eigenen Verpflichtung erst im Erbgang geltend machen könnte (s. unten N. 27).

21   Will der Erblasser der Unsicherheit ein Ende setzen und den Erbgang in seinem Sinn lenken, so muss er neu verfügen: Dabei kann er die ungültige Verfügung bestätigen, indem er noch einmal im gleichen Sinn verfügt, letztwillig oder erbvertraglich, mit derselben Gegenpartei oder mit einer anderen. Er kann aber auch von der ungültigen Verfügung abrücken, indem er sie durch eine neue Verfügung von Todes wegen (Tuor, Art. 468 N. 16) aufhebt oder ändert. Das kann durch vertragliche Aufhebung nach Art. 513 Abs. 1 (auch das eine Verfügung von Todes wegen!) oder letztwilligen Widerruf oder durch eine abweichende letztwillige oder vertragliche Verfügung geschehen. Dabei wird allerdings vorausgesetzt, dass der erbvertragsunfähige Erblasser testierfähig ist oder die Erbvertragsfähigkeit inzwischen erlangt oder wiedererlangt hat. Wenn der Erbvertrag wegen Urteilsunfähigkeit ungültig war, kommt wohl auch die Möglichkeit in Betracht, dass die neue Verfügung geringere Anforderungen an die Urteilsfähigkeit stellt, die der Erblasser zu erfüllen vermag. Es besteht jedenfalls keine Bindung an den *ungültigen* Erbvertrag (gl.M. Tuor, Art. 468 N. 17; a.A.: Escher/Escher, Art. 468 N. 9 Ziff. 2), ohne dass man deshalb generell Nichtigkeit annehmen müsste (so Müller, 46).

22   Die *Zustimmung der alten Gegenpartei* braucht der Erblasser nur, wenn ein ungültiger Erbverzicht wiederholt werden soll. Der Erblasser ist auch im Allgemeinen nicht verpflichtet, der Gegenpartei die Ungültigkeit der Verfügung oder deren Aufhebung *mitzuteilen* (gl.M.: Tuor, Art. 468 N. 16); nur beim entgeltlichen Erbvertrag kann eine solche Pflicht aus der Vereinbarung unter Lebenden kraft Treu und Glaubens abgeleitet werden (insoweit richtig: Escher/Escher, Art. 468 N. 9; Piotet, § 45 IV, p. 262 ss./S. 283 ff.; s. auch BGE 99 II 382, wo es allerdings um die Geltendmachung eines Willensmangels, und zwar, was das BGer. nicht erkannt hat, bei einem Rechtsgeschäft unter Lebenden, ging, s. hinten, Art. 469 N. 17). Hat der Erblasser Leistungen aus einem entgeltlichen Erbvertrag erhalten, so haftet er bei Ungültigkeit der Verfügung von Todes wegen aus ungerechtfertigter Bereicherung und eventuell aus unerlaubter Handlung.

VI. Die Folgen mangelnder Handlungsfähigkeit der Gegenpartei

Mangelnde Handlungsfähigkeit der Gegenpartei macht   23
deren Erklärung und damit die ganze erbvertragliche Verfügung nichtig
(Art. 12 e contrario; ebenso ESCHER/ESCHER, Art. 468 N. 10, lit. a). *Bei einfachen Erbverträgen* (s. vorn, Einl. vor Art. 467 N. 11) führt allerdings nur Urteilsunfähigkeit zur Handlungsunfähigkeit der Gegenpartei (s. oben N. 16),
und die nichtige erbvertragliche Verfügung ist regelmässig in eine letztwillige Verfügung umzudeuten, sofern der Erblasser bis zum Tod an ihr festgehalten hat (s. vorn, Einl. vor Art. 467 N. 81 ff., 88). Die Handlungsunfähigkeit der Gegenpartei beeinträchtigt also die Wirksamkeit der Verfügung im
Ergebnis nicht, doch ist der Erblasser nicht daran gebunden (anders PIOTET,
§ 45 IV, p. 262/S. 283, der Ungültigkeit nach Art. 519 Abs. 1 Ziff. 1 vorgeschlagen hat, weil nicht einzusehen sei, dass die Handlungsunfähigkeit der
Gegenpartei weiter gehende Folgen haben sollte als die Verfügungsunfähigkeit des Erblassers).

Bei *beiderseitigen Erbverträgen* (s. vorn, Einl. vor Art. 467 N. 12) sind die   24
Verfügungen des Erblassers nicht nur direkt nichtig (bei Urteilsunfähigkeit
der Gegenpartei), sondern auch indirekt (bei Erbvertragsunfähigkeit derselben), weil die Verfügungen des Erblassers im Allgemeinen nur gelten sollen, wenn auch die Verfügungen der Gegenpartei gültig sind. Sie können
deshalb, anders als einfache Erbverträge, nur dann durch Konversion als
einseitige Verfügungen gerettet werden, wenn auch die Verfügungen der
Gegenpartei durch Konversion Wirksamkeit erlangen. Das ist nur möglich,
wenn die Gegenpartei beim Abschluss des Erbvertrags urteilsfähig war und
ebenfalls bis zu ihrem Tod an ihren Verfügungen festgehalten hat (s. vorn,
Einl. vor Art. 467 N. 89).

Das Leistungsversprechen beim *entgeltlichen Erbvertrag* (s. vorn, Einl. vor   25
Art. 467 N. 14 ff.) und der *Erbverzicht* (s. vorn, Einl. vor Art. 467 N. 12) verlangen volle Handlungsfähigkeit der Gegenpartei oder die Zustimmung des
gesetzlichen Vertreters oder Beistandes sowie, bei Bevormundung, die Genehmigung der vormundschaftlichen Behörden (oben N. 17). Sind diese Voraussetzungen nicht erfüllt, so sind die Geschäfte nichtig. Dies führt in sinngemässer Anwendung von Art. 20 Abs. 2 OR zur Nichtigkeit der erblasserischen Verfügungen von Todes wegen und des Versprechens der Auskaufleistung beim Erbauskauf, also jeweils des ganzen Erbvertrags. Eine Konversion ist ausgeschlossen.

VII. Anfechtung ungültiger Erbverträge zu Lebzeiten des Erblassers?

26   Die Autoren diskutieren ausgiebig die Anfechtung ungültiger «Erbverträge» bei Lebzeiten des Erblassers (vgl. ESCHER/ESCHER, Art. 468 N. 9; TUOR, Art. 468 N. 14 ff.; PIOTET, § 45 IV, p. 262 ss./S. 283 ff.; DRUEY, § 10 N. 48; s. auch RASCHEIN, 68 ff. und ZGB-BREITSCHMID, Art. 468 N. 21). Nach schweizerischem Recht werden Verfügungen von Todes wegen aber erst mit dem Tod des Erblassers wirksam; erst dann braucht über ihre Gültigkeit entschieden zu werden. Insbesondere ist die Ungültigkeitsklage nach Art. 519 ff. nur im Erbgang möglich. Der Vorschlag einer Ungültigkeitsklage vor der Eröffnung des Erbgangs (PIOTET, ebd.) ist völlig systemwidrig. Es besteht auch kein Interesse an einer solchen Anfechtung, da mangelhafte Verfügungen – wie alle Verfügungen von Todes wegen – vor der Eröffnung des Erbgangs wirkungslos sind, der Erblasser an den ungültigen Erbvertrag nicht gebunden ist, sondern – gleich oder anders – neu verfügen kann (s. oben N. 21), und die Ungültigkeit des Erbvertrags nach Eröffnung des Erbgangs auf jeden Fall geltend gemacht werden kann.

27   Es geht bei dieser Diskussion denn auch vor allem um Klagen wegen Leistungen *unter Lebenden* aufgrund von Erbverträgen, genauer: aufgrund von Rechtsgeschäften unter Lebenden in Erbverträgen, insbesondere beim entgeltlichen Erbvertrag und beim Erbauskauf. Über diese Ansprüche müssen in der Tat schon zu Lebzeiten der Parteien Entscheidungen möglich sein. Dabei kann es sich ergeben, dass vorfrageweise über die Gültigkeit von Verfügungen von Todes wegen entschieden werden muss.

Wenn z.B. der Erblasser die Leistung der Gegenpartei aus einem entgeltlichen Erbvertrag einklagt, muss das Gericht gegebenenfalls prüfen, ob die erbvertraglichen Verfügungen von Todes wegen gültig sind. Das ist auch dann der Fall, wenn die Gegenpartei auf Feststellung des Nichtbestehens der Schuld klagt oder, falls sie schon Leistungen erbracht hat, diese als ungerechtfertigte Bereicherung nach Art. 63 OR kondizieren will (s. oben N. 20). Die gleiche Vorfrage muss beantwortet werden, wenn der ausgekaufte Erbe die Auskaufleistung einklagt, der Erblasser auf Feststellung des Nichtbestehens der Schuld klagt oder die Rückzahlung der Auskaufleistung verlangt.

Das ist deshalb nicht unproblematisch, weil die Gültigkeit der Verfügung im Erbgang, insbesondere im Rahmen einer Ungültigkeits-, Teilungs-, Erbschafts- oder Vermächtnisklage, möglicherweise anders beurteilt wird, als dies vorfrageweise zu Lebzeiten des Erblassers geschehen ist, muss aber hingenommen werden.

Art. 469

C. Mangelhafter Wille

[1] **Verfügungen, die der Erblasser unter dem Einfluss von Irrtum, arglistiger Täuschung, Drohung oder Zwang errichtet hat, sind ungültig.**
[2] **Sie erlangen jedoch Gültigkeit, wenn sie der Erblasser nicht binnen Jahresfrist aufhebt, nachdem er von dem Irrtum oder von der Täuschung Kenntnis erhalten hat oder der Einfluss von Zwang oder Drohung weggefallen ist.**
[3] **Enthält eine Verfügung einen offenbaren Irrtum in bezug auf Personen oder Sachen und lässt sich der wirkliche Wille des Erblassers mit Bestimmtheit feststellen, so ist die Verfügung in diesem Sinne richtig zu stellen.**

C. Dispositions nulles

[1]Sont nulles toutes dispositions que leur auteur a faites sous l'empire d'une erreur, d'un dol, d'une menace ou d'une violence.
[2]Elles sont toutefois maintenues, s'il ne les a pas révoquées dans l'année après qu'il a découvert le dol ou l'erreur, ou après qu'il a cessé d'être sous l'empire de la menace ou de la violence.
[3]En cas d'erreur manifeste dans la désignation de personnes ou de choses, les dispositions erronées sont rectifiées d'après la volonté réelle de leur auteur, si cette volonté peut être constatée avec certitude.

C. Disposizioni nulle

[1]Sono nulle le disposizioni fatte sotto l'influenza di un errore, di un inganno doloso o di una violenza o minaccia.
[2]Esse diventano però valide se il disponente non le ha revocate entro un anno dal momento in cui ha avuto conoscenza dell'errore o dell'inganno od in cui sono cessati gli effetti della violenza o minaccia.
[3]Se la disposizione contiene un errore manifesto nella designazione di cose o di persone, essa è valida secondo la vera intenzione del disponente ove questa sia riconoscibile con certezza.

Materialien: TE 420 – VE 494; Anträge, 98; Erl. I, 385 = Mot. II, 58 f. – E 476.

Literatur: PETER BREITSCHMID, Formvorschriften im Testamentsrecht, Diss. Zürich 1982; A. ESCHER, Fragen der Formulierung von Ehe- und Erbverträgen und Testamenten, ZBGR 56 (1975) 1–9; HANNES GLAUS, Irrtumsanfechtung und Auslegung beim Testament, Diss. Zürich 1982; IVO GRUNDLER, Willensmängel des Gegenkontrahenten beim entgeltlichen Erbvertrag, Diss. St. Gallen 1998; GOTTFRIED MÜLLER, Die Ungültigkeitsklage bei den Verfügungen von Todes wegen, Diss. Zürich 1929; ARTHUR MEIER-HAYOZ, Das Vertrauensprinzip beim Vertragsabschluss, Diss. Zürich 1948; VITO PICENONI, Die Auslegung von Testament und Erbvertrag, Zürich 1955; P. PIOTET, Les vices de la volonté dans le pacte successoral, FG Wilhelm Schönenberger, Freiburg (Schweiz) 1968, 329–344; *ders.*, La nature des pactes successoraux, et ses conséquences, ZSR 111 (1992) I, 367–388; Rolf Raschein, Die Ungültigkeit der Verfügungen von Todes wegen, Diss. Bern 1954; Hermann Schmid, Struktur des entgeltlichen Erbverzichts gemäss Art. 495 Abs. 1 ZGB, Diss. Bern 1991.

I. Inhalt

1   Verfügungen von Todes wegen, die der Erblasser unter dem Einfluss von Irrtum, arglistiger Täuschung, Drohung oder Zwang errichtet hat, sind ungültig (Abs. 1). Von diesem Grundsatz statuiert das Gesetz zwei Ausnahmen:

1. Eine Verfügung ist trotz des Willensmangels gültig, wenn der Erblasser nach der Entdeckung des Irrtums oder dem Wegfall von Drohung oder Zwang noch ein Jahr lang in der Lage war, sie aufzuheben, und es nicht getan hat. Hat er die Verfügung aufgehoben, so bleibt sie wirkungslos (Abs. 2).

2. Eine Verfügung ist gültig, wenn der Erblasser sich in Bezug auf Personen oder Sachen in der Erklärung zwar geirrt hat, sein Wille aber festgestellt werden kann. Sie gilt dann so, wie sie gewollt war (Abs. 3).

II. Funktion

Verfügungen von Todes wegen sind *Willenserklärungen* (s.   2
vorn, Einl. vor Art. 467 N. 40 ff.). Das Recht anerkennt sie im Rahmen der
Testierfreiheit und verhilft ihnen zur Verwirklichung, genauso wie es Willenserklärungen unter Lebenden im Rahmen der Privatautonomie anerkennt und ihnen zur Verwirklichung verhilft. Dabei wird aber vorausgesetzt,
dass der Wille fehlerfrei gebildet wurde und in der Erklärung mindestens
andeutungsweise zum Ausdruck gekommen ist. Wurde die Willensbildung
durch äussere Einflüsse (Zwang oder Drohung) oder einen Irrtum (Motivirrtum) gestört, so besteht ein *Willensmangel*. Darunter wird nicht das gänz-
liche *Fehlen* des Willens (vgl. Dig. 39,3,20: «... nulla enim voluntas errantis
est»; zu diesen Fällen s. vorn, Einl. vor Art. 467 N. 40 ff.) verstanden, sondern der «mangelhafte Wille» (s. die Marginalie), ein dem Willen anhaften-
der *Fehler* (vgl. das Wort «Sachmangel»). Willensmängel machen Verfügungen von Todes wegen *ungültig*, sodass der Erblasser nicht daran gebunden
ist und durch die Ungültigkeitsklage (Art. 519 ff.) oder die Einrede der Ungültigkeit (Art. 531) verhindert werden kann, dass die Verfügung im Erbgang wirksam wird. Ist dagegen nur die *Erklärung* des Willens mangelhaft,
z.B. weil der Erblasser sich über deren Bedeutung geirrt hat (Erklärungsirrtum), so ist im Wege der Auslegung zu ermitteln, was er gewollt hat. Gelingt
das, so ist die Verfügung gültig; andernfalls muss sie m.E. als nichtig betrachtet werden.

III. Anwendungsbereich

Art. 469 regelt die Willensmängel bei «*Verfügungen*», also   3
bei den *einzelnen Anordnungen für die Erbfolge oder den Erbgang* in Testamenten und Erbverträgen (s. vorn, Einl. v. Art. 467 N. 1 ff.). Die Regelung
setzt zutreffend bei den *einzelnen Verfügungen von Todes wegen* an, denn es
kann aufgrund der tatsächlichen Umstände eine einzelne Bestimmung eines
Testaments oder Erbvertrages ungültig sein, während die andern gültig sind.
Ein Testament oder ein Erbvertrag ist allerdings als Ganzes ungültig, wenn
der Willensmangel den ganzen Akt erfasst, wenn dieser ohne die ungültige
Verfügung überhaupt nicht errichtet worden wäre (vgl. Art. 20 Abs. 2 OR).

Art. 469 gilt nicht für *Rechtsgeschäfte unter Lebenden*, die in einem Erbver-   4
trag enthalten sind (s. vorn, Einl. vor Art. 467 N. 7 und 95 ff.), insbesondere
nicht für:

– das Versprechen der Leistung unter Lebenden bei entgeltlichen Erbverträgen und Erbauskäufen (ebd., N. 14 ff.),
– die ehevertraglichen Vereinbarungen gem. Art. 182 ff. in Ehe- und Erbverträgen (ebd., N. 106 ff.) und
– die Vereinbarung eines Kaufs- oder Vorkaufsrechts, auch wenn es erst
nach dem Tod des Erblassers auszuüben ist (ebd., N. 101 ff.).
Die Regelung des Art. 469 gilt auch *nicht* für die Anerkennung eines ausserehelichen Kindes durch letztwillige Verfügung (h.M., ebd. N. 6; a.A. jetzt
HEGNAUER, Berner Komm., Art. 260a N. 7, mit Nachw.). Die Erben können
die Anerkennung z.B. nicht deshalb anfechten, weil der Erblasser über die
geistigen Fähigkeiten des Kindes, die ihn zur Anerkennung motiviert haben,
getäuscht worden ist.

5   Ein Willensmangel kommt nur in Betracht, wenn eine Verfügung, d.h. eine
Willenserklärung, vorhanden ist. Wenn der Erblasser es infolge von Täuschung, Zwang oder Drohung oder aufgrund eines Irrtums *unterlassen* hat,
eine Verfügung von Todes wegen zu errichten, gibt es nichts, was mit der
Ungültigkeitsklage angefochten werden könnte; eine Verfügung auf diesem
Weg zu schaffen ist nicht möglich (BGE 64 II 186, 190: «Unter Berufung auf
den Willensmangel kann nur die in erbrechtlich genügender Form vorhandene Verfügung richtiggestellt [d.h. aufgehoben], nicht aber eine fehlende
Erklärung nachgeholt werden»; BGE 70 II 7, 14; 72 II 225 Erw. 2; offenbar
ebenso zu verstehen: BGE 83 II 427, 439). Der Urheber einer arglistigen
Täuschung, von Zwang oder Drohung ist jedoch nach Art. 540 Abs. 1 Ziff. 3
erbunwürdig und kann keinen Nutzen daraus ziehen, dass der Erblasser die
Verfügung unterlassen hat.

6   Umstritten ist, ob Art. 469 auf *erbvertragliche Verfügungen* anzuwenden ist.
Die Frage ist zu bejahen, denn Art. 469 regelt alle Verfügungen (von Todes
wegen), ohne zwischen letztwilligen und erbvertraglichen zu unterscheiden
(h.M.). Gegen die Anwendung hat sich PIOTET ausgesprochen (FG Schönenberger, 1968, 329–344; Droit successoral, § 35 III, p. 203 s./219 ff.; ZSR 1992,
367–388). Er beschränkt Art. 469 auf letztwillige Verfügungen und unterstellt Willensmängel bei Erbverträgen den Art. 23 ff. OR. Dabei denkt
PIOTET aber vor allem an *entgeltliche Erbverträge* und insbesondere an das
Rechtsgeschäft unter Lebenden, das in jedem entgeltlichen Erbvertrag enthalten ist. In der Tat werden Willensmängel bei diesen Rechtsgeschäften unter Lebenden nicht durch Art. 469, sondern durch Art. 23 ff. OR geregelt.
Insofern ist PIOTET zuzustimmen. Nicht richtig ist aber die Ausdehnung der
Aussage auf die vertraglichen Verfügungen von Todes wegen. Der entgeltli-
che Erbvertrag ist weder ein synallagmatischer Vertrag, noch darf er zum

Paradigma des Erbvertrags schlechthin gemacht werden (so aber PIOTET, ZSR 1992 I, 373 ff., 382 ff. und, noch mehr so, GRUNDLER, 3–84; dazu vorn, Einl. vor Art. 467 N. 10 ff.).

Dass man zwischen den Verfügungen von Todes wegen und möglichen Rechtsgeschäften   7
unter Lebenden, die in Erbverträgen enthalten sein können, unterscheiden muss, hat
auch das BGer. nicht erkannt und sich in Schwierigkeiten gebracht: In BGE 99 II 382 hat
es zwar prinzipiell daran festgehalten, dass Art. 469 für *alle* Verfügungen von Todes wegen gelte, zugleich aber die Einschränkung gemacht, dass ein Motivirrtum des Erblassers
nur dann zu beachten sei, «wenn er sich auf einen Sachverhalt bezieht, der vom Erblasser
nach Treu und Glauben als notwendige Grundlage des [Erb-]Vertrages betrachtet worden ist», und damit einen *wesentlichen* Irrtum im Sinne des Art. 24 Abs. 1 Ziff. 4 OR verlangt. Der Entscheid betrifft in Wahrheit denn auch keine Verfügung von Todes wegen,
sondern ein Rechtsgeschäft unter Lebenden in einem Erbvertrag, nämlich die Bestellung
eines nach dem Tod des Erblassers auszuübenden Kaufrechts (s. oben N. 4 und vorn,
Einl. vor Art. 467 N. 102).

Die Vorschrift des Art. 469 ist allerdings lückenhaft. Sie bestimmt nur, dass   8
Verfügungen, die *der Erblasser* unter dem Einfluss eines Willensmangels errichtet hat, ungültig sind, und lässt offen, was bei erbvertraglichen Verfügungen im Falle eines (zumindest theoretisch) möglichen Irrtums der *Gegenpartei* rechtens sein soll. Dieser äusserst seltene Fall ist nicht geregelt,
nicht weil der Gesetzgeber nur an letztwillige Verfügungen gedacht hätte,
sondern weil Willensmängel auf Seiten der Gegenpartei bei Erbverträgen
unbedeutend sind und, wie sich zeigen wird, vernachlässigt werden können.
Art. 469 ist jedenfalls, wenn auch zu eng gefasst und deshalb lückenhaft, als
allgemeine Regelung der Willensmängel bei Verfügungen von Todes wegen
zu verstehen.

Zur Lückenfüllung greift die h.M. auf die Vorschriften des allgemeinen Ver-   9
tragsrechts zurück, indem sie Willensmängel bei den Erklärungen der Gegenpartei nach den Vorschriften der Art. 23 ff. OR beurteilt (ESCHER/
ESCHER, Art. 469 N. 2; TUOR, Art. 469 N. 2 f.; auch DRUEY, § 19 Nr. 21; BGE
75 II 280 Erw. 3). Diese Auffassung scheint ebenfalls durch den Gedanken
an entgeltliche Erbverträge beeinflusst zu sein. Für erbvertragliche Verfügungen von Todes wegen ist sie unbefriedigend, denn es gibt keinen Grund,
warum an die Erklärungen der Parteien bei einem und demselben Rechtsgeschäft verschiedene Massstäbe angelegt werden sollten. Insbesondere
kann nicht aus den unterschiedlichen Anforderungen an die Handlungsfähigkeit gemäss Art. 468 bzw. Art. 12 ff. gefolgert werden, dass die Parteien
auch bei Willensmängeln verschieden behandelt werden müssten. Beide
Erbvertragsparteien sind vielmehr gleich zu behandeln. Bei entgeltlichen
positiven Erbverträgen und Erbauskäufen ist aber danach zu unterscheiden,

ob der Willensmangel das Rechtsgeschäft unter Lebenden oder die Verfügung von Todes wegen betrifft: im ersteren Fall gelten für beide Parteien Art. 23 ff. OR, im letzteren Fall gilt für beide Art. 469.

10   Die wichtigste Abweichung von der h.L. (und erst recht von der Ansicht PIOTETS), die sich aus dem Gesagten ergibt, ist, dass bei erbvertraglichen Verfügungen auch für einen Willensmangel der Gegenpartei nicht verlangt wird, dass der Irrtum ein *wesentlicher* oder die durch Zwang oder Drohung erregte Furcht eine *gegründete* war (s. unten N. 14). Vielmehr macht auch auf Seiten der Gegenpartei jeder Willensmangel die Verfügung ungültig, für die er kausal war. Man wird allerdings der Gegenpartei gestatten, ihre ungültige Erklärung formlos zu bestätigen und dadurch wirksam zu machen, und im Erbgang die vertragliche Verfügung wegen eines Irrtums der Gegenpartei nur dann für ungültig erklären, wenn nicht anzunehmen ist, dass sie deren Wirksamkeit trotz des Willensmangels der Ungültigerklärung vorgezogen hätte.

11   *Erfährt der Erblasser*, dass eine vertragliche Verfügung wegen eines Willensmangels der Gegenpartei ungültig ist, so kann er sie aufheben. Er kann sie auch, als letztwillige oder vertragliche, neu errichten, wenn er daran festhalten will. In sinngemässer Anwendung des Abs. 2 wird man sogar annehmen müssen, dass die Verfügung als *einseitige* eo ipso Geltung erlangt, wenn der Erblasser sie nicht binnen Jahresfrist aufhebt. Hat der Erblasser von einem Willensmangel bei der Gegenpartei *keine Kenntnis* erhalten oder ist er vor Ablauf eines Jahres gestorben und wird die Ungültigkeit der vertraglichen Verfügung im Erbgang geltend gemacht, so muss geprüft werden, ob sie durch Konversion (s. vorn, Einl. vor Art. 467 N. 83 ff.) in eine letztwillige aufrechterhalten werden kann.

12   Das alles gilt prinzipiell sowohl bei einseitigen als auch bei *beiderseitigen und entgeltlichen positiven Erbverträgen.* Nur wird die Konversion bei den Letzteren vielleicht nicht in Frage kommen, wenn der Willensmangel der Gegenpartei zugleich deren Verfügungen von Todes wegen ungültig oder das Rechtgeschäft unter Lebenden anfechtbar macht und die Gegenpartei sich von diesen lossagt (s. vorn, Einl. vor Art. 467 N. 91 f. und Art. 468 N. 23– 25).

13   *Erbverzicht und Erbauskauf* werden durch Willensmängel der Gegenpartei ungültig, und zwar ohne die Möglichkeit der Heilung oder Konversion. Da der Erbverzicht eine (zustimmungsbedürftige) Verfügung des Erblassers ist, braucht der Verzichtende sich von seiner Erklärung nicht eigens loszusagen

und sie aufzuheben; sie ist vielmehr wegen des Willensmangels eo ipso ungültig. Es stellt sich aber – genauso wie bei der Aufhebung einer vertraglichen Verfügung durch den Erblasser wegen eines Willensmangels auf seiner
Seite – die Frage, ob nicht aus Rücksichtnahme auf die andere Vertragspar-
tei deren Benachrichtigung geboten ist (s. dazu unten N. 35).

IV. Die Willensmängel im Einzelnen

Das Gesetz nennt Irrtum, arglistige Täuschung, Drohung   14
und Zwang als Gründe der Ungültigkeit einer Verfügung von Todes wegen.
Da niemand aus einer Verfügung von Todes wegen ein Recht erwerben
kann, wenn er den Erblasser nicht überlebt, und auf Interessen anderer Personen deshalb keine Rücksicht genommen werden muss, führt *jeder Willensmangel* zur Ungültigkeit der betroffenen Verfügung. Der Irrtum braucht
kein «wesentlicher» im Sinn der Art. 23 f. OR und die durch Zwang oder
Drohung erregte Furcht keine «gegründete» im Sinn der Art. 29 f. OR zu
sein.

a) Irrtum

Unter einem «Irrtum» versteht man eine der Wirklichkeit   15
nicht entsprechende Vorstellung. Die *Unkenntnis* rechtlich bedeutsamer
Tatsachen steht der *positiv vorhandenen falschen Vorstellung* gleich (GLAUS,
3 f., GRUNDLER, 89, 91). Gemäss traditioneller Lehre betrifft der Irrtum bei
Willenserklärungen, auch bei Verfügungen von Todes wegen, entweder die
Willensbildung (Motivirrtum) oder die Erklärung des Willens (Erklärungs-
irrtum). Die *Bildung* des Willens ist fehlerhaft, wenn der Wille des Erblas-
sers unter dem Einfluss einer unbewusst falschen Vorstellung von der Wirk-
lichkeit zustande gekommen ist. Demgegenüber ist die *Erklärung* des
Willens mangelhaft, wenn der Erblasser seinen Willen nicht richtig zum
Ausdruck gebracht, sich eine falsche Vorstellung von der Bedeutung seiner
Erklärung gemacht hat.

1. Erklärungsirrtum. Ein Erklärungsirrtum wird angenommen, wenn der   16
Wille des Erblassers in der Verfügung nicht richtig zum Ausdruck gekommen ist. Erklärungsirrtümer können desto eher zu ungewollten und unange-
messenen Rechtsfolgen führen, je mehr Gewicht bei der Auslegung der Willenserklärungen auf deren *objektiven Sinn* gelegt wird oder darauf, wie der
Empfänger die Erklärung verstanden hat und verstehen durfte (Vertrauens-

prinzip). Entsprechend wichtig ist es, dass die Willenserklärung dann wegen Erklärungsirrtums angefochten werden kann. Im geltenden Recht sucht man Verfügungen von Todes wegen aber so auszulegen, wie der *Erklärende* sie verstanden wissen wollte (Abs. 3; sog. Willensprinzip; s. BGE 120 II 182 Erw. 2a; Tuor, Vorbem. vor Art. 481 N. 15; ZGB-Breitschmid, Art. 469 N. 4 und vorn, Einl. vor Art. 467 N. 60 ff.). Der unvollkommene, fehlerhafte, ja sogar widersinnige Ausdruck steht der Beachtung des wahren erblasserischen Willens nicht im Weg, wenn dieser sich feststellen lässt; die Verfügung ist dann gemäss Abs. 3 richtig zu stellen (s. unten N. 36 ff.). Nur wenn nicht ermittelt werden kann, was der Erblasser gewollt hat, sei die Verfügung wegen Erklärungsirrtums ungültig oder, wenn sie unverständlich, in sich widersprüchlich oder sinnlos ist, nichtig, weil keine Rechtsfolgen aus ihr abgeleitet werden können (BGE 89 II 182).

17   Diese letztere Unterscheidung kann nicht aufrechterhalten werden. Es gibt keine *an und für sich klaren* Willenserklärungen. Eine Willenserklärung ist erst dann klar, wenn der darin zum Ausdruck kommende Wille erkannt ist. Umgekehrt ist jede Willenserklärung sinnlos, solange der Wille des Erklärenden nicht ermittelt worden ist, und sie muss es bleiben, wenn das nicht gelingt. Hinter der traditionellen Lehre vom Erklärungsirrtum steht dieselbe unzutreffende Vorstellung von dem Verhältnis zwischen Wille und Erklärung, die auch der vorn abgelehnten Eindeutigkeitsregel (s. vorn, Einl. vor Art. 467 N. 68 ff.) zugrunde liegt.

18   Wenn es aber unrichtig ist, in Fällen, in denen sich der Wille des Erblassers nicht ermitteln lässt, zwischen an sich klaren und an sich unverständlichen Willenserklärungen zu unterscheiden, dann darf man auch nicht willkürlich im einen Fall (wegen Erklärungsirrtums) Ungültigkeit und im andern Fall (wegen Widersprüchlichkeit, Sinnlosigkeit und dergleichen) Nichtigkeit annehmen. Vielmehr müssen alle Fälle, in denen sich der Wille des Erblassers nicht feststellen lässt, gleich behandelt werden. Es erweist sich dann als notwendig, die betreffende Verfügung als nichtig zu betrachten, weil es ja doch Verfügungen gibt, die *nicht einmal scheinbar* klar sind. Art. 469 steht dieser Auffassung nicht entgegen – im Gegenteil, sie stützt sich auf Abs. 3; Abs. 1 und 2 aber behandeln nicht den Erklärungsirrtum, sondern den Motivirrtum.

19   Eine schlecht formulierte *erbvertragliche* Verfügung kann nach dem Willen des Erblasser ausgelegt werden, wenn sich die Parteien in der Sache einig waren (falsa demonstratio). Hat aber die Gegenpartei die mangelhafte Erklärung des Erblassers missverstanden, so fehlt der Konsens, und die Ver-

fügung ist als erbvertragliche nichtig. Auch bei Erbverträgen führt der «Erklärungsirrtum» also nicht zur Ungültigkeit, sondern ist entweder unschädlich oder hat Nichtigkeit zur Folge. Die nichtige erbvertragliche Verfügung kann jedoch, wenn sich der Wille des *Erblassers* mit Bestimmtheit feststellen lässt, im Wege der Konversion in eine letztwillige Verfügung umgedeutet werden. Wegen der Folgen, die sich daraus für andere Verfügungen im selben Erbvertrag, auch bei beiderseitigen und entgeltlichen Erbverträgen, ergeben, wird auf die Darlegungen vorn, Art. 468 N. 23 ff. Bezug genommen.

Erbvertragliche Verfügungen sind auch dann wegen Dissenses nichtig, wenn der *Erblasser* die Erklärung der Gegenpartei missverstanden hat, was allerdings nur bei Erbverzichten vorkommen wird. Legt man die Erklärungen der Gegenpartei genauso wie die Erklärungen des Erblassers nach dem Willensprinzip aus, was mir richtig zu sein scheint, so gilt das auch, wenn der Gegenpartei ein Erklärungsirrtum unterlaufen ist.   20

2. Motivirrtum. Ein Motivirrtum ist gegeben, wenn der in einer Verfügung zum Ausdruck gekommene Entschluss des Erblassers unter dem Einfluss einer unrichtigen Vorstellung von der Wirklichkeit gefasst worden ist. Die «Wirklichkeit» umfasst die Tatsachen- und die Rechtslage; es kommt also sowohl ein Tatsachen- wie ein Rechtsirrtum in Frage (BGE 72 II 225 Erw. 4). Ob der Irrtum nur den Inhalt der Verfügung beeinflusst oder den Erblasser überhaupt erst zu der Verfügung motiviert hat (s. die etwas unklare Unterscheidung bei ESCHER/ESCHER, Art. 469 N. 6, im Anschluss an F. FICK, FS G. Cohn, Zürich 1915, S. 656) ist bei Verfügungen von Todes wegen ohne Bedeutung.   21

Auch ein *Irrtum über künftige Ereignisse* kann zur Ungültigkeit einer Verfügung führen. Voraussetzung ist allerdings, dass der Erblasser die zukünftige Tatsache als sicher angesehen hat, z.B. fest damit gerechnet hat, dass ein Nachkomme ihn überleben werde. Ein Motivirrtum ist auch anzunehmen, wenn dem Erblasser die Möglichkeit eines späteren Ereignisses überhaupt nicht in den Sinn gekommen ist, sofern feststeht, dass er die Verfügung nicht oder nicht so errichtet hätte, wenn er an diese Möglichkeit gedacht hätte (TUOR, Art. 469 N. 21; Bedenken bei ESCHER/ESCHER, Art. 469 N. 7). Hat der Erblasser dagegen in dem Bewusstsein verfügt, dass die Zukunft ungewiss ist, und haben sich irgendwelche Hoffnung oder Befürchtungen dann nicht erfüllt oder bewahrheitet, so hat er sich nicht geirrt (BGE 75 II 280 Erw. 4).   22

Der Irrtum muss eine notwendige Ursache (conditio sine qua non) der Verfügung gewesen sein; es muss also sicher sein, dass der Erblasser bei Kennt-   23 nis der wahren Sach- oder Rechtslage die Verfügung nicht getroffen hätte (BGE 67 II 15). Andererseits bewirkt jeder Irrtum, der für eine Verfügung ursächlich war, deren Ungültigkeit (TUOR, Art. 469 N. 21; ESCHER/ESCHER, Art. 469 N. 6; PIOTET, § 35 II, p. 202/S. 219).

24   Einschränkend hat das BGer. die Regel aufgestellt, dass eine Verfügung nur dann wegen Irrtums für ungültig erklärt wird, wenn feststeht, dass der Erblasser selbst die Verfügung bei Kenntnis der Sachlage *eher aufgehoben hätte, als sie bestehen zu lassen* (BGE 75 II 280 Erw. 3, 6; 94 II 139; 119 II 208). Nach dieser Formulierung muss der Irrtum nicht nur für die *Errichtung* der Verfügung, sondern auch für deren *Nichtaufhebung* ursächlich gewesen sein. Das ist im Hinblick auf Art. 469 Abs. 2 durchaus sachgemäss (Bedenken bei ESCHER/ESCHER, Art. 469 N. 7; MERZ, ZBJV 106, 1970, 48 f.). Im Ergebnis wird die Geltendmachung des Motivirrtums dadurch kaum beschränkt (gegen GRUNDLER, 102 f.).

25   Nur zur Feststellung der Kausalität des Irrtums für die Errichtung und Nichtaufhebung der Verfügung wird dabei auf den hypothetischen Willen des Erblassers Bezug genommen. Die Unzulässigkeit der (ergänzenden) Auslegung nach dem hypothetischen Willen berührt das nicht (Bedenken in dieser Richtung bei RASCHEIN, 25). Es geht nur darum, ob der wirkliche Wille des Erblassers durch einen Irrtum beeinflusst war, nicht um die schwierige Frage, ««wie› der Erblasser ohne den Irrtum verfügt, m.a.W. was er bei Kenntnis des Sachverhalts im Einzelnen angeordnet hätte» (s. BGE 94 II 139 Erw. 4). Dennoch ist Vorsicht geboten: In einem alten Berner Fall (SJZ 15, 1918/19, 231) stand zwar ausser Frage, dass die Enterbung der damals pflichtteilsberechtigten Schwester (aArt. 471 Ziff. 3) anfechtbar war, da bewiesen wurde, dass sie den Erblasser bei der Teilung der väterlichen Erbschaft *nicht* durch Fälschung des Inventars betrogen hatte (vgl. Art. 479). Ob der Erblasser seiner Schwester ohne den Irrtum aber mehr als den Pflichtteil gelassen hätte, dürfte davon abhängen, wie sehr das ganze Verhältnis durch den unbegründeten Verdacht belastet war (vgl. ESCHER/ESCHER, Art. 469 N. 8).

26   Zwischen Grundlagenirrtum und einfachem Motivirrtum wird, anders als bei Rechtsgeschäften unter Lebenden (vgl. Art. 23 f. OR), nicht unterschieden. Jeder Irrtum, der für das Zustandekommen einer Verfügung kausal war, macht sie ungültig. Daran ändert es nichts, wenn es, wie oft, sehr persönliche (subjektive) Gründe waren, die den Erblasser zu der Verfügung veranlasst haben und über deren Vorliegen oder Nichtvorliegen er sich irrte. Der Irrtum braucht nicht objektiv erheblich zu sein. Auch dass er vermeidbar war, ist ohne Bedeutung; auch auf Fahrlässigkeit beruhende Unkenntnis relevanter Umstände macht die Verfügung ungültig. Wenn der Erblasser aber, von irgendwelchen Annahmen ausgehend, aufs Geratewohl verfügt hat, in dem Bewusstsein, dass es auch anders sein könnte, so hat er sich nicht geirrt, wenn es tatsächlich anders war.

b) Arglistige Täuschung

Arglistige Täuschung ist die Erregung eines Irrtums beim   27
Erblasser – bei eigenem besserem Wissen –, um ihn zu einer Verfügung von
Todes wegen zu veranlassen. Nicht erforderlich ist, dass der Täuschende
selbst durch die Verfügung begünstigt wird. Da jeder Irrtum, der für den Verfügungswillen kausal war, zur Ungültigkeit der Verfügung führt, ohne Rücksicht darauf, wie er entstanden ist, hat die arglistige Täuschung neben dem
Motivirrtum als Ursache eines Willensmangels keine selbständige Bedeutung. Der Täuschende ist allerdings nach Art. 540 Abs. 1 Ziff. 3 erbunwürdig.

c) Drohung oder Zwang

«Drohung» und «Zwang» im Sinne des Art. 469 sind zwei   28
Fälle rechtswidriger Beeinflussung des Willens des Erblassers, nämlich
durch *Inaussichtstellen* eines Übels (Drohung), d.h. durch Erregung von
Furcht, z.B. vor einer Indiskretion oder Strafanzeige, bzw. durch andauern-
de *Zufügung* eines Übels (Zwang), z.B. Entzug von Pflege oder Nahrung,
Einsperren. Unmittelbare körperliche Überwältigung (vis absoluta) bei der
Errichtung einer Verfügung von Todes wegen fällt nicht unter Art. 469, son-
dern verhindert von vornherein, dass eine Verfügung zustande kommt
(BGE 72 II 154 Erw. 2; ESCHER/ESCHER, Art. 469 N. 5; s. vorn, Einl. vor
Art. 467 N. 42 f.). Die Furcht des Erblassers braucht, anders als bei Rechts-
geschäften unter Lebenden nach Art. 29 OR, keine *gegründete* Furcht (vgl.
Art. 30 OR) zu sein. Auch die Furcht einer überaus ängstlichen Person ge-
nügt. In Grenzfällen kann bei übertriebener Furchtsamkeit – neben Drohung – Geistesschwäche (s. vorn, Art. 467 N. 12) als Ungültigkeitsgrund in
Frage kommen. Während die *Beeinflussung des erblasserischen Willens*
durch Drohung oder Zwang immer rechtswidrig ist (vgl. TUOR, Art. 469
N. 26; ESCHER/ESCHER, Art. 469 N. 12), braucht *das angedrohte oder zugefügte Übel an sich* nicht rechtswidrig zu sein, z.B. die Aufdeckung der
Suizidabsicht des Erblasser gegenüber dem Arzt, die Fesselung ans Bett
(wegen Unfallgefahr), Kündigung des Pflegeverhältnisses.

V. Die Ungültigkeit der mangelhaften Verfügung

Willensmängel machen Verfügungen von Todes wegen *un-*   29
gültig. Ein Erklärungsirrtum (oben N. 16 ff.) ist dagegen entweder unschäd-

lich oder hat die Nichtigkeit der Verfügung zur Folge (s. auch unten N. 36). Äusserungen in Bezug auf den Erbgang ohne Verfügungs- oder Erklärungs-willen sind nichtig (s. vorn, Einl. vor Art. 467 N. 51 ff.).

a) Zu Lebzeiten des Erblasser

30   Zu Lebzeiten des Erblassers bewirkt Ungültigkeit, dass der Erblasser nicht an die Verfügung gebunden ist. Bei *letztwilligen Verfü-gungen* ist das allerdings ohne Bedeutung, weil Verfügungen von Todes we-gen keine Wirkungen entfalten, solange der Erblasser lebt, und weil er letzt-willige Verfügungen sowieso jederzeit aufheben und ändern kann. Wohl aber wirkt sich das Fehlen einer Bindung bei *Erbverträgen* aus, indem der Erblasser bei einem Willensmangel auch einen Erbvertrag einseitig aufhe-ben kann (dazu unten N. 33 f.; über die Folgen eines Willensmangels bei der Gegenpartei s. oben N. 8 ff.).

b) Im Erbgang

31   Im Erbgang bedeutet Ungültigkeit, dass durch Erhebung der Ungültigkeitsklage (Art. 519 Abs. 1 Ziff. 2) oder der Einrede der Ungül-tigkeit (Art. 521 Abs. 3) verhindert werden kann, dass die Verfügung wirk-sam wird. Die an sich schon ungültige Verfügung verliert ihre Wirkung durch die gerichtliche *Ungültigerklärung*, genauer, mit der Rechtskraft des Urteils (Gestaltungsurteil). Bestehen Zweifel an der Gültigkeit einer Verfügung, so können im Erbgang aber schon vor der Ungültigerklärung Sicherungsmass-regeln getroffen werden (s. Art. 554, 559). Wird die Ungültigkeitsklage nicht rechtzeitig erhoben, wird die Verfügung unanfechtbar, doch kann die Ungül-tigkeit namentlich gegenüber Erbschafts- und Teilungsansprüchen (Art. 598 f., 604) *einredeweise* auch später noch geltend gemacht werden. Auch eine aussergerichtliche Einigung über die Ungültigkeit ist möglich, ge-nauso wie im Fall der Herabsetzbarkeit (s. hinten, Vorbem. vor Art. 470 N. 12).

VI. Die Heilung des Willensmangels (Abs. 2)

32   Wenn der Erblasser eine wegen eines Willensmangels un-gültige Verfügung bestehen lässt, nachdem er seinen Irrtum erkannt hat oder der Einfluss von Zwang oder Drohung weggefallen ist, muss man an-

nehmen, dass er an ihr festhalten will, sonst würde er sie aufheben. Allerdings kann man nicht erwarten, dass der Erblasser die Verfügung sofort aufhebt; andererseits ist kaum anzunehmen, dass der Willensmangel Anlass der Aufhebung ist, wenn der Erblasser sich erst nach Jahr und Tag dazu entschliesst. Deshalb ordnet Absatz 2 an, dass die Verfügung Gültigkeit erlangt, wenn der Erblasser sie nicht *binnen Jahresfrist* aufhebt, nachdem er von dem Irrtum oder von der Täuschung Kenntnis erhalten hat oder der Einfluss von Zwang oder Drohung weggefallen ist (sog. Konvaleszenz unter Lebenden, so TUOR, Art. 469 N. 28; vgl. die analoge Regelung des Art. 31 OR). Um den Schutz des letztwillig Begünstigten oder der Gegenpartei des Erbvertrages geht es dabei nicht (so aber PIOTET, FG Schönenberger, 1968, 333 und 342). Die Frist läuft ein Jahr nach Kenntniserlangung, am selben Kalendertag ab (Art. 77 Abs. 1 Ziff. 3 und Abs. 2 OR). Nach h.M. handelt es sich um eine Ausschlussfrist, auf die die Regeln über Stillstand und Unterbrechung der Verjährung keine Anwendung finden (TUOR, Art. 469 N. 31; ESCHER/ESCHER, Art. 469 N. 26; a.A. ROSSEL/MENTHA, § 930, II 36). Letztwillige Verfügungen können freilich auch nach Ablauf der Frist noch aufgehoben werden, weil der Erblasser auch gültige letztwillige Verfügungen *jederzeit* aufheben kann. Dagegen konvaleszieren vertragliche Verfügungen als vertragliche und können nach Jahresfrist nicht mehr einseitig abgeändert werden (ESCHER/ESCHER, Art. 469 N. 24).

Der Erblasser kann eine erbvertragliche Verfügung auch dann einseitig aufheben, wenn   33
sie wegen eines Willensmangels der Gegenpartei ungültig ist. Deshalb bezieht sich die
Annahme, er wolle sie bestehen lassen, wenn er das nicht binnen eines Jahres tut, nachdem er von dem Willensmangel Kenntnis erlangt hat, auch auf diesen Fall. Allerdings
kann die Verfügung nur als letztwillige konvaleszieren. Der Erblasser ist deshalb auch
später nicht an die Verfügung gebunden. Deren ursprüngliche Ungültigkeit als vertragliche kann aber im Erbgang nicht mehr geltend gemacht werden, wenn er sie nicht aufgehoben hat (Abs. 2 sinngemäss).

Die Aufhebung der Verfügung kann einseitig erfolgen; auch bei Erbverträ-   34
gen ist eine Übereinkunft mit der Gegenpartei, wie sie sonst verlangt wird
(Art. 513 Abs. 1), nicht erforderlich. Sie hat durch Verfügung von Todes wegen zu geschehen, gewöhnlich also durch letztwillige Verfügung (vgl.
Art. 509 Abs. 1, 513 Abs. 3). Es genügt jede letztwillige Verfügung, die den
Aufhebungswillen zum Ausdruck bringt (vgl. Art. 511 Abs. 1). Eine förmliche Aufhebung ist auch bei Erbverträgen nicht erforderlich (TUOR, Art. 469
N. 19; a.A. ESCHER/ESCHER, Art. 469 N. 19, der wiederum den entgeltlichen
Erbvertrag im Auge hat). Bei entgeltlichen Erbverträgen muss ausserdem
das Rechtsgeschäfts unter Lebenden (s. vorn, Einl. vor Art. 467 N. 14 ff.)
aufgehoben werden. Dazu muss die irrende Partei der andern binnen Jahresfrist eröffnen, dass sie den Vertrag nicht halte (Art. 31 OR; insofern rich-

tig Picenoni, 106 ff.; BGE 99 II 382 Erw. 4b, dazu oben N. 7; Piotet, FG Schönenberger, 337 ff. verlangt in jedem Fall die Ungültigkeitsklage).

35   Problematisch scheint die einseitige Aufhebung vertraglicher Verfügungen nur beim beiderseitigen Erbvertrag zu sein. Zwar werden die Verfügungen der Gegenpartei bei Ungültigkeit der Verfügungen des Erblassers eo ipso ungültig, wenn sie mit Rücksicht auf diese errichtet wurden. Die Gegenpartei verpasst jedoch vielleicht die Gelegenheit zur Errichtung neuer eigener Verfügungen, wenn sie von der Aufhebung der erblasserischen Verfügungen keine Kenntnis erhält. Es ist deshalb wohl ein Gebot des Anstands, dass der Erblasser der Gegenpartei von der Aufhebung Kenntnis gibt. Eine Voraussetzung der Gültigkeit der Aufhebung ist das aber nicht, zumal es immer geschehen kann, dass die Ungültigkeit erst nach dem Tod der Gegenpartei entdeckt oder geltend gemacht wird.

VII. Der Irrtum in Bezug auf Personen oder Sachen (Abs. 3)

36   Abs. 3 regelt den *Erklärungsirrtum* in Bezug auf Personen und Sachen und ordnet dessen Unschädlichkeit für den Fall an, dass der wirkliche Wille des Erblassers festgestellt werden kann. Hat sich der Erblasser nämlich in einer Verfügung bei der *Bezeichnung* einer Person oder Sache geirrt, so wird die Verfügung im Wege der Auslegung richtig gestellt: Sie gilt so, wie der Erblasser sie gewollt hat. Kann der wirkliche Wille des Erblassers nicht festgestellt werden, so kann die Erklärung nicht in seinem Sinne ausgelegt werden. Sie ist dann weder gültig noch ungültig, sondern nichtig (s. oben N. 16 ff.).

37   Der Wille des Erblassers muss *mit Bestimmtheit*, d.h. «mit an Sicherheit grenzender Wahrscheinlichkeit», festgestellt werden können. Es darf kein vernünftiger Zweifel, dass der Erblasser auch etwas anderes gewollt haben könnte, mehr bestehen. Mutmassungen und Hypothesen der Beteiligten oder des Gerichts genügen nicht. Ist der Wille des Erblassers festgestellt, dann *ist* die Verfügung in diesem Sinn zu verwirklichen, einerlei wie vollkommen oder unvollkommen der Wille zum Ausdruck gekommen ist, vorausgesetzt nur, dass er wenigstens andeutungsweise in der Verfügung enthalten ist (Andeutungsprinzip, s. vorn, Einl. vor Art. 467 N. 71 ff.). Wenn das Gesetz ausserdem verlangt, dass ein «*offenbarer Irrtum* in Bezug auf Personen oder Sachen» vorliegen müsse, so kommt dem keine selbständige Bedeutung zu. Es ist insbesondere nicht nötig, dass der Irrtum für jedermann sofort erkennbar und in diesem Sinn «offenbar» ist.

Abs. 3 bezieht sich nur auf den Erklärungsirrtum (s. die französische und die   38
italienische Fassung; BGE 50 II 332 Erw. 3; 72 II 225 Erw. 2; 89 II 182 Erw. 7;
124 III 414 Erw. 2b; PICENONI, 75 f.; ESCHER/ESCHER, Art. 469 N. 26). Hat ein
Irrtum schon die Willensbildung des Erblassers beeinflusst, so findet Abs. 3
keine Anwendung, denn nicht «der Wille des Erblassers wird korrigiert» (so
BREITSCHMID, Formvorschriften, S. 155), sondern die Erklärung. Ein Motivirrtum verhindert das Zustandekommen des fehlerfreien «wirklichen» Willens, der (mit Bestimmtheit) festgestellt werden könnte. Die Verfügung
kann auch nicht im Wege der ergänzenden Auslegung, d.h. durch eine Hypothese darüber, was der Erblasser gewollt hätte, wenn er sich nicht geirrt
hätte, richtig gestellt werden (s. vorn, Einl. vor Art. 467 N. 79 ff.). Der Motivirrtum führt vielmehr, sofern der Mangel nicht geheilt wird (Abs. 2), zur
Ungültigkeit der Verfügung.

1. «Ich vermache Hans, der meinem Sohn das Leben gerettet hat, 1000.» Der Retter war   39
   aber Heiri, worüber der Erblasser im Irrtum war: Motivirrtum; die Verfügung ist ungültig.
2. «Ich vermache Hans, der meinem Sohn das Leben gerettet hat, 1000.» Der Retter war
   Heiri; der Erblasser meinte aber, dieser heisse Hans: Erklärungsirrtum; die Verfügung
   ist gültig und wird nach Art. 469 Abs. 3 berichtigt.
3. «Ich vermache dem Bergführer, der meinem Sohn das Leben gerettet hat, 1000.» Der
   Retter war Heiri, was der Erblasser nicht wusste. Irrtumsfreie Verfügung. Die Verfügung ist gültig; der Retter Heiri muss ermittelt werden (wenn man will, ein Fall von
   Auslegung).

Dies alles ergibt sich bereits aus den allgemeinen Grundsätzen der Ausle-   40
gung der Verfügungen von Todes wegen nach dem Willensprinzip (s. dazu
vorn, Einl. vor Art. 467 N. 55 ff.) und gilt unabhängig davon, ob der Erblasser sich in der Bezeichnung einer Person oder Sache geirrt hat oder in einem
andern Punkt seinen Willen mangelhaft zum Ausdruck gebracht hat, z.B. in
Bezug auf die Verfügungsart. Insofern ist Art. 469 Abs. 3 zu eng gefasst. Jedenfalls darf aus der Bestimmung *kein Umkehrschluss* in dem Sinn gezogen
werden, dass *andere Erklärungsirrtümer nicht* richtig zu stellen seien (so
aber die früher h.M.: BGE 72 II 225 Erw. 2; TUOR, Art. 469 N. 35; ESCHER/
ESCHER, Art. 469 N. 27; grosszügiger: PICENONI, 76; PIOTET, FG Schönenberger, 332 Anm. 11).

2. Abschnitt. Die Verfügungsfreiheit
Vorbemerkungen

Materialien: Erl. TE, 146 ff. – Erl. I, 338 ff., 386 ff. = Mot. II, 19 ff., 59 ff. – ExpKom. I.2, S. 539 ff. = II, Bl. 104 ff. – BBl. 1904 IV 50 f. – NatR 1905, 1351 ff.; 1907, 296 – StR 1906, 140 ff., 179 ff., 419 ff. – *Revision 1984:* ExpRevFam. I, 24; II, 61 ff. – Botschaft 1979, 1347 ff., Ziff. 235 ff. – NatR 1983, 687 ff. – StR 1984, 134 ff. – BBl. 1984 III 40 ff. – AS 1986 I 143 ff.

Literatur: EDITH NOBS, Die Grenzen der Verfügungsfreiheit des Erblassers nach ZGB, Diss. Bern 1948; P. PIOTET, La protection réservataire en droit successoral suisse, ZSR 1972 I 25 ff.; REINOLD RAEMY, Das Pflichtteilsrecht und die Erbenqualität, Diss. Freiburg 1982; WALTER SCHÄR, Ist das Pflichtteilsrecht ein erhaltenswertes Institut? Diss. Zürich 1976; HANS-PETER TSCHÄPPELER, Die Testierfreiheit zwischen Freiheit des Erblassers und Gleichheit der Nachkommen, Diss. Zürich 1983; H.L. VITAL, Die Verfügungsfreiheit des Erblassers nach dem Schweizerischen Zivilgesetzbuch, Diss. Bern 1915.

I. Der Begriff der Verfügungsfreiheit

Verfügungsfreiheit ist die Freiheit des Erblassers, von Todes wegen über einen Teil seines Vermögens zu verfügen. Die Verfügungsfreiheit ist ein Kompromiss zwischen dem Grundsatz der Testierfreiheit und dem Grundsatz der Erbberechtigung der Familie: Nach dem Prinzip der *Testierfreiheit* kann der Erblasser privatautonom von Todes wegen über den Nachlass verfügen; nach dem Prinzip der *Erbberechtigung der Familie* wird

1

er von seinen Angehörigen als gesetzlichen Erben beerbt. Das schweizerische Recht vermittelt zwischen diesen beiden einander widerstreitenden Prinzipien und schafft einen *gerechten* Ausgleich zwischen dem Wunsch des Erblassers, seine Vermögensverhältnisse auf seinen Tod hin nach seinen Vorstellungen zu ordnen, und der Hoffnung seiner Angehörigen auf den Erwerb des Vermögens (s. vorn, Einf. vor Art. 457 N. 4 ff.): Es bestimmt einerseits, dass der Erblasser nur über einen Teil seines Vermögens von Todes wegen verfügen darf, den *verfügbaren Teil*; andererseits weist es dessen nächsten Angehörigen, nämlich den Nachkommen und Eltern sowie dem Ehegatten, *Pflichtteile* zu, die ihnen frei und unbelastet zukommen müssen. Nur wegen einer schweren Straftat oder Verletzung familienrechtlicher Pflichten darf der Erblasser dem Berechtigten den Erbteil und den Pflichtteil durch *Enterbung* entziehen (Art. 477 ff.); einen überschuldeten Nachkommen kann er im Interesse der Nachkommen zur Hälfte enterben (Art. 480). Wenn der Erblasser keine pflichtteilsberechtigten Angehörigen hat, kann er über sein ganzes Vermögen frei verfügen (Art. 470 Abs. 2). Im Einzelnen ist die Regelung *komplex,* und das Verhältnis zwischen verfügbarem Teil und Pflichtteilen ist *reich an Spannungen.*

II. Der verfügbare Teil und die Pflichtteile

2   Das Gesetz bestimmt zunächst, dass der Erblasser nur über den verfügbaren Teil von Todes wegen verfügen darf, während der andere Teil als ein einziger «Pflichtteil» dessen nächsten Angehörigen zusteht (Art. 470). Die Vorschrift wendet sich an den Erblasser und scheint für jeden in gleicher Weise zu gelten. Der verfügbare Teil und der Pflichtteil werden aber nicht unmittelbar beziffert. Hierzu knüpft das Gesetz in Art. 471 vielmehr an die Bestimmungen über die gesetzlichen Erbteile der Pflichtteilsberechtigten (Art. 457 f., 462) an und weist jeder Klasse, den Nachkommen, den Eltern und dem Ehegatten, verschieden grosse Bruchteile ihrer gesetzlichen Erbteile als Pflichtteile zu. Welchem Bruchteil des Ganzen der Pflichtteil des Einzelnen entspricht, hängt davon ab, zu welcher Klasse der Berechtigten er gehört und wie gross sein gesetzlicher Erbteil im Einzelfall ist. Die Differenz zwischen der Summe dieser Pflichtteile und dem Ganzen ist dann der verfügbare Teil. (Für die «verfügbare Differenz» zwischen dem gesetzlichen Erbteil und dem Pflichtteil des einzelnen Erben hat das Gesetz keine Vorschriften und keinen Namen.)

3   Damit wird der in Art. 470 eingeführte Begriff eines einzigen Pflichtteils (Gesamtpflichtteils) durch den Begriff des Pflichtteils des einzelnen Berech-

tigten verdrängt, und es ergibt sich eine neue Perspektive: Erst beim Tod des Erblassers steht fest, welche pflichtteilsberechtigten Angehörigen er hinterlassen hat und bis zu welcher Grenze er also verfügen durfte; der Umfang des verfügbaren Teils wird von den Umständen des Einzelfalls zur Zeit des Todes des Erblassers abhängig gemacht. Damit stimmt es überein, dass der verfügbare Teil und die Pflichtteile nach dem Stand des Vermögens zur Zeit des Todes des Erblassers berechnet werden (Art. 474). Die Verhältnisse zur Zeit seines Todes kennt der Erblasser zur Zeit der Verfügung nicht. Es kann also gar nicht darum gehen, dass der Erblasser *bei seinen Lebzeiten* die Grenzen der Verfügungsfreiheit (oder Verfügungsbefugnis, Art. 522) beachten soll, sondern es geht nun um die Herstellung der Pflichtteile der einzelnen Berechtigten *im Erbgang*: Die Verfügungen des Erblassers werden «herabgesetzt», wenn sie einen Pflichtteil verletzen. In letzter Konsequenz wird damit der Begriff des verfügbaren Teils aus den Angeln gehoben.

Die (gesetzlichen) Erbteile, als deren Bruchteile die Pflichtteile in Art. 471   4
bestimmt werden, sind Bruchteile der *Erbschaft*, genauer gesagt, Bruchteile ihres Werts. Demgegenüber ist der verfügbare Teil des Art. 470 ein Bruchteil des Werts des *Vermögens*. Die Erbschaft (succession) umfasst die Aktiven und Passiven, die beim Tod des Erblassers vorhanden sind und nach Art. 560 auf die Erben übergehen, einschliesslich der Erbvorbezugsleistungen, die durch die Kollation zur Erbschaft hinzu- und als Vorausleistungen auf den Teilungsanspruch des Empfängers angerechnet werden. Dagegen gehört zum «Vermögen», wie sich aus den Bestimmungen über die Berechnung des verfügbaren Teils in Art. 474 ff. ergibt, neben gewissen Erbgangsschulden auch alles, was Gegenstand einer der Herabsetzung unterstellten Verfügung (Art. 475 f.) war.

Das «Vermögen» ist also mit der «Erbschaft» nicht identisch. Die Erbschaft   5
ist ein realer, das Vermögen ein imaginärer Wert. Da der verfügbare Teil und die Summe der Pflichtteile gemäss Art. 470 komplementär sind, zusammen ein Ganzes bilden, müssen beide Begriffe auf *dieselbe* Grösse bezogen werden, und das kann nur das *Vermögen* sein. Daraus ergibt sich, dass die Pflichtteile in Wahrheit nicht Bruchteile von Erbteilen (Erb*schafts*teilen) und damit der Erbschaft sind, sondern (ebenso grosse) Bruchteile des Vermögens.

Um das Vermögen sprachlich noch klarer von der Erbschaft zu unterscheiden, hat sich in der Fachliteratur im Anschluss an Art. 922 Abs. 1 CCfr. die Bezeichnung *«masse* de calcul», «Berechnung*masse*» eingebürgert. Sie wird hier vermieden, weil das Vermögen gerade keine zu irgendeinem Zeitpunkt wirklich vorhandene Gesamtheit oder Vermögensmasse ist. Stattdessen wird, wenn ein Bedürfnis besteht, das Wort «Berechnung*grundla-*

ge» verwendet, womit bereits der Wert des imaginären Vermögenssubstrats bezeichnet wird, nämlich als Grundlage der Berechnung der Pflichtteile.

6   Der verfügbare Teil und die Pflichtteile sind nach Art. 474 Abs. 1 durch den Stand des Vermögens zur Zeit des Todes des Erblassers, die Berechnungsgrundlage, *ein für alle Mal* bestimmt und ändern sich nicht, wenn sich der Wert der Erbschaft während des Erbgangs ändert. Ganz allein nach den Wertverhältnissen zur Zeit des Todes des Erblassers entscheidet sich auch, ob der Erblasser durch Verfügungen von Todes wegen oder unter Lebenden ein Pflichtteilsrecht verletzt hat. Wertänderungen im Erbgang haben keine (nachträgliche) Pflichtteilsverletzung zur Folge und beseitigen eine bestehende Pflichtteilsverletzung nicht. Alle Erben, auch die auf den Pflichtteil beschränkten, nehmen im Verhältnis ihrer Erbanteile an solchen Wertveränderungen des Nachlasses im Erbgang teil (BGE 103 II 88 Erw. 4).

III. Die Ausübung der Verfügungsfreiheit

7   Der Erblasser macht vor allem durch Erbeinsetzungen und Vermächtnisse von seiner erbrechtlichen Verfügungsfreiheit Gebrauch. Keinen Gebrauch macht er davon, wenn er jemandem unter Lebenden eine Zuwendung macht, auch dann nicht, wenn dieselbe mit dem Erbgang im Zusammenhang steht und deshalb der Herabsetzungsklage unterstellt ist. Bei Lebzeiten des Erblassers kann ja von Erb- und Pflichtteilen noch gar keine Rede sein. Solche Zuwendungen wirken sich aber auf den verfügbaren Teil aus: vermindern oder erschöpfen ihn und können, wenn sie den Pflichtteil verletzen, im Erbgang herabgesetzt werden.

8   Hat der Erblasser keine der Herabsetzungsklage unterstellten Zuwendungen gemacht und gedenkt er, nur im Wege der Erbeinsetzung zu verfügen, so braucht er den verfügbaren Teil nicht zu berechnen, wenn er eine Überschreitung der Verfügungsfreiheit erkennen und vermeiden will. Es genügt, den verfügbaren Teil als Vermögensbruchteil zu kennen.

Wer einen Sohn als gesetzlichen Erben hinterlässt, kann, ohne seine Verfügungsbefugnis zu überschreiten, seine Nichte zu einem Viertel des Nachlasses als Erbin einsetzen, einerlei wie gross sein Vermögen ist.

Die Pflichtteile als Werte muss der Erblasser dagegen kennen, wenn er ein Vermächtnis aussetzen will oder Zuwendungen unter Lebenden, die mit dem Erbgang in Zusammenhang stehen und der Herabsetzungsklage unterstellt sind, gemacht hat oder noch machen will (s. Art. 475).

Will der soeben gedachte Erblasser, anstatt seine Nichte als Erbin einzusetzen, seiner Heimatgemeinde für einen guten Zweck eine halbe Million oder ein Baugrundstück im selben Wert als Vermächtnis aussetzen, so muss der verfügbare Teil mindestens diesem Wert entsprechen. Ebenso, wenn der Erblasser die Liegenschaft schenken will oder andere Vergabungen schon gemacht hat oder noch machen will.

Der Erblasser, der die Grenzen der Verfügungsfreiheit beachten will, muss auf der Grundlage einer Prognose über seine Familien- und Vermögensverhältnisse zur Zeit seines Todes verfügen. Daraus ergibt sich eine Unsicherheit, denn es können noch Änderungen im Kreis der pflichtteilsberechtigten Angehörigen (s. dazu Art. 470 N. 8) und in der Vermögenslage des Erblassers eintreten, die eine Pflichtteilsverletzung und die Herabsetzung der Verfügung zur Folge haben, auch wenn sie nicht voraussehbar waren.   9

Wenn Art. 470 Abs. 1 bestimmt, dass der Erblasser *bis zum Pflichtteil* seiner nächsten Angehörigen über sein Vermögen verfügen kann, so muss er sich nicht nur an die Grenzen des verfügbaren Teils als Ganzes halten, sondern darf auch die *Pflichtteile der einzelnen Berechtigten* nicht verletzen, denn diese sind es, die geschützt werden, nicht deren Summe, der «Gesamtpflichtteil», der zur Bestimmung des verfügbaren Teils gebraucht wird (s. oben N. 2 und Art. 471 N. 2):   10

Hinterlässt der Erblasser seine Gattin und einen Sohn und setzt er die Nichte auf die disponible Quote von drei Achteln ein, ohne zu bestimmen, dass die Witwe nur einen Viertel erben soll, so verletzt er den Pflichtteil des Sohnes, denn dieser erhält als gesetzlicher Erbe neben seiner Mutter die Hälfte der fünf Achtel, über die der Erblasser nicht verfügt hat (also $5/16$), hat aber Anspruch auf einen Pflichtteil von $6/16$ ($3/8$).

IV. Die Folgen der Pflichtteilsverletzung

Der Erblasser überschreitet seine Verfügungsbefugnis und verletzt den Pflichtteil eines Berechtigten vor allem dann,   11
– wenn er ihn, abgesehen von der Enterbung (unten N. 33 f.), als Erben ausschliesst (unten N. 15 ff.),
– wenn er ihm als Erbteil weniger als die Pflichtteilsquote zuweist (unten N. 18; s. aber zu beiden Fällen auch unten N. 19 ff.),
– wenn er ihm zwar die ihm zustehende Pflichtteilsquote (oder sogar mehr) hinterlässt, seinen Anteil aber mit Vermächtnissen so beschwert, dass er dem Werte nach weniger als den Pflichtteil erhält (unten N. 25 ff.) oder

– wenn er zu Lebzeiten über den verfügbaren Teil hinausgehende Zuwendungen gemacht hat, die mit dem Erbgang im Zusammenhang stehen und deshalb der Herabsetzung unterliegen, d.h. auf den verfügbaren Teil angerechnet werden (unten N. 29 f.).

Über andere unzulässige Beschränkungen des Pflichtteils wie Auflagen, Bedingungen und Befristungen, Einsetzung eines Nacherben oder Anordnung dauernder Willensvollstreckung s. Art. 522 ff.

12   Hat der Erblasser seine Verfügungsbefugnis überschritten, so kann der Erbe, dessen Pflichtteil verletzt ist, die Herabsetzung der Verfügung verlangen (Art. 522 ff.). Die unzulässige Verfügung ist also weder nichtig noch ungültig im erbrechtlichen Sinne (s. vorn, Art. 469 N. 5 sowie Art. 519 ff.), sondern «herabsetzbar»: Sie ist zunächst wirksam, kann aber auf Herabsetzungsklage oder -einrede (s. unten N. 16) hin durch gerichtliches Urteil rückwirkend auf die Eröffnung des Erbgangs in der Weise abgeändert werden, dass sie den Pflichtteil des Klägers nicht mehr verletzt; äusserstenfalls wird sie auf null herabgesetzt, d.h. ganz aufgehoben. Mit Ablauf der Klagefrist wird die Verfügung unangreifbar, doch kann die Herabsetzbarkeit einredeweise *jederzeit* geltend gemacht werden (Art. 533).

Auch eine aussergerichtliche Herabsetzung ist möglich (s. BGE 86 II 344 Erw. 5; 104 II 75 Erw. 3b; ebenso Druey § 6 N. 12). Herabsetzungsurteile sind zwar Gestaltungsurteile (s. Art. 522). Im Herabsetzungsprozess gilt aber die Dispositionsmaxime; der Beklagte könnte die Klage anerkennen. Es ist deshalb durchaus konsequent, wenn die Rechtsprechung auch eine aussergerichtliche Anerkennung des Pflichtteilsrechts zulässt, insbesondere durch Einbeziehung des Berechtigten in die Erbschaftsteilung.

13   Nur *Verfügungen* von Todes wegen oder unter Lebenden können nach Art. 522 herabgesetzt werden, nicht das gesetzliche Erbrecht eines Miterben (h.M.; contra: Piotet, § 68 II, p. 463 ss./S. 497 ff.; Steinauer, 414 ff.; anscheinend auch Hausheer/Reusser/Geiser, Art. 216 ZGB N. 46).

In dem Beispielsfall oben N. 10 kann nur die Erbeinsetzung der Nichte herabgesetzt werden, obwohl die Witwe mehr als ihren Pflichtteil erhält. Dasselbe ist rechtens, wenn der Erblasser wenige Tage vor seinem Tod drei Achtel seines Vermögens für einen guten Zweck gestiftet hat: Nur die Stiftung kann herabgesetzt werden. Art. 532 ist nicht anwendbar, weil die Pflichtteilsverletzung allein durch die Erbeinsetzung bzw. die Stiftung verursacht worden ist.

14   Wird eine Zuwendung unter Lebenden herabgesetzt, so berührt das die Gültigkeit des Rechtsgeschäfts unter Lebenden nicht. Auch das erworbene Recht des Empfängers bleibt intakt; er bleibt Eigentümer der Sache. Die Herabsetzung entfaltet ihre Wirkungen nur im Erbgang und vor allem nur zwischen den Beteiligten: Der Empfänger wird nach Art. 528 äusserstenfalls

zur Rückerstattung des Werts der Zuwendung (in Geld) verpflichtet (zutreffend BGE 110 II 228 Erw. 7c).

a) Bei Ausschliessung von der Erbfolge

Hat der Erblasser auf den ganzen Erbteil eines Pflichtteils- 15
berechtigten einen Dritten als Erben eingesetzt, so wird dieser an dessen Stelle Erbe (PIOTET, ZSR 1972 I 25 ff.; ders., Erbrecht § 53 II, p. 354 ss./ S. 378 ff.; DRUEY, § 6 N. 12; RAEMY, 15 ff.). Der Berechtigte wird von der Erbfolge ausgeschlossen. Das ist auch beim überlebenden Ehegatten der Fall, wenn der Erblasser ihm nach Art. 473 die Nutzniessung an dem ganzen den Nachkommen zufallenden Teil der Erbschaft zugewendet hat, denn die Nutzniessung tritt an die Stelle des dem Ehegatten zustehenden gesetzlichen Erbrechts (s. hinten Art. 473 N. 3, 41 ff.). Erlangt der Pflichtteilsberechtigte im Prozessweg die Herabsetzung der Verfügung auf das erlaubte Mass, so wird er dadurch Erbe in Höhe seines Pflichtteils, indem der Erbteil des eingesetzten Erben entsprechend reduziert wird. Betreibt der Pflichtteilsberechtigte die Herabsetzung nicht, so wird er nicht Erbe und kann es nach Ablauf der Klagefrist im Allgemeinen auch nicht mehr werden. Er hat keinen Anspruch auf Erbschaftsobjekte und kann bei der Teilung der Erbschaft nicht mitreden. Er haftet auch nicht für Erbschaftsschulden (a.A. TUOR, Art. 522 N. 19; BECK, § 28 III, 107 f.; wie hier aber schon BGE 86 II 340 Erw. 5 für den Fall der ungültigen Enterbung; offen gelassen in BGE 104 II 75 Erw. 3b bb; obiter und wortreich auch in BGE 125 III 35 Erw. 3b bb; s. auch unten N. 19 ff.). Eine «Verfangenheit» der Erbschaft oder des Pflichtteils gibt es nicht.

Dementsprechend ist der ausgeschlossene Pflichtteilsberechtigte, wenn er 16
die Erbschaft oder einzelne Erbschaftsobjekte besitzt, nicht Erbe sondern *Erbschaftsbesitzer.* (Den *Erbenbesitz* nach Art. 560 Abs. 2 erlangt er freilich nicht, insoweit richtig PIOTET, § 53 II am Ende, p. 355/S. 380.) Wird er dann von den Erben mit der Erbschaftsklage oder einer Einzelrechtsklage (die Teilungsklage nach Art. 604 kommt nicht unmittelbar in Betracht, wenn der Pflichtteilsberechtigte von der Erbfolge ganz ausgeschlossen ist) auf Herausgabe belangt, so kann er seinen Pflichtteil nach Art. 533 Abs. 3 einredeweise geltend machen. Wird dem Einwand stattgegeben, so wird mit der Rechtskraft des Urteils sein Erbrecht hergestellt, und er wird doch noch Erbe. Die Einrede führt also nicht einfach zur Abweisung des Herausgabeanspruchs, sondern ermöglicht die Herabsetzung ohne Herabsetzungsklage und gegebenenfalls nach Ablauf der Klagefristen. Eine «Einre-

de» im technischen Sinn ist der Rechtsbehelf des Art. 533 daher nicht. Mit einer solchen hat er nur das gemeinsam, dass er einen rechtshängigen Prozess voraussetzt und vom Beklagten geltend gemacht werden muss (Einzelheiten und weitere Anwendungsfälle der Einrede s. Art. 533).

17   Dass der Pflichtteilsberechtigte, wenn die Herabsetzungsklage oder -einrede nicht erhoben wird, nicht Erbe wird, ist unproblematisch. Sehr unbefriedigend wäre es aber, wenn er deshalb auch nicht Eigentümer der Erbschaftssachen würde, die er im Besitz hat. An Fahrnis würde der Pflichtteilsberechtigte nach fünf Jahren durch Ersitzung Eigentum erwerben (Art. 728). Art. 599 Abs. 2 ist neben Art. 533 Abs. 3 gegenstandslos. Für Grundstücke kennt das Gesetz dagegen keine passende Ersitzungsmöglichkeit. Es handelt sich um eine echte Lücke, die durch Annahme einer Kontratabularersitzung nach Ablauf von fünf Jahren geschlossen werden muss.

b) Bei Verkürzung des Erbanteils

18   Hat der Erblasser den Pflichtteilsberechtigten von der Erbfolge zwar nicht ausgeschlossen, ihm aber weniger als die Pflichtteilsquote als Erbteil zugewiesen, so ist der Pflichtteil verletzt. Der Berechtigte kann von der Person, der die Verfügung zugute kommt, die Herabsetzung ihrer Erbeinsetzung um die Quote verlangen, die zur Herstellung seines Pflichtteils gebraucht wird. Für mehrere eingesetzte Erben erfolgt die Herabsetzung im gleichen Verhältnis, sofern nicht aus der Verfügung ein anderer Wille des Erblassers ersichtlich ist (Art. 525 Abs. 1). Ist der Begünstigte selbst pflichtteilsberechtigt, so ist herabsetzbar nur, was seinen Pflichtteil übersteigt (vgl. Art. 523):

Hat der Erblasser seine Ehefrau zu fünf Achteln, die Mutter seines ausserehelichen Kindes zu zwei Achteln und dieses zu einem Achtel als Erben eingesetzt, so ist dessen Pflichtteil von $^3/_8$ verletzt. Die ihm fehlenden zwei Achtel müssen von der Witwe und der Mutter des Kindes im Verhältnis 3 : 2 aufgebracht werden, sodass schliesslich erhalten: die Witwe $^2/_8 + ^3/_8 - ^6/_{40} = ^{19}/_{40}$, die Mutter des Kindes $^2/_8 - ^4/_{40} = ^6/_{40} = ^3/_{20}$ und das Kind $^1/_8 + ^6/_{40} + ^4/_{40}$ $= ^1/_8 + ^1/_4 = ^3/_8$.

c) Bei Abfindung (Art. 522 Abs. 1)

19   Eine wesentliche Einschränkung des bisher Gesagten folgt aus Art. 522 Abs. 1: Wenn der von der Erbfolge ausgeschlossene Pflichtteils-

berechtigte den vollen Wert des Pflichtteils auf andere Weise aus dem Vermögen des Erblassers erhalten hat, z.B. durch eine Ausstattung oder andere
Zuwendungen unter Lebenden auf Anrechnung an den Erbteil oder durch
ein Vermächtnis, dann ist ihm die Herabsetzungsklage versagt (unbestr.).
Nur wenn der Berechtigte den Pflichtteil nicht «zu Eigentum» (BGE 70 II
147), in Form «de biens aisément négociables» (BGE 70 II 142) erhalten hat,
kann er die Herabsetzungsklage ausnahmsweise auch dann erheben, wenn
das Empfangene dem Pflichtteilswert entspricht (s. TUOR/SCHNYDER/SCHMID,
§ 59 III b, S. 475 f.).

Nach früher herrschender Meinung wurde der Pflichtteilsberechtigte trotz-   20
dem als Erbe betrachtet, falls er den Pflichtteil nicht ausschlug; er konnte
bei der Erbschaftsteilung mitwirken und haftete für die Erbschaftsschulden
(statt aller ESCHER/ESCHER, Art. 522 N. 6; TUOR, Art. 522 N. 9; BGE 56 II 17
Erw. 2; 70 II 142 Erw. 2). Immerhin hat das BGer. (BGE 104 II 75,
Erw. 3b aa) angenommen, dass der abgefundene Pflichtteilsberechtigte die
Erbenstellung *verliere*, wenn er die Herabsetzungsklage nicht rechtzeitig er-
hebe.

Das ist dann richtig, wenn der Erblasser den Pflichtteilsberechtigten gar   21
nicht von der Erbfolge ausschliessen, sondern nur anordnen wollte, dass er
nicht *noch mehr* erhalten solle. Die Verfügung kann dann nämlich als Erbeinsetzung auf die dem Wert der Zuwendung entsprechende Quote der Erbschaft betrachtet werden, die im ersten Fall mit dem Ausschluss der Real-
kollation und im zweiten Fall mit einer Teilungsvorschrift (vgl. Art. 522
Abs. 2) verbunden ist. Diese Fälle sind aber nicht gemeint.

Kritisch ist vielmehr der Fall, in dem der Erblasser dem Pflichtteilsberechtig-   22
ten wirklich jedes Erbrecht im subjektiven Sinn *vorenthalten* und ihn mit Zuwendungen unter Lebenden oder mit einem Vermächtnis entschädigt hat.

In BGE 104 II 75 z.B. hatte der Erblasser, ein Landwirt, seinen Sohn zum *Alleinerben* eingesetzt und seine Töchter ausschliesslich mit Vermächtnissen bedacht.

Der Berechtigte wird dann nicht Erbe, denn Vermächtnisnehmer und Empfänger von Zuwendungen unter Lebenden sind als solche niemals Gesamtnachfolger. Auch mit der zutreffenden Auffassung, dass Herabsetzungsurteile Gestaltungsurteile sind (BGE 86 II 344, Erw. 5; vgl. BGE 98 Ib 97,
Erw. 3), ist die Erbenstellung des ausgeschlossenen Pflichtteilsberechtigten
nicht zu vereinbaren. Die frühere Ansicht (oben N. 20) muss also aufgegeben werden (so namentlich PIOTET, La protection, ZSR 1972 I 25 ff., 49–

53; *ders.*, Erbrecht, § 53 II, p. 354 ss./S. 378 ff.; RAEMY, 144 f.; DRUEY, § 6 N. 10 f., 39, 70; ZGB-FORNI/PIATTI, Vorbem. vor Art. 522 N. 2); dieser Auffassung hat sich nun auch das BGer. angeschlossen (BGE 115 II 211; s. auch ZH OGer., ZR 95 [1996] Nr. 34 Erw. V 3c). Der Erblasser kann den Berechtigten, dem er den Pflichtteil auf andere Weise (nur) dem Werte nach zukommen lässt, also endgültig von der Erbfolge ausschliessen. Damit steht im Einklang, dass der Pflichtteil ein Wert ist (s. oben N. 4).

23   Ohne Zweifel besteht aber ein Spannungsverhältnis zwischen der Beschränkung der Testierfreiheit nach Art. 470 und dem Ausschluss der Herabsetzungsklage, wenn der Berechtigte den Pflichtteil dem Werte nach erhalten hat, ein Spannungsverhältnis, welches frühere Ausleger irritierte (vgl. etwa ESCHER/ESCHER, Art. 522 N. 5 m. Nachw.). Die neuere Auffassung entspricht aber dem Gesetz. Schon im gemeinen Recht hatte es ein ähnliches Problem gegeben: Die Justinianische Novelle 115 verlangte, dass der Erblasser seinen Nachkommen und Vorfahren den Pflichtteil nicht nur dem Werte nach zukommen lasse, sondern sie auch durch eine Erbeinsetzung *ehre*, sei es auch nur mit einer minimalen Quote. Da späteren Zeiten, wie DERNBURG (Pandekten III, § 152, S. 309 f.) schrieb, «jede Empfindung dafür» fehlte, dass die Ernennung als Erbe eine besondere Ehre sei, half man sich in der Praxis «über das Unbegreifliche der Vorschrift und ihre Härten» wie folgt hinweg: Man betrachtete jede letztwillige Zuwendung an den Deszendenten oder Aszendenten im Zweifel als eine Erbeinsetzung und nahm an, dass der Vorschrift der Novelle damit Genüge getan sei. Ebenso ist man später auch in der Schweiz verfahren (s. oben N. 19 f.).

24   Es mag für ein Kind des Erblassers schon schmerzlich und kränkend sein, von der Erbfolge ausgeschlossen zu werden; deshalb war die Vorschrift der Novelle 115 vielleicht nicht gar so unbegreiflich, wie DERNBURG meinte. Auf der anderen Seite ist zu bedenken, dass der genügend bedachte Pflichtteilsberechtigte im Wege der Herabsetzungsklage weder mehr noch anderes verlangen könnte, als er erhalten hat, denn die in der Bedenkung enthaltenen Teilungsvorschriften wären jedenfalls verbindlich (auch in Bezug auf Familienschriften, vgl. Art. 613). Die Erbenstellung würde dem Berechtigten – ausser der Haftung für die Erbschaftsschulden – nur die Möglichkeit eröffnen, bei der Erbschaftsteilung mitzuwirken, obwohl er für sich selbst dabei nichts zu gewinnen oder zu verlieren hätte. Ein dahin gehendes Interesse ist nicht schützenswert. Es scheint, dass Art. 522 Abs. 1 wie früher schon § 973 (2037) PGB gerade das klargestellt hat. Die Abfindung des Pflichtteilsberechtigten kann auch als Mittel eingesetzt werden, um einen «Streithahn» von der Erbengemeinschaft fernzuhalten (DRUEY, § 6 N. 11).

d) Durch Vermächtnisse

Vermächtnisse verletzen den Pflichtteil des Beschwerten, 25
wenn sie bewirken, dass der Wert seines Erbanteils unter den Wert des
Pflichtteils sinkt (vgl. oben N. 7). Das pflichtteilverletzende Vermächtnis
wird dann im Verhältnis der wertmässigen Pflichtteilsverletzung zum Wert
des Vermächtnisgegenstandes, beides zur Zeit der Eröffnung des Erbgangs,
herabgesetzt.

Ist einem Erben, dessen Pflichtteil 120 beträgt, ein Vermächtnis in Höhe von 60 auferlegt,
nach dessen Ausrichtung ihm noch Erbschaftswerte von 100 bleiben würden, so verletzt
das Vermächtnis seinen Pflichtteil als Wert um 20 und muss um $^{20}/_{60} = ^1/_3$ herabgesetzt
werden.

Das Vermächtnis wird also nicht absolut (um 20), sondern verhältnismässig 26
(um $^1/_3$) herabgesetzt. Das ist vor allem dann von Bedeutung, wenn sich der
Wert des Vermächtnisgegenstandes während des Erbgangs ändert. Auch
wenn dieser Wert steigt oder fällt, bleibt es bei der Herabsetzung um $^1/_3$, obwohl der Beschwerte im ersten Fall stärker, im zweiten Fall weniger stark
entlastet wird als zur Herstellung seines Pflichtteils notwendig. Auch eine
Änderung des Werts des Betreffnisses des Beschwerten hat keine Anpassung der Herabsetzungsquote mehr zur Folge.

Ist die Pflichtteilsverletzung die Folge mehrerer Vermächtnisse, so werden 27
alle prinzipiell im selben Verhältnis herabgesetzt. Wenn Vermächtnisse und
Erbeinsetzungen zusammentreffen, werden alle Zuwendungen von Todes
wegen im selben Verhältnis herabgesetzt, falls der Erblasser nicht anders
verfügt hat (Art. 525). Der Pflichtteil braucht nicht berechnet zu werden,
wenn der Erblasser einen Erben zugunsten derselben Person oder derselben Personen auf den Pflichtteil gesetzt und zusätzlich mit einem Vermächtnis beschwert hat: Zur Herstellung des Pflichtteils wird in diesem Fall nur
das Vermächtnis auf null herabgesetzt (BGE 80 II 200; 103 II 88, Erw. 4).
Dieses vereinfachte Verfahren ist aber nicht möglich, wenn der Erblasser
den «verfügbaren Erbteil» und das Vermächtnis verschiedenen Personen
zugewendet hat.

Der Erblasser, der seinen Nachkommen A als gesetzlichen Erben hinterlässt, hat verfügt, 28
dass B einen Viertel der Erbschaft erhalten soll, und hat A ausserdem mit einem Vermächtnis von 10 zugunsten des B beschwert. Das Vermächtnis wird auf null herabgesetzt.
Hat der Erblasser das Vermächtnis jedoch dem C ausgesetzt, müssen die Zuwendungen
an B und C verhältnismässig herabgesetzt werden: Die Berechnungsgrundlage sei 160.
Die Zuwendungen im Gesamtwert von 50 verletzen den Pflichtteil des A um 10. Sie müssen jede um $^1/_5$ herabgesetzt werden. Die Erbeinsetzung des B wird also um $^1/_5$, nämlich

von $1/4 = 5/20$ auf $4/20 = 1/5$ herabgesetzt; das Vermächtnis ebenfalls um $1/5$ von 10 auf 8. Der Pflichtteil des A (Wert: 120) wird also dadurch hergestellt, dass er (statt $3/4 = 15/20$) $16/20 = 4/5$ der Erbschaft (Wert: 128) erhält und das Vermächtnis an C ihn nur noch mit 8 statt 10 belastet.

e) Durch Zuwendungen unter Lebenden

29   Unentgeltliche Zuwendungen des Erblassers unter Lebenden, die mit dem Erbgang im Zusammenhang stehen oder von den Erben in Zusammenhang gebracht werden können, sollen deren Pflichtteile nicht schmälern. Sie werden deshalb der Herabsetzung unterstellt (Art. 527). Um aber feststellen zu können, inwieweit solche Zuwendungen unter Lebenden den verfügbaren Teil erschöpft haben oder Pflichtteile verletzen, müssen sie zum Nachlass hinzugerechnet und sodann auf den so ermittelten verfügbaren Teil angerechnet werden. Das erstere schreibt Art. 475 vor, der seinerseits auf Art. 527 verweist. Die Anrechnung auf die disponible Quote ist zwar nirgends ausdrücklich statuiert, ergibt sich aber unstreitig aus der Mechanik des Pflichtteilsschutzes.

30   Wendet der Erblasser Leistungen aus einer Lebensversicherung, die auf seinen Tod gestellt ist, unentgeltlich einem Dritten zu, so besteht immer ein Zusammenhang mit dem Erbgang, weil die Forderung durch seinen Tod fällig wird. Solche Versicherungsleistungen unterliegen deshalb ebenfalls der Herabsetzung (Art. 529); sie werden nach Art. 476 zum Vermögen des Erblassers gerechnet und vermehren es, wenn sie bei Eröffnung des Erbgangs einen Rückkaufswert haben.

V. Das Pflichtteilsrecht als subjektives Recht

31   Das Pflichtteilsrecht entsteht wie das Erbrecht mit der Eröffnung des Erbgangs. Es ist jedoch kein Erbrecht im subjektiven Sinn, denn der von der Erbfolge ausgeschlossene Pflichtteilsberechtigte ist nicht Erbe (oben N. 15 ff.). Das Pflichtteilsrecht dient ihm vielmehr dazu, das ihm zustehende, aber vorenthaltene Erbrecht im Umfang des Pflichtteils zu erlangen. Bei Belastungen des Erbteils mit Vermächtnissen, bei Beschränkungen durch andere Verfügungen und bei einer Wertminderung durch Zuwendungen an Dritte unter Lebenden ermöglicht es das Pflichtteilsrecht, den «Soll-Wert» des Erbrechts herzustellen. Rechtsobjekt des Pflichtteilsrechts ist die Herstellung des Pflichtteils. Seinem Inhalt nach ist das Pflichtteilsrecht also eine Art *Erwerbsrecht*.

Die meisten Pflichtteilsberechtigten beerben den Erblasser als gesetzliche   32
Erben. Für sie ist das Pflichtteilsrecht ohne Bedeutung. Im Fall der Verletzung des Pflichtteils gibt das Pflichtteilsrecht dem Berechtigten aber einen
Anspruch auf dessen Herstellung. Dieser Anspruch ist kein Leistungs-, sondern ein Gestaltungsanspruch, der mit der Herabsetzungsklage (Art. 522)
oder -einrede (Art. 533 Abs. 3; s. oben N. 16 f.) geltend gemacht wird. Das
spricht dafür, dass es sich um ein Gestaltungsklagerecht handelt. Die Partei-
en können sich allerdings auch aussergerichtlich einigen (oben N. 12). Trotzdem handelt es sich nicht um ein einfaches Gestaltungsrecht, weil der Berechtigte sich den Pflichtteil nicht durch eine einseitige Erklärung verschaffen kann, sondern die Zustimmung der Gegenseite zu seinem Begehren
braucht. Nach der Art des Rechtsschutzes ist das Pflichtteilsrecht also ein
nicht ganz typisches *Gestaltungsklagerecht.*

VI. Die Enterbung

Der Erblasser kann den bedingt Berechtigten wegen einer   33
schweren Straftat oder einer schweren Verletzung familienrechtlicher
Pflichten von der Erbfolge ausschliessen und ihm den Pflichtteil entziehen
(sog. Strafenterbung, Art. 477 ff.). Ausserdem kann er den Erbteil eines
überschuldeten Nachkommen auf den halben Pflichtteil reduzieren und die
andere Hälfte den vorhandenen oder nachgeborenen Kindern desselben zuwenden (sog. Präventiventerbung, Art. 480).

Im Falle der Strafenterbung gestaltet sich die Erbfolge von Gesetzes wegen   34
so, wie wenn der Enterbte den Erbfall nicht erlebt hätte. Ist der Enterbte ein
Nachkomme des Erblassers, so sind seine Nachkommen an seiner Statt
pflichtteilsberechtigt (Art. 478 Abs. 3). In allen anderen Fällen kann der Erblasser über den Anteil des Enterbten, auch über dessen Pflichtteil, frei verfügen (Art. 478 Abs. 2). Die Enterbung vermehrt dann den verfügbaren Teil
um den freigewordenen Pflichtteil und schafft dem Erblasser mehr Verfügungsfreiheit (s. auch Art. 470 N. 9 ff.).

Art. 470

A. Verfügbarer
Teil
I. Umfang
der Verfügungs-
befugnis

[1] **Wer Nachkommen, Eltern oder den Ehegatten als seine nächsten Erben hinterlässt, kann bis zu deren Pflichtteil über sein Vermögen von Todes wegen verfügen.**
[2] **Wer keine der genannten Erben hinterlässt, kann über sein ganzes Vermögen von Todes wegen verfügen.**

A. Quotité
disponible
I. Son étendue

[1] Celui qui laisse des descendants, ses père et mère ou son conjoint a la faculté de disposer pour cause de mort, de ce qui excède le montant de leur réserve.
[2] En dehors de ces cas, il peut disposer de toute la succession.

A. Porzione
disponibile
I. Limiti

[1] Chi muore lasciando discendenti, genitori od il coniuge può disporre per causa di morte della parte dei suoi beni eccedente la loro porzione legittima.
[2] Chi non lascia eredi in questi gradi può disporre per causa di morte di tutti i suoi beni.

Materialien: TE 428 – VE 495; Anträge, 98; Erl. I, 386 ff. = Mot. II, 59 ff. – E 477. *Revision 1984:* ExpRevFam. I, 24; II, 61 ff. – Botschaft 1979, 1353, Ziff. 235.5 – NatR 1983, 687 – BBl. 1984 III 41 – AS 1986 I 143.

Literatur: BEAT BRÜHLMEIER, Die Wirkung beim Ausscheiden einer erbteilsbeanspruchenden Person auf die Berechnung des Pflichtteils und der verfügbaren Quote, Diss. Freiburg i.Ue. 1944; REINHOLD RAEMY, Pflichtteilsrecht und Erbenqualität, Diss. Freiburg i.Ue. 1982; WALTER SCHAER, Ist das Pflichtteilsrecht ein erhaltenswertes Institut? Eine rechtspolitische Betrachtung zum schweizerischen Pflichtteilsrecht mit rechtsvergl. Hinweisen, Diss. Zürich 1976; HANS-PETER TSCHÄPPELER, Die Testierfreiheit zwischen Freiheit des Erblassers und Gleichheit der Nachkommen, Diss. Zürich 1983.

Inhaltsübersicht

I. Inhalt

Der Erblasser, der einen oder mehrere Nachkommen, ei-   1
nen Elternteil oder beide Eltern oder seinen Ehegatten als nächste gesetzliche Erben hinterlässt, ist nicht befugt, über sein ganzes Vermögen von Todes wegen zu verfügen, sondern muss «deren Pflichtteil» beachten. Nur wer
keine solchen Angehörigen als Erben hinterlässt, kann von Todes wegen
über sein Vermögen frei verfügen.

In Abs. 1 der bis zum 31. Dezember 1987 geltenden Fassung des Artikels   2
wurden auch die Geschwister des Erblassers als pflichtteilsberechtigt ge-
nannt. Wenn der Erblasser nach diesem Tag gestorben ist, kommt ein
Pflichtteilsrecht der Geschwister nicht mehr in Betracht (vgl. SchlT Art. 15
und hinten, Art. 471 N. 13).

II. Pflichtteil und verfügbarer Teil

Nach Abs. 1 kann der Erblasser nur bis zum *Pflichtteil* sei-   3
ner nächsten Angehörigen von Todes wegen über sein Vermögen verfügen.
Den Umfang des Pflichtteils, den der Erblasser beachten muss, bestimmt
das Gesetz aber nicht direkt. Er kann nur als Summe der einzelnen Pflichtteile der Berechtigten (s. Art. 471; vgl. vorn, Vorbem. vor Art. 470 N. 3) errechnet werden. Das ändert im Allgemeinen freilich nichts daran, dass der
Pflichtteil ein Bruchteil des Vermögens ist (s. aber hinten, Art. 474 N. 32).
Trotzdem kommt es darauf an, weil der Erblasser nicht nur in den «Gesamtpflichtteil» nicht eingreifen darf, sondern vor allem die Pflichtteile der einzelnen Berechtigten beachten muss (die gemeinrechtliche Doktrin hätte
von «Distributivberechnung» im Unterschied zu «Kollektivberechnung»
des Pflichtteils gesprochen, vgl. DERNBURG III, § 150, S. 306). Der die Summe der Pflichtteile übersteigende Teil des Nachlasses, über den der Erblasser von Todes wegen (unanfechtbar) verfügen kann, ist der *verfügbare Teil*.
Dem Umfang nach ist er die Differenz zwischen dem Ganzen und der Summe der Pflichtteile.

In Art. 474 ff. stellt das Gesetz Bestimmungen über den *Inhalt* des verfügba-   4
ren Teils auf: Es zeigt sich, dass das Vermögen oder die «Berechnungsgrundlage» (s. vorn, Vorbem. vor Art. 470 N. 5) nicht mit der Erbschaft identisch
ist. Es umfasst vielmehr ausser der Erbschaft auch Zuwendungen, die der
Erblasser bei Lebzeiten gemacht hat (Art. 475 f.), sowie bestimmte Erb-

gangsschulden (Art. 474 Abs. 2). Da die Pflichtteile mit dem verfügbaren Teil ein Ganzes bilden, sind auch sie dem Inhalt nach notwendigerweise Bruchteile des Vermögens, obwohl Art. 471 sie umfangmässig als Bruchteile der Erbteile und damit der Erbschaft definiert. Die verschiedenen Bestandteile des Vermögens können nur dem Wert nach auf einen Nenner gebracht werden. Deshalb sind sowohl die Pflichtteile als auch der verfügbare Teil Wertangaben.

5   Ein Erblasser, der keine pflichtteilsberechtigten Angehörigen hat, kann über den ganzen Nachlass frei verfügen (Abs. 2).

III. Die Pflichtteilsberechtigten

6   Als Pflichtteilsberechtigte nennt das Gesetz Nachkommen und Eltern sowie den Ehegatten des Erblassers (Einzelheiten s. Art. 471 N. 3 ff.). Sie alle haben ein Pflichtteilsrecht nur, wenn sie im Einzelfall als gesetzliche Erben zur Erbfolge berufen sind («wer Nachkommen, Eltern oder den Ehegatten *als seine nächsten Erben* hinterlässt»), nicht enterbt sind (Art. 477 ff.), keinen Erbverzicht abgeschlossen haben (Art. 495 f.; s. auch vorn, Einl. vor Art. 467 N. 8), nicht erbunwürdig sind (Art. 540 f.) und die Erbschaft nicht ausschlagen (Art. 566 ff.).

7   Die Kinder des Erblassers, zu denen auch Adoptivkinder gehören (s. aber aArt. 268 Abs. 3), sind immer dessen nächste gesetzliche Erben (Art. 457); dasselbe gilt vom überlebende Ehegatten (Art. 462). Die Enkel und Urenkel werden dagegen als gesetzliche Erben nur berufen, wenn der Elternteil (bei Urenkeln auch der Grosselternteil), durch den sie vom Erblasser abstammen, nicht zur Erbfolge gelangt. Die Eltern beerben den Erblasser als Angehörige der zweiten Parentel nur, wenn keine Nachkommen des Erblassers zur Erbfolge gelangen.

IV. Der Wegfall eines Pflichtteilsberechtigten

8   Ist ein Pflichtteilsberechtigter *vorverstorben* oder in Adoption gegeben worden (s. aber aArt. 268 Abs. 1) oder hat er die Erbschaft *ausgeschlagen* (Art. 572), so kommen als Pflichtteilsberechtigte die Personen in Betracht, die als Erben an seine Stelle treten. Ob sie pflichtteilsberechtigt sind und wie gross die ihnen zustehenden Pflichtteile sind, hängt da-

von ab, ob sie selbst zu den nach Art. 471 Berechtigten gehören, zu welcher Klasse derselben und wie gross ihre gesetzlichen Erbteile sind. Nach der Summe der Pflichtteile des neuen Kreises der Berechtigten richtet sich auch der Umfang des verfügbaren Teils.

Im Falle der Ausschlagung ist jedoch folgende Sonderregelung zu beachten: Wenn alle nächsten gesetzlichen Erben ausgeschlagen haben, wird die Erbschaft liquidiert, falls nicht wenigstens einer der Ausschlagenden verlangt hat, dass die nachfolgenden Erben noch angefragt würden, und nicht wenigstens einer von diesen die Erbschaft annimmt (Art. 573 ff.).

In diesen Fällen kommt es oft zu einer Änderung der Pflichtteile, weil das   9
Gesetz den Eltern des Erblassers neben dem überlebenden Ehegatten einen kleineren Erbteil gibt als den Nachkommen (Art. 457–462), dem überlebenden Ehegatten und den Eltern ausserdem kleinere Bruchteile ihrer Erbteile als Pflichtteile (Art. 471) als den Nachkommen zuweist und die Nachkommen der Eltern sowie die Grosseltern und ihre Nachkommen überhaupt keine Pflichtteile haben. Dementsprechend ändert sich auch der verfügbare Teil. *Der verfügbare Teil wächst,* wenn anstelle eines Nachkommen Erben des elterlichen oder grosselterlichen Stammes oder der überlebende Ehegatte allein zur Erbfolge berufen werden oder wenn anstelle eines Elternteils dessen Nachkommen oder Erben des grosselterlichen Stammes berufen werden. *Der verfügbare Teil wird kleiner,* wenn anstelle des Ehegatten Nachkommen des Erblassers berufen werden. *Der verfügbare Teil ändert sich nicht,* wenn anstelle eines Nachkommen andere Nachkommen berufen werden oder anstelle eines Elternteils der andere oder der überlebende Ehegatte.

Gelangt ein Pflichtteilsberechtigter nicht zur Erbfolge, weil er *erbunwürdig*   10
ist (Art. 540 f.) oder weil der Erblasser ihn *enterbt* (Art. 478) oder einen *Erbverzicht* mit ihm abgeschlossen hat (Art. 495), so wird der freigewordene Pflichtteil der disponiblen Quote zugeschlagen, und der Erblasser kann frei darüber verfügen (s. aber unten N. 11). Alle drei Tatbestände betreffen in erster Linie das Verhältnis zwischen dem wegfallenden Erben und dem Erblasser. Die Stellung der übrigen Pflichtteilsberechtigten wird dadurch nicht berührt. Sie sollen daraus weder einen Vorteil ziehen, noch soll ein Erbauskauf ihnen zum Nachteil gereichen. Ebenso ist es, wenn der Erblasser sein altrechtliches Adoptivkind ohne Pflichtteilsrecht von der Erbfolge ausgeschlossen hat (s. aArt. 465 N. 7). Nur wenn der Erblasser von seiner erweiterten Verfügungsfreiheit keinen Gebrauch macht, beruft das Gesetz andere Erben, weil es für den ganzen Nachlass Erben braucht; einen (grösseren) Pflichtteil erhalten sie aber nicht.

11   Von dieser Regelung gibt es Ausnahmen zugunsten der Nachkommen des Weggefallenen: Die *Nachkommen des Enterbten* (Art. 478 Abs. 3) und des *Erbunwürdigen* (vgl. Art. 541 Abs. 2; so zutreffend die h.M.: BRÜHLMEIER, 84 ff.; ESCHER/ESCHER, Vorbem. zu Art. 470 f. N. 23 und Art. 541 N. 2, mit Nachw.; TUOR/PICENONI, Art. 540 f. N. 34) behalten ihre Pflichtteilsrechte. Sie sollen die Verfehlung ihres Aszendenten nicht entgelten. Dasselbe gilt in Bezug auf die *Nachkommen des Verzichtenden*, wenn und weil das im Erbverzicht erbvertraglich so vorgesehen wurde (Art. 495 Abs. 3).

12   Aus dem Gesagten ergibt sich für die Berechnung der Pflichtteile und des verfügbaren Teiles beim Wegfall eines Berechtigten Folgendes: Ist der Pflichtteilsberechtigte *vorverstorben*, wurde er *in Adoption gegeben* oder hat er die Erbschaft *ausgeschlagen* (s. oben N. 8), so werden die Pflichtteile und der verfügbare Teil durch den neuen Kreis der Berechtigten so bestimmt, als ob er nie gelebt hätte. Ist der Pflichtteilsberechtigte aber durch *Enterbung, Erbverzicht* oder *Erbunwürdigkeit* weggefallen, so werden die Pflichtteile aller Beteiligten so berechnet, als ob er erbberechtigt wäre. Der hypothetisch für ihn berechnete Pflichtteil wird aber, sofern keine pflichtteilsberechtigten Nachkommen vorhanden sind, dem verfügbaren Teil zugeschlagen und erweitert die Verfügungsfreiheit des Erblassers.

13   Eine *Erbabfindung* wird, nachdem sie zuerst zum Nachlass hinzugerechnet worden ist (s. hinten, Art. 475 N. 14 ff.), vom verfügbaren Teil abgezogen. Eine Erhöhung des verfügbaren Teils dem Wert nach resultiert für den Erblasser beim Erbauskauf also nur, wenn er dem abgefundenen Erben weniger als den Wert des Pflichtteils geleistet hat (Rechnungsbeispiele auf anderer Basis, aber mit richtigem Ergebnis bei PIOTET, § 63 IV, p. 425 s./S. 456 f.).

Art. 471

II. Pflichtteil

Der Pflichtteil beträgt:
1. für einen Nachkommen drei Viertel des gesetzlichen Erbanspruches;
2. für jedes der Eltern die Hälfte;
3. für den überlebenden Ehegatten die Hälfte.

II. Réserve

La réserve est:
1. Pour un descendant, des trois quarts de son droit de succession;
2. Pour le père ou la mère, de la moitié;
3. Pour le conjoint survivant, de la moitié.

II. Porzione legittima

La porzione legittima è:
1. di tre quarti della quota ereditaria per i discendenti;
2. della metà per ciascuno dei genitori;
3. della metà per il coniuge superstite.

Materialien: TE 421–425 – VE 495; Anträge, 98; Erl. I, 386 f. = Mot. II, 59 f. – E 478. *Revision 1984:* ExpRevFam. I, 24; II, 61 ff. – Botschaft 1979, S. 1347 ff., Ziff. 235.21 f., 235.3, 235.5 – NatR 1983, 687 f. – StR 1984, 142 – BBl. 1984 III 41 – AS 1986 I 144.

I. Inhalt

Die Pflichtteile jedes zur Erbfolge berufenen Nachkommen sind drei Viertel, diejenigen jedes der Eltern und des überlebenden Ehegatten die Hälfte ihrer gesetzlichen Erbteile. 1

II. Allgemeines

2   Der Artikel bestimmt die Grösse des Pflichtteils jedes Berechtigten als einen Bruchteil seines *gesetzlichen Erbteils,* der «quota ereditaria», wie es der italienische Text einwandfrei zum Ausdruck bringt. Auch «droit de succession», so der französische Text, und «Erbanspruch», so die deutsche Fassung, sind auf die gesetzliche Erbberechtigung und deren Umfang, den gesetzlichen Erbteil, zu beziehen. Ein sachlicher Unterschied besteht also nicht.

Ein Bruchteil des Erbrechts im subjektiven Sinn («droit de succession») oder des Herausgabe- oder Teilungsanspruchs aus Art. 598 bzw. 604 («Erbanspruchs») kann weder der Pflichtteil noch das Pflichtteilsrecht sein, weil der von der Erbschaft ausgeschlossene Pflichtteilsberechtigte nicht Erbe ist (s. vorn, Vorbem. vor Art. 470 N. 15 ff., 31 f.). Er hat nur ein Recht darauf, Erbe zu werden, eben das Pflichtteilsrecht, und erst mit dem Herabsetzungsurteil erwirbt er das Erbrecht und ggf. einen Herausgabe- oder Teilungsanspruch.

Die Pflichtteile sind aber keine Bruchteile der Erbschaft oder, weil man die Erbschaft nur als Wert auf einen Nenner bringen kann, ihres Wertes. Sie sind vielmehr, weil sie mit dem verfügbaren Teil ein Ganzes bilden (Art. 470), wie dieser Bruchteile des Wertes des Vermögens (Art. 474 ff.; s. vorn, Vorbem. vor Art. 470 N. 5 f. und Art. 470 N. 4), der sog. Berechnungsgrundlage. Für die Pflichtteils*quoten* ist das freilich ohne Bedeutung.

III. Der Pflichtteil des überlebenden Ehegatten

3   Als Pflichtteil steht dem überlebenden Ehegatten (s. vorn, Art. 462 N. 3 ff.) die Hälfte des gesetzlichen Erbteils zu. Dessen Grösse ist nach Art. 462 davon abhängig, welche Verwandten des Erblassers neben ihm zur Erbfolge berufen sind:

4   a) Ist der überlebende Ehegatte neben Nachkommen zur Erbfolge berufen, so erhält er als gesetzlichen Erbteil die Hälfte der Erbschaft; sein Pflichtteil ist also ein Viertel des Vermögens. Nach Art. 473 Abs. 2 verliert der überlebende Ehegatte sein gesetzliches Erbrecht (im subjektiven Sinn) an die gemeinsamen Nachkommen, wenn der Erblasser ihm die Nutzniessung an deren Erbteil zuwendet (s. hinten, Art. 473 N. 41 ff.). Er behält aber das *Pflichtteilsrecht* und kann daher statt der Nutzniessung den Pflichtteil verlangen (ebd. N. 7, 10).

b) Neben Erben des elterlichen Stammes (Eltern, Geschwister, Neffen und   5
   Nichten sowie deren Nachkommen) erhält der überlebende Ehegatte
   drei Viertel der Erbschaft; sein Pflichtteil beträgt also drei Achtel des
   Vermögens.

c) In allen andern Fällen wird der überlebende Ehegatte allein zur Erbfolge   6
   berufen, und folglich steht ihm als Pflichtteil die Hälfte des Vermögens
   zu.

IV. Die Pflichtteile der Nachkommen

Der Pflichtteil jedes Nachkommen ist gleich drei Vierteln   7
seines gesetzlichen Erbteils; insoweit ist der Pflichtteil von der Zahl der
Nachkommen unabhängig (anders Art. 913 CCfr.). Die Grösse des Erbteils
eines Nachkommen hängt aber davon ab, wie viele Nachkommen oder
Stämme von Nachkommen der Erblasser hinterlassen hat und ob er verheiratet war. Nachkommen sind leibliche und adoptierte Nachkommen (vgl.
vorn, Art. 457 N. 2). Bei Adoptionen nach altem Recht konnte das Pflichtteilsrecht des Adoptivkindes gemäss aArt. 268 Abs. 3 allerdings ausgeschlossen werden (s. dazu vorn, aArt. 465 N. 7).

War der Erblasser verheiratet, dann fällt die Hälfte der Erbschaft dem über-   8
lebenden Ehegatten als gesetzlicher Erbteil zu, während als Erben der anderen Hälfte die Nachkommen berufen werden. Insgesamt stehen ihnen
also drei Achtel des Vermögens als Pflichtteil zu. Sind die Nachkommen die
einzigen gesetzlichen Erben, dann machen ihre Pflichtteile drei Viertel des
Vermögens aus. Jeder einzelne Nachkomme erhält vom «Gesamtpflichtteil»
von drei Achteln bzw. drei Vierteln einen der Zahl aller zur Erbfolge berufenen Nachkommen oder Stämme entsprechenden Bruchteil:

Ein neben dem überlebenden Ehegatten alleinerbender Sohn hat also einen Pflichtteil   9
von drei Achteln, zwei Töchter haben je $3/16$, drei Kinder je $3/24$ oder einen Achtel des Vermögens usw. Ist eine der beiden Töchter des verheirateten Erblassers unter Hinterlassung
von zwei Kindern vorverstorben, so hat jeder Enkel einen Pflichtteil von $3/32$ usw.; von
drei Enkeln erhält jeder $3/48$ oder einen Sechzehntel.
Die Pflichtteile der Nachkommen eines unverheirateten Erblassers sind doppelt so hoch
als die Pflichtteile der Nachkommen eines verheirateten Erblassers: Der einzige Sohn hat
einen Pflichtteil von drei Vierteln; zwei Töchter haben je drei Achtel usw. Zwei Kinder
derselben vorverstorbenen Tochter erhalten je $3/16$, drei je einen Achtel.

V. Die Pflichtteile der Eltern

10   Der Pflichtteil jedes Elternteils ist gleich der Hälfte seines gesetzlichen Erbteils. Dessen Höhe hängt davon ab, ob der Erblasser verheiratet war, ferner auch davon, ob ein Elternteil weggefallen ist, ohne dass Nachkommen an seine Stelle getreten sind. Eltern sind leibliche Eltern und Adoptiveltern. Altrechtliche Adoptiveltern und ihre Verwandten haben allerdings kein Erbrecht beim Tod des Adoptivkindes und folglich auch keinen Pflichtteil (aArt. 465 Abs. 2).

11   a) Neben dem überlebenden Ehegatten erhält jeder Elternteil (wenn keine Nachkommen zur Erbfolge berufen sind) einen Achtel der Erbschaft; sein Pflichtteil beträgt dann $1/16$. Ist ein Elternteil weggefallen, ohne eintretende Nachkommen zu hinterlassen (vgl. Art. 458 Abs. 3), so gelangt sein Erbteil an den andern Elternteil (Art. 458 Abs. 4). Dadurch verdoppelt sich auch dessen Pflichtteil auf einen Achtel.

12   b) War der Erblasser unverheiratet, so werden die Eltern ggf. als Alleinerben berufen; jeder Elternteil erhält als Erbteil die Hälfte der Erbschaft und als Pflichtteil einen Viertel des Vermögens. Ist ein Elternteil ohne Nachkommen weggefallen, so verdoppelt sich der Pflichtteil des andern Elternteils auf die Hälfte des Vermögens.

VI. Die Grenzen des Pflichtteilsrechtes

13   Das frühere, bis Ende 1987 geltende Erbrecht gab auch den Geschwistern des Erblassers einen Pflichtteil in Höhe eines Viertels des gesetzlichen Erbteils (aArt. 471 Ziff. 3). Die Kantone konnten für die Beerbung ihrer Angehörigen, die im Kantonsgebiet den letzten Wohnsitz hatten, den Pflichtteil der Geschwister aufheben oder ihn auf deren Nachkommen, insbesondere die Neffen und Nichten des Erblassers, ausdehnen (aArt. 472). Viele Kantone hatten von diesen Möglichkeiten Gebrauch gemacht. Seit dem Inkrafttreten des neuen Erbrechts am 1. Januar 1988 haben die Geschwister des Erblassers und deren Nachkommen kein Pflichtteilsrecht mehr. Dasselbe gilt für die gesetzlichen Erben der dritten Parentel, d.h. für die Grosseltern des Erblassers und deren Nachkommen (Art. 15 Abs. 1 SchlT e contrario).

Art. 473

IV. Begünstigung
des Ehegatten

[1] Der Erblasser kann dem überlebenden Ehegatten durch Verfügung von Todes wegen gegenüber den gemeinsamen und den während der Ehe gezeugten nichtgemeinsamen Kindern und deren Nachkommen die Nutzniessung an dem ganzen ihnen zufallenden Teil der Erbschaft zuwenden.
[2] Diese Nutzniessung tritt an die Stelle des dem Ehegatten neben diesen Nachkommen zustehenden gesetzlichen Erbrechts.
[3] Im Falle der Wiederverheiratung entfällt die Nutzniessung auf jenem Teil der Erbschaft, der im Zeitpunkt des Erbganges nach den ordentlichen Bestimmungen über den Pflichtteil der Nachkommen nicht hätte mit der Nutzniessung belastet werden können.

IV. Libéralités en
faveur du conjoint
survivant

[1] L'un des conjoints peut, par disposition pour cause de mort, laisser au survivant l'usufruit de toute la part dévolue à leurs enfants communs et aux enfants du seul disposant, conçus pendant le mariage, ainsi qu'à leurs descendants.
[2] Cet usufruit tient lieu du droit de succession attribué par la loi au conjoint survivant en concours avec ces descendants.
[3] Si le conjoint survivant se remarie, son usufruit cesse de grever pour l'avenir la partie de la succession qui, au décès du testateur, n'aurait pas pu être l'objet du legs d'usufruit selon les règles ordinaires sur les réserves des descendants.

IV. Liberalità al
coniuge superstite

[1] Mediante disposizione a causa di morte, il disponente può lasciare al coniuge superstite, in concorso con i figli comuni e con quelli non comuni concepiti durante il matrimonio, come anche con i loro discendenti, l'usufrutto di tutta la porzione che competerebbe a questi.
[2] Questo usufrutto tien luogo della legittima del coniuge in concorso con questi discendenti.
[3] Passando ad altre nozze, il coniuge superstite perde l'usufrutto di quella parte della successione che, al momento dell'aperta successione, non avrebbe potuto essere gravata di usufrutto secondo le disposizioni ordinarie sulla legittima dei discendenti.

Materialien: Erl. I, 387 f. = Mot. II, 60 f. – E 479 – AS 1977 I 259. *Revision 1984:* Botschaft 1979, S. 1350, Ziff. 235.23 – StR 1984, 142 – BBl. 1984 III 41 – AS 1986 I 144.

Literatur: REGINA E. AEBI-MÜLLER, Die optimale Begünstigung des überlebenden Ehegatten, Diss. Bern 2000, 150–192; RÉMI BONNARD, La libéralité spéciale en usufruit en faveur du conjoint survivant, Diss. Lausanne 1968; P. BREITSCHMID, Ehegüter- und Erbrecht. Grenzfragen und Zusammenhänge, in: Testament und Erbvertrag, hg. v. dems., Bern 1991, 125–168; S. BURCKHARDT, Maximale Begünstigung des überlebenden Ehegatten nach neuem Erbrecht ohne ma-

ximale Benachteiligung der Kinder, SJZ 1987, 4–7; DESCHENAUX/
STEINAUER/BADDELEY, 735–742; J. N. DRUEY, Das neue Erbrecht und
seine Übergangsordnung, in: Vom alten zum neuen Eherecht, hg. v.
Heinz Hausheer, Bern 1986, 167–179; *ders.*, Grundriss, § 6 Rz. 30 ff.;
ders., Pflichtteil und Planung, in: Güter- und erbrechtliche Planung,
hg. v. dems. und Peter Breitschmid, Bern 1999, 147–172; D. DÜRR, Die
Meistbegünstigung des überlebenden Ehegatten nach dem neuen
Güter- und Erbrecht, BJM 1987, 8 f.; JACQUES FULPIUS, Le conjoint
survivant en droit matrimonial et successoral suisse, Diss. Genève
1968; TH. GEISER, Art. 473 ZGB und das neue Eherecht, ZBJV 1986,
126–132; TH. GUHL, Sicherung und Begünstigung der Ehegatten nach
ehelichem Güterrecht und Erbrecht, in: Zum schweizerischen Erbrecht. FS P. Tuor, Zürich 1946, 1–48; J. GUINAND, Droits successoraux et matrimoniaux du conjoint survivant, Semjud 1984, 65–88;
ders., Le droit successoral, in: Le nouveau droit du mariage, hg. v.
François Dessemontet, Lausanne 1986, 80–82; *ders.*, Nouveaux droits
matrimoniaux et successoraux du conjoint survivant, in: Problèmes
du droit de la famille, hg. v. P.-A. Wessner, Neuchâtel 1987, 75–78;
GUINAND/STETTLER, 108 f.; H. HAUSHEER/R. AEBI-MÜLLER, Begünstigung des überlebenden Ehegatten, in: Güter- und erbrechtliche Planung, hg. v. Jean Nicolas Druey und Peter Breitschmid, Bern 1999, 1–
44; H. A. KAUFMANN, Das Erbrecht sowie die ehe- und erbrechtliche
Übergangsordnung, in: Das neue Ehe- und Erbrecht des ZGB mit
seiner Übergangsordnung, hg. v. dems. und Bruno Huwiler, Bern
1988, 126 f., 176 ff.; H. MERZ, Die Begünstigung des überlebenden
Ehegatten gemäss Art. 473 ZGB im Wandel, in: Familienrecht im
Wandel, in: FS H. Hinderling, Basel 1976, 103–110; M. NÄF-HOF-
MANN, Die erbrechtliche Begünstigung des überlebenden Ehegatten
nach Art. 473 ZGB ab Inkrafttreten des neuen Rechts, SJZ 1987, 8–
10; M./H. NÄF-HOFMANN, §§ 58 ff., S. 670–695; R. PFÄFFLI, Die Auswirkungen des neuen Ehe- und Erbrechts auf die Grundbuchfüh-
rung, Bern. Notar 1986, 281–292; *ders.*, Die Meistbegünstigung des
Ehegatten nach Güterrecht und Erbrecht, SJZ 1996, 5–8; PAUL PIO-
TET, Les usufruits du conjoint survivant en droit successoral suisse,
Bern 1970; *ders.*, § 56, p. 371–381/§§ 56, 57a, S. 396 ff., Nachtrag
(1986), S. 11; *ders.*, L'art. 473 al. 1 et 2 CC et le nouveau droit de mariage, ZBJV 1986, 292–296; *ders.*, Que signifie l'art. 473 al. 2 CC? SJZ
1988, 102–107; ARTHUR RÜSCH, Die Begünstigung des überlebenden
Ehegatten unter besonderer Berücksichtigung des Art. 473 ZGB,
Diss. Zürich 1938; S. SANDOZ, Quotité disponible et art. 473 CC, SJZ
1996, 86 f.; B. SCHNYDER, Private Rechtsgestaltung im neuen Ehe-
und Erbrecht, Bern. Notar 1986, 309–328; R. SCHWAGER, Möglichkeiten der rechtsgeschäftlichen Gestaltung, in: Vom alten zum neuen
Eherecht, hg. v. Heinz Hausheer, Bern 1986, 181–216; I. SCHWANDER,
Die 1984 revidierten erbrechtlichen Bestimmungen des Schweizerischen Zivilgesetzbuches, in: Das neue Eherecht, hg. v. Yvo Hangart-
ner, St. Gallen 1987, 306–310; PASCAL SIMONIUS/THOMAS SUTTER, § 3 II
3 Rz. 27 ff., S. 95 ff.; STAUFFER/SCHAETZLE, 173 ff.; P.-H. STEINAUER,
L'art. 473 al. 3 CC. Droit actuel et projet de révision, ZSR 1980 I,
341–377; TUOR/SCHNYDER/SCHMID, 466 ff.; P. WEIMAR, Zum Erbrecht
des überlebenden Ehegatten, ZSR 1980 I, 379–420; *ders.*, Erbrecht

und Versorgung der Witwe, ZBJV 1985, 265–277; *ders.,* Art. 473 ZGB und die disponible Quote, SJZ 1999, 453–456; CHRISTOPH WILDISEN, Das Erbrecht des überlebenden Ehegatten, Diss. Freiburg i.Ue. 1997; K. WISSMANN, Das neue Ehegüterrecht. Vom altrechtlichen zum neurechtlichen Ehevertrag, ZBGR 1986, 321–368; B.-J. WOLF, Art. 473 ZGB und die verfügbare Quote in der Revision, SJZ 1987, 199 f.; *ders.,* Das neue Erbrecht, ST 1987, 437–440; *ders.,* Erbrechtliche Nutzniessungszuweisung an den Ehegatten, gegen den Verlustscheine vorliegen, Prätor 1988/89, 2–6.

I. Inhalt

Der Erblasser kann dem überlebenden Ehegatten durch Verfügung von Todes wegen die Nutzniessung am Erbteil der gemeinsamen (und der im Ehebruch gezeugten) Kinder und deren Nachkommen vermachen. Diese erhalten dafür das gesetzliche Erbrecht des begünstigten Ehegatten. Im Fall der Wiederverheiratung desselben erlischt die Nutzniessung insoweit, als sie nach den ordentlichen Vorschriften die Pflichtteile der Nachkommen verletzt hätte.   1

II. Die Begünstigung des überlebenden Ehegatten

Art. 473 eröffnet dem Erblasser die Möglichkeit, dem überlebenden Ehegatten den Besitz, den Gebrauch und die Früchte der ganzen Erbschaft zuzuhalten, auch wenn der Ehegatte die Erbschaft mit gemeinsa-   2 men Nachkommen oder während der Ehe gezeugten nicht gemeinsamen Nachkommen des Erblassers teilen muss. Zu diesem Zweck kann der Erblasser ihm die Nutzniessung am Erbschaftsanteil dieser Nachkommen zuwenden, ohne Rücksicht darauf, ob das nach den ordentlichen Bestimmungen (Art. 457, 462, 471, 530) ein Eingriff in deren Pflichtteile wäre. Das ist, was in der Marginalie als «Begünstigung des Ehegatten» bezeichnet wird.

3   Die Nutzniessung des überlebenden Ehegatten tritt gemäss Abs. 2 an die Stelle seines gesetzlichen Erbrechts. Der überlebende Ehegatte wird also nicht Erbe (s. unten N. 34, 41 ff.; anders, wenn die Nutzniessung nicht alle Nachkommen belastet, s. unten N. 44), sofern der Erblasser ihn nicht (im Rahmen der disponiblen Quote) als Erben besonders eingesetzt hat (s. unten N. 12). Sein gesetzliches Erbrecht fällt den Nachkommen zu und ersetzt die ihnen vorenthaltenen Nutzungen und Früchte ihrer Erbteile (s. unten N. 20). Im Normalfall werden die Nachkommen mit der Eröffnung des Erbgangs alleinige Erben. Der überlebende Ehegatte erhält einen persönlichen Anspruch auf den Besitz, die Früchte und die Nutzungen sowie auf die Bestellung der Nutzniessung an dem «ganzen ihnen (den Nachkommen) zufallenden Teil der Erbschaft» (Abs. 1) samt dem gesetzlichen Erbteil, der sonst ihm selbst zugefallen wäre.

4   Die Begünstigung nach Art. 473 hat unter dem Erbrecht von 1984 an Attraktivität verloren: Früher erhielt der überlebende Ehegatte die Nutzniessung statt des Eigentums an einem Viertel der Erbschaft (Verhältnis 4 : 1). Nach neuem Recht erhält er sie anstelle des Eigentums an der Hälfte (Verhältnis 2 : 1).

5   Ob die Zuwendung der Nutzniessung den überlebenden Ehegatten auch *finanziell* begünstigt, hängt von deren *Kapitalwert* ab. Der Kapitalwert der Nutzniessung wird durch Kapitalisierung der Erträge errechnet, die dem überlebenden Ehegatten aufgrund der Nutzniessung jährlich zufliessen. Zur Zeit der Eröffnung des Erbgangs ist er desto höher, je höher die erwarteten Nettoerträge des Nachlasses und die Lebenserwartung des überlebenden Ehegatten sind und je niedriger der Kapitalisierungszinsfuss ist. Es empfiehlt sich allerdings – genauso wie im Haftpflichtrecht und aus denselben Gründen (s. STAUFFER/SCHAETZLE, Rz. 1132 ff.) –, der Kapitalisierung generell einen Zinsfuss von 3,5% zugrunde zu legen. Mit der Rentabilität des Nachlasses hat der Kapitalisierungszinsfuss nichts zu tun (so aber ebd., Rz. 415). Zur Berechnungsmethode – nämlich: Kapitalwert = Jahresertrag × Kapitalisierungsfaktor (dieser gem. Mortalität und Kapitalisierungszinsfuss ebd., Tafeln 44 oder 45 «Sofort beginnende lebenslängliche Rente») – siehe ebd., S. 173 ff.; M./H. NÄF-HOFMANN, Rz. 2507 ff.; DESCHENAUX/STEINAUER/ BADDELEY, 739 ff.

Vergleicht man den Kapitalwert der Nutzniessung an der ganzen Erbschaft mit dem Wert   6
des gesetzlichen Erbteils des überlebenden Ehegatten, der Hälfte der Erbschaft, so ergibt
sich bei einer Rentabilität der Erbschaft von 3, 5 oder 7% jährlich, dass die überlebende
Ehefrau (der überlebende Ehemann) mit der Nutzniessung an der ganzen Erbschaft rein
rechnerisch besser fährt, sofern sie (er) bei der Eröffnung des Erbgangs nicht älter ist als
60 (52), 75 (70) bzw. 81 (77) Jahre (sog. Altersschwelle; Schwellenalter. – Zwecks Ermittlung des Schwellenalters errechnet man den Kapitalisierungsfaktor, indem man den
Wert der halben Erbschaft durch den Jahresertrag der ganzen Erbschaft teilt; sodann entnimmt man das entsprechende Lebensalter den Tafeln 44 oder 45 bei STAUFFER/SCHAETZ-
LE).
Unter denselben Annahmen ist die Nutzniessung an der ganzen Erbschaft rein rechnerisch sogar günstiger als der Erbteil von $5/8$, auf den der überlebende Ehegatte ohne Verletzung der Pflichtteile der Nachkommen als Erbe eingesetzt werden kann, sofern sie (er)
bei der Eröffnung des Erbgangs nicht älter als 46 (39), 70 (63) bzw. 77 (73) Jahre ist. (Statt
des Wertes der halben Erbschaft wird der Wert von fünf Achteln durch den Jahresertrag
geteilt.)

Der Kapitalwert der Nutzniessung ist aber nur im Fall der Wiederverheira-   7
tung des überlebenden Ehegatten rechtlich von Bedeutung (Abs. 3; s. unten
N. 45 ff.). Bei der Errichtung der Verfügung braucht der Erblasser zwecks
Vermeidung von Pflichtteilsverletzungen keine komplizierten Berechnungen aufgrund unsicherer Prognosen anzustellen – eine nicht zu unterschät-
zende Wohltat des Art. 473. Die Nachkommen müssen die Nutzniessung
des überlebenden Ehegatten nämlich dulden, wie schwer dieselbe auch ihren Anteil belasten mag. Sie haben keine Herabsetzungsklage, wenn ihnen
weniger als der Pflichtteil bleibt.

Dagegen kann der Ehegatte statt der Nutzniessung den Pflichtteil als Erb-   8
teil verlangen, auch wenn der Kapitalwert der Nutzniessung den Pflichtteil
übersteigt, denn er hat Anspruch auf den Pflichtteil «zu Eigentum» (BGE
70 II 142 Erw. 2; ferner BGE 108 II 288 Erw. 2; s. auch vorn, Vorbem vor
Art. 470 N. 19; unrichtig GEISER, 129).

Haben die Ehegatten jedoch *erbvertraglich vereinbart,* dass der überlebende die Nutzniessung erhalten soll, so wäre es rechtsmissbräuchlich, ein Venire contra factum pro-
prium, wenn er die Herabsetzungklage erheben würde (das hat WILDISEN, 272 wohl übersehen).

Dem überlebenden Ehegatten wird die Wahl zwischen der Nutzniessung an   9
der ganzen Erbschaft und dem Pflichtteil von einem Viertel eröffnet oder,
im Vergleich zum alten Recht, aufgezwungen, denn auch insoweit hat sich
seine Position unter dem Erbrecht von 1984 verschlechtert: Früher konnte
er durch die Zuwendung der Nutzniessung nur gewinnen und sich andernfalls den ganzen gesetzlichen Erbteil in Höhe eines Viertels der Erbschaft
als Pflichtteil verschaffen. Heute ist der Pflichtteil des überlebenden Ehe-

gatten nur noch die Hälfte seines gesetzlichen Erbteils; die andere Hälfte ist unwiederbringlich verloren, wenn er statt der Nutzniessung den Pflichtteil verlangt (ZGB-STAEHELIN, Art. 473 N. 18, m. Nachw.).

10   Die *freie Wahl* zwischen der ganzen Erbschaft zu Nutzniessung und *der Hälfte* zu Eigentum, also zwischen der Nutzniessung und dem gesetzlichen Erbrecht (nach dem Vorbild von aArt. 462 Abs. 1), kann der Erblasser dem überlebenden Ehegatten nicht überlassen. Eine dahin gehende Verfügung von Todes wegen würde gegen das Prinzip der materiellen Höchstpersönlichkeit verstossen und wäre nichtig (s. vorn, Einl. vor Art. 467 N. 27 f.; übersehen haben das Problem: STAUFFER/SCHAETZLE, 175, Rz. 425; WILDISEN, 273 f., der mit dem alten Recht argumentiert; ZGB-STAEHELIN, Art. 473 N. 17; M./H. NÄF-HOFMANN, Rz. 2625 ff.; HAUSHEER/AEBI-MÜLLER, 23; AEBI-MÜLLER, Rz. 7.37).

11   Nur wenn der überlebende Ehegatte bei der Eröffnung des Erbgangs schon ein hohes Alter erreicht hat, lohnt es sich rein rechnerisch, anstelle der Nutzniessung an der ganzen Erbschaft den Pflichtteil von einem Viertel zu verlangen. Die Witwe (der überlebende Ehemann) müsste bei einer Rentabilität der Erbschaft von 3, 5 oder 7% jährlich 79 (74), 87 (84) bzw. 91 (90) Jahre alt sein. (Man errechnet den Kapitalisierungsfaktor, indem man den Wert des Pflichtteils durch den Jahresertrag der Erbschaft teilt und entnimmt das Schwellenalter den Tafeln 44 oder 45 bei STAUFFER/SCHAETZLE; vgl. oben N. 6.) Im Einzelfall wird der überlebende Ehegatte den Pflichtteil aber vielleicht trotzdem verlangen, weil er Wert darauf legt, über die ihm dann zukommenden Erbschaftsobjekte wenigstens in Höhe des verfügbaren Teils unter Lebenden und von Todes wegen verfügen zu können.

12   Im Einzelfall mag der Wunsch eines Ehepaares, die Nachkommen schon beim Tod des Erstversterbenden zu alleinigen Erben zu machen und ihnen allein die Haftung für die Erbschaftsschulden sowie die Last der Abwicklung des Nachlasses und der Erbschaftteilung aufzuerlegen, ein Motiv für die Zuwendung der Nutzniessung an den überlebenden Ehegatten sein. Tatsächlich wollen aber die meisten Erblasser dem begünstigten Ehegatten die Erbenstellung erhalten. Es ist daher eine verbreitete, wenn auch im Rückgang begriffene Testiergewohnheit, ihm die Nutzniessung zuzuwenden und ihn ausserdem im Umfang des verfügbaren Teils zum Erben einzusetzen. Man spricht dann von *Maximalbegünstigung* oder *Meistbegünstigung*.

III. Der verfügbare Teil

13   Der Erblasser kann den überlebenden Ehegatten nach Art. 473 begünstigen und ausserdem über die disponible Quote verfügen: Er kann nach Belieben den überlebenden Ehegatten, alle oder einzelne Nachkommen oder dritte Personen im Umfang des verfügbaren Teils als Erben einsetzen oder durch Schenkungen oder Vermächtnisse begünstigen und den Zuwendungsgegenstand der Nutzniessung unterwerfen oder davon befreien. Strittig ist jedoch seit der Novelle von 1984, ob der Erblasser ne-

ben der Begünstigung des überlebenden Ehegatten *über den ganzen verfügbaren Teil von drei Achteln* der Erbschaft verfügen kann. Es wird behauptet,
er könne nur noch über einen Achtel, nach einer anderen Meinung über
zwei Achtel der Erbschaft verfügen. Demgegenüber ist daran festzuhalten,
dass die Verfügungsfreiheit durch die Begünstigung des überlebenden Ehegatten nicht beschränkt wird, aus folgenden Gründen (s. auch WEIMAR, SJZ
1999, 454 ff.):

Unter dem Erbrecht von 1907 konnte der Erblasser nach ganz h.M. den   14
überlebenden Ehegatten gemäss Art. 473 begünstigen und ausserdem frei
über die volle disponible Quote von damals drei Sechzehnteln der Erbschaft
verfügen. Die Zuwendung der Nutzniessung war von der Verfügungsfreiheit
unabhängig, setzte sie nicht voraus und nahm sie nicht in Anspruch. Das hat
das BGer. in dem grundlegenden Entscheid BGE 45 II 381 (S. 383) klar und
zutreffend erkannt:

«Gemäss Art. 473 Abs. 2 *tritt* das Nutzniessungsvermächtnis zu Gunsten des überlebenden Ehegatten *an die Stelle* des dem Ehegatten neben den gemeinsamen Nachkommen
zustehenden gesetzlichen Erbrechts. Daraus folgt ..., dass ... auch sonst, namentlich also
bezüglich der Berechnung der verfügbaren Quote, diese vermachte Nutzniessung dem
gesetzlichen Erbrecht des überlebenden Ehegatten *gleichzustellen* ist, sodass die verfügbare Quote durch dieses Vermächtnis so wenig erschöpft wird, als sie durch die Geltendmachung des gesetzlichen Erbrechts des Ehegatten [scil. nach aArt. 462 Abs. 2] erschöpft
würde.»

Ebenso BGE 51 II 49 Erw. 5; ESCHER/ESCHER, Art. 473 N. 16, m. Nachw.;
GUHL, 38; im Ergebnis auch PIOTET, § 56 II, p. 373 ss/S. 399 ff.

Abgelehnt wurden damit sowohl die Meinung aus der Frühzeit des ZGB,   15
wonach der Erblasser zwischen Verfügungen über die disponible Quote
nach Art. 470 und der Begünstigung des überlebenden Ehegatten nach
Art. 473 wählen sollte (Nachw. bei ESCHER/ESCHER, Art. 473 N. 13), als auch
die anfangs von MENTHA (s. jedoch ROSSEL/MENTHA § 938 II, 49 f.) und TUOR
(s. jedoch TUOR, Art. 473 N. 27) vertretene Ansicht, wonach der Wert der
Nutzniessung auf die disponible Quote *angerechnet* werden sollte.

Die Begünstigung des überlebenden Ehegatten war von der Verfügungsfrei-   16
heit und ihren Grenzen unabhängig. Sie war möglich, auch wenn die disponible Quote durch andere Verfügungen von Todes wegen oder unter Lebenden bereits erschöpft war, verursachte selbst niemals eine Pflichtteilsverletzung und konnte nicht mit der Herabsetzungsklage angefochten werden.
Den Nachkommen wurden die Nutzungen der Erbschaft zwar einstweilen
entzogen, gleichzeitig erhielten sie aber einen wesentlich grösseren Erb-

schaftsanteil. Die Begünstigung des Ehegatten ging daher weder «zu Lasten der Pflichtteile der Kinder» (so TUOR/SCHNYDER/SCHMID, § 59 II c 2, S. 467) noch «zu Lasten der verfügbaren Quote». Die Nutzniessung am Anteil der Nachkommen glich auch den Verlust des Erbrechts des Ehegatten aus und ersetzte es vollkommen. Der überlebende Ehegatte konnte die Herabsetzung nur deshalb verlangen, weil ihm der Pflichtteil «zu Eigentum» zustand (s. oben N. 8).

17   An dieser Rechtslage wollte man bei der Revision des Erbrechts 1984 nichts ändern und hat auch nichts geändert. Weder in den vorberatenden Kommissionen noch in den eidgenössischen Räten wurde, wie Prof. C. Hegnauer, Wädenswil mir gesagt hat, die Möglichkeit zur Sprache gebracht, dass die Zuwendung der Nutzniessung gemäss Art. 473 nach der Änderung des Art. 462 Auswirkungen auf den verfügbaren Teil haben werde.

18   Geändert hat sich durch die Novelle von 1984 nur das eine, dass an die Stelle des verfügbaren Teils von drei Sechzehnteln ein solcher von drei Achteln getreten ist (Nachlass minus Pflichtteil des überlebenden Ehegatten minus Pflichtteile der Nachkommen: $1/1 - 3/8 - 1/4 = 3/8$). Im Übrigen ist alles beim Alten geblieben: Der Erblasser, der den überlebenden Ehegatten und Nachkommen hinterlässt, kann über die ganze disponible Quote (von nunmehr drei Achteln) frei verfügen und dem Ehegatten *ausserdem* die Nutzniessung an dem auf die Nachkommen fallenden Anteil von mindestens fünf Achteln der Erbschaft zuwenden (STEINAUER, ZSR 1980 I, 341 ff.; WEIMAR, ZBJV 1985, 273; *ders.,* SJZ 1999, 453–456; PIOTET, ZBJV 1986, 292 ff.; *ders.,* Nachtrag 11; *ders.,* SJZ 1988, 102 ff.; SCHWAGER, 204–206; GUINAND, Le droit successoral, 80–82; *ders.,* Nouveaux droits, 75–78; DESCHENAUX/STEINAUER/BADDELEY, 736 ff.; NÄF-HOFMANN, SJZ 1987, 8–10; KAUFMANN, 126 f., 176 ff.; PIOTET, SJZ 1988, 102–107; M./H. NÄF-HOFMANN, § 58, insbes. Rz. 2487–2506; GUINAND/STETTLER, 108 f.; SANDOZ, SJZ 1996, 86 f.; WILDISEN, 245–251).

19   Gegen diese Auffassung wird jedoch eingewandt, die Nutzniessung trete nach Abs. 2 an die Stelle des gesetzlichen Erbrechts des überlebenden Ehegatten; daher verfüge der Erblasser durch die Begünstigung des überlebenden Ehegatten mittelbar über dessen gesetzlichen Erbteil in Höhe der Hälfte der Erbschaft und somit seit Inkrafttreten des Erbrechts von 1984 auch über den verfügbaren Teil, soweit er daraus gebildet wird. Der Erblasser könne deshalb nur noch über die «verfügbare Differenz» (s. vorn, Vorbem. vor Art. 470 N. 2), einen Achtel des Nachlasses, verfügen (PFÄFFLI, Bern. Notar 1986, 290; *ders.,* SJZ 1996, 6 f.; GEISER, ZBJV 1986, 127 ff.; DRUEY, Das

neue Erbrecht, 173 ff.; *ders.*, Grundriss, § 6 Rz. 34 f., S. 63 f.; *ders.*, Pflichtteil und Planung, 150 f.; WISSMANN, ZBGR 1986, 355 f.; DÜRR, BJM 1987, 8 f.; WOLF, SJZ 1987, 199 f.; *ders.*, ST 1987, 437 ff.; SCHWANDER, 306 ff.; SIMONIUS/ SUTTER, § 3 Rz. 27, S. 96; BREITSCHMID, 154 sowie HEGNAUER/BREITSCHMID, Rz. 22.28, S. 228; AEBI-MÜLLER, Rz. 7.42; wohl auch HAUSHEER/AEBI-MÜL-LER, 22 f.).

Daran ist allerdings richtig, dass der überlebende Ehegatte durch die Zu-   20
wendung der Nutzniessung am Erbschaftsanteil der Nachkommen sein «gesetzliches Erbrecht» als Ganzes und nicht nur den Pflichtteil verliert. Das
war unter dem früheren Recht nicht ganz klar, weil der Pflichtteil dem ganzen «Erbanspruch» *gleich* war (s. aArt. 471 Ziff. 4). Es nimmt daher auch
nicht wunder, dass es in dieser Frage Missverständnisse gegeben hat. So soll
der überlebende Ehegatte nach der italienischen Fassung des Abs. 2 den
Pflichtteil, «la legittima», verlieren, wenn der Erblasser ihm die Nutzniessung zuwendet.

Auch unter dem neuen Erbrecht wird in der Lehre vereinzelt die Ansicht vertreten, es
gehe in Art. 473 um die Nutzniessung am *Pflichtteil der Nachkommen,* sie trete nach
Abs. 2 an die Stelle des *Pflichtteils des überlebenden Ehegatten,* denn «den disponiblen
Teil der Erbschaft könne der Erblasser auch ohne Art. 473» mit der Nutzniessung belasten. Das wird dann auch als Argument für die an sich richtige Ansicht gebraucht, dass die
disponible Quote durch die Zuwendung der Nutzniessung an den Ehegatten im Sinne des
Art. 473 nicht berührt werde (PIOTET, SJZ 1988, 102 ff.; SANDOZ, SJZ 1996, 86 f.).

Der Wortlaut des Art. 473 in der deutschen und in der französischen Fassung lässt aber keinen Zweifel zu. Um die Pflichtteile allein geht es nur,
wenn der Erblasser über die disponible Quote vollumfänglich anders verfügt hat; das ist aber *nicht Voraussetzung* der Anwendung des Art. 473.

Dennoch verkennt die Achtelstheorie den Sinn von Art. 473 Abs. 2, indem   21
sie das dort erwähnte «gesetzliche Erb*recht*» zu Unrecht mit dem gesetzlichen Erb*teil* des überlebenden Ehegatten gleichsetzt. Unter dem «gesetzlichen Erb*recht*» ist nämlich dasjenige Erbrecht im subjektiven Sinn zu verstehen, das der überlebende Ehegatte *nicht durch eine Verfügung von Todes
wegen,* sondern kraft Gesetzes erwirbt. Wie anders sollte man denn die Erbschaftshälfte, die der überlebende Ehegatte verliert – nein, gar nicht erst erhält –, wenn ihm die Nutzniessung zugewendet worden ist, von jenen drei
Achteln unterscheiden, die der Erblasser ihm *neben der Nutzniessung* zuwenden kann? Über den Umfang dieses gesetzlichen Erbrechts äussert sich
Art. 473 nicht. Es ist dem gesetzlichen Erbteil des Ehegatten nur dann
gleich, wenn der Erblasser sich darauf beschränkt hat, ihm die Nutzniessung
zuzuwenden. Andernfalls kann es bis auf den Pflichtteil sinken, und die

Nachkommen müssen zufrieden sein, wenn sie zusätzlich zu ihrem eigenen den *Pflichtteil des überlebenden Ehegatten* erhalten, im Ganzen vielleicht nur fünf Achtel des Vermögens.

22   Die Achtelstheorie würde – systemwidrig – zur Herabsetzbarkeit der Begünstigung des Ehegatten führen (nach GEISER, ZBJV 1986, 128 wenigstens partiell), wenn der verfügbare Teil schon durch Zuwendungen unter Lebenden erschöpft ist, denn nach Art. 532 unterliegen in erster Linie die Verfügungen von Todes wegen der Herabsetzung. Damit erweist sich, dass die Achtelstheorie keine Folge der Rechtsänderung von 1984, sondern in Wahrheit eine Neuauflage der längst überwundenen Vorstellung ist, wonach die Zuwendung der Nutzniessung an den überlebenden Ehegatten auf den verfügbaren Teil angerechnet werden sollte (s. oben N. 15).

23   Keine brauchbaren Argumente, weder für noch gegen die eine oder die andere Auffassung, sind der gesetzgeberische Zweck des Ehe- und Erbrechts von 1984, nämlich Besserstellung des überlebenden Ehegatten, und die zu weit gehende Bevorzugung desselben, denn die disponible Quote kann ebenso gut zur Begünstigung des Ehegatten wie der Nachkommen eingesetzt werden. Immerhin dürfte folgender Vergleich für den Fall der Maximalbegünstigung (oben N. 12) von Interesse sein:

24   Die Maximalbegünstigung mit der disponiblen Quote von drei Achteln hat gegenüber der alten Regelung an Wert gewonnen ($3/8$ Eigentum und $5/8$ Nutzniessung gegenüber $3/16$ Eigentum und $13/16$ Nutzniessung). Sie ist bei einer Rentabilität des Nachlasses von 3, 5 oder 7% jährlich rein rechnerisch mehr wert als der gesetzliche Erbteil, die Hälfte der Erbschaft, wenn die überlebende Gattin (der überlebende Gatte) bei der Eröffnung des Erbgangs nicht älter ist als 83 (79), 90 (88) bzw. 94 (93) Jahre; bis zu einem Lebensalter des Begünstigten von 68 (61), 79 (75) bzw. 85 (82) ist sie sogar mehr wert als fünf Achtel der Erbschaft (Pflichtteil plus verfügbarer Teil). (Man errechnet den Kapitalisierungsfaktor, indem man vom Wert eines Achtels oder zweier Achtel der Erbschaft – nämlich des gesetzlichen Erbteils bzw. des Pflichtteils und der disponiblen Quote – die disponible Quote abzieht und die Differenz durch $5/8$ des Wertes der Nutzungen teilt, und entnimmt das Schwellenalters den Tafeln 44 oder 45 bei STAUFFER/SCHAETZLE.)
Wäre der verfügbare Teil dagegen nur ein Achtel (Maximalbegünstigung: $1/8$ Eigentum und $7/8$ Nutzniessung), so wäre auch insoweit eine Verschlechterung der Position des überlebenden Gatten eingetreten. Die Altersschwellen lägen dann – ceteris paribus – bei 66 (59), 78 (74) und 84 (80) Jahren bzw. bei 53 (45), 72 (66) und 79 (75) Jahren. (Vier bzw. fünf Achtel minus ein Achtel dividiert durch $7/8$ des Jahresertrags ergibt den Kapitalisierungsfaktor.) Diese Feststellungen sind technischer Natur und drängen sich unabhängig davon auf, ob die Besserstellung des überlebenden Ehegatten im neuen Ehe- und Erbrecht nicht zu weit gegangen ist (dazu vorn, Einl. vor Art. 457 N. 10 ff.; DRUEY, 150–153).

25   Nach einer anderen abw. Meinung (SCHNYDER, Bern. Notar 1986, 326 ff.; BURCKHARDT, SJZ 1987, 5; TUOR/SCHNYDER/SCHMID, 468; ZGB-STAEHELIN,

Art. 473 N. 10 f.) soll die disponible Quote *einen Viertel* des Nachlasses betragen. Diese Meinung wird so begründet: Art. 473 Abs. 2 gebe den Nachkommen die ganze Erbschaft als gesetzlichen Erbteil. Davon stünden ihnen nach Art. 471 Ziff. 1 drei Viertel als Pflichtteil zu. Auch diese Meinung ist mit dem Gesetz nicht vereinbar, denn wenn der Erblasser nach Art. 470 «bis zum Pflichtteil» über sein Vermögen von Todes wegen verfügen kann, dann kann die Grösse des Pflichtteils nicht von seinen Verfügungen abhängig sein. Ein Erbanteil, der die Folge einer Verfügung von Todes wegen ist, kann zudem kaum als gesetzlicher Erbteil bezeichnet werden (s. auch vorn Einf. vor Art. 457 N. 3). Unter dem «gesetzlichen Erb*anspruch*» des Art. 471 Ziff. 1 ist – anders als unter dem «gesetzlichen Erb*recht*» in Abs. 2 (s. oben N. 21) – ausschliesslich derjenige Erbteil zu verstehen, der sich aus Art. 457 in Verbindung mit Art. 462 Ziff. 1 ergibt.

IV. Die beteiligten Personen

Der Erblasser kann nur dem überlebenden *Ehegatten* die   26
Nutzniessung am Erbschaftsanteil der Nachkommen zuwenden. Die Ehe
muss also bis zur Eröffnung des Erbgangs bestanden haben (Abs. 2; s. vorn
Art. 462 N. 2–11). Die gemeinsamen Nachkommen geschiedener Eltern
brauchen die Nutzniessung des überlebenden Elternteils auch dann nicht zu
dulden, wenn die Verfügung von Todes wegen nach der Rechtshängigkeit
des Scheidungsverfahrens (vgl. Art. 120 Abs. 2) errichtet wurde, und können gegebenenfalls die Herabsetzung verlangen.

Die *gemeinsamen Kinder* des Erblassers und des überlebenden Ehegatten   27
und deren Nachkommen müssen sich die Belastung ihres Pflichtteils mit
der Nutzniessung zugunsten des überlebenden Ehegatten gefallen lassen;
andere (ehelich oder ausserehelich geborenen) Kinder des Erblassers
(Stiefkinder des überlebenden Ehegatten) und deren Nachkommen brauchen Belastungen nur bis an die Grenze ihrer Pflichtteile zu dulden. Die
gemeinsamen Nachkommen sollen diesen gegenüber aber nicht etwa benachteiligt werden. Vielmehr ist es so, dass der Entzug der Nutzungen der
Erbschaft sie weniger schwer trifft und ihnen deshalb (ganz abgesehen von
Zuneigung und Toleranz gegenüber den leiblichen Eltern) eher zuzumuten
ist als den Stiefkindern: Erstens ist nämlich zwischen dem überlebenden
Ehegatten und seinen Nachkommen ein natürlicher Altersunterschied gewährleistet, der die Wahrscheinlichkeit impliziert, dass Letztere das Ende
der Nutzniessung erleben werden, und zweitens kann man im Allgemeinen

davon ausgehen, dass ihnen die vorenthaltenen Nutzungen indirekt doch zugute kommen, sei es, weil keine Unterstützungspflichten nach Art. 328 entstehen, sei es, dass nicht verbrauchte Erträgnisse ihnen als (pflichtteilsberechtigten) Erben des überlebenden Ehegatten, wenigstens teilweise, später zufliessen.

28   Als gemeinsame Nachkommen sind auch gemeinschaftlich *adoptierte Personen* (Art. 264a Abs. 1) und adoptierte leibliche Kinder des anderen Ehegatten (Art. 264a Abs. 3) zu betrachten. Der gesetzliche Mindestaltersunterschied von 16 Jahren (Art. 265 Abs. 1) ersetzt den natürlichen Altersunterschied, und gemeinsame Adoptivkinder sind heute genauso wie leibliche Nachkommen beim Tod des überlebenden Ehegatten erb- und pflichtteilsberechtigt (Art. 267 Abs. 1 in Verb. mit Art. 457). Für altrechtliche Adoptivkinder ohne Pflichtteil (s. aArt. 268 Abs. 3) ist Art. 473 gegenstandslos.

29   Die *während der Ehe gezeugten oder empfangenen* nichtgemeinsamen Kinder eines Erblassers oder einer Erblasserin *(Ehebruchskinder)* und deren Nachkommen müssen eine Benachteiligung gegenüber andern nichtgemeinsamen Nachkommen hinnehmen. Ihre Erbschaftsanteile können, genauso wie diejenigen von gemeinsamen Nachkommen, mit der Nutzniessung belastet werden. Die Nutzniessung des überlebenden Ehegatten soll nicht wegen des Ehebruchs des Erblassers beschränkt werden müssen. Die entsprechende Klausel ist durch das BG vom 25.6.1976 über die Änderung des ZGB (Kindesverhältnisse) in den Art. 473 eingefügt worden. Nach altem Kindesrecht hatten Ehebruchskinder beim Tod ihres Vaters kein gesetzliches Erbrecht und erst recht kein Pflichtteilsrecht, weil die Anerkennung oder Zusprechung mit Standesfolge nicht möglich war (aArt. 304, 323). Das Problem konnte nach alten Recht nur durch Ehebruch der Mutter entstehen, wurde aber insoweit offenbar nicht als regelungsbedürftig betrachtet. Seit dem Inkrafttreten des neuen Kindesrechts beerben ausserehelische Kinder ihren Vater dagegen genauso wie ehelich geborene. Und obwohl das neue Recht darauf abzielte, die Schlechterstellung der Unehelichen zu beseitigen, hat man Ehebruchskinder in diesem Punkt andern nicht gemeinsamen Kindern des Erblassers doch nicht gleichgestellt. Das verdient Beachtung über das Erbrecht hinaus, ist es doch ein Hinweis, dass Ehe immer noch auch dem Schutz vor den wirtschaftlichen Folgen sexueller Untreue dient, freilich nicht mehr dem Schutz der ehelichen Kinder, wohl aber des Ehegatten.

V. Die Zuwendung der Nutzniessung

Die Zuwendung der Nutzniessung an den überlebenden   30
Ehegatten muss durch eine (letztwillige oder erbvertragliche) Verfügung
von Todes wegen angeordnet werden. Sie kann im Rahmen der disponiblen
Quote mit Erbeinsetzungen und Vermächtnissen verbunden werden (s.
oben N. 13).

Die Umdeutung der Zuwendung der Nutzniessung in eine Teilungsvorschrift (so ZGB-
STAEHELIN, Art. 473 N. 16) ist ausgeschlossen; ebenso die Umdeutung der Einsetzung des
überlebenden Ehegatten zum Alleinerben, unter Missachtung des Pflichtteils der gemeinsamen Nachkommen, in ein Nutzniessungsvermächtnis nach Art. 473, denn sie sind
weder nichtig noch ungültig (s. vorn, Einl. vor Art. 467 N. 87). Die Letztere unterliegt der
Herabsetzung (TUOR, Art. 473 N. 12).

Als ein Weniger gegenüber der Verfügung nach Art. 473 muss es möglich   31
sein, dem überlebenden Ehegatten die Nutzniessung nur an einem Teil des
Erbschaftsanteils der Nachkommen zuzuweisen, z.B. an der Hälfte. Der
überlebende Ehegatte verliert dann auch nur denselben Bruchteil seines gesetzlichen Erbrechts an die Nachkommen. In einem solchen Fall muss aber
durch Auslegung der Verfügung erforscht werden, ob der Erblasser überhaupt von Art. 473 Gebrauch machen oder ob er die Nachkommen nach
den ordentlichen Bestimmungen – im Rahmen des verfügbaren Teils oder
unter Verletzung der Pflichtteile – mit einem Vermächtnis zugunsten des
Ehegatten beschweren wollte. In diesem Fall behielte der Ehegatte seinen
ganzen Erbteil in Höhe der Hälfte der Erbschaft, aber das Vermächtnis
wäre eventuell herabsetzbar.

Da nichtgemeinsame Nachkommen schon von Gesetzes wegen nicht mit   32
der Nutzniessung zugunsten des Ehegatten belastet werden können, muss es
weiterhin möglich sein, auch einzelne gemeinsame Nachkommen mit der
Belastung zu verschonen. Der überlebende Ehegatte behält dann den entsprechenden Bruchteil seines Erbrechtes (Einzelheiten s. unten N. 44). Wiederum muss aber zuerst durch Auslegung der Verfügung festgestellt werden,
ob der Erblasser überhaupt im Rahmen des Art. 473 verfügen wollte, mit
andern Worten, ob er zugunsten der einen Nachkommen eine Ausnahme
von Art. 473 oder zulasten der anderen ein Vermächtnis nach den ordentlichen Bestimmungen angeordnet hat.

Die Begünstigung des Ehegatten gemäss Art. 473 ist eine andere Verfü-   33
gung als ein Nutzniessungsvermächtnis nach den ordentlichen Bestimmungen und folgt andern Regeln: Das gewöhnliche Nutzniessungsvermächtnis

tritt nicht an die Stelle des Erbrechts des Ehegatten nach Abs. 2 und erlischt bei Wiederverheiratung nicht nach Abs. 3. Es darf den Pflichtteil der Nachkommen nicht verletzen; es besteht aber auch nicht «an der disponiblen Quote», sondern kann nach Art. 470 Abs. 1 *bis zum Pflichtteil der nächsten Angehörigen* gehen. Welche Quote der Erbschaft ohne Pflichtteilsverletzung mit einem gewöhnlichen Nutzniessungsvermächtnis belastet werden kann, hängt daher vom Kapitalwert der Nutzniessung ab (s. oben N. 5). Eine Bevorzugung des überlebenden Ehegatten, in dem Umfang, den Art. 473 zulässt, ist nach den ordentlichen Bestimmungen nur unter der Voraussetzung möglich, dass der überlebende Ehegatte bei der Eröffnung des Erbgangs schon ein höheres Alter erreicht hat (s. unten N. 45 ff.). Welche von beiden Verfügungsarten vorliegt, hängt aber ganz allein vom Willen des Erblassers ab.

VI. Die Nutzniessung des überlebenden Ehegatten

34   Die Zuwendung der Nutzniessung ist ein *Vermächtnis*. Als *Vermächtnisnehmer* ist der überlebende Ehegatte nicht Erbe. Das Gegenteil hatte als Letzter GUHL (41 ff.) behauptet (jetzt wieder WILDISEN, 272 f.), unter Berufung auf BGE 56 II 17; 70 II 142, weil der überlebende Ehegatte einen Pflichtteil habe. Pflichtteilsberechtigte, die durch Verfügung von Todes wegen aus der Erbenstellung verdrängt sind, sind aber nicht Erben, solange ihr Erbrecht nicht durch Gestaltungsurteil, auf Herabsetzungsklage hin, hergestellt worden ist (s. vorn, Vorbem. vor Art. 470 N. 15). Der nutzniessungsberechtigte überlebende Ehegatte beerbt den Erblasser nur, wenn dieser ihn *auch* zum Erben eingesetzt hat, z.B. auf die disponible Quote (Maximalbegünstigung).

35   Unter dem alten Erbrecht war streitig, ob die Nutzniessung aus Art. 473 – wie die gesetzliche Nutzniessung des überlebenden Ehegatten nach aArt. 462 – gemäss aArt. 561 Abs. 2, 747 mit der Eröffnung des Erbgangs als eine Art Vindikationslegat dingliche Wirkung erhalte (dafür u.a. ESCHER/ ESCHER, Art. 473 N. 7 f.; TUOR/SCHNYDER/SCHMID, § 59 II c, S. 468 f.; s. auch BGE 86 II 459; 105 III 59; dagegen TUOR, Art. 473 N. 18). Da das neue Erbrecht keine gesetzliche Nutzniessung mehr kennt und die aArt. 561 und 747 aufgehoben sind, kommt das nicht mehr in Betracht. Die Nutzniessung als dingliches Recht muss im Erbgang durch Rechtsgeschäft unter Lebenden bestellt werden.

Davon ist aber die Frage zu unterscheiden, ob die Nutzungen der Erbschaft   36
dem überlebenden Ehegatten nicht schon von der Eröffnung des Erbgangs
an zustehen. Das ist m.E. zu bejahen. Das Wort «Nutzniessung» meint nicht
zwingend nur das dingliche Recht, sondern kann auch den Besitz, die Ge-
brauchsvorteile und Früchte bezeichnen, die das dingliche Recht bietet. Gerade um diese geht es aber letzten Endes, denn der überlebende Ehegatte
soll, ungeachtet des Todes des Erblassers, seine gewohnte Umgebung behalten und dessen wirtschaftlichen Mittel weiterhin nutzen können (vgl.
Art. 562 Abs. 2). Das dingliche Recht ist weder der eigentliche Zweck des
Vermächtnisses noch eine notwendige Voraussetzung des Anspruchs auf die
Nutzungen der Erbschaft. Es dient nur zur Absicherung des Vermächtnisnehmers. Sobald freilich die Nutzniessung bestellt ist, ist das Vermächtnis
vollständig erfüllt, und der überlebende Ehegatte hat nun den Anspruch auf
die Nutzungen der Erbschaft, den er vorher als Vermächtnisnehmer aus
Art. 562 hatte, als Nutzniesser aus Art. 755 ff.

Der Anspruch des überlebenden Ehegatten aus Art. 562 auf Bestellung des   37
Nutzniessungsrechts gegen die Nachkommen als Beschwerte wird durch
Rechtsgeschäfte unter Lebenden nach den Vorschriften des Sachenrechts
(Art. 746) erfüllt. Nach dem sachenrechtlichen Spezialitätsprinzip muss die
Nutzniessung *an den einzelnen Erbschaftsgegenständen* bestellt werden: Bewegliche Sachen sind dem Ehegatten zu übergeben, Forderungen ihm abzu-
treten, und bei Grundstücken muss die Nutzniessung in das Grundbuch ein-
getragen werden. In Bezug auf bewegliche Sachen, die sich im Gewahrsam
des überlebenden Ehegatten befinden, genügt als Übergabesurrogat eine
formlose Vereinbarung, durch die sich die Erben im Umfang der Nutzniessung auf den mittelbaren Besitz zurückziehen (eine Art brevi manu traditio,
s. STARK, Berner Komm., Art. 924 N. 79 ff.). Als Rechtsgrund liegt diesen
Begründungsakten das Vermächtnis zugrunde (die Bestellung erfolgt sol-
vendi causa).

Dabei ist zu unterscheiden, ob der Ehegatte (als Nichterbe) Nutzniesser der   38
Erbschaft als Ganzes werden oder ob die Nutzniessung nur *an einem Bruchteil derselben* bestehen soll, weil der andere Bruchteil unbelastet Dritten
oder ihm selbst gehört. Im ersten Fall wird die Nutzniessung an allen Erbschaftsgegenständen als Ganzen bestellt. Im zweiten Fall ist zu unterscheiden: Wird die Nutzniessung vor der Erbschaftsteilung errichtet, so werden
die einzelnen Erbschaftsobjekte in Höhe der entsprechende Quote mit der
Nutzniessung belastet. Bei der Teilung müssten die Objekte, die dem Ehegatten oder anderen nichtbeschwerten Miterben zufallen, entlastet und die
übrigen Objekte als Ganze belastet werden, ohne dass die Nutzniessung

dem überlebenden Ehegatten ein Recht gäbe, bei der Erbschaftsteilung mit-
zureden. Von daher empfiehlt es sich, die Nutzniessung erst bei oder nach
der Teilung zu errichten, damit sofort die endgültige Rechtslage geschaffen
werden kann.

39 Verfügende sind bei der Errichtung der Nutzniessung alle Erben als Gesamteigentümer; Erwerber ist der überlebende Ehegatte. Ohne seine Mitwirkung kann die Nutzniessung nicht errichtet werden. Doch ist diese Mitwirkung keine Annahme des Nutzniessungs*vermächtnisses* (ein Vermächtnis bedarf keiner Annahme, genauso wenig wie eine Erbeinsetzung), sondern Annahme der dinglichen Offerte zur Bestellung des Nutzniessungs-
rechts.

40 Wenn die Nutzniessung des überlebenden Ehegatten als dingliches Recht
auch kraft des Spezialitätsprinzips an den einzelnen Nachlassgegenständen
bestellt wird und besteht, handelt es sich doch um eine Nutzniessung an einem Vermögen im Sinne des Art. 766. Den Nutzniesser trifft daher die
Pflicht, Kapitalschulden der Erbschaft zu verzinsen.

VII. Das gesetzliche Erbrecht
des überlebenden Ehegatten (Abs. 2)

41   Gemäss Abs. 2 tritt die Nutzniessung an die Stelle des gesetzlichen Erbrechts des überlebenden Ehegatten. Dieses wächst den Nachkommen als gesetzlichen Miterben an. Unter dem «gesetzlichen Erbrecht»
ist der ganze Anteil des Ehegatten an der Erbschaft zu verstehen: der gesetzliche Erbteil gemäss Art. 462 Ziff. 1 oder, was der Erblasser davon übrig
gelassen hat (s. oben N. 21). Ist das weniger, als dem Pflichtteil entspricht,
können die Nachkommen Herabsetzung verlangen.

42 Der überlebende Ehegatte, dem nur die Nutzniessung am Erbschaftsanteil
der Nachkommen vermacht ist, verliert das Erbrecht nicht erst im Erbgang,
sondern er gelangt gar nicht erst in die Erbenstellung (s. oben N. 3, 34 und
vorn, Vorbem. vor Art. 470 N. 15). Tuor (Art. 473 N. 14) dagegen meinte,
der Ehegatte *verliere* das gesetzliche Erbrecht durch die *Annahme* der Nutzniessung. Die Annahme eines Vermächtnisses ist jedoch systemfremd (oben
N. 39), und auf die Bestellung des dinglichen Rechts (an allen) Nutznies-
sungsobjekten abzustellen wäre nicht praktikabel. Demgegenüber ist einfach und sachgemäss die Annahme, dass die mit dem Nutzniessungsver-

mächtnis beschwerten Nachkommen schon bei der Eröffnung des Erbgangs als Erben an die Stelle des überlebenden Ehegatten treten. Der Erblasser entzieht dem überlebenden Ehegatten gleichsam das gesetzliche Erbrecht, indem er ihm die Nutzniessung zuwendet. Dies entspricht auch der oben N. 36 vertretenen Ansicht, dass der Ehegatte die Nutzungen von der Eröffnung des Erbgangs an verlangen kann, hat aber keine Auswirkung auf den verfügbaren Teil (s. oben N. 18 ff.).

Der überlebende Ehegatte kann statt der Nutzniessung den Pflichtteil ver- 43
langen, notfalls im Wege der Herabsetzungsklage, denn er hat Anspruch auf den Pflichtteil «zu Eigentum» (oben N. 8). Die Ausschlagung oder der Verzicht auf die Nutzniessung würden ihm den Pflichtteil nicht verschaffen und sind auch nicht Voraussetzung der Herabsetzungsklage (so aber die h.M., s. ZGB-STAEHELIN, Art. 473 N. 16, m. Nachw.). Der Ehegatte verliert die Nutzniessung mit der Rechtskraft des Herabsetzungsurteils, das sein Erbrecht im subjektiven Sinn herstellt und ihn zum Erben macht.

Sind neben gemeinsamen auch nichtgemeinsame Nachkommen vorhanden 44
oder hat der Erblasser einzelne gemeinsame Nachkommen mit der Nutzniessung des Ehegatten verschont (oben N. 32), so behält der Ehegatte die entsprechende Quote seines Erbrechts. Folgende Zahlenbeispiele mögen das erläutern (in Klammern sind entsprechende Zahlen für den Fall der Maximalbegünstigung angegeben):

Teilt sich der überlebende Ehegatte die Erbschaft mit einem gemeinsamen Nachkommen und einem Stiefkind des Erblassers, so wird er Erbe zu $1/4$ ($1/2$) und erhält die Nutzniessung an der Hälfte ($5/16$) der Erbschaft, die das gemeinsame Kind erbt; der Erbteil (Pflichtteil) des Stiefkindes von $1/4$ ($3/16$) bleibt unbelastet.
Bei zwei gemeinsamen Kindern und einem Stiefkind wird er Erbe zu $1/6$ ($11/24$) und erhält die Nutzniessung an $2/3$ ($5/12$) der Erbschaft, die die gemeinsamen Kinder erben; der Erbteil (Pflichtteil) des Stiefkindes von $1/6$ ($1/8$) bleibt unbelastet.
Bei einem gemeinsamen Kind und zwei Stiefkindern wird der überlebende Ehegatte Erbe zu $1/3$ ($13/24$) und erhält die Nutzniessung an $1/3$ ($5/24$) der Erbschaft, den das gemeinsame Kind erbt; die Erbteile (Pflichtteile) der Stiefkinder von $2/6 = 1/3$ ($2/8 = 1/4$) bleiben unbelastet usw.

VIII. Wiederverheiratung (Abs. 3)

Nach Abs. 3 erlischt die Nutzniessung im Falle der Wieder- 45
verheiratung des überlebenden Ehegatten auf demjenigen Teil der Erbschaft, der nach den ordentlichen Bestimmungen über den Pflichtteil der Nachkommen – in Betracht kommen die Art. 457, 462, 471 und 530 – nicht

hätte mit der Nutzniessung belastet werden dürfen (vgl. TUOR/SCHNYDER/ SCHMID § 59 II c 2 b, S. 466 f.; DRUEY, § 6 Rz. 33 sowie eingehend M./H. NÄF-HOFMANN, Rz. 2598 ff.). Mit der Wiederverheiratung entfällt der Grund für die Begünstigung des überlebenden Ehegatten zulasten der Nachkommen. Der überlebende Ehegatte gibt seinem Leben auch wirtschaftlich einen neuen Rahmen und verzichtet gleichsam auf die Fortführung der durch die frühere Ehe geschaffenen Verhältnisse, die er bis dahin aufgrund der Nutzniessung an der ganzen Erbschaft beibehalten hatte. Nach altem Recht verlor der überlebende Ehegatte im Fall der Wiederverheiratung deshalb die Hälfte der Nutzniessung und wurde so gestellt, als hätte er nach aArt. 462 Abs. 1 «die Hälfte der Erbschaft zu Nutzniessung» gewählt (s. dazu STEINAUER, ZSR 1980 I, 353 ff.; DESCHENAUX/STEINAUER/BADDELEY, 741 f.; TUOR/ SCHNYDER/SCHMID, § 59 Anm. 16, S. 467). Nach neuem Recht wird der überlebende Ehegatte, da es die gesetzliche Nutzniessung nicht mehr gibt, so gestellt, als hätte der Erblasser ihm die Nutzniessung im grösstzulässigen Umfang vermacht.

46   Die gesetzliche Erbenstellung erlangt der überlebende Ehegatte nachträglich nicht mehr, obwohl er im Fall der Wiederverheiratung daran interessiert sein könnte. Dies würde nämlich eine (zweite) Erbschaftsteilung notwendig machen und widerspräche – gerade wegen der Wiederverheiratung – den Interessen der Nachkommen.

47   Zwecks Berechnung des Bruchteils, in dessen Umfang die Nutzniessung an den Erbschaftsobjekten der Nachkommen fortbesteht, wird dieselbe aufgrund der erbrachten und zukünftig zu erwartenden jährlichen Erträge der Erbschaft, der Lebenserwartung des überlebenden Ehegatten bei der Eröffnung des Erbgangs und des Kapitalisierungszinsfusses von generell 3,5% kapitalisiert (unter Zuhilfenahme der Tafeln 44 oder 55 bei STAUFFER/ SCHAETZLE, s. oben N. 5). Hat der Erblasser von der Verfügungsfreiheit keinen Gebrauch gemacht, sondern sich darauf beschränkt, dem überlebenden Ehegatten die Nutzniessung nach Art. 473 zuzuwenden und übersteigt der Kapitalwert der Nutzniessung den Wert des Pflichtteils des überlebenden Ehegatten und des verfügbaren Teils ($^5/_8$ des Vermögens oder der Berechnungsgrundlage) nicht, so bleibt die Nutzniessung im vollen Umfang bestehen. Andernfalls erhält man die Quote, in deren Höhe die Nutzniessung fortbesteht, indem man den Wert des Pflichtteils des überlebenden Ehegatten und des verfügbaren Teils durch den Kapitalwert der Nutzniessung teilt.

Rentiert eine Erbschaft im Nettowert von 1 Million z.B. mit 3, 5 oder 7% jährlich und ist die überlebende Ehefrau (der überlebende Ehemann) bei der Eröffnung des Erbgangs 68 Jahre alt, so hat die Nutzniessung einen Kapitalwert von 402 600 (325 200), 671 000

(542 000) bzw. 939 400 (758 800). Bei einer Rentabilität von 3 oder 5% bleibt die Nutzniessung im Falle der Wiederverheiratung des überlebenden Ehegatten bestehen. Rentiert die Erbschaft mit 7%, so bleibt sie nur im Umfang von [625 000 : 939 400 =] 66,5%
(625 000 : 758 800 =] 82,4%) bestehen. Sie erlischt also im Umfang ungefähr eines Drit-
tels (gut eines Sechstels); insoweit werden die Erbschaftsanteile jedes Nachkommen von
der Nutzniessung befreit.

Hat der Erblasser neben der Zuwendung der Nutzniessung an den überle-   48
benden Ehegatten auch noch zu dessen oder eines Dritten Gunsten über die
disponible Quote von drei Achteln der Erbschaft erschöpfend verfügt, so ist
eine Pflichtteilsverletzung bereits anzunehmen, wenn der Kapitalwert der
Nutzniessung den Wert des Pflichtteils des Ehegatten in Höhe eines Viertels
des Vermögens übersteigt; auf der anderen Seite ist der Kapitalwert aber
auch um jene $^3/_8$ niedriger, oder es werden, falls die Nutzniessung trotzdem
an der ganzen Erbschaft bestehen sollte, nur die $^5/_8$ ihres Wertes berücksichtigt, die die Nachkommen belasten.

Nimmt man wieder an, dass die Erbschaft im Nettowert von 1 Million mit 3, 5 oder 7% jährlich rentiere und die überlebende Ehefrau (der überlebende Ehemann) bei der Eröffnung
des Erbgangs 68 Jahre alt sei, so hat die Nutzniessung nun einen Kapitalwert von 251 625
(203 250), 419 375 (338 750) bzw. 587 125 (474 250). Der Kapitalwert der Nutzniessung des
Ehemannes beim schwach rentierenden Nachlass liegt unter dem Wert eines Viertels des
Vermögens von 250 000 und bleibt im Fall der Wiederverheiratung voll bestehen; praktisch
unverändert bleibt auch die Nutzniessung der Witwe (Überschreitung: 0,65%). Dagegen
bleibt die Nutzniessung bei einer Rentabilität von 5 oder 7% an den Erbschaftsgegenständen der Nachkommen nur im Umfang von [250 000 : 419 375 =] 59,6%
([250 000 : 338 750 =] 73,8%) bzw. [250 000 : 587 125 =] 42,6% ([250 000 : 474 250 =]
52,7%) bestehen.

Hat der Erblasser den verfügbaren Teil unbelastet den Nachkommen zuge-   49
wendet, so haben sie schon dadurch allein ihren Pflichtteil erhalten, und die
Nutzniessung des überlebenden Ehegatten bleibt im Fall der Wiederverheiratung unberührt. Im Übrigen ist es, weil der Kapitalwert der Nutzniessung
nicht nur von der Lebenserwartung des überlebenden Ehegatten, sondern
auch von der Rentabilität der Erbschaft abhängt, nicht möglich, ein Altersschwelle anzugeben, nach deren Überschreitung (zur Zeit der Eröffnung
des Erbgangs) der überlebende Ehegatte ohne Beeinträchtigung der Nutzniessung wieder heiraten könnte (anders M./H. Näf-Hofmann, Rz. 2623 f.).
Es wäre auch nutzlos, eine Altersschwelle zu berechnen, weil das Lebensalter des überlebenden Ehegatten bei Eröffnung des Erbgangs doch unabän-
derlich feststeht.

Die Nutzniessung erlischt bei Wiederverheiratung im angegebenen Umfang   50
eo ipso; einer rechtsgeschäftlichen Aufhebung bedarf es nicht. Da die Nutz-

niessung nicht vollständig erlischt, gibt es nur einen Anspruch auf Berichtigung des Grundbuchs, nicht auf Löschung (Art. 748 Abs. 2); auch kann die Rückgabe von Fahrnis (Art. 751) nicht verlangt werden, sondern nur die Einräumung des Mitbesitzes (anders: TUOR, N. 20; WILDISEN, 261 f.). Im Gesetz ist auch kein Anspruch auf Konzentration der Nutzniessung auf einen Teil der Objekte und Freigabe der übrigen vorgesehen – eine echte Lücke im Sinn des Art. 1 Abs. 2, die durch sinngemässe Anwendung des Art. 604 Abs. 1 zu füllen ist (s. SIMONIUS/SUTTER II, 97; R. E. AEBI-MÜLLER, Zum Stand der Diskussion im Grenzbereich zwischen Güter- und Erbrecht, ZBJV 134, 1998, 421–435, S. 431 f.).

Art. 474

V. Berechnung
des verfügbaren
Teils
1. Schuldenabzug

[1] **Der verfügbare Teil berechnet sich nach dem Stande des Vermögens zur Zeit des Todes des Erblassers.**
[2] **Bei der Berechnung sind die Schulden des Erblassers, die Auslagen für das Begräbnis, für die Siegelung, die Inventaraufnahme sowie die Ansprüche der Hausgenossen auf Unterhalt während eines Monats von der Erbschaft abzuziehen.**

V. Calcul de la
quotité disponible
1. Déduction
des dettes

[1] La quotité disponible se calcule suivant l'état de la succession au jour du décès.
[2] Sont déduits de l'actif les dettes, les frais funéraires, les frais de scellés et d'inventaire et l'entretien pendant un mois des personnes qui faisaient ménage commun avec le défunt.

V. Computo
della porzione
disponibile
1. Deduzione
dei debiti

[1] La porzione disponibile si determina secondo lo stato del patrimonio al momento della morte del disponente.
[2] Se ne devono dedurre i debiti del testatore, le spese funerarie, di apposizione dei sigilli e d'inventario, e quelle per il mantenimento durante un mese delle persone conviventi col defunto.

Materialien: TE 429, 430 – VE 496; Anträge, 98; Erl. I, 388 f. = Mot. II, 61 – E 480.

Literatur: CHRISTOPH BANDLI u.a., Das bäuerliche Bodenrecht. Kommentar zum BGBB, Brugg (AG) 1995; J.N. DRUEY, Die Bewertung von Vermögensobjekten im ehelichen Güterrecht und im Erbrecht, FS C. Hegnauer, 1986, 15–32; PAUL EITEL, Die Berücksichtigung lebzeitiger Zuwendungen im Erbrecht, Bern 1998; B. GROSSFELD, Elemente der Unternehmensbewertung, FS A. Meier-Hayoz, Bern 1982, 193–202; HEINZ GUBLER, Die ausgleichungspflichtigen Zuwendungen, Diss. Bern 1941; H. HAUSHEER/R. AEBI-MÜLLER, Begünstigung des überlebenden Ehegatten, in: Güter- und erbrechtliche Planung, hg. v. Jean Nicolas Druey und Peter Breitschmid, Bern 1999, 1–44; CARL HELBLING, Unternehmensbewertung und Steuern, 9. Aufl., Düsseldorf 1998; WOLFGANG NAEGELI/HEINZ WENGER, Der Liegenschaftsschätzer, 4. Aufl., Zürich 1997; PAUL PIOTET, Réserves et réductions en cas de contrat de mariage sur la liquidation du régime matrimonial, SJZ 86 (1990) 37–44; *ders.*, Les libéralités par contrat de mariage ou autres donations au sens large et le droit successoral, Bern 1997; W. PORTMANN, Pflichtteilsschutz bei Errungenschaftsbeteiligung – Schnittstelle zwischen Erbrecht und Eherecht, recht 15 (1997) 9–15; MICHAEL JOSEF SCHÖBI, Die erbrechtliche Bedeutung von Steuern, Diss. Freiburg i. Ue. 1999, Au (SG) 1999; DANIEL STECK, Wertänderungen am Nachlass und Pflichtteilsrecht, Diss. Zürich 1971; P.-H. STEINAUER, Le calcul des réserves héréditaires et de la quotité disponible en cas de répartition conventionnelle du bénéfice dans la participation aux acquêts (art. 216 al. 2), in: Mél. Pierre Engel, Lausanne 1989, 403–418; T. STUDER, Stand und Entwicklungsmöglichkeiten bei der Immobilienbewertung, ST 70 (1996) 441–452; HEINZ VONRUFS, Der massgebende Zeitpunkt für die Bewertung der Erbschaftsgegenstände bei Pflichtteilsberechnung, Ausgleichung und Teilung, Diss. Zürich 1952; ROLF WATTER, Unternehmensübernahmen, Zürich 1990; CHRISTOPH WILDISEN, Das Erbrecht des überlebenden Ehegatten, Diss. Freiburg i.Ue. 1997; STEPHAN WOLF, Vorschlags- und Gesamtgutszuweisung an den überlebenden Ehegatten, Bern 1996.

Inhaltsübersicht   Note   Seite

I. Inhalt

1   Für die Berechnung des verfügbaren Teils (s. die Marginalie) ist der Stand des Vermögens des Erblassers im Augenblick seines Todes massgebend. Zuerst sind die Schulden des Erblassers und bestimmte Erb-

gangsschulden von der Erbschaft abzuziehen. (Die weiteren Schritte sind in Art. 475 f. geregelt.)

II. Der Stand des Vermögens zur Zeit des Todes des Erblassers

Unter dem *Vermögen* (Abs. 1) versteht das Gesetz den **2** *Wert* der vererbten Rechte und Ansprüche samt den Erbvorbezügen (zu diesen unten N. 35 ff.), und zwar nach Abzug der *Schulden des Erblassers (die Erbschaft), vermindert um die abziehbaren Erbgangsschulden* (Abs. 2) und vermehrt um die nach Art. 475 f. hinzuzurechnenden lebzeitigen Zuwendungen. Das käme noch klarer zum Ausdruck, wenn Art. 474 Abs. 1 *als selbständiger Artikel* den Art. 474 Abs. 2 (ohne Erwähnung der Schulden des Erblassers), 475 und 476 vorangestellt worden wäre. Das Vermögen ist ein *Wert* (so auch BGE 110 II 228 Erw. 7b, unter Berufung auf Tuor/Piceno-ni und Escher/Escher, jeweils N. 6 zu Art. 537), denn die verschiedenen Aktiven und Passiven können nur dem Werte nach addiert und subtrahiert und als eine einheitliche Grösse aufgefasst und beziffert werden.

Entscheidend ist der Wert des Vermögens, wie er sich aus den Verhältnissen **3** (dessen «Stand») *zur Zeit des Todes des Erblassers* ergibt (BGE 110 II 228 Erw. 7b; BGE 80 II 200, 203 ff.). Ereignisse, die erst nach dem Tod des Erblassers eintreten und Einfluss auf den Nachlasswert haben, bleiben ausser Betracht, soweit die Möglichkeit ihres Eintritts sich nicht schon bei der Eröffnung des Erbgangs auf den Wert auswirkt (zu allgemein BGE 65 II 218, 223). Das heisst aber nicht, dass der Verkehrswert im Erbgang nach dem Kenntnisstand und den Erkenntnismöglichkeiten zur Zeit der Eröffnung desselben bestimmt werden müsste (so anscheinend, zu eng, BGE 108 II 95 Erw. 2c), es können auch später auftauchende Erkenntnismittel benutzt werden. Die erst später entstehenden, ausnahmsweise anrechenbaren Erbgangsschulden werden auf den Todestag zurückbezogen; es wird gleichsam fingiert, dass sie schon damals bestanden hätten.

III. Die Erbschaft

Die «Erbschaft» besteht aus den Nachlassaktiven und **4** -passiven sowie den Erbvorbezügen (s. unten N. 35 ff.). Nachlassaktiven sind *die vererblichen Rechte und Ansprüche des Erblassers:* Eigentum und beschränkte dingliche Rechte, Forderungen (auch aus Beteiligungen an Handelsgesellschaften), Mitgliedschaften bei Kapitalgesellschaften (Aktien, Gesellschaftsanteile) und gegebenenfalls Genossenschaften (Anteilscheine), Immaterialgüterrechte, Erbrechte im subjektiven Sinn und Vermächtnisse sowie vererbliche geldwerte *Ansprüche* aus Personen- und Familienrecht (insbesondere aus der Auflösung des Güterstandes, bei Errungenschaftsbeteiligung nach Art. 204 ff. und bei Gütergemeinschaft nach Art. 236 ff.; s. auch unten N. 30), aus öffentlichem Recht und andere (Einzelheiten s. Art. 560).

5   Nach Art. 474 Abs. 2 sollen «die Schulden des Erblassers ... von der Erbschaft» abgezogen werden. Sie würden demnach nicht zur Erbschaft gehören. Nach traditioneller schweizerischer Auffassung sind die Schulden einer Person jedoch als Passiven in deren Vermögen einzubeziehen (ebenso nach gemeinem, anders aber nach deutschem Recht). Dementsprechend werden die Schulden des Erblassers nach Art. 560 Abs. 2 kraft der Universalsukzession zu persönlichen Schulden der Erben. Sie sind also auch im Erbrecht als Vermögensbestandteile und, ungeachtet der Formulierung des Art. 474 Abs. 2, als Bestandteile der Erbschaft aufzufassen. Vom Wert der Erbschafts*aktiven*, nicht der Erbschaft, sind demnach abzuziehen: alle Geld-, Sach- und Dienstleistungsschulden oder -verpflichtungen des Erblassers, die nicht mit seinem Tod erloschen sind *(Erblasserschulden)*. Dazu gehören auch Verpflichtungen aus der Auflösung des Güterstandes, bei Errungenschaftsbeteiligung nach Art. 204 ff. und bei Gütergemeinschaft nach Art. 236 ff. (s. auch unten N. 30), Verpflichtungen aus Lidlohnansprüchen von Kindern und Grosskindern (Art. 334 f.) und Dauerschuldverhältnissen sowie Steuerschulden.

IV. Die Erbgangsschulden

Von den *Erbgangsschulden* bezeichnet das Gesetz als abziehbar:
– die Auslagen für das Begräbnis,
– für die Siegelung der Erbschaft und die Inventaraufnahme
– sowie die Ansprüche der Hausgenossen auf Unterhalt während eines Monats, den sog. Dreissigsten.

6   a) Die *Auslagen für das Begräbnis* umfassen die Kosten der Todesanzeigen und Danksagungen, eines Leichentransports, der eigentlichen Bestattung

(Sarg, Einsargung, Totengewand, Kremation, Bestattungsunternehmen) und der Abdankungsfeier (Zuwendungen, auch freiwillige, an den Geistlichen, Blumenschmuck, musikalische Ausgestaltung, Bewirtung und eventuell Beherbergung der Trauergäste, Trinkgelder) sowie die Kosten eines Dauergrabes (nicht aber die Mehrkosten eines Familiengrabes), eines Grabsteins und der erstmaligen Bepflanzung (nicht der Grabpflege, Pra. 17, 345, Erw. c = BGE 54 II 90; a.A. ZGB-STAEHELIN, Art. 474 N. 12).

Es ist m.E. an sich Sache der *Erben,* das Begräbnis zu organisieren und den Aufwand zu bestimmen, doch wird die Zustimmung aller oft nicht (rechtzeitig) zu erlangen sein; sie kann daher nicht Voraussetzung des Auslagenabzuges sein. Man wird vielmehr grosszügig das «stillschweigende» Einverständnis der abwesenden oder ferner stehenden annehmen oder Geschäftsführung ohne Auftrag zulassen müssen, sogar von Angehörigen und Gefährten des Erblassers, die nicht Erben sind. Der absetzbare Aufwand bemisst sich im Rahmen des Ortsüblichen nach der gesellschaftlichen Stellung des Verstorbenen und seinen Vermögensverhältnissen. Persönlicher Aufwand von Erben und Angehörigen, z.B. Reisekosten, Anschaffung von Trauerkleidern, kann nicht abgezogen werden (a.A. ZGB-STAEHELIN, Art. 474 N. 12). 7

b) *Die Auslagen für die Siegelung der Erbschaft (Art. 552) und die Aufnahme des Sicherungsinventars (Art. 553)* sind auch dann abziehbar, wenn diese Massnahmen nicht zwingend vorgeschrieben waren und nur auf Verlangen eines Erben angeordnet wurden (vgl. Art. 553 Abs. 1 Ziff. 3). 8

c) Erben, die zur Zeit des Todes des Erblassers in dessen Haushaltung ihren Unterhalt erhalten haben, können nach Art. 606 verlangen, dass ihnen noch während eines Monats Unterhalt auf Kosten der ganzen Erbschaft, also nicht zu Lasten des eigenen Erbteils, zuteil werde (*sog. Dreissigster*). Abziehbar ist der Wert der tatsächlichen Aufwendungen in dem zu Lebzeiten des Erblassers üblichen Rahmen. Gleichzustellen ist der Unterhalt der Mutter eines noch nicht geborenen Erben nach Art. 605 Abs. 2. Über die Ansprüche der Kinder, die noch in der Ausbildung stehen oder die gebrechlich sind, s. unten N. 38. 9

d) *Andere Kosten des Erbgangs* bleiben unerwähnt und können nicht abgezogen werden, namentlich die Kosten der Willensvollstreckung (Art. 517 Abs. 3), der (amtlichen) Erbschaftsverwaltung (Art. 554 f.), der Testamentseröffnung (Art. 556 ff.), des öffentlichen Inventars (Art. 580 ff.), der amtlichen Liquidation (Art. 593 ff.), sonstige Kosten der Verwaltung der Erbschaft, insbesondere der Fortführung der Geschäfte des Erblassers (vgl. 10

Art. 571 Abs. 2) sowie der Erbschaftsteilung nebst damit verbundenen Gerichts-, Anwalts- und Schätzungskosten. Ausgeschlossen sind damit Aufwendungen für Massnahmen, die vom Erblasser oder von Erben (zur Haftungsbegrenzung oder Wahrung ihrer Rechte) veranlasst wurden. Man hat die Berechtigung dieser Unterscheidung in Zweifel gezogen (für weitgehenden Abzug insbes. PIOTET, § 62 II 2, p. 411 s./S. 441 f.; ZGB-STAEHELIN, Art. 474 N. 12; s. auch TUOR, Art. 474 N. 29 und Art. 517 N. 13; ESCHER/ESCHER, Art. 474 N. 11 und Art. 517 N. 10b). Die restriktive Regelung des ZGB entspricht aber dem gemeinen Recht (DERNBURG III, § 150 lit. b) und war ohne Zweifel so gewollt. Das ist auch konsequent, da der verfügbare Teil ja prinzipiell nach dem Stand des Vermögens zur Zeit der Eröffnung des Erbgangs berechnet wird.

11 Nicht in Art. 474 Abs. 2 erwähnt und nicht abziehbar sind auch:
  – Vermächtnisse, weil sich ihre Zulässigkeit nach der Grösse des verfügbaren Teils richtet und nicht umgekehrt, und
  – Erbschaftssteuern, einerlei ob sie in Form der Erbanfallsteuer oder der Erbmassesteuer erhoben werden (s. vorn, Einl. N. 10; a.A. in Bezug auf die letztere SCHÖBI, 259 ff.). Die Pflichtteile werden also vom Vermögen vor Steuerabzug berechnet, dann aber anteilig mit der ganzen Erbmassesteuer belastet.

V. Die Bewertung

12   Die Bewertung der Aktiven und Passiven hat grundsätzlich nach dem Verkehrswert zur Zeit des Todes des Erblassers in Schweizer Franken zu geschehen Der *Verkehrswert* ist der Geldbetrag, der, beurteilt nach den Verhältnissen am Stichtag, bei einem Verkauf binnen angemessener Frist im gewöhnlichen Geschäftsverkehr erlöst werden könnte (HAUSHEER/REUSSER/GEISER, Art. 211 N. 9 ff.; ZGB-SCHAUFELBERGER, Art. 617 N. 3–8). Er ist mit dem *Marktwert,* sofern es einen solchen gibt, identisch. Für die Bewertung landwirtschaftlicher Gewerbe kommen der *Ertragswert* und der Nutzwert in Betracht (Art. 10, 17 BGBB; s. HAUSHEER/REUSSER/GEISER, Art. 212 f. N. 46 f.); der Erstere spielt auch bei der Berechnung des Fortführungswerts eines Unternehmens eine Rolle. Der Ertragswert wird durch Kapitalisierung der nachhaltig erzielbaren Erträge zum marktgerechten Zinsfuss errechnet; er ist «der dem Ertrag bei Abzug des zur Bewirtschaftung erforderlichen Geld- und Arbeitsaufwandes entsprechende Kapitalbetrag» (BGE 54 II 93). Ein nicht realisierbarer *Liebhaberwert* bleibt ausser Betracht.

Abweichende Anordnungen des Erblassers und Vereinbarungen unter den   13
Erben sind unbeachtlich, weil es hier um die verbindlichen Grenzen der
Verfügungsfreiheit geht (für einen differenzierteren Wertbegriff, im Sinne
eines parteibezogenen Wertes, vor allem bei der Erbschaftsteilung, DRUEY,
FS Hegnauer, 15–32).

Im Einzelnen gilt Folgendes: 14

a) Der Verkehrswert von *unbebauten Grundstücken* kann nach der sog. statistischen Methode, d.h. in Anlehnung an die Verkaufspreise vergleichbarer
Grundstücke, bestimmt werden (vgl. BGE 115 Ib 408). Der Verkehrswert
bebauter Grundstücke wird nach einer Mischrechnung aus dem Sach- und
dem Ertragswert abgeleitet, wobei der Letztere im Allgemeinen doppelt ge-
wichtet wird (s. ESCHER/ESCHER, Art. 617 N. 12 ff.; STUDER, ST 1996, 441 ff.;
NAEGELI/WENGER, 9 ff.; wegen landwirtschaftlicher Grundstücke s. unten
N. 27 f.).

Die im Fall eines späteren Verkaufs zu bezahlende *Grundstückgewinnsteuer*   15
wird bei der Berechnung des verfügbaren Teils nicht abgezogen (BGE 50 II
450, Erw. 4; a.A. ZGB-STAEHELIN, Art. 474 N. 13). Die Grundstückgewinnsteuer mindert den Wert des Grundstücks nicht: der Käufer zahlt den vollen
Preis. Sie lastet auch nicht (latent) *auf dem Grundstück*, sondern wird *durch
den Verkauf* ausgelöst. Der Nettoverkaufserlös nach Abzug der Grundstückgewinnsteuer ist eine Art Liquidationswert (s. unten N. 25 f.). Es wäre
aber nicht sachgemäss, Grundvermögen im Erbgang unter dem Gesichtspunkt seiner Liquidierung zu betrachten, zumal die Erbschaftsgegenstände
den Erben generell nach Möglichkeit erhalten bleiben sollen. Die Rechtslage wird verdunkelt, wenn in diesem Zusammenhang von einer latenten
Steuerlast gesprochen wird (so aber, sehr dezidiert, TH. KOLLER, Die
(Nicht)-Berücksichtigung latenter Steuerlasten im Ehegüterrecht, ZBJV
132, 1996, 248 f.). Mit latent bedingten Steuern auf unversteuerten Reserven
eines Unternehmens (s. unten N. 26) ist die Grundstückgewinnsteuer nicht
vergleichbar, weil die Besteuerung der Reserven nur aufgeschoben ist und
unversteuerte stille Reserven effektiv weniger wert sind als versteuerte;
Grundstücke sind dagegen vor dem Verkauf immer «unversteuert».

Demgegenüber wird die Berücksichtigung der Grundstückgewinnsteuer   16
und anderer latenter Lasten, die sich namentlich aus dem bäuerlichen Bodenrecht ergeben können, bei der *güterrechtlichen Auseinandersetzung* von
verschiedenen Autoren in Erwägung gezogen (HAUSHEER/REUSSER/GEISER,
Art. 211 N. 14 f.; SPÜHLER/FREI-MAURER, Art. 154 N. 54; LOCHER, Wann sind
latente Steuern bei der güterrechtlichen Auseinandersetzung zu berücksich-

tigen? Bern. Notar 49, 1988, 189–206; KOLLER, ZBJV 1996, 247–253), und
das BGer. hat in dieser Frage seine bisherige Haltung (BGE 121 III 304) geändert und Folgendes erklärt (BGE 125 III 50 Erw. 2a bb):

«Für die Berücksichtigung latenter Lasten kann nicht ausschliesslich massgebend sein, ob
die Veräusserung eines Vermögenswertes mit Sicherheit oder mit hoher Wahrscheinlichkeit eintreten und die Last sich damit verwirklichen wird. Die Ungewissheit einer Verwirklichung der Last ändert nichts an deren grundsätzlichen Existenz und der dadurch
bewirkten Wertverminderung eines Vermögenswertes ... Wenn latente Lasten bei der Bewertung von Vermögensgegenständen nicht berücksichtigt werden, partizipieren zwar
beide Ehegatten im Rahmen der Vorschlagsbeteiligung an einem allfälligen Gewinn, werden aber Lasten bzw. das Risiko von deren Verwirklichung einseitig demjenigen Ehegatten überbunden, der den betreffenden Vermögenswert übernimmt. Dies ist nicht halt-
bar.»

Dieser Entscheid ist von enormer Tragweite, denn damit wird der *Marktwert
als* einheitliches *Bewertungskriterium* für eheliches Vermögen aufgegeben.
Persönliche, aufschiebend bedingte Verpflichtungen (s. dazu unten N. 18 f.)
des Berechtigten werden mit dem Wert des Vermögensobjekts vermengt.
Mag bisher die Gefahr bestanden haben, dass der Berechtigte die aktualisierten «latenten» Lasten allein tragen musste, wenn er sich zur Veräusserung entschloss, so besteht jetzt die Wahrscheinlichkeit, dass er gar nicht an
eine Veräusserung denkt, und sich unter Berufung auf seine bedingten Verpflichtungen einen ungerechtfertigten Vorteil verschafft. Das BGer. hat immerhin eingeräumt, für die Bewertung der Last sei bestimmend, ob und ggf.
wann sie sich verwirklichen könnte (a.a.O.).

Wie dem auch sei, weder bei der Bewertung des Vermögens des Erblassers
zur Berechnung des verfügbaren Teils noch, im Allgemeinen, bei der Erbschaftsteilung tritt das Problem auf, um dessen Lösung es dem BGer. geht.
Bei der Erbschaftsteilung ist im Allgemeinen niemand gezwungen, einen
Gegenstand zu übernehmen, den er nicht haben will. Dieser wird notfalls
verkauft (Art. 612 Abs. 2), und die dabei aktualisierten Verpflichtungen
mindern effektiv den Wert der Erbschaft zu Lasten aller. Nur wenn ein Erbe
durch eine Teilungsvorschrift gezwungen wird, ein Grundstück zu übernehmen, kann eine mit der güterrechtlichen Teilung vergleichbare Situation
entstehen. Ob man dann die sog. latenten Lasten – entgegen der Vorschrift
des Art. 617 – berücksichtigen darf, ist hier nicht zu diskutieren. Im Übrigen
sind die einschlägigen Erwägungen, die man im Hinblick auf die güterrechtliche Teilung angestellt hat, nicht auf den Erbgang übertragbar.

17   b) Auch bei *Forderungen und Ansprüchen* aller Art ist der Verkehrswert
derjenige Preis, der im Fall des Verkaufs dafür erlöst werden könnte.

Hat der Erblasser kurz vor seinem Tod ein Auto gekauft, das drei Monate später geliefert werden sollte, so wird ein Dritter für die Abnahme «umständehalber» eher weniger und nur ausnahmsweise mehr bezahlen als der Käufer.

Verzinsliche Geldforderungen werden um den Marchzins vermehrt oder vermindert, unverzinsliche und niedrig verzinsliche zu Marktkonditionen diskontiert. Sind die Bonität des Schuldners zweifelhaft und die Sicherheiten ungenügend, so kommt ein Abschlag in Betracht; unter Umständen ist eine solche Forderung als wertlos zu betrachten. Forderungen in fremder Währung werden zum Tagesgeldkurs umgerechnet.

c) Schwierigkeiten bereitet die Bewertung von Rechten, Ansprüchen und   18
Verpflichtungen, die im Augenblick der Eröffnung des Erbgangs (vgl.
Art. 537 Abs. 2) *unter einer aufschiebenden oder auflösenden Bedingung*
standen. In Betracht kommen, als Nachlass-Aktiven: Forderungen aus bedingten Schenkungsversprechen und laufenden Spielen (Lotterie, Lotto, To-
to, Preisausschreiben), Ansprüche auf Versicherungsleistungen, die bedingte Mitgliedschaft in ein Genossenschaft oder Handelsgesellschaft aufgrund
einer Nachfolgeklausel (unten N. 20); ferner, als Passiven: Bürgschaftsschul-
den, bedingte Leibrentenversprechen, unter dem Vorbehalt des Widerrufs
empfangene Schenkungen usw.

Nicht hierher gehören Lebensversicherungen, die auf den Tod des Erblassers gestellt
sind, da die Bedingung durch den Tod des Erblassers eingetreten oder ausgefallen ist.
Auch bedingte Vermächtnisansprüche kommen nicht in Betracht, denn ein unter einer
Bedingung ausgesetztes Vermächtnis, das den Erben des Bedachten zugute kommt, wenn
dieser vor dem Eintritt der Bedingung stirbt, ist ein Ersatzvermächtnis und fällt nicht in
den Nachlass des Erstbedachten, sondern gelangt direkt an die Ersatzvermächtnisnehmer
(anders HANSJÖRG PETER, Das bedingte Geschäft, Zürich 1994, 279).

Im Allgemeinen wird man sich mit TUOR (Art. 474 N. 16) und ESCHER/   19
ESCHER (Art. 474 N. 8) und in Übereinstimmung mit der Regelung des
§ 2313 BGB damit zufrieden geben müssen, auflösend bedingte Forderungen zu berücksichtigen, und zwar mit dem vollen Wert, nicht jedoch aufschiebend bedingte. Man würde sich sonst (wie PIOTET, § 64 III B, p. 432/
S. 464 und ZGB-STAEHELIN, Art. 474 N. 4) von ganz unsicheren Prognosen
über den Bedingungseintritt abhängig machen. Die überkommene Auffassung führt wenigstens dann zum erwünschten Resultat, wenn die Bedingung
ausfällt, während die abgelehnte Ansicht immer nur halb richtig und darum
immer halb falsch ist, ob die Bedingung nun eintritt oder ausfällt. Eine
Nachberechnung des Pflichtteilsanspruchs und ein Ausgleich zwischen Erben und Pflichtteilsempfängern nach der Entscheidung der Bedingung (vgl.
§ 2313 BGB) drängt sich im schweizerischen Recht m.E. nicht auf, weil die
Pflichtteilsberechtigten, anders als nach deutschem Recht, im Allgemeinen

als Miterben am Vor- oder Nachteil des Eintritts oder Ausfalls der Bedingung beteiligt sind.

20   Sieht eine *Nachfolgeklausel* in einem Gesellschaftsvertrag oder in den Statuten einer Genossenschaft vor, dass ein Erbe in die Stellung des Erblassers eintreten kann, wenn er das wünscht, so erfolgt der Eintritt des Erben m.E. auflösend bedingt kraft Universalsukzession (s. Art. 560). Wendet man die vorstehende Regel über die Bewertung auflösend bedingter Forderungen hier sinngemäss an, so müssen bei der Bewertung des Nachlasses der Wert des Gesellschafts- oder Genossenschaftsanteils, nicht nur die Ansprüche im Falle des Ausscheidens berücksichtigt werden (anders wohl BGE 108 II 95, Erw. 2c).

Das BGer. hatte folgenden Fall zu entscheiden: Die Mitgliedschaft in einer Genossenschaft wurde durch Abschluss eines Mietvertrages unter gleichzeitiger Abgabe einer Beitrittserklärung und Zeichnung eines Anteilscheines von Fr. 1000.– erworben. Sie erlosch mit dem Tod des Mieters, konnte aber auf den überlebenden Ehegatten oder einen andern gesetzlichen Erben übertragen werden, wenn dieser anstelle des Verstorbenen in den Mietvertrag eintrat und die Erneuerung des Vertrages vom Vorstand der Genossenschaft genehmigt wurde. Das BGer. hat es abgelehnt, die Mitgliedschaft bei der Berechnung des verfügbaren Teils zu bewerten, weil bei Eröffnung des Erbgangs noch nicht mit Sicherheit feststehe, ob einer der Erben die Mitgliedschaft übernehmen und in den (sehr günstigen) Mietvertrag eintreten werde, und noch offen sei, ob der Vorstand die erforderliche Genehmigung erteilen werde (obwohl eine Verweigerung kaum in Frage kam): Es sei nicht möglich, die im Zeitpunkt des Todes des Erblassers vorhandene Möglichkeit, dass einer der Erben in die Mitgliedschaft des Erblassers eintritt, wertmässig zuverlässig zu erfassen. S. auch unten N. 22.

21   *Sach- und Haftpflichtversicherungen* sind nicht zu aktivieren, da sie nur künftige Vermögensminderungen ausgleichen. Ebenso wenig *Totozettel* und *Lotterielose,* weil der Gewinnanspruch aufschiebend bedingt ist.

22   d) Der Verkehrswert *periodischer Ansprüche und Verpflichtungen* aus Leibrenten, Nutzniessungen, Wohnrechten und anderen Dienstbarkeiten sowie Grundlasten wird, sofern sie vererblich sind, durch Kapitalisierung errechnet.

Nicht bewerten wollte das BGer. (BGE 108 II 95, Erw. 2c und d) den mit der (auf einen Erben übertragbaren) Mitgliedschaft in einer Genossenschaft (s. Art. 560) verbundenen Vorteil, einen günstigen Mietvertrag weiterzuführen: Man könne nicht einfach von der Annahme ausgehen, der Erbe werde das Mietverhältnis lebenslänglich weiterführen, und es wäre «mit seiner persönlichen Freiheit kaum vereinbar, ihn durch eine auf entsprechend langer Mietdauer beruhende Bewertung daran zu hindern, die Wohnung schon viel früher wieder aufzugeben».

e) *Immaterialgüterrechte* sind, wie andere Rechte auch, mit ihrem Verkehrs-   23
wert anzuschlagen. Ein Zwang zur Abtretung wird dadurch nicht geschaffen. Durch die Kapitalisierung der Lizenzeinnahmen (wie sie, mit Bezug auf
die güterrechtliche Auseinandersetzung, MANFRED HUNZIKER, Immaterialgüterrechte nach dem Tod des Schöpfers, Bern 1983, 272 und, ihm folgend,
HAUSHEER/REUSSER/GEISER, Art. 211 N. 22 vorschlagen) würde man nur den
Ertragswert erhalten, und wenn man nur auf die tatsächlich erlösten Ein-
nahmen abstellt, nicht einmal diesen.

f) Für *kotierte* (börsennotierte) *Waren und Wertpapiere* gilt der Börsenkurs   24
am Todestag (PIOTET, § 64 III B, p. 431/S. 463). Bei volatilen Kursen will die
h.L. (TUOR, Art. 474 N. 19; ESCHER/ESCHER, Art. 474 N. 8) auch die Kurse am
vorangehenden und am nachfolgenden Tag berücksichtigen (dagegen ZGB-
STAEHELIN, Art. 474 N. 6). Für qualifizierte Aktienpakete, die einen Einfluss
auf die Geschäftsführung oder Anspruch auf einen Sitz im Verwaltungsrat
gewähren, ist ein Zuschlag zu machen. Sonst kann für einen grösseren Pos-
ten desselben Papiers bei engem Markt ein Abschlag angebracht sein. Der
Verkehrswert nichtkotierter Aktien richtet sich vor allem nach ihrem inneren Wert, also nach dem Anteil an dem Unternehmen (s. N. 25 f.), den sie
gewähren, kann aber stark davon abweichen, wenn die Übertragbarkeit beschränkt ist (s. Art. 685 ff. OR).

g) Der Wert eines *Unternehmens* hängt vor allem davon ab, ob es weiterge-   25
führt werden kann oder liquidiert werden muss (zum Folgenden s. BGE 121
III 152 Erw. 3c; HAUSHEER/REUSSER/GEISER, Art. 211 N. 19; ZGB-STAEHE-
LIN, Art. 474 N. 7 und, zu Einzelfragen, statt aller HELBLING, Unternehmensbewertung). Im letzteren Fall kommt der Liquidationswert in Betracht, andernfalls ein Fortführungswert. Der *Liquidationswert* entspricht dem Rein-
erlös, der aus dem Verkauf der Unternehmensbestandteile zu erwarten ist.

Eine Bewertung zum *Fortführungswert* darf nur erfolgen, wenn das Unter-   26
nehmen lebensfähig ist, also minimale Erträge abwirft, und nicht zahlungsunfähig (illiquid) ist. Der Fortführungswert wird aus dem Ertragswert und
dem Substanzwert gebildet. Der Ertragswert wird durch Kapitalisierung des
künftig zu erwartenden Erfolges (vorzugsweise an den Ausschüttungen zu
messen) errechnet. Der Substanzwert ist der Wiederbeschaffungswert (Re-
produktionsaltwert) der betrieblichen Anlagen und immateriellen Güter.
Beim Substanzwert ist ein angemessener Abzug für latent bedingte Steuern
auf unversteuerte Reserven vorzunehmen (HELBLING, Ziff. 24, 286 ff.). Ver-
gangenheitsorientierte Wertberechnungen sind abzulehnen. Neben dem Ertragswert hat der Substanzwert ein geringeres Gewicht. In der Praxis ist die

doppelte Gewichtung des Ertragswertes als «Schweizer Methode» der Unternehmenswertberechnung verbreitet und wird allgemein akzeptiert. Nicht betriebsnotwendige Vermögensteile werden mit ihrem Liquidationswert zum Fortführungswert hinzugerechnet.

27   h) Gehört zum Nachlass ein *landwirtschaftliches Gewerbe*, welches ein Erbe zur Selbstbewirtschaftung übernimmt, so wird es ihm nach Art. 17 BGBB (entsprechend für die güterrechtliche Auseinandersetzung Art. 212 ZGB) zum Ertragswert an den Erbteil angerechnet (s. auch HANSULRICH KELLER, Das Ertragswertprinzip im neuen bäuerlichen Ehegüterrecht, Diss. Zürich 1993, 9 ff.; E. HOFER, Art. 10 BGBB N. 10 ff. und B. STUDER Art. 17 BGBB N. 8 ff., in: BANDLI u.a., Das bäuerliche Bodenrecht; SCHÖBI, 92–94). Ergibt sich bei der Anrechnung zum Ertragswert ein Überschuss der Erbschaftspassiven, so wird der Anrechnungswert entsprechend erhöht, höchstens aber bis zum Verkehrswert (Art. 18; ähnlich für die güterrechtliche Auseinandersetzung Art. 213 ZGB). Ein höherer Preis lässt sich im Erbgang dafür nicht erlösen: der Anrechnungswert wird gleichsam zum Verkehrswert, und das landwirtschaftliche Gewerbe muss bei der Berechnung des verfügbaren Teils entsprechend veranschlagt werden. Würde man der Berechnung des verfügbaren Teils und der Pflichtteile einen höheren Verkehrswert zugrunde legen, so würde die Selbstbewirtschaftung unter Umständen verunmöglicht (so TUOR, Art. 474 N. 21 f.; ESCHER/ESCHER, Art. 474 N. 6; BGE 65 II 218). Fehlt ein selbstbewirtschaftender Erbe, so ist auch für landwirtschaftliche Gewerbe der Verkehrswert anzusetzen.

28   Für das landwirtschaftliche Betriebsinventar gilt der Nutzwert und für ein nichtlandwirtschaftliches Nebengewerbe der Verkehrswert (Art. 17 BGBB). Für landwirtschaftliche Grundstücke, die nicht zu einem landwirtschaftlichen Gewerbe gehören, kommt nach Art. 21 BGBB unter Umständen die Zuweisung zum doppelten Ertragswert in Betracht. Der Ertragswert wird nach Art. 87 BGBB auf Antrag eines Erben von der zuständigen Behörde geschätzt.

29   Wird das landwirtschaftliche Gewerbe später veräussert oder die Selbstbewirtschaftung aufgegeben, so kann dieses nach dem Tod des Erblassers eintretende Ereignis (s. oben N. 3) keinen Einfluss mehr auf die Berechnung des verfügbaren Teils und der Pflichtteile haben (ESCHER/ESCHER, Art. 474 N. 6a). Die Rechtsfolgen sind in Art. 23 ff. BGBB abschliessend geregelt; damit dürften die abw. Ansichten (BGE 65 II 218, 223; TUOR, Art. 474 N. 23 f. und PIOTET, § 126 II, p. 900 ss./S. 992 ff.) überholt sein.

VI. Die sog. güterrechtliche Teilung

Wenn der Erblasser verheiratet war und im Güterstand der   30
Errungenschaftsbeteiligung (Art. 196 ff.) oder einer Gütergemeinschaft
(Art. 221 ff.) lebte, wird mit seinem Tod der Güterstand aufgelöst
(Art. 204 ff. bzw. 236 ff.). Die dadurch entstehenden Ansprüche und Verpflichtungen gehören oft zu den wichtigsten des Nachlasses (s. dazu die
Übersicht vorn, Art. 462 N. 23–47. Sie sind für die Berechnung des verfügbaren Teils von grosser Bedeutung und müssen jedenfalls geklärt werden,
bevor man zur Erbschaftsteilung schreiten kann. Entgegen einer weit ver-
breiteten Lehrmeinung und anders als in den übrigen Fällen der Auflösung
des Güterstandes (nämlich bei Scheidung, Trennung, Ungültigerklärung der
Ehe, gerichtlicher Anordnung der Gütertrennung oder Vereinbarung eines
anderen Güterstandes) bedarf es bei der Auflösung des Güterstandes durch
den Tod oder Verschollenerklärung (Art. 38) eines Ehegatten jedoch keiner
besonderen güterrechtlichen Teilung; sie ist dann weder notwendig noch
zweckmässig. Vielmehr können die Ansprüche und Verpflichtungen des
überlebenden Ehegatten gemäss Art. 204 ff. oder 236 ff. bei der Feststellung
des Nachlasses und der Berechnung des verfügbaren Teils direkt berücksichtigt werden. Es handelt sich um gewöhnliche Nachlassaktiven und -pas-
siven.

Soll der überlebende Ehegatte kraft Ehevertrages bei der Auflösung des   31
Güterstandes der Errungenschaftsbeteiligung mehr als die gesetzliche
Hälfte des Vorschlags erhalten, so darf eine solche Vereinbarung «die
Pflichtteilsansprüche der nichtgemeinsamen Kinder und deren Nachkommen nicht beeinträchtigen» (Art. 216 Abs. 2). Ausgehend von der Vorstellung, dass es sich bei einer solchen Bestimmung um eine Verfügung von Todes wegen handle, nimmt die h.L. an, dass die Differenz zwischen der gesetzlichen und der ehevertraglichen Vorschlagsbeteiligung in den Nachlass
falle (zum Vermögen des Erblassers gehöre) und deren Zuweisung an den
überlebenden Ehegatten bei der Berechnung des verfügbaren Teils bzw.
der Pflichtteile zu ignorieren sei. Allerdings könnten nur die nichtgemeinsamen Nachkommen den daraus resultierenden vollen Pflichtteil verlangen, während andere Pflichtteilberechtigte insoweit an der Klage gehindert
seien, als eine Pflichtteilsverletzung durch die Vorschlagsbeteiligung veranlasst ist (so Piotet, SJZ 1990, 41 ff.; ders. (1997), Rz. 384 ff.; Hausheer/
Reusser/Geiser, Art. 216 N. 34 ff., Art. 241 N. 43 ff.; Stettler/Wälti,
Rz. 437, 439, 446 f.; Hegnauer/Breitschmid, Eherecht, Rz. 26.79; Wolf,
156 ff.; Wildisen, 205–211; Hausheer/Aebi-Müller, 30, 33 f.). Diese komplizierte Konstruktion ist abzulehnen. Sie ist mit Art. 216 Abs. 2 nicht zu

vereinbaren, der nichts davon weiss, dass einem Pflichtteilberechtigten die Herabsetzungsklage verwehrt sei. Vor allem aber sind Eheverträge und die einzelnen darin enthaltenen Bestimmungen keine Verfügungen von Todes wegen, sondern Rechtsgeschäfte unter Lebenden (s. vorn, Einl. vor Art. 467 N. 106 ff.). Daraus folgt, dass der dem andern Ehegatten gemäss Art. 216 Abs. 1 zugewiesene Vorschlag nicht zum Vermögen des Erblassers gehört.

32 Dem wird auch STEINAUERS Auffassung nicht gerecht, wonach zur Berechnung der Pflichtteile zwei verschiedene Berechnungsgrundlagen errechnet werden müssen, wenn der Erblasser nichtgemeinsame Nachkommen und andere Pflichtteilberechtigte hinterlassen hat: die eine mit, die andere ohne Hinzurechnung der Differenz zwischen der gesetzlichen und der ehevertraglichen Beteiligung am Vorschlag, als einer unentgeltlichen Zuwendung unter Lebenden nach Art. 475 (STEINAUER, S. 404 ff., 409 ff.; ebenso NÄF-HOFMANN, Rz. 1856–1860; PORTMANN, bes. 12 ff.). Die Vorschlagszuweisung darf nämlich *auch nicht* zum Vermögen *hinzugerechnet* werden, weil sie *keine unentgeltliche Zuwendung* ist (s. vorn, Einl. vor Art. 467 N. 106).

33 Zur korrekten Berechnung des verfügbaren Teils ist vielmehr grundsätzlich der ganze Vorschlag, der dem überlebenden Ehegatten zufällt, von den Erbschaftsaktiven *abzuziehen*. Die Pflichtteile der nichtgemeinsamen Nachkommen sind jedoch um den Betrag zu erhöhen, der sich aus der Multiplikation der Mehrbeteiligung des überlebenden Ehegatten mit deren Pflichtteilsquoten ergibt. Zieht man sodann sämtliche Pflichtteile vom Vermögen ab, so erhält man den verfügbaren Teil, der allerdings kein Bruchteil des Vermögens (der Berechnungsgrundlage) mehr ist.

Ein Erblasser hinterlässt seine Gattin als Witwe (W), die nach Ehevertrag den ganzen Vorschlag von 700 erhält, sowie ein gemeinsames (G) und ein nichtgemeinsames Kind (N). Das Eigengut beträgt 600:

Vermögen/Berechnungsgrundlage: 600

Pflichtteile   W: $\frac{1}{2} \times \frac{1}{2} \times 600 = 150$

G: $\frac{3}{4} \times \frac{1}{4} \times 600 = 112{,}5$

N: $\frac{3}{4} \times \frac{1}{4} \times (600 + [700-350]) = 178{,}125$

(Verfügbar: $600-150-112{,}5-178{,}125 = 159{,}375$)

34 Sinngemäss gleich ist im Fall des Art. 241 Abs. 3 zu verfahren, wenn dem überlebenden Ehegatten bei der Auflösung des Güterstands der Güter-

gemeinschaft ehevertraglich mehr als die Hälfte des Gesamtguts zugewiesen ist.

VII. Auszugleichende Zuwendungen

Zur Erbschaft und zum Vermögen des Erblassers (oben   35
N. 2 f.) gehört auch, was er seinen Erben auf Anrechnung an deren Erbteile zugewendet hat (Erbvorbezüge, Art. 626 ff.). Das Gesetz sagt das zwar nirgends, es folgt aber aus der Funktion der Erbvorbezüge (BGE 45 II 7, Erw. 2; Tuor, Art. 474 N. 13; Escher/Escher, Art. 475 N. 5): Als Vorausleistungen des Erblassers auf den Teilungsanspruch (Art. 604) des Zuwendungsempfängers werden sie bei der Erbschaftsteilung so behandelt, als hätten sie zur Erbschaft gehört und wären dem Empfänger zugeteilt worden. Da sie sich aber nicht in der Erbschaft befinden, müssen sie hinzugerechnet werden. Das gilt sogar dann, wenn der Empfänger nicht Erbe geworden ist oder die Erbschaft ausschlägt, da die Ausgleichungspflicht nach Art. 627 dann auf die Erben übergeht, die an seine Stelle treten. Andernfalls hätte die Hinzurechnung nach Art. 475 in Verb. mit Art. 527 Ziff. 1 zu erfolgen (so, weniger konsequent, die h.M., z.B. Escher/Escher, Art. 475 N. 8; über «Zuwendungen auf Anrechnung an den Erbteil, die nicht der Ausgleichung unterworfen sind» nach Art. 527 Ziff. 1 s. dort und hinten, Art. 475 N. 4 ff. Wegen der Bewertung s. hinten, Art. 475 N. 30 ff.).

Vereinzelt ist die Ansicht vertreten worden, zur Ausgleichung zu bringende Zuwendungen seien bei der Berechnung des verfügbaren Teils *nicht* zum Nachlass hinzuzurechnen (Escher, Zürcher Komm., 1. Aufl., 341; G. Kupper, SJZ 47 [1951] 340 ff.; Luc Vollery, Les relations entre rapports et réunions en droit successoral, Diss. Fribourg 1994; s. dazu Eitel, 544–555). Diese Theorien verkennen Begriff und Wesen des gemeinrechtlichen Instituts der Kollation, mit dem auch der Gesetzgeber des Schweizerischen Zivilgesetzbuchs vertraut war und der den einschlägigen Regelungen der Kodifikation *selbstverständlich* zugrunde liegt.   36

Erbvorbezüge werden auch dann zum Nachlass hinzugerechnet, wenn dieser überschuldet ist; der negative Saldo wird also durch den Wert der Erbvorbezüge verringert, eventuell sogar in einen positiven Saldo verwandelt. Den später aufgegebenen Ansichten Tuors und Eschers in den 1. Auflagen des Berner Komm. (Art. 474 N. 35) bzw. des Zürcher Komm. (Art. 474 N. 36) über eine sog. «algebraische Berechnungsart», bei der der überschuldete Nachlass mit null bewertet wird, ist nicht zu folgen, denn die Berechnung des verfügbaren Teils wird dabei auf unzulässige Weise mit Haftungs- und Teilungsfragen vermengt (vgl. Tuor, 2. Aufl., Art. 474 N. 30 ff., mit [überdies falschen] Zahlenbeispielen; dazu auch Spahr, 240 ff.).   37

VIII. Erziehungskosten

38   Systematisch gehören hierher wohl auch die Ansprüche der Kinder, die noch in der Ausbildung stehen oder gebrechlich sind, auf einen angemessenen Vorausbezug bei der Teilung (Art. 631 Abs. 2; s. dazu GUBLER, 103 f., VONRUFS, 58; ESCHER/ESCHER, Art. 631 N. 16; PIOTET, § 15 I, p. 66/S. 73; ZGB-STAEHELIN, Art. 474 N. 12). Die Verpflichtung zur Gewährung des Vorausbezuges ist sicher keine Erbschaftsschuld (so VONRUFS und PIOTET) und hat auch keine Ähnlichkeit mit dem Lidlohn (so ESCHER/ESCHER). Es handelt sich vielmehr, wie die Regelung im Abschnitt über die Ausgleichung zeigt, um etwas, was man als die «Kollation eines Nichtempfangs» bezeichnen könnte, als eine «negative Kollation». So wie Vorempfänge bei der Berechnung des verfügbaren Teils zum Nachlass hinzugerechnet werden, wird nun abgezogen, was das Kind bei der Teilung als Vorausbezug erhalten soll.

Der Erblasser (Netto-Nachlass: 600) hinterlässt als Erben drei Kinder, A, B und C, eines davon, C, noch in der Ausbildung stehend (angemessene Kosten: 60).

Berechnungsgrundlage: 600 + (–60) = 540
Gesetzliche Erbteile 3 × 180
C erhält 180–(–60) = 240
Pflichtteile: 3 × $^3/_4$ v. $^1/_3$ v. 540 = 3 × 135
verfügbarer Teil: 135
A und B müssen je mindestens 135, C mindestens 195 erhalten.

Art. 475

2. Zuwendungen unter Lebenden	**Die Zuwendungen unter Lebenden werden insoweit zum Vermögen hinzugerechnet, als sie der Herabsetzungsklage unterstellt sind.**

2. Libéralités entre vifs

Les libéralités entre vifs s'ajoutent aux biens existants, dans la mesure où elles sont sujettes à réduction.

2. Liberalità

Le liberalità fra vivi sono computate nella sostanza in quanto sono soggette all'azione di riduzione.

Materialien: TE 431 – VE 496 Abs. 3; Anträge, 98; Erl. I, 388 f. = Mot. II, 61 – E 481.

Literatur: REGINA E. AEBI-MÜLLER, Die optimale Begünstigung des überlebenden Ehegatten, Diss. Bern 2000, 193–239; PAUL EITEL, Erbrechtliche Tragweite einer Liegenschaftsabtretung mit Nutzniessungsvorbehalt, recht 14 (1996) 34–46; *ders.*, Die Berücksichtigung lebzeitiger Zuwendungen im Erbrecht, Bern 1998; J. GUINAND, Droits successoraux et matrimoniaux du conjoint survivant, Semjud 1984, 65 ff.; *ders.*, Libéralités entre vifs et conjoint survivant, in: Mél. Paul Piotet, Berne 1990, 55–66; F. GUISAN, La notion d'avancement d'hoirie aux articles 527 et 626 du Code civil, ZSR 71 (1952) 489–512; FRANZ KELLER, Erbrechtliche Fragen bei Wertveränderungen, Diss. Freiburg i.Ue. 1972; FRIEDRICH GERHARD MOSER, Die erbrechtliche Ausgleichung gemischter Schenkungen, 2. Aufl., Bern 1973; JAKOB ARNOLD MÜLLER, Das Verhältnis von Ausgleichung und Herabsetzung im schweizerischen Erbrecht, Diss. Bern 1949; P. PIOTET, La réduction des donations entre vifs en cas d'ordonnance ou de dispense de rapport, ZSR 90 (1971) I, 19–51; *ders.*, L'avancement de l'hoirie, en particulier selon les art. 626 et 527 ch. 1 CC, ZBJV 108 (1972) 265–317; *ders.*, Deux questions nouvelles relatives à la réduction successorale, SJZ 78 (1982) 209–212; *ders.*, La réduction selon l'art. 527 ch. 1 CC de libéralités, «faites à titre d'avancement d'hoirie» qui «ne sont pas soumises au rapport», JdT 130 (1982) I, 23 ff.; *ders.*, De la restitution après réduction successorale, ZSR 103 (1984) I, 105–120; *ders.*, La restitution par le défendeur de mauvaise foi après réduction successorale, SJZ 81 (1985) 157–161; *ders.*, Rapports successoraux et calcul des réserves, Bern 1995; JÖRG ALAIN SCHWARZ, Die Herabsetzung gemäss Art. 527 Ziff. 1 ZGB, Diss. Bern 1985; ULRICH SCHWENDENER, Die Ausgleichungspflicht der Nachkommen unter sich und in Konkurrenz mit dem überlebenden Ehegatten, Diss. Zürich 1959; STÉPHANE SPAHR, Valeur et valorisme en matière de liquidations successorales, Diss. Fribourg 1994; DANIEL STECK, Wertänderungen am Nachlass und Pflichtteilsrecht nach dem Schweizerischen ZGB, Diss. Zürich 1972; ERIC STOUDMANN, L'avancement de l'hoirie et sa réduction, Diss. Lausanne 1962; JUSTIN THORENS, Quelques considérations concernant les rapports en droit successoral, in: Mém. Fac. Genève 43 (13ᵉ journée juridique), Genève 1974, 33–39; ders., L'interprétation des articles 626 al. 2 et 527 ch. 1 et 3 CC, in: Erhaltung und Entfaltung des Rechts in der Rechtsprechung des Schweizerischen Bundesgerichts, Basel 1975, 355 ff.; LUC VOLLERY, Les relations entre rapports et réunions en droit successoral. L'article 527 chiffre 1 du Code civil et le principe de la comptabilisation des rapports dans la masse de calcul des réserves, Diss. Fribourg 1994; HEINZ VONRUFS, Der massgebende Zeitpunkt für die Bewertung der Erbschaftsgegenstände bei Pflichtteilsberechnung, Ausgleichung und Teilung, Diss. Zürich 1952; PIERRE WIDMER, Grundfragen der erbrechtlichen Ausgleichung, Diss. Bern 1971; BEAT ZOLLER, Schenkungen und Vorempfänge als herabsetzungspflichtige Zuwendungen, Diss. Zürich, 2. Aufl. 1999.

Inhaltsübersicht

I. Inhalt

1   Zuwendungen, die der Erblasser zu seinen Lebzeiten einem Erben oder Dritten gemacht hat und die nach Art. 527 der Herabsetzungsklage (Art. 522 ff.) unterstellt sind, werden zum Nachlass hinzugerechnet.

II. Funktion

Obwohl der Erblasser bei seinen Lebzeiten über sein Ver-   2
mögen frei verfügen kann und wegen der Anwartschaft der Pflichtteilsberechtigten (s. vorn, Vorbem. vor Art. 470 N. 31 f.) keinen Beschränkungen
unterworfen ist, sollen die Pflichtteile doch nicht durch *unentgeltliche Zuwendungen unter Lebenden, die mit dem Erbgang im Zusammenhang stehen,*
geschmälert werden. Solche Zuwendungen sind deshalb der Herabsetzung
unterstellt (Art. 527). Zur Berechnung der Pflichtteile und des verfügbaren
Teils werden sie als zum Vermögen des Erblassers gehörig betrachtet, sie
werden «*zum Vermögen gerechnet* (nicht: hinzugerechnet, vgl. den Wortlaut
des Art. 476 und hinten, ebd. N. 5)» und, da sie sich nicht im Nachlass befinden, nach Art. 475 «*zur Erbschaft* (nicht: zum Vermögen; s. vorn, Art. 474
N. 2) *hinzugerechnet*», um sodann auf den verfügbaren Teil angerechnet zu
werden (s. vorn, Vorbem. vor Art. 470 N. 29).

Durch die Hinzurechnung steigen die Pflichtteile und zunächst auch der   3
verfügbare Teil proportional um den Wert der Zuwendung. Durch die voll-
umfängliche Anrechnung der Zuwendungen auf den verfügbaren Teil
nimmt dieser im Ergebnis jedoch um denselben Betrag ab, um den die
Pflichtteile der Berechtigten zunehmen. Die Stellung der Pflichtteilsberechtigten wird also gestärkt. Es geht jedoch zu weit, wenn gesagt wird (s. nur
Tuor, Art. 528 N. 4 und 7), die Pflichtteilsberechtigten sollten so gestellt
werden, wie wenn die Zuwendung nicht stattgefunden hätte. Die Zuwendung wird nämlich nicht rückgängig gemacht. Insbesondere kann die Zuwendung im Falle der Herabsetzung nicht in Natur zurückverlangt werden
(s. Art. 528), und der Zuwendungsempfänger kann die Früchte behalten
(Einzelheiten s. unten N. 41 ff.). Die réunion fictive des Art. 922 CCfr. ist
dem schweizerischen Recht fremd.

III. Die hinzurechenbaren Zuwendungen unter Lebenden

Nach Art. 475 in Verb. mit Art. 527 werden bei der Berechnung des verfügbaren Teils zum Nachlass hinzugerechnet:

a) Zuwendungen auf Anrechnung an den Erbteil, als Heiratsgut, Ausstattung oder Vermögensabtretung, wenn sie nicht der Ausgleichung unterworfen sind (Art. 527 Ziff. 1)

4   Art. 527 Ziff. 1 handelt von Zuwendungen auf Anrechnung an den Erbteil *(Erbvorbezügen)*, die nicht der Ausgleichung unterworfen sind. Das scheint ein *Widerspruch in sich* zu sein, denn Anrechnung an den Erbteil und Ausgleichung sind ein und dasselbe; Zuwendungen auf Anrechnung an den Erbteil *sind* der Ausgleichung unterworfen.

5   Der Wortlaut des Art. 527 Ziff. 1 lässt sich am ehesten, so scheint es, auf Erbvorbezüge im Sinn von Art. 626 Abs. 1 oder 2 beziehen, die nur deshalb nicht ausgeglichen werden, weil der Zuwendungsempfänger – vorverstorben, erbunwürdig oder von der Erbfolge ausgeschlossen – nicht Erbe wird oder die Erbschaft ausschlägt. Es ginge also um Zuwendungen, deren «Anrechnung an den Erbteil» des Empfängers *vereinbart* war (vgl. Art. 626 Abs. 1) oder um Zuwendungen an Nachkommen des Erblassers «als Heiratsgut, Ausstattung oder Vermögensabtretung», bei denen eine solche Vereinbarung *vermutet* wird (vgl. Art. 626 Abs. 2), also um wirkliche *Erbvorbezüge, die ihren Zweck verfehlt haben.* Es hat auch noch niemand bestritten, dass diese Fälle von Art. 527 Ziff. 1 erfasst werden (BGE 52 II 7 Erw. 2; 107 II 119 Erw. 3b; Tuor, Art. 527 N. 3; Escher/Escher, Art. 527 N. 8 u.a.). Es wird sogar die Ansicht vertreten, Art. 527 Ziff. 1 regle *nur diese Fälle* (Müller, 117 ff.; Stoudmann, 76 ff.; Piotet, ZSR 90 [1971] I, 29 ff.; *ders.*, ZBJV 108 [1972] 306 ff.; *ders.*, § 63 III, p. 418–423/S. 449–454; *ders.*, JdT 130, 1982, I, 23 ff.; *ders.*, Rapports, Nr. 128 ff.; Thorens, Considérations, 33–39; *ders.*, Interprétation, 356 ff.; Schwarz, 77–101; Vollery, 366 ff.; Eitel, 505–631; Zoller, 75–100).

6   Erbvorbezüge sind aber nach dem Gesetz auch dann der Ausgleichung unterworfen, wenn der Empfänger nicht Erbe wird, denn die Ausgleichungspflicht geht gemäss Art. 627 auf die Personen über, die – als Erben des Erblassers (nicht des Zuwendungsempfängers, so aber Tuor/Schnyder/Schmid, 471) – an seine Stelle treten. Wenn ein Erbe wegfällt, tritt immer jemand an seine Stelle; es gibt keine erbenlosen Nachlässe oder Nachlassteile. Der Fall, dass ein wirklicher Erbvorbezug (der ausgeglichen werden sollte) der Ausgleichung nicht unterworfen ist, kann also nach dem Gesetz überhaupt nicht eintreten.

Art. 627 ist allerdings keine zwingende Vorschrift; der Erblasser könnte die eintretenden Erben von der Ausgleichung befreien (statt aller ESCHER/ESCHER, Art. 627 N. 15). Aber dann würde es sich nicht mehr um einen echten Erbvorbezug handeln. Abgesehen davon wird die Befreiung etwa eintretender Erben von der Ausgleichungspflicht in praxi kaum je vorkommen, sodass nicht anzunehmen ist, dass Art. 527 Ziff. 1 nur diesen Fall regeln sollte.

Das Bundesgericht und die h.L. haben denn auch von Anfang an den Stand-   7
punkt eingenommen, unter Art. 527 Ziff. 1 fielen vor allem *Zuwendungen an Nachkommen mit Ausstattungscharakter* (vgl. Art. 626 Abs. 2), die der Erblasser von der Ausgleichung *befreit* hat (BGE 45 II 7 Erw. 2; 71 II 69 Erw. 4a; 76 II 188 Erw. 2; 98 II 352 Erw. 3a; TUOR, Art. 527 N. 3; ESCHER/ ESCHER, Art. 527 N. 7; DRUEY § 6 N. 74 ff., § 7 N. 19; s. auch Art. 527). Nach BGE 107 II 119 Erw. 3b sollen auch Zuwendungen mit Ausstattungscharakter *an andere Erben* gemäss Art. 527 Ziff. 1 der Herabsetzung unterliegen, wenn *keine Ausgleichung vorgesehen* wurde (vgl. Art. 626 Abs. 1). Noch weiter gehend, wollen einige Autoren *alle nicht ausgleichbaren unentgeltlichen Zuwendungen an Erben* mit Ausnahme der üblichen Gelegenheitsgeschenke der Herabsetzung nach Art. 527 Ziff. 1 unterstellen (GUISAN, ZSR 71 [1952] I, 512; WIDMER, 107 f.; SCHWENDENER, 37 f.).

Diese Ansichten begegnen allerdings der Schwierigkeit, dass Zuwendun-   8
gen, die vereinbarungsgemäss unentgeltlich sind und nicht ausgeglichen werden sollen, *Schenkungen* sind und Art. 527 Ziff. 3 für Schenkungen eine *andere Regelung* statuiert, als sich aus Ziff. 1 ergibt: Die Herabsetzung und folglich auch die Hinzurechnung sollen nach Art. 527 Ziff. 3 nämlich nur stattfinden, wenn der Erblasser die Schenkung frei widerrufen konnte oder wenn sie weniger als fünf Jahre vor seinem Tod erfolgt ist. Wenn die Anwendung der Ziff. 1 auf alle unentgeltlichen Zuwendungen mit Ausstattungscharakter nur ein *Trick* wäre, um die gesetzliche Frist der Ziff. 3 auszuschalten (vgl. GUINAND, Semjud 1984, 82 f. und Mél. Piotet, 63), müsste die h.M. abgelehnt werden. Das ist jedoch nicht der Fall.

Für die h.M. sprechen gute Gründe: 9
1. Die Formulierung der Ziff. 1 selbst. «Zuwendungen auf Anrechnung an den Erbteil …, wenn sie nicht der Ausgleichung unterworfen sind» ist keine blanke Contradictio in adiecto, wenn man darunter Zuwendungen versteht, die *gewöhnlich* auf Anrechnung an den Erbteil gegeben werden oder «*ihrer Natur nach*» (so BGE 71 II 69, 77; 76 II 188 Erw. 2; 98 II 352, 356; 107 II 119, 130) der Ausgleichung unterliegen. Das wird mit Recht angenommen von *Zuwendungen an Nachkommen* mit Ausstattungscharakter (s. BGE 76 II 188 Erw. 6–9; 77 II 36, 38; 98 II 352 Erw. 3a). *Ausstattungscharakter* haben

Zuwendungen, die «den Zweck der Existenzbegründung, -sicherung oder -verbesserung für den Empfänger» verfolgen (BGE 76 II 188, 196), kurz, Zuwendungen die der Familienfürsorge dienen (ESCHER/ESCHER, Art. 527 N. 14; 107 II 119, 131; 116 II 667, 673). Keinen Ausstattungscharakter haben dagegen *Luxusgeschenke* (Rennwagen, Motorboote [BGE 76 II 191], Ferienwohnungen, Weltreisen usw.) und zum Verbrauch bestimmte *Unterstützungsleistungen* (vgl. BGE 76 II 188 Erw. 6). Für Ausstattungszuwendungen an Nachkommen stellt Art. 626 Abs. 2 die Vermutung auf, dass sie unter Ausgleichungspflicht stehen. Hier, in Art. 527 Ziff. 1, unterwirft das Gesetz dieselben Zuwendungen der Herabsetzung, für den Fall, dass die Ausgleichung ausgeschlossen wurde.

10   Ist ein anderer Erbe Empfänger der Zuwendung mit Ausstattungscharakter, so besteht keine gesetzliche Vermutung der Ausgleichungspflicht. Von einer Zuwendungen auf Anrechnung an den Erbteil kann man daher streng genommen nur sprechen, wenn die Ausgleichung nach Art. 626 Abs. 1 vereinbart war (s. oben N. 5). Das BGer. hat freilich angenommen, dass auch solche Zuwendung unter Art. 527 Ziff. 1 zu subsumieren seien (BGE 107 II 119 Erw. 3b). Obwohl dies nach dem Wortlaut von Art. 527 Ziff. 1 nicht unproblematisch ist, wird doch auch in diesen Fällen subjektiv oft ein Zusammenhang mit dem Erbgang gegeben sein, und da dieser Zusammenhang der eigentliche Grund der Unterstellung lebzeitiger Zuwendungen unter die Herabsetzung ist (s. oben N. 2 und unten N. 11), ist die Auffassung des BGer. vertretbar. Dagegen würde es dem Wortlaut und Sinn des Art. 527 Ziff. 1 klar widersprechen, Zuwendungen ohne Ausstattungscharakter nach Art. 527 Ziff. 1 der Herabsetzung zu unterstellen, wie das GUISAN, WIDMER u.a. (s. oben N. 8 am Ende) angenommen haben.

11   *2. Das Verhältnis zu Ziff. 3.* Da Zuwendungen an Nachkommen (und andere Erben) mit Ausstattungscharakter, die nicht der Ausgleichung unterstehen, Schenkungen sind (so richtig BGE 107 II 119, 131), muss es besondere Gründe geben, sie *unbefristet* der Herabsetzung zu unterstellen und damit anders zu behandeln als andere Schenkungen, die nach Art. 527 Ziff. 3 nur fünf Jahre lang der Herabsetzung unterliegen. Der übliche Hinweis, der Erblasser könnte den Pflichtteil sonst manipulieren (zuletzt BGE 116 II 667, 672), genügt nicht, weil auch Ziff. 3 die Herabsetzung vorsieht, aber eben zeitlich begrenzt (s. auch die Kritik von PIOTET, ZBJV 108, 1972, 311 ff.). Der Grund der Ungleichbehandlung ist vielmehr der bestehende oder nicht bestehende *Zusammenhang mit dem Erbgang* (s. oben N. 2): Ein solcher Zusammenhang besteht vor allem dann, wenn einem Nachkommen eine Ausstattungszuwendung gegeben wird; er liegt auch der vermuteten Ausglei-

chungspflicht nach Art. 626 Abs. 2 zugrunde. Ein (schwächerer) Zusammenhang mit dem Erbgang kann auch bei Ausstattungszuwendungen an andere Erben bejaht werden, obgleich er nicht zu einer Vermutung der Ausgleichungspflicht geführt hat (oben N. 10). Dagegen fehlt prinzipiell jeder Zusammenhang, wenn es sich um gewöhnliche Schenkungen (Zuwendungen ohne Ausstattungscharakter) handelt oder Nichterben Empfänger der Zuwendung sind. Sie werden aus den unterschiedlichsten Motiven gegeben und entgegengenommen, unter denen der Gedanke an den Tod oft ganz fern liegt. Ein Zusammenhang mit dem Erbgang wird von den Beteiligten aber nachträglich hergestellt, wenn der Erblasser bald nach der Zuwendung stirbt (s. unten N. 20). Deshalb sind gewöhnliche Schenkungen nur dann der Herabsetzbarkeit unterstellt, wenn der Erblasser sie in den letzten fünf Jahren vor seinem Tod ausgerichtet hat, während es eine solche Begrenzung bei Zuwendungen mit Ausstattungscharakter an Nachkommen und andere Erben nicht gibt. Eine Benachteiligung der (erbenden) Angehörigen gegenüber (nicht erbenden) Fremden (so PIOTET, Rapports, Nr. 61; ZOLLER, 81 f., m. Nachw. Anm. 589) ist das nicht.

3. Das Verhältnis zu Art. 627. Die Auslegung des Art. 527 Ziff. 1 durch das   12
BGer. und die h.M. sichert der Vorschrift einen angemessenen Anwendungsbereich. Das BGer. hat bisher keinen einzigen Entscheid veröffentlicht, in dem Art. 527 Ziff. 1 angewendet worden wäre, weil ein Vorbezugsempfänger als Erbe weggefallen war. Würde die Vorschrift nur diese Fälle regeln, so wäre sie praktisch obsolet. Das kann nicht der Sinn des Gesetzes sein (s. oben N. 6).

Im Übrigen muss man sich wohl damit abfinden, dass Art. 527 Ziff. 1 unge-   13
schickt redigiert und weder mit Ziff. 3 noch mit dem verunglückten Art. 627 gehörig abgestimmt ist. Es gibt deshalb keine restlos überzeugende Auslegung; jedenfalls kommt der grammatikalischen Interpretation nur geringes Gewicht zu (BGE 116 II 667 Erw. 2b cc). Ganz unzulässig wäre der Umkehrschluss aus Art. 527 Ziff. 1, wonach Zuwendungen auf Anrechnung an den Erbteil *nicht* zum Nachlass hinzugerechnet würden, wenn sie bestimmungsgemäss der Ausgleichung *unterworfen sind* (BGE 45 II 7 Erw. 2). Dass Zuwendungen, die der Ausgleichung unterworfen sind, zum Nachlass hinzugerechnet werden, folgt aus der Art und Weise, wie die erbrechtliche Ausgleichung (Kollation) funktioniert, und war und ist so selbstverständlich, dass es im Gesetz gar nicht erwähnt wird (s. Art. 474 N. 35 ff.).

b) Erbabfindungen und Auskaufsbeträge (Art. 527 Ziff. 2)

14   Erbabfindungen und Auskaufsbeträge sind zwei Namen für dieselbe Sache, nämlich für Leistungen des Erblassers an künftige Erben (insbesondere an pflichtteilsberechtigte oder an Vertragserben) im Zusammenhang mit dem vollständigen oder partiellen Erbverzicht (Art. 495; s. auch vorn, Einl. vor Art. 467 N. 8 f., 21). Auskaufsleistungen mindern das Vermögen des Erblassers, aber der Wegfall des Verzichtenden als Erbe vermehrt den Nachlass nicht; insofern handelt es sich um unentgeltliche Zuwendungen, die je nach ihrer Höhe die Erb- und Pflichtteile der übrigen Erben günstig oder ungünstig zu beeinflussen geeignet sind. Da nun aber deren Pflichtteile durch den Erbauskauf weder beeinträchtigt werden dürfen noch ein Grund dafür vorhanden ist, dass die Berechtigten daraus einen Vorteil ziehen sollten, werden deren Pflichtteile und der verfügbare Teil so berechnet, als hätte der Erbauskauf gar nicht stattgefunden: Einerseits wird für den Ausgekauften der Pflichtteil berechnet und dem verfügbaren Teil zugeschlagen (s. vorn Art. 470 N. 10 ff.), andererseits werden die Auskaufsleistungen zum Nachlass hinzugerechnet und vom verfügbaren Teil abgezogen. Auf diese Weise wird jeder Einfluss des Erbauskaufs auf die Pflichtteile der Berechtigten vermieden (anders PIOTET, § 63 IV, p. 424/S. 455; s. auch EITEL, S. 440 ff.).

15   Es wird immer der ganze Auskaufsbetrag zum Nettonachlass hinzugerechnet, auch wenn nach Art. 535 Abs. 2 nur der den Pflichtteil des Verzichtenden übersteigende Teil der Abfindung der Herabsetzung unterliegt. Die abw. Ansicht (PIOTET, § 63 IV, p. 423 ss./ S. 454 ff.) beruht auf einem Zirkelschluss und würde die Hinzurechnung, die zwecks Berechnung des verfügbaren Teils geschieht, von der Grösse des verfügbaren Teils abhängig machen.

16   Nach zutreffender h.M. ist Art. 527 Ziff. 2 auf den Auskauf eines Vermächtnisnehmers sinngemäss anwendbar. Vom Erbauskauf unterscheidet sich der Auskauf des Vermächtnisnehmers zwar dadurch, dass er den Beschwerten, d.h. eventuell die Erben («den Nachlass»), von einer Verpflichtung befreit. Zu einer Erhöhung der Pflichtteile kann der Auskauf dagegen in keinem Fall führen. Ganz unabhängig davon ist jedoch auch beim Auskauf eines Vermächtnisnehmers aus den oben in N. 14 genannten Gründen der Auskaufsbetrag zum Nachlass hinzuzählen und vom verfügbaren Teil abzuziehen.

c) Schenkungen, die der Erblasser frei widerrufen konnte oder die er während der letzten fünf Jahre vor seinem Tode ausgerichtet hat, mit Ausnahme der üblichen Gelegenheitsgeschenke (Art. 527 Ziff. 3)

Es kommen sowohl Schenkungen von Hand zu Hand   17
(Art. 242, 243 Abs. 3 OR) als auch Schenkungsversprechen (Art. 243 OR) in
Betracht. Nicht unter Art. 527 Ziff. 3 fallen aber Schenkungsversprechen, de-
ren Vollziehbarkeit auf den Tod des Schenkers gestellt ist, nach Art. 245
Abs. 2 OR (vgl. ESCHER/ESCHER, Art. 527 N. 17); sie werden als Verfügungen
von Todes wegen (Vermächtnisse) behandelt (s. vorn, Einl. vor Art. 467
N. 118 ff.) und bleiben bei der Berechnung des verfügbaren Teils ausser Be-
tracht (s. vorn, Art. 474 N. 11).

1. Frei widerrufliche Schenkungen bewirken schon zu Lebzeiten des Erblas-   18
sers eine Verminderung seines Vermögens, sei es durch die Verfügung über
den Gegenstand der Schenkung, sei es durch die Verpflichtung zur Erfüllung des Schenkungsversprechens. Die Vermögensminderung kann aber bis
zum Tod des Schenkers durch den Widerruf rückgängig gemacht werden.
Frei *widerrufliche Schenkungen* haben daher, insofern den letztwilligen Verfügungen ähnlich, nur dann Bestand, wenn sie bis zuletzt dem Willen des
Erblassers entsprechen. Dadurch wird der Zusammenhang mit dem Erbgang hergestellt, einerlei wann die Schenkung erfolgt ist. (Das gemeine
Recht betrachtete frei widerrufliche Schenkungen aus demselben Grund als
donationes mortis causa, s. DERNBURG, Pandekten III, § 117, 239 ff.) Der
Verdacht einer Umgehungsabsicht kann daraus nicht abgeleitet werden (so
aber ESCHER/ESCHER, Art. 527 N. 17, unter Berufung auf einen alten Entscheid des Handelsgerichts Zürich) und ist für Art. 527 Ziff. 3 auch ohne Bedeutung.

Eine praktisch besonders wichtige Art von Schenkungen, die der Erblasser frei widerrufen kann, sind unentgeltliche versicherungsrechtliche Begünstigungen nach Art. 76 ff.
VVG. Sie sind aber, wenn die Versicherung auf den Tod des Erblassers gestellt ist, sowohl
hinsichtlich der Berechnung des verfügbaren Teils, in Art. 476, als auch in Bezug auf die
Herabsetzung, in Art. 529, besonders geregelt (s. vorn, Einl. vor Art. 467 N. 117). Ziff. 3
findet nur Anwendung, soweit die Versicherung nicht auf den Tod des Erblassers gestellt
ist (s. hinten, Art. 476 N. 4, 30 ff.).

2. *Schenkungen, die der Erblasser während der letzten fünf Jahre vor seinem*   19
Tod ausgerichtet hat. Die zeitliche Begrenzung gilt nur für (nicht frei widerrufliche) Schenkungen, die nicht unter Ziff. 1 fallen (BGE 107 II 119, 131; s.
oben N. 8, 11), also für Schenkungen an Personen ohne Erbanwartschaft

und für Schenkungen ohne Ausstattungscharakter (Luxusschenkungen und Unterstützungsleistungen). Nach Art. 82 stehen Stiftungen Schenkungen gleich.

20 Schenkungen, die der Erblasser kurz vor seinem Tod gemacht hat, werden von den Erben unweigerlich mit dem Erbgang in Verbindung gebracht, und zwar auch dann, wenn an sich kein Zusammenhang mit dem Tod bestand und die Beteiligten gar nicht an den Todesfall gedacht haben. Das Gesetz kommt mit der Regelung des Art. 527 Ziff. 3, 2. Halbsatz jedem Streit um solche schwer beweisbaren inneren Tatsachen zuvor, indem es nach einem rein objektiven Kriterium alle Schenkungen, die in den letzten fünf Jahren vor dem Tod des Schenkers gemacht worden sind, der Herabsetzung unterstellt, mit der Folge, dass sie nach Art. 475 zum Nachlass hinzugerechnet werden. (Das deutsche Recht kennt in § 2325 Abs. 3 BGB eine ähnliche Regelung mit einer Frist von zehn Jahren.) Der Zusammenhang der Schenkung mit dem Tod des Schenkers folgt allein aus der Kürze der Zeit zwischen beiden Ereignissen; dass der Tod zu erwarten war, wird nicht vorausgesetzt.

21 Ausgenommen sind «*übliche Gelegenheitsgeschenke*» (vgl. EITEL, 117 ff., m. Nachw.). Bei ihnen steht fest, dass sie nicht im Hinblick auf den Erbgang gemacht wurden, sondern anlässlich der sie veranlassenden «Gelegenheit». Deshalb besteht kein Grund, sie mit dem Erbgang in Verbindung zu bringen, auch wenn sie erst kurz vor dem Tod des Schenkers vollzogen wurden. Das Geschenk muss nach Art und Grösse unter Berücksichtigung der persönlichen und wirtschaftlichen Verhältnisse der Beteiligten dem Anlass, der «Gelegenheit», entsprechen, so dass derselbe allein als genügender Grund der Schenkung erscheint. Andernfalls handelt es sich nicht um ein Gelegenheitsgeschenk, und *der ganze Wert* ist zum Nachlass hinzuzurechnen (ESCHER/ESCHER, Art. 632 N. 4; a.A., Hinzurechnung nur des über den angemessenen Betrag hinausgehenden Wertes: TUOR/PICENONI, Art. 632 N. 4; EITEL, 120, m. Nachw.).

22 Nach Art. 239 Abs. 1 OR gilt als Schenkung jede Zuwendung unter Lebenden, womit jemand aus seinem Vermögen einen andern ohne entsprechende Gegenleistung bereichert. Dabei müssen die Parteien über die Unentgeltlichkeit der Zuwendung einig sein (vgl. Art. 241 OR; s. auch unten N. 27). Keine Schenkungen sind zinslose Darlehen, Gebrauchsleihe und unentgeltlicher Auftrag (insbesondere unentgeltliche Arbeitsleistung), denn sie mindern das Vermögen des Erblassers nicht (auch wenn er seine Mittel sonst vielleicht Gewinn bringend hätte einsetzen können) und kommen deshalb

nicht aus seinem Vermögen. Alle diese Geschäfte werden daher – in Übereinstimmung mit der gemeinrechtlichen Tradition – im Gesetz auch *besonders,* nicht als Schenkungen, *geregelt* (s. ESCHER/ESCHER, Art. 527 N. 19; anders: PIOTET, ZSR 90 [1971] I, 38 und zuletzt EITEL, 456 f., m. Nachw.; wohl auch TUOR, Art. 527 N. 18). Auch der Verzicht auf ein noch nicht erworbenes Recht sowie die Ausschlagung einer Erbschaft (und erst recht ein Erbverzicht) sind keine Schenkungen des Verzichtenden oder Ausschlagenden an denjenigen, dem sie zustatten kommen (Art. 239 Abs. 2 OR).

Nach Art. 239 Abs. 3 OR wird die Erfüllung einer sittlichen Pflicht nicht als   23
Schenkung behandelt. Trotzdem unterliegen auch sog. Pflichtschenkungen der Herabsetzung nach Art. 527 Ziff. 3, denn der *rechtliche Schutz* der Pflichtteile der nächsten Angehörigen geht einem nur *moralischen Anspruch* auf eine unentgeltliche Zuwendung vor. Auch bei der Herabsetzung unentgeltlicher Zuwendungen mit Ausstattungscharakter (Art. 527 Ziff. 1) spielt es keine Rolle, ob sie in Erfüllung einer sittlichen Pflicht gegeben wurden (PIOTET SJZ 57 [1961] 38 f.; *ders.,* § 63 II B, p. 416 s./S. 446 f.; BGE 102 II 313 Erw. 4 c; 116 II 243 Erw. 4b, m. Nachw.; a.A. die h.L.: TUOR, Art. 527 N. 21 [Ziff. 3]; ESCHER/ESCHER, Art. 527 N. 19; DRUEY, § 6 Rz. 72, S. 73; zuletzt EITEL, 459–494).

d) *Entäusserung von Vermögenswerten,* *die der Erblasser offenbar zum Zwecke* *der Umgehung der Verfügungsbeschränkung* *vorgenommen hat (Art. 527 Ziff. 4)*

Unter Art. 527 Ziff. 4 fällt jede Entäusserung eines Ver-   24
mögenswerts, die der Erblasser zur Umgehung der für Verfügungen von Todes wegen bestehenden Beschränkungen vorgenommen hat, sei es durch Verfügung über ein Recht oder Eingehung einer Verbindlichkeit. Da die Entäusserung die Umgehung der Verfügungsbeschränkungen bezweckt, muss der Vermögenswert unentgeltlich einem Dritten zugewendet (d.h. geschenkt) worden sein, sei es auch nur indirekt (z.B. indem der Erblasser eine Forderung verjähren liess, vgl. BGE 70 II 21, oder eine Sache derelinquierte, damit der Dritte das Eigentum daran erwerben könnte, dessen Schulden bezahlte oder einen Vertrag zu seinen Gunsten abschloss). Eine Entäusserung ist nicht anzunehmen, wenn der Erblasser nur eine Gelegenheit zur *Vermehrung* des eigenen Vermögens nicht ergriffen hat (indem er z.B. statt eines verzinslichen ein zinsloses Darlehen gewährte, s. unten N. 26).

25   Die Umgehung der Verfügungsbeschränkungen braucht nicht der unmittelbare oder gar der einzige Zweck der Verfügung gewesen zu sein. Es genügt, dass der Erblasser wusste, dass die Verfügung eine Pflichtteilsverletzung zur Folge haben werde (Vorsatz) oder mit dieser Möglichkeit rechnete und sie in Kauf nahm (Eventualvorsatz). «Offenbar» bedeutet nicht, dass der Umgehungsvorsatz (jedermann) sofort erkennbar sein oder gewesen sein muss. Es genügt vielmehr jeder Beweis, auch durch Indizien, der vernünftige Zweifel zu entkräften vermag (s. bei Art. 527). Der Bezug zum Erbgang wird hier durch den Willen des Erblassers hergestellt.

IV. Vermögensverminderung

26   Die Hinzurechnung ist nur notwendig und kommt nur in Betracht, wenn der Erblasser durch die Zuwendung sein Vermögen vermindert hat, denn ohne die Hinzurechnung würde das beim Eintritt des Erbfalls die Pflichtteile der Berechtigten schmälern. Die Zuwendung muss daher *aus dem Vermögen des Erblassers* gekommen sein. Das ist insbesondere dann nicht der Fall, wenn der Erblasser dem Zuwendungsempfänger einen Vermögensvorteil dadurch verschafft hat, dass er auf eine Vermehrung des eigenen Vermögens verzichtet, die Möglichkeit dazu nicht genutzt hat (a.A. GUINAND, Mél. Piotet, S. 56).

Deshalb sind Gebrauchsleihe, zinsloses Darlehen und unentgeltliche Arbeitsleistung nicht nur keine Schenkungen (s. oben N. 22), sondern überhaupt keine herabsetzbaren und hinzurechenbaren Zuwendungen – anders, wenn die Geschäfte zunächst als entgeltliche abgeschlossen worden waren, der Erblasser aber auf die Gegenleistung verzichtet hat (s. auch unten N. 31).
Der Erblasser hat sein Vermögen nicht gemindert, wenn er während des bestehenden Güterstandes einer Zuwendung seines Ehegatten aus dessen Errungenschaft an einen Dritten zugestimmt hat (Art. 208 Abs. 1 Ziff. 1), auch wenn das zu einer Schmälerung seines Nachlasses führt (a.A.: WIDMER, 31; HAUSHEER/REUSSER/GEISER, Art. 208 N. 61) – anders, wenn er die Hinzurechnung anderer Zuwendungen nach Art. 208 bei der Berechnung der Errungenschaft nicht geltend macht (DESCHENAUX/STEINAUER/BADDELEY, N. 1444; HAUSHEER/REUSSER/GEISER, Art. 208 N. 63).

27   Es muss sich um eine *unentgeltliche* Zuwendung handeln. Entgeltliche Verfügungen, auch in Erfüllung einer Schuld, sind vermögensneutral, und es gibt nichts hinzurechnen. Zweifel entstehen aber dann, wenn der Erblasser für die Zuwendung eine Gegenleistung von erheblich geringerem Wert erhalten hat. Ein Verkauf erfüllt aber keinen der Tatbestände des Art. 527, auch wenn er zu einem zu niedrigen Preis abgeschlossen wurde. Dagegen unterliegen «gemischte Schenkungen», eigentlich *gemischte Geschäfte (negotia cum donatione mixta),* als *teilweise unentgeltliche Zuwendungen* im

Umfang der Unentgeltlichkeit der Herabsetzung und der Hinzurechnung (zum Folgenden s. BGE. 98 II 352 Erw. 3 [grundlegend]; 116 II 676; 120 II 422). Ein *gemischtes Geschäft* ist nur anzunehmen, wenn die Parteien wussten, dass die Gegenleistung hinter dem Wert der Leistung zurückblieb, und das Geschäft insoweit *als Schenkung* wollten (so auch BGE 126 III 171 Erw. 3b). Man betont in diesem Zusammenhang meistens den Schenkungswillen (animus donandi) des Erblassers. Da Schenkungen aber durch Konsens zustande kommen, muss jeweils auch der Empfänger das Missverhältnis zwischen Leistung und Gegenleistung kennen und den Willen haben, eine Schenkung anzunehmen (vgl. oben N. 22). «Die Parteien müssen also eine unentgeltliche Zuwendung in dem Sinne beabsichtigt haben, dass sie den Preis bewusst unter dem wahren Wert des Kaufgegenstandes ansetzten, um die Differenz dem Käufer unentgeltlich zukommen zu lassen. Nicht erforderlich ist, dass sie den Wertunterschied der Höhe nach genau gekannt haben» (BGE 98 II 352, 358). Es genügt, wenn sie wussten oder mit der Möglichkeit rechneten, dass der Erblasser nicht den vollen Gegenwert der Zuwendung erhalten werde. Es ist nicht erforderlich, dass die Parteien selbst das Geschäft als gemischtes qualifiziert haben. Wird ein Objekt unter seinem aktuellen Wert verkauft, weil die Parteien die Preisentwicklung nicht verfolgt haben, so ist das keine partielle Schenkung. Anders, wenn sie mit der Möglichkeit rechneten, dass der Wert auch erheblich höher sein könnte.

Was ein *«Freundschaftspreis»* ist, der eine unentgeltliche Zuwendung nicht begründet (so   28
BGE 98 II 352, 358; 116 II 225, 234; OR-Vogt, Art. 239 N. 5; Bucher, OR BT 155; Honsell, 176; Eitel, 30 f.), kann man m.E. nicht generell sagen; es dürfte auf die Umstände des Einzelfalls ankommen:
Wenn der Erblasser ein Grundstück, für das ihm jemand eine Million anbietet, einem seiner Kinder für 950 000 verkauft, so ist das m.E. ein gemischtes Geschäft. Anders, wenn die Million ein Schätzwert war und der Verkaufspreis um 50 000 oder 100 000 niedriger angesetzt wurde, weil der Erblasser damit rechnete, dass er auch einem andern Käufer hätte entgegenkommen müssen.
Es ist auch kein gemischtes Geschäft, wenn der Erblasser ein antikes Möbelstück, das für 100 000 hätte versteigert werden können, für den als Nettoerlös erzielbaren Preis von 85 000 verkauft und dem Käufer damit Einlieferungskosten und Aufgeld in Höhe von 30 000 erspart.

«Ob und inwieweit eine Zuwendung als unentgeltlich zu qualifizieren ist,   29
beurteilt sich aufgrund der Verhältnisse im Zeitpunkt ihrer Vornahme» (BGE 120 II 417 Erw. 3a, m. Nachw.). Wenn im Streitfall bewiesen wird, dass ein grobes Missverhältnis der Leistungen bestand und dass die Parteien das erkennen konnten, dann vermag das den Beweis des Schenkungskonsenses zwar nicht zu ersetzen (BGE 98 II 352, 358 f.; s. auch BGE 126 III 171 Erw. 3b cc), erlaubt aber im Sinn eines Prima-facie-Beweises den Schluss

auf eine partielle Schenkung, falls die *Gegenseite* nicht Tatsachen vorbringt und notfalls beweist, die die Sicherheit dieser Schlussfolgerung erschüttern.

V. Die Bewertung der Zuwendung

a) Der Zuwendungsgegenstand

30   Manchmal ist nicht ohne weiteres klar, was eigentlich Gegenstand der Zuwendung ist: Wenn eine mit der Nutzniessung (Art. 745 ff.) eines Dritten belastete Sache, insbesondere ein Grundstück, veräussert wird oder wenn der Erblasser sich die Nutzniessung an dem veräusserten Grundstück vorbehält, so ist die belastete Sache der Zuwendungsgegenstand. Der Zuwendungsempfänger erbringt keine Gegenleistung; es handelt sich um eine reine Schenkung (unklar BGE 120 II 417 Erw. 4a; s. aber EITEL, recht 1996, 34–46; a.A. PIOTET, SJZ 1982, 211 f.). Eine dingliche Belastung mindert den Umfang und Wert der *Schenkung*, nicht aber den Marktwert der Sache selbst (so aber BGE 84 II 338 Erw. 3; vgl. auch BGE 125 III 50 Erw. 2a aa). Die Rechtslage ist dieselbe, wenn ein Sache verschenkt wird, die mit einem Pfandrecht belastet ist. Übernimmt jedoch der Erwerber die Pfandschuld, so verpflichtet er sich zu einer Leistung aus seinem Vermögen. Es handelt sich dann um ein gemischtes Geschäft (oben N. 27); als Zuwendungsgegenstand ist die unbelastete Sache zu betrachten (zur Bewertung s. unten N. 52 ff.).

31   Anstatt eine Sache zu schenken, kann der Erblasser dem Zuwendungsempfänger dieselbe auch verkaufen und ihm den Kaufpreis erlassen oder das zur Bezahlung desselben nötige Geld schenken. Im einen Fall handelt es sich um eine Sachzuwendung, im andern um eine Geldzuwendung. Dies ist bei Wertänderungen von Bedeutung (s. unten N. 36 f. und 52 ff.).

32   Bewirkt der Erblasser die unentgeltliche Zuwendung durch einen entgeltlichen *Vertrag zugunsten eines Dritten*, so ist nicht das Entgelt, das er der Gegenpartei bezahlt, der Zuwendungsgegenstand, sondern deren Leistung an den Zuwendungsempfänger.

b) Der massgebliche Zeitpunkt

33   Jeder Zuwendungsgegenstand wird mit seinem *Wert zur Zeit des Todes des Erblassers* zum Nachlass hinzugerechnet (s. BGE 110 II

228 Erw. 7b; Tuor, Art. 474 N. 17, Art. 475 N. 7, Vorbem. zu Art. 522–533
N. 36; Tuor/Picenoni, Art. 537 N. 6; Vonrufs, 28 ff.; Escher/Escher,
Art. 475 N. 1 a.E., N. 3 und Einl. vor Art. 522 N. 23 lit. b; Steck, 111 ff.;
Tuor/Schnyder/Schmid, § 59 II d 4a, S. 473. Ebenso – bis 1938 und wieder
seit dem G. vom 3.7.1971 –, jedoch mit einer wichtigen Einschränkung [s. un-
ten N. 42] Art. 922 CCfr. [s. dazu Steck, 22 f.]; anders dagegen § 2325 Abs. 2
BGB). Das ergibt sich aus Art. 474 Abs. 1, denn es entstünde ein verzerrtes
Bild des erblasserischen Vermögens, wenn man Werte addieren würde, die
der Nachlass und die einzelnen Zuwendungsobjekte *zu verschiedenen Zeiten* hatten. Man würde *Ungleiches* addieren.

Sonst ist der Grundsatz nirgends ausdrücklich statuiert, doch deuten Art. 537 Abs. 2 und   34
Art. 630 Abs. 1 in dieselbe Richtung:

1. Art. 537 Abs. 2 ordnet an, dass die Zuwendungen des Erblassers, denen erbrechtliche
Bedeutung zukommt, nicht am Wert seines Vermögens zur Zeit der Zuwendung gemessen werden, sondern am Stande der Erbschaft bei der Eröffnung des Erbgangs.
Ob also z.B. die Million, mit der der Erblasser einen seiner Söhne ausgekauft hat, die
Pflichtteile der andern verletzt, richtet sich nicht nach seinem damaligen Vermögen,
sondern nach dem Wert der Erbschaft.
Die Bewertung der *Zuwendung* ist nicht Gegenstand der Regelung (vgl. den Anfang der
im Ganzen allerdings widersprüchlichen Antwort E. Hubers auf die Anfrage von Martin
bei der Beratung des Art. 554 VE in der Expertenkommission, ExpKom. II, Bl. 175). Immerhin legt Art. 537 es nahe, dass für deren Bewertung derselbe Massstab gelten soll wie
für die Bewertung des Vermögens, aus dem sie gekommen ist.

2. Art. 630 Abs. 1 bestimmt, dass *Erbvorbezüge* mit ihrem *Wert zur Zeit des Erbgangs* aus-   35
zugleichen seien. Es muss auffallen, dass hier nicht auf die Zeit des Todes des Erblassers
abgestellt wird, sondern auf die «Zeit des Erbgangs». Der Erbgang ist kein Zeitpunkt,
sondern ein längerer Prozess. Bei der Ausgleichung kommt es denn auch auf den Wert des
Erbvorbezugs an zwei verschiedenen Terminen an: auf den Wert zur Zeit des Todes des
Erblassers bei der Hinzurechnung und auf die Zeit der Erbschaftteilung bei der Anrechnung an den Erbteil des Empfängers. (Diese Feinheit ist in der französischen Übersetz-
ung freilich verloren gegangen; sie spricht von «le jour de l'ouverture de la succession»;
wohl ebenso die italienische Fassung: «al momento dell'aperta successione».) Das Erstere
wird hier aber nicht angeordnet, sondern vorausgesetzt.

Der Wert des Zuwendungsgegenstands *zur Zeit der Zuwendung* ist irrele-   36
vant oder, anders ausgedrückt, jede danach bis zur Eröffnung des Erbgangs
eingetretene Wertänderung ist zu beachten, ob sie nun die Folge allgemein
veränderter Preise ist, z.B. bei Liegenschaften und Kunstwerken, oder von
Kursschwankungen, namentlich bei Wertpapieren, oder einer Altersentwer-
tung, besonders bei kurzlebigen Gütern wie Autos und Computern, oder ob
eine individuelle Wertsteigerung oder -minderung infolge Verbesserung
bzw. Vernachlässigung oder Beschädigung (s. jedoch auch unten N. 41 ff.)

vorliegt. Ist der Zuwendungsgegenstand untergegangen, so ist ein Wert nur noch vorhanden, wenn der Empfänger Ersatz, ein stellvertretendes Commodum, erlangt hat (ESCHER/ESCHER, Art. 630 N. 12; TUOR/PICENONI, Art. 630 N. 15). Handänderungs- und Schenkungssteuern sowie Gebühren bleiben ausser Betracht. Wegen der Einzelheiten wird auf die vorn bei Art. 474 N. 14–26 dargelegten Grundsätze verwiesen; wegen landwirtschaftlicher Grundstücke s. ebd. N. 17 ff.

37   Durch die Hinzurechnung der Zuwendungen mit ihrem Wert am Todestag werden die Pflichtteilsberechtigten an der Wertentwicklung des Zuwendungsgegenstands beteiligt. Das ist richtig, weil die in Betracht kommenden Zuwendungen wie auch Erbvorbezüge mit dem Erbgang im Zusammenhang stehen. Bei *Geldzuwendungen* funktioniert die Sache allerdings nicht. Geldzuwendungen werden stets *mit dem Betrag* zum Nachlass hinzugerechnet, sodass Kaufkraftänderungen nicht erfasst werden. Die einschlägigen Berechnungen der modernen Makroökonomie sind rechtlich nicht brauchbar, weil die einzelnen Empfänger von Geldzuwendungen die Mittel ganz verschieden und oft auch ganz unökonomisch zu gebrauchen pflegen. Rechtlich ist die Währungseinheit der oberste Wertmassstab, der keiner weiteren Bewertung zugänglich ist. Es kommt auch nicht in Betracht, dass statt des Geldbetrags der Wert eines damit angeschafften Vermögensgegenstands zum Nachlass hinzugerechnet wird, denn die Höhe der Hinzurechnung und die Grösse der Pflichtteile können nicht davon abhängig sein, was der Zuwendungsempfänger mit dem Geld gemacht hat (anders BGE 110 II 228 Erw. 7e, 235). Im Gegenteil, die Beteiligten können, indem sie die Form einer Geldzuwendung wählen (s. oben N. 31), den Hinzurechnungswert auf den Zeitpunkt der Zuwendung fixieren, ohne dass das ein Missbrauch wäre.

38   Hat der Zuwendungsempfänger das Objekt *veräussert*, so soll das nach BGE 110 II 228 Erw. 7b ohne Einfluss auf die Hinzurechnung sein; diese richte sich trotzdem nach dessen Wert zur Zeit der Eröffnung des Erbgangs (ebenso ESCHER/ESCHER, Art. 537 N. 7; widersprüchlich TUOR, Art. 528 N. 9, der einerseits auf den objektiven Schätzungswert zur Zeit des Erbgangs abstellt, andererseits aber eine Schadenersatzpflicht bei schuldhafterweise zur Unzeit erfolgtem Verkauf annimmt; a.A. PIOTET, § 47 V E, p. 305 ss./ S. 328 ff.; *ders.*, ZSR 1984, I, 110 und SJZ 1985, 157–161; krit. auch ZGB-STAEHELIN, Art. 475 N. 6). Abgesehen davon, dass die Wertentwicklung durch die Veräusserung eventuell nicht vorhersehbaren und den Pflichtteilsberechtigten nicht zumutbaren fremden Einflüssen ausgesetzt wird, kann die Ansicht des BGer. zu unsachgemässen Ergebnissen führen:

Man denke an Aktien, die der Zuwendungsempfänger geschickt verwaltet und im richtigen Augenblick verkauft hat (wie das auch der Erblasser gemacht hätte): Sollen sie, inzwischen völlig entwertet, etwa mit null zum Nachlass hinzugerechnet werden, so als hätte der Zuwendungsempfänger sie bis zum bitteren Ende behalten? Genauso unsachgemäss wäre es, die Aktien einer Werbeagentur, die ins Internet-Geschäft eingestiegen ist, mit dem Höchstkurs bei Eröffnung des Erbgangs zum Nachlass hinzuzurechnen, wenn der Zuwendungsempfänger sich «viel zu früh» am Anfang des Höhenflugs von dem Papier getrennt hat.

Deshalb ist es richtiger, auf den Verkaufserlös abzustellen. Art. 630 Abs. 1 **39** ordnet das auch an, allerdings nur für die Ausgleichung von Erbvorbezügen. Es ist aber kein Grund ersichtlich, warum diese Regel nicht auch für die Hinzurechnung von Zuwendungen, die der Herabsetzungsklage unterstellt sind, gelten sollte: Der Erblasser hätte im einen wie im andern Fall von vornherein anstelle der Sache den entsprechenden Geldbetrag geben können (s. oben N. 37). Mit der Zuwendung hat er dem Empfänger gleichsam auch die Möglichkeit verschafft, die Sachzuwendung durch Verkauf des Zuwendungsobjekts in eine Geldzuwendung umzuwandeln. Das müssen die Pflichtteilsberechtigten hinnehmen. Eine Gefährdung ihrer Interessen ist nicht zu befürchten – oder würde, wenn anders, vom Gesetz toleriert –, denn der Zuwendungsempfänger ist selbst daran interessiert, so günstig wie möglich zu verkaufen. Wenn er die Sache unter ihrem Wert oder zur Unzeit verkauft, gereicht das vor allem ihm selbst zum Nachteil. Das Gesetz stellt auch in diesen Fällen sachgemäss und klar auf den Verkaufs*erlös* ab, nicht auf den *Wert* zur Zeit des Verkaufs; eine am *Wert* ausgerichtete höhere Hinzurechnung gibt es nicht (anders: ESCHER/ESCHER, Art. 630 N. 10; TUOR, Art. 528 N. 9; TUOR/PICENONI, Art. 630 N. 13; PIOTET, § 47 V E, p. 305 ss./S. 328 ff.; *ders.*, ZSR 1984 I, 116 f. und SJZ 1985, 157 ff.). Ist die Sache (entgeltlich) belastet oder teilweise veräussert worden, werden der Erlös und der verbliebene Wert zum Nachlass hinzugerechnet. Ersatzanschaffungen bleiben ausser Betracht (s. oben N. 37).

Nicht geregelt ist die Hinzurechnung für den Fall, dass der Zuwendungs- **40** empfänger *unentgeltlich* über den Gegenstand verfügt hat. Dass die Hinzurechnung auch in solchen Fällen stattfinden muss, versteht sich von selbst. Fraglich kann nur sein, ob sie mit dem Wert zur Zeit der Eröffnung des Erbgangs oder zur Zeit der unentgeltlichen Verfügung zu geschehen hat. Nach dem Sinn des Art. 630 Abs. 1 liegt es m.E. näher, den *Sachwert im Zeitpunkt der Verfügung* zum Nachlass hinzuzurechnen (ebenso TUOR/PICENONI, Art. 630 N. 14; PIOTET, § 47 V E, p. 306/S. 329; a.A. ESCHER/ESCHER, Art. 630 N. 11). Bei *teilweise unentgeltlichen* Verfügungen werden sowohl der Verkaufserlös als auch der Wert der partiellen Schenkung (s. unten N. 52 ff.) hinzugerechnet.

c) Verwendungen, Schäden und Früchte

41   Macht der Zuwendungsempfänger Verwendungen auf die Sache oder erleidet sie in seinen Händen einen Schaden, so verändert das ihren Wert und wirkt sich auf die Höhe der Hinzurechnung und letztlich auf die Ansprüche der Beteiligten aus (s. oben N. 36). Es kommen aber Fälle in Betracht, in denen es nicht richtig wäre, wenn Verwendungen dem Zuwendungsempfänger selbst zum Nachteil gereichen würden, weil er sich einen höheren Betrag auf seinen Erbteil anrechnen lassen und nach Herabsetzung eventuell zurückerstatten müsste oder wenn ein von ihm verursachter Schaden zu einer Minderung der Erb- und Pflichtteile von Miterben und Pflichtteilsberechtigten führen würde.

Der Zuwendungsempfänger hat das bei einem Erdbeben zerstörte Haus aus eigenen Mitteln wieder aufgebaut. Er hat das ihm geschenkte wertvolle Gemälde zerstört, weil er die Herabsetzung der Zuwendung befürchtete.

42   Art. 922 Abs. 2 CCfr. ordnet deshalb an, dass lebzeitige Zuwendungen zwar nach ihrem *Wert zur Zeit der Eröffnung des Erbgangs*, aber nach ihrem *Zustand zur Zeit der Zuwendung* («d'après leur état à l'époque de la donation et leur valeur à l'ouverture de la succession») zu bewerten sind. Das schweizerische Recht kennt in Art. 630 Abs. 2 eine vergleichbare Vorschrift nur für die Ausgleichung von Erbvorbezügen. Danach sollen Verwendungen und Schaden sowie bezogene Früchte unter den Erben nach den Besitzregeln in Anschlag gebracht werden. Damit wird auf die Art. 938 ff. verwiesen, welche die Verantwortlichkeit des nichtberechtigten Besitzers gegenüber dem Eigentümer einer Sache regeln. Wieder (s. oben N. 39) ist kein Grund ersichtlich, warum die Regelung nicht auch für die Hinzurechnung von Zuwendungen gelten sollte, die der Herabsetzungsklage unterstellt sind (a.A. PIOTET, ZSR 1984 I, 109 f. Er setzt jedoch zu Unrecht voraus, dass herabsetzbare Zuwendungen schon vor dem Tod des Erblassers rechtlich mangelhaft seien bzw. dass die Herabsetzung in die Zeit vor dem Tod des Erblassers zurückwirke, s. auch unten N. 45).

43   Die Verweisung auf die Verantwortlichkeit des nichtberechtigten Besitzers wird freilich weder dem Erbvorbezug gerecht noch den Zuwendungen, die der Herabsetzungsklage unterstellt sind, denn deren Empfänger sind keine nichtberechtigten Besitzer, sondern Eigentümer des jeweiligen Zuwendungsgegenstands (krit. auch PIOTET, § 47 V D, p. 303 s./S. 326 f.). Art. 630 Abs. 2 bedarf insoweit sehr der Auslegung. Die h.M. versteht die Vorschrift, was den *Erbvorbezugsempfänger* betrifft, prinzipiell als Verweisung auf die

Vorschriften über den *gutgläubigen* Besitzer, Art. 938 und 939 (zu den Ausnahmen, namentlich bei Beschädigung der Sache, sogleich; anders PIO-TET, ebd.). Dies entspricht deren Sinn und führt zu sachgemässen Ergebnissen, denn der Vorbezugsempfänger, obgleich Eigentümer des Vorempfangs, ist den Miterben im Erbgang doch Rechenschaft über die Sache schuldig, und dem tragen die Vorschriften über die Verantwortlichkeit des gutgläubigen Besitzers *im Ergebnis* angemessen Rechnung (ähnlich TUOR/PICENONI, Art. 630 N. 8).

Bei der Hinzurechnung der *Zuwendungen, die der Herabsetzungsklage unterstellt sind*, will die herrschende Meinung dagegen auf die, wie man meint, durch Art. 528 Abs. 1 unterschiedlich geregelte Verantwortlichkeit gutgläubiger und bösgläubiger Empfänger abstellen. Der bösgläubige Empfänger hafte dafür, dass die Pflichtteilsberechtigten nicht weniger bekommen, als wenn die Zuwendung unterblieben wäre (vgl. dazu oben N. 3), und der gutgläubige hafte nur für das, was er selbst noch hat (TUOR, Art. 475 N. 7 in Verb. mit N. 6 ff. und 19 ff. zu Art. 528; Vorbem. vor Art. 522–533 N. 38, Art. 528 N. 18 und Art. 532 N. 6; PIOTET, § 64 IV, p. 434/S. 466; a.A. ESCHER/ESCHER, Art. 532 N. 5 ff., 8). PIOTET (ZSR 1984 I, 105 ff.) stellt neuerdings auf die für Gut- und Bösgläubige ebenfalls unterschiedlich geregelte Haftung bei ungerechtfertigter Bereicherung (Art. 64 f. OR) ab (ebenso SPAHR, 284 ff.; ZGB-STAEHELIN, Art. 475 N. 6). Als bösgläubig gilt nach beiden Lehrmeinungen, wer wusste oder wissen sollte (vgl. Art. 3 Abs. 2), dass die Zuwendung den Pflichtteil verletzt und herabsetzbar ist. Die Unterscheidung führt dazu, dass zwar der gutgläubige Empfänger einer herabsetzbaren Zuwendung generell dem Vorbezugsempfänger gleichgestellt, der bösgläubige aber schlechter behandelt wird. Schon das ist *sonderbar*, denn der Vorbezugsempfänger weiss immer oder sollte es wissen, dass er sich das Empfangene auf seinen Erbteil anrechnen lassen muss, und der Erbvorbezug ist genauso pflichtteilrelevant wie eine herabsetzbare Zuwendung. Wenn überhaupt, dann dürfte man den bösgläubigen Empfänger einer herabsetzbaren Zuwendung bei der Hinzurechnung nicht schlechter, sondern müsste den gutgläubigen besser stellen als den Vorbezugsempfänger. Es wäre aber *höchst sonderbar*, wenn die Grösse der Pflichtteile überhaupt vom guten oder bösen Glauben eines Dritten abhängig wäre.

In der Tat sind hier weder Art. 528 noch Art. 64 f. OR anwendbar: Art. 528 Abs. 1 handelt von der Haftbarkeit des Zuwendungsempfängers für die Rückleistung (s. die Marginalie) einer *herabgesetzten* Zuwendung und privilegiert den gutgläubigen, der nicht mehr bereichert ist. Über den Umfang der Hinzurechnung wird damit nichts bestimmt. Art. 64 f. OR sind nicht anwendbar, weil es sich nicht um eine ungerechtfertigte Bereicherung des Zuwendungsempfängers handelt, auch nicht nach der Herabsetzung. Diese hat überhaupt keinen Einfluss auf Gültigkeit und Bestand des zwischen dem Erblasser und dem Zuwendungsempfänger abgeschlossenen Rechtsgeschäfts unter Lebenden, sondern verpflichtet den Letzteren nur zur Erstattung des Wertes der Zuwendung oder eines Teils davon in Geld (s. vorn Vorbem. vor Art. 470 N. 14). – Der Haupteinwand gegen alle Ableitungen, die von der Haftbarkeit des Zuwendungsempfängers ausgehen, beruht aber darauf, dass sie die Rückleistungspflicht, die eine *Folge* der Herabsetzung und der Hinzurechnung ist, zu deren *Voraussetzung* machen. Richtigerweise darf zwischen gut- und bösgläubigen Zuwendungsempfängern bei der Berechnung des verfügbaren Teils überhaupt nicht unterschieden werden, denn die Grösse der Pflichtteile hängt allein vom Vermögen des Erblassers ab (prinzipiell richtig ESCHER/ESCHER, Art. 475 N. 3, Art. 528 N. 11 und Art. 532 N. 5 ff., 8). Genauso abwegig wäre es, eine Zuwendung nicht zum Nachlass hinzurechnen zu wollen, weil der Empfänger *zahlungsunfähig* ist und keine Rückleistung zu erlangen wäre (so aber ROSSEL/MENTHA II, 119; ESCHER, 2. Aufl., Art. 532 N. 5, m. Nachw.; richtig ESCHER/ESCHER, Art. 532 N. 5 ff.; unklar TUOR, Vorbem. vor Art. 522–532 N. 39).

46   Im Einzelnen gilt nach Art. 630 Abs. 2 in Verb. mit Art. 938 und 939 für die Hinzurechnung von Erbvorbezügen und von Zuwendungen, die der Herabsetzungsklage unterstellt sind, Folgendes:

1. Nutzungen und Früchte. Der Wert der Nutzungen und Früchte, auch der sog. Rechtsfrüchte (Zinsen und Zinse), die der Zuwendungsempfänger dem ihm zugewendeten Recht gemäss genossen hat oder hätte geniessen können, werden *nicht* zum Nachlass hinzugerechnet (Art. 938 Abs. 1). Art. 630 Abs. 2 erwähnt die bezogenen Früchte nur, weil sie nach Art. 939 Abs. 3 mit den Verwendungen verrechnet werden. Nicht bezogene Früchte können aber unter Umständen eine Steigerung des Sachwerts bewirken.

47   Nach bisheriger Lehre sollen dagegen bei Gutgläubigkeit des Empfängers die bezogenen, aber nicht verbrauchten Früchte einer der Herabsetzungsklage unterstellten Zuwendung (TUOR, Art. 528 N. 22; ESCHER/ESCHER, Art. 528 N. 8; PIOTET, § 64 IV, p. 435/S. 467; ZGB-STAEHELIN, Art. 475 N. 6) und bei Bösgläubigkeit alle, bezogene und nicht bezogene, Früchte (ESCHER/ESCHER, Art. 528 N. 6), sofern der Erblasser sie bezogen hätte (TUOR, Art. 528 N. 18, 14), zum Nachlass hinzugerechnet werden. Zu abweichenden Ergebnissen gelangt durch Anwendung der Vorschriften über die ungerechtfertigte Bereicherung PIOTET (ZSR 1984 I, 113 f., 117; SJZ 1985, 159; ihm folgen SPAHR, 288 und ZGB-STAEHELIN, ebd.): keine Hinzurechnung von Früchten bei Gutgläubigkeit des Empfängers, Hinzurechnung der bezogenen Früchte bei Bösgläubigkeit. Diese Ansichten sind unrichtig: Abgesehen davon, dass es bei der Berechnung des verfügbaren Teils nicht auf die Gut- oder

Bösgläubigkeit des Zuwendungsempfängers ankommen kann, waren die Nutzungen und Früchte auch gar nicht Gegenstand der Zuwendung, sondern stehen dem Empfänger kraft eigenen Rechts zu, und es wird unzulässigerweise vorausgesetzt, dass der Erblasser selbst, wenn er die Sache nicht verschenkt hätte, die Nutzungen und Früchte zur Mehrung seines Vermögens verwendet hätte, sodass sie seinen Erben zugute gekommen wären.

2. **Schäden.** Wertminderungen, die dadurch entstanden sind, dass der Zu-   48
wendungsempfänger die Sache dem ihm zugewendeten Recht gemäss gebraucht oder genutzt hat, werden nicht zur Erbschaft hinzugerechnet (Art. 938 Abs. 2). Ob der Zuwendungsempfänger die Sache unsorgfältig oder grob fahrlässig gebraucht oder genutzt hat oder dabei sogar deren Beschädigung oder Zerstörung in Kauf genommen hat (Eventualvorsatz), ist unerheblich. Nur die *absichtliche* Beschädigung oder Zerstörung der Sache geht über deren Gebrauch und Nutzung hinaus und führt zur Hinzurechnung des Schadens (vgl. ZGB-STARK, Art. 938 N. 3). Es ist nicht zu befürchten, dass ein Zuwendungsempfänger wegen der Möglichkeit der Herabsetzung mit dem Zuwendungsobjekt weniger behutsam umgehen werde, denn durch dessen Beschädigung oder Zerstörung würde er vor allem sich selbst und nur in zweiter Linie den Pflichtteilsberechtigten schaden. Im Übrigen hat der Erblasser die Schadensgefahr durch die Zuwendung geschaffen. Hätte er bei Lebzeiten selbst sein Vermögen durch Nachlässigkeit vermindert, dann müssten die Pflichtteilsberechtigten das auch hinnehmen.

Nach bisheriger Meinung soll dagegen jeder vom Vorbezugsempfänger (ESCHER/ESCHER,   49
Art. 630 N. 16; TUOR/PICENONI, Art. 630 N. 10; PIOTET, § 47 V D, p. 304/S. 327 f.) oder vom bösgläubigen Empfänger einer der Herabsetzung unterstellen Zuwendung schuldhaft verursachte Schaden zur Erbschaft hinzugerechnet werden (TUOR, Art. 528 N. 18, 10, 22; PIOTET, § 64 IV, p. 435/S. 467 und ZSR 1984 I, 114, 115; BGE 110 II 228 Erw. 7e, obiter a.E.). Diese Ansicht bleibt hinter der Haftung des bösgläubigen Besitzers nach Art. 940 Abs. 1 zurück, geht aber über die Haftung des gutgläubigen Besitzers nach Art. 938 Abs. 2 hinaus; sie entbehrt – ganz abgesehen vom Problem der Bösgläubigkeit des Zuwendungsempfängers (oben N. 44) – der gesetzlichen Grundlage.

3. **Verwendungen.** Notwendige und nützliche Verwendungen sind in Abzug   50
zu bringen, soweit sie den Wert der vom Zuwendungsempfänger (Besitzer) bezogenen Früchte übersteigen (Art. 939 Abs. 1 und 3). Dies ohne Rücksicht darauf, ob der Wert des Zuwendungsobjekts seit der Zuwendung gestiegen ist oder nicht. Für andere Verwendungen (Luxusverwendungen) kommt ein Abzug nicht in Betracht, genauso wenig wie für die *gewöhnlichen Unterhaltskosten*. Auf einen guten oder bösen Glauben des Zuwendungsempfängers kommt es auch insoweit nicht an.

Die herrschende Meinung lässt das Vorstehende nur für die Fälle des Erbvorbezugs gel-   51
ten (ESCHER/ESCHER, Art. 630 N. 17; TUOR/PICENONI, Art. 630 N. 11; PIOTET, § 47 V D,

p. 304/S. 327 sowie – bei Zuwendungen, die der Herabsetzungsklage unterstellt sind – bei Gutgläubigkeit des Empfängers (ESCHER/ESCHER, Art. 528 N. 8; PIOTET, § 64 IV, p. 435/ S. 467). Verwendungen des bösgläubigen Empfängers sollen nach TUOR (Art. 528 N. 18, 13) nur im Umfang der bewirkten Wertsteigerung berücksichtigt werden, nach ESCHER/ ESCHER (Art. 528 N. 6) und PIOTET (ebd.) nur, wenn sie auch für den Pflichtteilsberechtigten notwendig gewesen wären (Art. 940 Abs. 2). Nach neuer Ansicht PIOTETS (ZSR 1984 I, 117 f.) sollen notwendige und nützliche Verwendungen in sinngemässer Anwendung des Art. 65 OR angerechnet werden.

d) Die Bewertung teilweise unentgeltlicher Zuwendungen

52   Bei der teilweise unentgeltlichen Zuwendung, dem gemischten Geschäft (negotium cum donatione mixtum) hat man diskutiert, ob die Bewertung und Hinzurechnung nach der sog. Subtraktionsmethode, der sog. Konstantenmethode oder der sog. Quoten- oder Proportionalmethode zu geschehen habe. Bei der *Subtraktionsmethode* wird der *Sachwert bei Eröffnung des Erbgangs, vermindert um den Kaufpreis,* hinzugerechnet; bei der *Konstantenmethode* wird auf die Differenz zwischen dem *Sachwert zur Zeit der Zuwendung und dem Kaufpreis* abgestellt; die *Quoten- oder Proportionalmethode* sucht zwischen den beiden andern zu vermitteln, indem sie auf den *Wert des unentgeltlich erlangten Bruchteils der Sache bei Eröffnung des Erbgangs* abstellt. Dieser Bruchteil ist der Quotient, der durch Division der Differenz zwischen dem Sachwert zur Zeit der Zuwendung und der Gegenleistung (Dividend) durch denselben Sachwert (Divisor) errechnet wird.

53 Je nach der angewandten «Methode» erhält man unterschiedliche Ergebnisse, wenn sich der Wert des Zuwendungsobjekts zwischen der Zuwendung und der Eröffnung des Erbgangs geändert hat: Hat der Erblasser z.B. ein Grundstück im Wert von 100 im Sinne eines gemischten Geschäfts für 40 veräussert und steigt der Wert des Grundstücks bis zur Eröffnung des Erbgangs auf 120, so ergeben sich folgende Zurechnungswerte:
– *Subtraktionsmethode:* Sachwert bei Eröffnung des Erbgangs (120) minus Gegenleistung (40) gleich 80
– *Konstantenmethode:* Wert der Schenkung (100–40) gleich 60
– *Quotenmethode:* Zuwendung der Sache zu $^3/_5$ unentgeltlich ([100–40]:100 $= {}^{60}/_{100} = {}^3/_5$); $^3/_5$ v. 120 gleich 72

54 Während man zuerst der Subtraktionsmethode (vgl. ESCHER/ESCHER, Art. 475 N. 3; BGE 50 II 457) und später der Konstantenmethode folgte

(BGE 55 II 163; 84 II 344), haben Lehre (Piotet, JdT 1959 I, 143 ff.; Escher/Escher, Art. 626 N. 25; Tuor/Picenoni, Art. 630 N. 4; ZGB-Staehelin, Art. 475 N. 8) und Rechtsprechung (BGE 98 II 352 Erw. 5, grundlegend; 116 II 667 Erw. 3b cc; 120 II 417 Erw. 4) sich jetzt ganz der Quoten- oder Proportionalmethode verschrieben. Dabei wird jedoch übersehen, dass es hier nicht oder nicht nur um die richtige Entscheidung einer juristischen Meinungsverschiedenheit geht, sondern dass die drei Berechnungsmethoden auf drei verschiedene Arten von Zuwendungen zugeschnitten sind:

Die *Quotenmethode* betrifft das gewöhnliche negotium mixtum, durch das   55
eine Sache teilweise verkauft, teilweise geschenkt wird. Als gekauft erscheint der Bruchteil, dessen Wert dem Betrag der Gegenleistung entspricht; der andere Bruchteil ist geschenkt (vgl. Moser, 63–79; contra: Piotet, JdT 1973 I, 333 ff.). Demgegenüber betrifft die *Subtraktionsmethode* vor allem die Schenkung einer pfandbelasteten Sache, wenn der Beschenkte die Schuld übernimmt und bis zur Eröffnung des Erbgangs nicht abträgt. Wenn er die Pfandschuld sofort tilgt, nähert sich das Geschäft allerdings dem gewöhnlichen negotium mixtum (Quotenmethode). Die *Konstantenmethode* entspricht dagegen der Schenkung eines Teils des Kaufpreises (s. oben N. 31). Es mag richtig sein, dass gemischte Geschäfte meistens im ersteren Sinn zu interpretieren sind und die Quotenmethode anzuwenden ist. Es ist aber nicht richtig, wenn behauptet wird (Piotet, ebd. und Erbrecht, § 47 V B, p. 300 s./S. 323 f.), «die Parteien fragten nicht nach dem ‹Gegenstand› der gemischten Schenkung». Es muss vielmehr in jedem Fall im Wege der Auslegung festgestellt werden, was die Parteien wollten, was nach ihren Vorstellungen Zuwendungsgegenstand war. Danach richtet sich, mit welcher Methode der Zurechnungswert ermittelt werden muss.

VI. Die Bedeutung der güterrechtlichen Hinzurechnung

Keinen Einfluss auf die Hinzurechnung einer Zuwendung   56
zum Nachlass nach Art. 475 hat die Hinzurechnung derselben Zuwendung zur Errungenschaft nach Art. 208. Die güterrechtliche und die erbrechtliche Hinzurechnung sind voneinander unabhängig, weil sie verschiedenen Zwecken dienen: Die Erstere dient der Berechnung des Beteiligungsanspruchs nach Art. 215; sie bewirkt, dass die Zuwendung bei der Auflösung des Güterstandes das Vermögen des Verfügenden mindert und nicht das Vermögen

seines Ehegatten. Die Letztere dient der Berechnung des verfügbaren Teils; sie bewirkt, dass die Zuwendung diesen und nicht die Pflichtteile der Angehörigen des Erblassers schmälert.

57   Besteht jedoch nach Art. 220 ein Anspruch des überlebenden Ehegatten gegen den Zuwendungsempfänger, so mindert dieser Anspruch den Wert der Zuwendung, schon bevor er erfüllt oder auch nur geltend gemacht worden ist, und es wird nur der geminderte Wert zum Nachlass hinzugerechnet. Verzichtet der andere Ehegatte auf den Anspruch, so wird der volle Wert der Zuwendung zum Nachlass hinzugerechnet (HAUSHEER/REUSSER/GEISER, Art. 220 N. 65; unklar ZGB-STAEHELIN, Art. 475 N. 11).

58   Bei der erbrechtlichen Hinzurechnung wird der Wert der Zuwendung, auch wenn diese aus der Errungenschaft geleistet wurde, *zum Nachlass* hinzugerechnet, nicht etwa, gleichsam vor der Durchführung der sog. güterrechtlichen Teilung, zur Errungenschaft des Erblassers (a.A. PIOTET, SJZ 1982, 211). Andernfalls würden die verschiedenen Funktionen der güterrechtlichen und der erbrechtlichen Hinzurechnung oder «Güter- und Erbrecht in unzulässiger Weise miteinander vermengt» (BGE 107 II 119 Erw. 2 d). Dieser Entscheid ist freilich noch unter dem alten Ehegüterrecht ergangen und stellte vor allem darauf ab, dass das Güterrecht *keine* Hinzurechnung kenne. Daraus wird nun der Schluss gezogen, er könne unter dem neuen Güterrecht nicht aufrechterhalten werden, weil es die güterrechtliche Hinzurechnung jetzt gibt. Zwar ist nicht mehr die Rede davon, dass die Zuwendung zur Errungenschaft hinzugerechnet werde. Stattdessen wird behauptet, dass nur der Teil der Zuwendung, der bei der güterrechtlichen Teilung in den Nachlass gefallen wäre, hinzugerechnet werden dürfe (HAUSHEER/REUSSER/GEISER, Art. 208 N. 59 und Art. 220 N. 67; GUINAND, Mél. Piotet, 65; ZGB-STAEHELIN, Art. 475 N. 12). Das läuft aber auf dasselbe hinaus und ist nicht richtig.

59   Das neue Ehegüterrecht schützt die Ansprüche des andern Ehegatten bestens; güterrechtliche und erbrechtliche Hinzurechnung müssen und können umso klarer getrennt werden. Das zeigt gerade der Fall, auf den die Gegenmeinung (HAUSHEER/REUSSER/GEISER, Art. 208 N. 59) sich stützt: Wenn dem überlebenden Ehegatten, der eine Schenkung aus der Errungenschaft des Erblassers angenommen hat, zusätzlich(!) nur noch eine kleinere disponible Quote zugewiesen werden kann, als wenn er die Schenkung nicht erhalten hätte, so ist das darauf zurückzuführen, dass wegen der (in der Annahme der Schenkung liegenden) Zustimmung des Ehegatten zu der Verfügung des Erblassers (Art. 208 Abs. 1 Ziff. 1) *keine güterrechtliche Hinzurechnung*

stattfindet. Es ist sicher *unzulässig*, die güterrechtliche Hinzurechnung in Umgehung des Art. 208 im Rahmen der erbrechtlichen Hinzurechnung zu *fingieren*. Nichts anderes aber geschieht, wenn nur die Hälfte der Zuwendung hinzugerechnet wird, denn der andere Ehegatte hat in der güterrechtlichen Teilung eben *keinen Anspruch* auf den halben Wert der Zuwendung, weil er ihr zugestimmt hat. Dies wäre gerade die Vermengung von Güterrecht und Erbrecht, die das BGer. mit Recht als unzulässig bezeichnet hat. Es gibt gar keinen Grund, den andern Ehegatten vor den Folgen der Zuwendung zu schützen, der er *zugestimmt* hat. Der volle Wert einer Zuwendung aus der Errungenschaft ist deshalb erbrechtlich auch dann zum Nachlass hinzuzurechnen, wenn der andere Ehegatte auf die Hinzurechnung *nach Art. 208* verzichtet hat (contra: HAUSHEER/REUSSER/GEISER, Art. 220 N. 65 am Ende).

Zu den Pflichtteilsansprüchen der nichtgemeinsamen Kinder und ihrer Nachkommen bei anderer ehevertraglicher Vorschlagsbeteiligung im Rahmen der Errungenschaftsbeteiligung (Art. 216 Abs. 2) und der Nachkommen bei anderer ehevertraglicher Teilung des Gesamtguts im Rahmen der Gütergemeinschaft (Art. 241 Abs. 3) s. vorn, Art. 474 N. 31–34.

Art. 476

3. Versicherungs-ansprüche

Ist ein auf den Tod des Erblassers gestellter Versicherungsanspruch mit Verfügung unter Lebenden oder von Todes wegen zugunsten eines Dritten begründet oder bei Lebzeiten des Erblassers unentgeltlich auf einen Dritten übertragen worden, so wird der Rückkaufswert des Versicherungsanspruches im Zeitpunkt des Todes des Erblassers zu dessen Vermögen gerechnet.

3. Assurances en cas de décès

Les assurances en cas de décès constituées sur la tête du défunt et qu'il a contractées ou dont il a disposé en faveur d'un tiers, par acte entre vifs ou pour cause de mort, ou qu'il a dédiées gratuitement à une tierce personne de son vivant, ne sont comprises dans la succession que pour la valeur de rachat calculée au moment de la mort.

3. Polizze di assicurazione

Le polizze di assicurazione sulla vita del disponente, costituite a favore di un terzo con atto tra i vivi o con disposizione a causa di morte, e quelle che vivendo il disponente furono trasferite a titolo gratuito ad un terzo, sono computate nella successione per il valore di riscatto al momento della morte del disponente stesso.

Materialien: VE 496 Abs. 4; Anträge, 98; Erl. I, 389, 439 f. = Mot. II, 61, 103 – E 481 Abs. 2, später 481bis.

Literatur: REGINA E. AEBI-MÜLLER, Die optimale Begünstigung des überlebenden Ehegatten, Diss. Bern 2000, 240–274; *dies.*, Gedanken zur Begünstigung des überlebenden Ehegatten, ZBJV 135 (1999) 492–542; PHILIPPE AMSLER, Donation à cause de mort et désignation du bénéficiaire d'une assurance de personnes, Diss. Lausanne, Bern 1979; H. BATZ, Herabsetzung von Lebensversicherungsansprüchen im schweizerischen Erbrecht, SJZ 1962, 313–319; W. BLAUENSTEIN, Clause bénéficiaire et réduction des libéralités portant sur une assurance en cas de décès, SVZ 44 (1976) 161–173; *ders.*, Assurances sur la vie et quelques aspects du droit successoral, SVZ 47 (1979) 257–270; *ders.*, Prévoyance professionelle et droit successoral, SVZ 50 (1982) 33–46; K. BLOCH, Die rechtliche Natur der Begünstigung bei der Lebensversicherung und die Herabsetzung von Lebensversicherungsansprüchen im schweizerischen Erbrecht, SJZ 58 (1962) 145–152; *Bundesamt für Justiz*, [Gutachten] vom 24. Juni 1987, VPB 52 (1988) 128–134; *dass.*, Güter- und erbrechtliche Behandlung von Ansprüchen und Anwartschaften der beruflichen Vorsorge und der Dritten Säule der Alters-, Invaliden- und Hinterlassenenvorsorge, ZBGR 70 (1989) 283–288; TH. GEISER, Güter- und erbrechtliche Planung und Vorsorgeeinrichtungen, in: Güter- und erbrechtliche Planung, hg. v. Jean Nicolas Druey, Peter Breitschmid, Bern 1999, 87–114; J. GUINAND, Le sort des prestations d'assurances dans la liquidation des régimes matrimoniaux et des successions, ZBGR 70 (1989)

65–78; Dieter Hierholzer, Personalvorsorge und Erbrecht, Diss. Zürich 1970; Franz Huber, Begünstigung und Verfügungen von Todes wegen über Versicherungsansprüche, Diss. Bern, Freiburg i.Ue. 1963; Pierre Izzo, Lebensversicherungsansprüche und -anwartschaften bei der güter- und erbrechtlichen Auseinandersetzung, Diss. Freiburg i.Ue. 1999; Carl Jaeger, Kommentar zum schweizerischen Bundesgesetz über den Versicherungsvertrag, Bd. 3, Bern 1933; Willy Koenig, Der Versicherungsvertrag (SPR VII.2, 1979), 479–730; Thomas Koller, Privatrecht und Steuerrecht, Bern 1993; ders., Familien- und Erbrecht und Vorsorge (recht, Studienheft 4), Bern 1997; M. Kuhn, Der Einfluss der Renten- und reinen Risikoversicherungen auf die Pflichtteilsbestimmungen des Erbrechts, SVZ 52 (1984) 193–206; Thomas Locher, Grundriss des Sozialversicherungsrechts, 2. Aufl., Bern 1997; Emile Meyer, Essai sur la nature et les effets de la clause bénéficiaire, Lausanne 1959; Markus Moser, Die zweite Säule und ihre Tragfähigkeit, Diss. Basel 1993; P. Piotet, Réduction et rapport de libéralités portant sur une assurance-vie, SJZ 56 (1960) 149–158, 170–173 und 57 (1961) 33–43; ders., Libéralités portant sur une assurance-vie et réserve héréditaire, SJZ 68 (1972) 197–202 und 213–216; ders., Prestations des institutions de prévoyance et droit successoral [Forme et réductions], ZBJV 117 (1981) 289–304; ders., Désignation d'un nouveau bénéficiaire non communiquée à l'assureur sur la vie, JdT 1984 I, 375–379; ders., Stipulations pour autrui, prévoyance professionnelle et droit successoral, AJP 1997, 537–549; A. Reber, Th. Meili, Todesfalleistungen aus über- und ausserobligatorischer beruflicher Vorsorge und Pflichtteilsschutz, SJZ 92 (1996) 117–124; J.-A. Reymond, Les prestations des fonds de prévoyance en cas de décès prématuré, SZS 1982, 171–184; Hans Michael Riemer, Das Recht der beruflichen Vorsorge in der Schweiz, Bern 1985; D.M. Troxler, Gebundene Selbstvorsorge nach Ehegüter- und Erbrecht, ST 64 (1990) 280–285; Hermann Walser, Die Personalvorsorgestiftung, Diss. Zürich 1975.

Inhaltsübersicht   Note   Seite

I. Der Gesetzeswortlaut

1   Die Fassung des Artikels, der in den eidgenössischen Räten umstritten war (zur Vorgeschichte BLOCH, SJZ 1962, 149; Izzo, 342–347), ist in allen drei Sprachen, besonders aber im Deutschen und Italienischen misslungen, denn es ist nicht möglich, «mit *Verfügung* unter Lebenden oder von Todes wegen» einen Versicherungsanspruch zugunsten eines Dritten zu «begründen». Auch die Übertragung eines Anspruchs *«bei Lebzeiten des Erblassers» durch Verfügung von Todes wegen* muss Anstoss erregen. Richtig wird man lesen müssen:

> «Ist ein auf den Tod des Erblassers gestellter Versicherungsanspruch unentgeltlich zugunsten eines Dritten begründet oder mit Verfügung unter Lebenden oder von Todes wegen auf einen Dritten übertragen worden, so wird der Rückkaufswert ...»

II. Der Inhalt und das Verhältnis zu Art. 475

2   Hat der Erblasser die Forderung auf die Versicherungsleistung aus einer Lebensversicherung, die bei seinem Tod fällig wird (Versiche-

rung auf den Todesfall), unentgeltlich unter Lebenden oder von Todes wegen einem Dritten zugewendet, so wird der Rückkaufswert der Versicherung im Zeitpunkt des Todes des Erblassers zum Nachlass hinzugerechnet.

Der Artikel besagt also zweierlei: 3
1. Auf den Tod des Erblassers gestellte und unentgeltlich einem Dritten zu-
gewendete Versicherungsforderungen sind bei der Berechnung des verfügbaren Teils *in jedem Fall* zum Vermögen des Erblassers zu rechnen.
2. Nicht die Versicherungssumme und nicht die gezahlten Prämien, sondern
der Rückkaufswert des Versicherungsanspruchs bei Eröffnung des Erbgangs
wird zum Nachlass hinzugerechnet.

Art. 476 gilt für alle Versicherungen, die auf den Tod des Erblassers gestellt   4
sind. Weil solche Versicherungen beim Tod des Erblassers fällig werden,
besteht immer ein Zusammenhang mit dem Erbgang, wenn die Versicherungsforderung einem Dritten zugewendet wird (s. vorn, Vorbem. vor
Art. 470 N. 4, 30). Handelt es sich dagegen um eine Forderung aus einer
Versicherung anderer Art, z.B. aus einer Erlebensfallversicherung oder einer Versicherung auf fremdes Leben (Art. 74 VVG), kann ein Zusammenhang mit dem Tod des Erblassers nicht ohne weiteres unterstellt werden.
Es müssen dann vielmehr die Voraussetzungen des Art. 527 erfüllt sein, damit eine Hinzurechnung nach Art. 475 erfolgen kann. Anderseits begünstigt Art. 476 Versicherungen, die auf den Tod des Erblassers gestellt sind,
indem nur der Rückkaufswert zur Zeit des Todes des Erblassers zum Nachlass hinzugerechnet wird (s. dazu unten N. 35 ff.). Deshalb darf nicht auf andere Vorschriften zurückgegriffen werden, wenn der Tatbestand des
Art. 476 erfüllt ist; Art. 476 geht als lex specialis insbesondere dem Art. 475
vor.

Freilich haben nicht alle auf den Tod des Erblassers gestellten Versicherun-   5
gen einen *Rückkaufswert;* das ist aber auch kein Tatbestandselement des
Art. 476 (anders: ESCHER/ESCHER, Art. 476 N. 4; IZZO, 271). Die Umschreibung des Tatbestandes endet mit den Worten «... auf einen Dritten übertragen worden ist». Dass der (eventuell bestehende) Rückkaufswert des Versicherungsanspruchs dann zum Nachlass gerechnet, d.h. als Bestandteil des
Nachlasses betrachtet wird, ist die Rechtsfolge.

Eine Versicherung, die auf den Tod des Erblassers gestellt ist, hat keinen   6
Rückkaufswert, wenn der Versicherer weder aus Gesetz noch aus Vertrag
zum Rückkauf der Versicherung verpflichtet ist, namentlich wenn die Prä-

mien nicht wenigstens für drei Jahre entrichtet worden sind oder wenn es sich um eine Risiko- oder temporäre Todesfallversicherung handelt, bei der der Eintritt des versicherten Ereignisses ungewiss ist (vgl. Art. 90 Abs. 2 VVG; s. auch unten N. 24, 27 f.). Hat der Erblasser über eine solche Versicherung verfügt, so ist jede Hinzurechnung ausgeschlossen, denn nach Art. 476 ist dann *nichts hinzuzurechnen* und Art. 475 ist *nicht anwendbar.* Eine Lücke im Gesetz ist das nicht (a.A. namentlich BLOCH, SJZ 1962, 150), denn es ist nun einmal so, dass Lebensversicherungsverträge das Vermögen des Versicherungsnehmers sofort belasten, ihm oder einem begünstigten Dritten vor dem Eintritt des Versicherungsfalls einen Gegenwert aber nur in Form des Rückkaufswerts verschaffen.

7   Auch eine Hinzurechnung der Prämien (so die deutsche Praxis) kommt nicht in Betracht, auch in solchen Fällen nicht (PIOTET, SJZ 1961, 35; ZGB-STAEHELIN, Art. 476 N. 14), weil die Prämien keine unentgeltliche Zuwendung an einen Dritten sind, sondern zur Erfüllung einer Schuld bezahlt werden.

III. Die unentgeltliche Zuwendung der Versicherungsforderung

8   Die Versicherungsleistung steht grundsätzlich dem Versicherungsnehmer zu. Stirbt er, so gehört der Versicherungsanspruch zu seinem Nachlass. (Zu den abweichenden gesetzlichen Regeln in der Sozialversicherung und der beruflichen Vorsorge s. unten N. 41 ff.) Versicherungsansprüche, die zum Nachlass des Versicherungsnehmers gehören, gehen nach Art. 474 Abs. 1 ohne weiteres in die Berechnung des verfügbaren Teils ein. Einer besonderen Hinzurechnung bedarf es nicht.

9   *Rechtlich* ist es der *Normalfall*, dass Forderungen und Ansprüche aus privaten Lebensversicherungen beim Tod des Versicherungsnehmers in dessen Nachlass fallen (vgl. ESCHER/ESCHER, Art. 476 N. 19; ZGB-STAEHELIN, Art. 476 N. 3), auch wenn es bei Todesfallversicherungen *tatsächlich* selten dazu kommt, weil gewöhnlich ein Dritter als Begünstigter benannt worden ist (verkehrt: MAURER, § 42 IV 1d, 448 f.). Das gilt sowohl von Renten- wie von Kapitalversicherungen (anders, unter Einbezug der Sozialversicherung, GUINAND, ZBGR 1989, 73 ff.; s. auch unten N. 41 f.). Es ist auch nicht zweckmässig, Lebensversicherungen zugunsten Dritter (an erster Stelle!) und Lebensversicherungen zu eigenen Gunsten als *zwei Arten* von Lebensversicherungen zu behandeln (so: TUOR, Art. 476 N. 9 ff.). Ob die Versicherung auf den Tod des Versicherungsnehmers oder auf fremdes Leben (Art. 74 VVG) gestellt ist und durch wessen Tod der Anspruch ausgelöst wird, ist insoweit irrelevant (ganz unzulässige Formulierung bei DRUEY, § 13 N. 27).

Hat der Versicherungsnehmer die Forderung aber unentgeltlich durch Ab-   10
tretung nach Art. 73 VVG oder durch versicherungsrechtliche Begünstigung nach Art. 76 ff. VVG (beim Abschluss des Versicherungsvertrages
oder später) unter Lebenden einem Dritten zugewendet, so erwirbt der Zuwendungsempfänger die Forderung mit dem Wirksamwerden der Verfügung, d.h. normalerweise sofort; sie scheidet aus dem Vermögen des Versicherungsnehmers aus und kann bei der Berechnung des verfügbaren Teils
nur noch im Wege der Hinzurechnung berücksichtigt werden.

Der Erblasser muss dem Dritten den Versicherungsanspruch unentgeltlich   11
aus seinem Vermögen verschafft haben. Ob das zutrifft, kann im Einzelfall
zweifelhaft sein und muss unter Würdigung aller Umstände entschieden
werden. Wer die Prämien bezahlt hat, das allein ist nicht entscheidend (unklar TUOR, Art. 476 N. 8; ESCHER/ESCHER, Art. 476 N. 12, die verlangen, die
Prämien müssten vom Erblasser selbst bezahlt worden sein; mit Recht krit.
PIOTET, § 65 III, p. 438/S. 470; ZGB-STAEHELIN, Art. 476 N. 7; Izzo, 353 f.).

Hat der Erblasser die Versicherung z.B. als Treuhänder oder Strohmann für einen andern
abgeschlossen und die Prämien selbst bezahlt, so ist es kein Fall des Art. 476, wenn er dem
andern die Versicherung später abtritt, einerlei, ob er den ihm zustehenden (Art. 402
OR) Auslagenersatz verlangt oder nicht.
Haben der Erblasser und der Begünstigte die Versicherung gemeinsam abgeschlossen
und hat der Begünstigte einen Teil der Prämien bezahlt, so kommt der Bruchteil des
Rückkaufswertes, der mit den vom Begünstigten bezahlten Prämien erworben wurde,
nicht aus dem Vermögen des Erblassers und wird dem Nachlass nicht hinzugerechnet
(vgl. HIERHOLZER, 92).

a) Die *Abtretung* bedarf nach Art. 73 VVG zu ihrer Gültigkeit der schriftli-   12
chen Form und der Übergabe der Police an den Zessionar sowie der schriftlichen Anzeige an den Versicherer. Sie wird sofort wirksam. Die *Abtretung*
der Versicherungsforderung kommt vor allem als Sicherungsabtretung vor;
für unentgeltliche Zuwendungen wird sie wegen der komplizierten Form
selten benutzt.

b) Die *versicherungsrechtliche Begünstigung* nach Art. 76 ff. VVG (hierzu   13
auch Izzo, 40 ff.) kann schon als Vertragsklausel im Versicherungsvertrag
enthalten sein und wird bei Personenversicherungsverträgen auf den Todesfall regelmässig vereinbart. Sie kann auch nachträglich – in Abänderung der
Begünstigungsklausel im Versicherungsvertrag oder erstmalig – einseitig erklärt werden. Wie noch zu zeigen sein wird (unten N. 20 ff.), kann sie als sog.
Versicherungsvermächtnis auch Inhalt eines Testaments oder Erbvertrages
sein.

14 Die Begünstigung macht den Versicherungsvertrag zu einer *Versicherung zugunsten Dritter.* Die Vorschriften der Art. 76 ff. VVG gehen aber als Spezialbestimmungen dem Art. 112 OR vor (vgl. MAURER, § 42 IV 1b, 448; zur Sache auch IZZO, 50 ff.). Insbesondere findet Art. 112 Abs. 3 OR keine Anwendung; vielmehr kann der Versicherungsnehmer die Begünstigung im Allgemeinen jederzeit widerrufen oder ändern (s. aber unten N. 18).

15 Im Fall der einseitigen Begünstigung hat die Rechtsprechung früher verlangt, dass die *Erklärung gegenüber dem Versicherer* abgegeben werde (BGE 62 II 168 Erw. 3); in der Literatur sprach man, verkürzend, von «Empfangsbedürftigkeit» (s. nur BLOCH, SJZ 1962, 145, mit Recht krit. PIOTET, SJZ 1972, 199 f.). Von Seiten der Wissenschaft kritisiert (vgl. nur JAEGER, Art. 76 N. 17 f., Bd. 3, 111 f.), hat das BGer. später erkannt, dass die Begünstigung auch gegenüber anderen Personen, insbesondere gegenüber dem Begünstigten selbst, erklärt werden könne (BGE 110 II 199, mit weiterer Lit.; 112 II 157 Erw. 1; krit. PIOTET, JdT 1984 I, 375–379).

16 Im verkürzenden Jargon hiess das, dass die Begünstigung nun «nicht mehr empfangsbedürftig» war (so obiter sogar BGE 110 II 199, 206 selbst). Nicht empfangsbedürftig ist aber eine Willenserklärung, die gegenüber *niemandem* abgegeben wird. In diesem Sinn ist die Begünstigung dann nicht empfangsbedürftig, wenn es sich um eine *letztwillige* Begünstigung handelt. Ob man aber Erklärungen, die niemandem zugegangen sind und die auch nicht in Testamentsform vorliegen, weil «nichtempfangsbedürftig», als verbindlich betrachten darf, scheint mir doch zweifelhaft zu sein. Im Zivilrecht sind – von nicht vergleichbaren Ausnahmen wie Auslobung und Errichtung einer Stiftung abgesehen – nur letztwillige Verfügungen nicht empfangsbedürftig. Begünstigungserklärungen, die niemandem zugegangen sind, sind nur als letztwillige (unten N. 23) gültig (ebenso: MEYER, 228; PIOTET, § 31 I, p. 183/S. 199 f.; ders., JdT 1984, 375 ff.; a.A.: BLOCH, SJZ 1962, 147, m. Nachw.; IZZO, 46).

17 Die *versicherungsrechtliche Begünstigung* begründet für den Begünstigten nach Art. 78 VVG «ein eigenes Recht auf den ihm zugewiesenen Versicherungsanspruch». Es handelt sich freilich nicht um den Versicherungs*anspruch* im technischen Sinn, die Berechtigung zur sofortigen Klage. Unter «Versicherungsanspruch» scheint vielmehr die Versicherungs*leistung*, das «Betreffnis», verstanden worden zu sein, was schon bei den Gesetzesberatungen Anlass zu nie aufgeklärten Missverständnissen gegeben hat. Jedenfalls ist das *Recht* auf den «Versicherungsanspruch» die Versicherungs*forderung,* die mit dem Abschluss des Versicherungsvertrages zur Entstehung gelangt, bis zum Eintritt des Versicherungsfalls aber aufschiebend (suspensiv) befristet oder bedingt ist und dem Begünstigten erst dann den *Anspruch,* die *Klage,* eröffnet (dazu eingehend BGE 112 II 157; ebenso Semjud 115 [1993] 134, zu Unrecht kritisiert von IZZO, 54 ff.; anders MAURER, § 42 IV 1a, 448 und IZZO, 68 ff., die von einer Anwartschaft sprechen; über

Forderung und Anspruch s. P. WEIMAR, Die privaten subjektiven Rechte, in:
Mél. C.A. Cannata, Basel 1999, 437–448).

Die Begünstigung ist – im Gegensatz zur *aufschiebend* (suspensiv) beding-   18
ten oder befristeten Versicherungsforderung, die ihr Gegenstand ist (diesen
Unterschied verkennt IZZO, ebd.) – mehrfach *auflösend* (resolutiv) bedingt,
da sie 1. im Allgemeinen unter dem Vorbehalt steht, dass der Begünstigte
den Erblasser überlebt (KOENIG, § 95 IV, 704); 2. mit der Pfändung oder
Konkurseröffnung über den Versicherungsnehmer erlischt (Art. 79 Abs. 1
VVG) und 3. bis zum Eintritt des Versicherungsfalls frei widerruflich ist
(Art. 77 Abs. 1 VVG).

Nur wenn der Versicherungsnehmer in der Police schriftlich auf den Widerruf verzichtet
und die Police dem Begünstigten übergeben hat, kann er die Begünstigung nicht widerrufen (Art. 77 Abs. 2 VVG), und die Forderung des Begünstigten ist der Zwangsvollstre-
ckung zugunsten der Gläubiger des Versicherungsnehmers entzogen (Art. 79 Abs. 2
VVG). – Von der Abtretung des Anspruchs nach Art. 73 Abs. 1 VVG (s. oben N. 12) unterscheidet sich die Begünstigung mit Widerrufsverzicht (wenn man davon absieht, dass
vielleicht andere Formulierungen gebraucht werden) nur dadurch, dass keine schriftliche
Anzeige an den Versicherer verlangt wird.

Dass die Begünstigung widerruflich oder resolutiv bedingt ist, verhindert
nicht, dass sie sofort wirksam wird (anders DESCHENAUX/STEINAUER/BADDE-
LEY, 457 Anm. 74), rückt sie jedoch als Rechtsgeschäft unter Lebenden (s.
vorn, Einl. v. Art. 467 N. 112) in eigenartiger Weise in die Nähe einer letztwilligen Verfügung (ebd. N. 115).

Eine versicherungsrechtliche Begünstigung, also die Zuwendung der Versicherungsfor-   19
derung unter Lebenden, ist auch dann anzunehmen, wenn der Erblasser die «Hinterlassenen», «Erben» oder «Rechtsnachfolger» als Begünstigte bezeichnet (vgl. Art. 83 Abs. 3
VVG; so auch ZGB-STAEHELIN, Art. 476 N. 3; a.A. KUHN, SVZ 1984, 199; widersprüchlich
TUOR, Art. 476 N. 10 und N. 11). Sind darunter Nachkommen, der überlebende Ehegatte,
Eltern, Grosseltern oder Geschwister zu verstehen, so erwerben sie den Versicherungsanspruch sogar dann, wenn sie die Erbschaft nicht antreten (Art. 85 VVG). Andere gesetzliche und eingesetzte Erben, die nicht persönlich, sondern nur als Hinterlassene, Erben
oder Rechtsnachfolger begünstigt sind, haben dagegen nur dann Anspruch auf die Versicherungsleistung, wenn sie Erben werden und bleiben. Aber auch sie erwerben gegebenenfalls unter Lebenden, nicht von Todes wegen.

c) Nach Art. 476 soll der Versicherungsanspruch auch dann zum Nachlass   20
hinzugerechnet werden, wenn der Versicherungsnehmer den Dritten *durch*
Verfügung von Todes wegen begünstigt hat. Eine *Erbeinsetzung* kommt dabei als Verfügung von Todes wegen freilich nicht in Betracht: Zweifelhaft ist
schon, ob Erbeinsetzungen – selbst in Verbindung mit einer Teilungsvorschrift – überhaupt als Verfügungen über ein einzelnes Nachlassobjekt be-

zeichnet werden können. Jedenfalls aber erfasst eine Erbeinsetzung den Versicherungsanspruch nur, wenn er zum Nachlass gehört, und dann kann er nicht auch noch zum Nachlass *hinzugerechnet* werden (falsch: ESCHER/ ESCHER, Art. 476 N. 9 f.; TUOR, Art. 476 N. 10 ff.; ZGB-STAEHELIN, Art. 476 N. 3 und insbes. N. 5, alle m. Nachw.; missverständlich auch KOENIG, § 95 IV, 705; wie hier: IZZO, 341 f.).

21   Es ist vielmehr an ein *Vermächtnis* zu denken. Das scheint aber ebenso absurd zu sein: Der verfügbare Teil muss nämlich von Vermächtnissen unabhängig sein, ist er doch die Grenze, bis zu der der Erblasser (auch durch Vermächtnisse) über das Vermögen verfügen kann. Vermächtnisse bleiben deshalb bei der Berechnung des verfügbaren Teils mit Recht ausser Ansatz (s. Art. 474 N. 11). Um die seltsame Bestimmung zu verstehen, muss man Art. 563 Abs. 2 in die Betrachtung einbeziehen. Danach kann der Vermächtnisnehmer, dem ein Versicherungsanspruch auf den Tod des Erblassers vermacht ist, diesen unmittelbar geltend machen. Er erwirbt den Anspruch gegen den Versicherer also wie bei einer Begünstigung unter Lebenden *am Nachlass vorbei* (a.A. TUOR, Art. 476 N. 13; ESCHER/ESCHER, Art. 563 N. 4; GUINAND, ZBGR 1989, 74 f.; ZGB-STAEHELIN, Art. 476 N. 5), nicht «iure hereditario» (nur so!), sondern «iure proprio» (wie man in Anlehnung an Dig. 21,2,73 und 35,2,14 pr. zu sagen pflegt).

22   Richtig verstanden bedeutet das, dass das sog. Versicherungsvermächtnis selbst ein *Rechtsgeschäft unter Lebenden* ist, nämlich eine versicherungsrechtliche Begünstigung gemäss Art. 76 ff. VVG, die zwar erst beim Tod des Erblassers, aber gleichsam noch bevor er gestorben ist, wirksam wird (s. auch Einl. vor Art. 467 N. 112 ff.; so für alle Fälle der Begünstigung HUBER, 73 ff.). Auch kraft des Versicherungsvermächtnisses erwirbt der Begünstigte die Forderung auf die Versicherungsleistungen also direkt vom Erblasser, nicht von den Erben. Das erklärt nicht nur, warum der Vermächtnisgegenstand zwecks Berechnung des verfügbaren Teils zum Nachlass *hinzugerechnet* wird, sondern auch dass dies *mit dem Rückkaufswert* zur Zeit der Eröffnung des Erbgangs geschieht (KUHN, SVZ 1984, 198, m. Nachw.; dazu unten N. 35 ff.).

23   Das Versicherungsvermächtnis muss in der Form einer Verfügung von Todes wegen erklärt werden und wird mit dem Eintritt des Erbfalls wirksam, wenn der Begünstigte den Erblasser überlebt. Als eine Form der versicherungsrechtlichen Begünstigung ist es auch dann widerruflich, wenn es in einem Erbvertrag enthalten ist, falls nicht nach Art. 77 Abs. 2 VVG auf den Widerruf verzichtet wurde (s. oben N. 18; unklar: TUOR-PICENONI, Art. 563 N. 13).

IV. Auf den Tod des Erblassers gestellte Versicherungen

Art. 476 gilt für Versicherungen, die auf den Tod des Erblassers gestellt sind. Folgende Versicherungen kommen in Betracht:

a) *Reine oder lebenslängliche Todesfallversicherungen.* Bei dieser Art von 24 Lebensversicherungen wird die Versicherungsleistung beim Tod des Erblassers fällig (in praxi grosszügigerweise meistens schon bei Erreichung eines sehr hohen Alters, z.B. von 85 Jahren). Der Eintritt des versicherten Ereignisses ist gewiss, die Versicherungsleistung (aufschiebend) *befristet.* Die Versicherung hat einen Rückkaufswert gemäss Art. 90 Abs. 2 VVG. Ist das nicht der Fall, weil die Prämien noch nicht wenigstens für drei Jahre entrichtet worden sind, findet keine Hinzurechnung statt (s. oben N. 6; ebenso, mit unterschiedlicher Begründung: PIOTET, SJZ 1961, 155; BLOCH, SJZ 1962, 149 ff.; BATZ, SJZ 1962, 316; prinzipiell wohl auch ZGB-STAEHELIN, Art. 476 N. 13; a.A.: ESCHER/ESCHER Art. 476 N. 15, für den Fall der Umgehungsabsicht).

b) *Versicherungen auf den Todes- und Erlebensfall* (im Todesfall). Bei diesen 25 *gemischten Versicherungen* wird die Versicherungsleistung fällig, wenn der Versicherte ein bestimmtes Alter erreicht, z.B. bei Vollendung des 65. Lebensjahres, spätestens aber bei seinem Tod.

Versicherungstechnisch und -mathematisch handelt es sich um zwei miteinander verbundene Versicherungen, nämlich, so nimmt man allgemein an, um eine temporäre Versicherung auf den Todesfall (s. unten N. 27) und eine Versicherung auf den Erlebensfall. Die Letztere ist aber in Wahrheit eine *Sparversicherung* (BATZ, SJZ 1962, 317 ff.): Aus dieser Sparversicherung wird im Erlebens- *und im Todesfall* das bis dahin angesparte Kapital, aus der temporären Todesfallversicherung im Todesfall die (während des Laufs der Versicherung abnehmende) Differenz zwischen der Versicherungssumme und dem angesparten Kapital ausgezahlt.

Rechtlich handelt es sich um einen einheitlichen Versicherungsvertrag (JAEGER, Art. 78 N. 32). Die gemischten Versicherungen sind in Art. 476 nicht ausdrücklich geregelt. Trotzdem und obwohl der Gesetzgeber sich in dieser Frage nicht einig gewesen zu sein scheint, ist Art. 476 auf gemischte Versicherungen anwendbar, wenn der Todesfall eingetreten ist (gl.M.: ESCHER/ESCHER, Art. 476 N. 16; BLOCH, SJZ 1962, 151; BLAUENSTEIN, SVZ 1979, 266 ff.; a.A.: PIOTET, § 65 III, p. 440/S. 472 f.; zweifelnd DRUEY, § 13 N. 35, 170), denn dann ist es belanglos, dass die Versicherungsleistung auch im Erlebensfall zahlbar gewesen wäre.

26   Gemischte Versicherungen sind als Ganze aufschiebend *befristet*, denn es ist
      so sicher wie der Tod, dass der Versicherungsfall an einem der beiden Termi-
      ne eintritt; nach Art. 90 Abs. 2 VVG haben sie deshalb einen Rückkaufs-
      wert (KOENIG, § 96 II 1, 710 f.). Im Todesfall wird der *ganze Rückkaufswert*
      des Vertrages zum Nachlass hinzugerechnet (so die versicherungsrechtliche
      Literatur, s. die Nachw. bei BLOCH, SJZ 1962, 151 Anm. 16; ebenso ZGB-
      STAEHELIN, Art. 476 N. 24, m. Nachw.; unentschieden DRUEY, § 13), denn das
      ist bei Eröffnung des Erbgangs der Betrag, den der Erblasser durch die Ver-
      fügung über den Versicherungsanspruch dem Nachlass entzogen hat. Die
      h.L. (ESCHER/ESCHER, Art. 476 N. 16, m. Nachw.; schwankend TUOR,
      Art. 476 N. 25; widersprüchlich BATZ, SJZ 1962, 314 f., 318) betrachtet nur
      den Rückkaufswert der Todesfall-Komponente (den es als rechtlichen gar
      nicht gibt, weil das eine temporäre Versicherung ist, vgl. BATZ, 314 f.) als Ge-
      genstand der Hinzurechnung, denn die Erlebensfallversicherung habe «mit
      dem Erbrecht nichts zu tun». Dem wird aber dadurch Genüge getan, dass
      die Hinzurechnung den Art. 475, 527 folgt, wenn der Erlebensfall eingetre-
      ten ist (unten N. 30). Solange die Versicherung noch keinen Rückkaufswert
      hat (vgl. Art. 90 Abs. 2 VVG) gibt es nichts hinzuzurechnen; es kommt we-
      der die Hinzurechnung der gezahlten Prämien noch der Versicherungssum-
      me in Betracht (s. dazu oben N. 5 ff. und 24).

27   c) *Temporäre Todesfallversicherungen* und *Risikoversicherungen*. Bei diesen
      Versicherungsarten wird die Leistung fällig, wenn der Tod vor einem Termin
      oder dem Ablauf einer Frist, z.B. auf einer Reise oder solange die Kinder
      noch in der Ausbildung sind, oder durch ein bestimmtes Ereignis (einen Un-
      fall) eintritt. Es handelt sich also um Todesfallversicherungen, die dem
      Art. 476 unterstehen. Der Eintritt des Versicherungsfalls ist jedoch unge-
      wiss; die Versicherungsforderung ist nicht befristet, sondern aufschiebend
      (suspensiv) *bedingt*. Temporäre Todesfall- und Risikoversicherungen, auch
      Risiko-Zusatzversicherungen (BLAUENSTEIN, SVZ 1979, 268), haben des-
      halb nach Art. 90 Abs. 2 VVG keinen Rückkaufswert. Es gibt daher bei Be-
      günstigung eines Dritten nichts zum Nachlass hinzuzurechnen (richtig BATZ,
      SJZ 1962, 315 ff.; BLAUENSTEIN, SVZ 1979, 265 f.; KUHN, SVZ 1984, 200; s.
      oben N. 6). Die h.L. scheint jedoch anzunehmen, dass Art. 476 nicht an-
      wendbar sei (vgl. KUHN, SVZ 1984, 197 f.), und wendet Art. 475 in Verb. mit
      Art. 527 an, sodass gegebenenfalls die Versicherungsleistungen zum Nach-
      lass hinzugerechnet werden (so PIOTET, § 65 II, p. 437/S. 469 und, zumindest
      bei Umgehungsabsicht, ESCHER/ESCHER, Art. 476 N. 4; GUINAND, ZBGR
      1989, 77; ZGB-STAEHELIN, Art. 476 N. 13, 25; zweifelnd DRUEY, § 13 N. 34,
      169). Abzulehnen ist auch eine Hinzurechnung der *Prämien* zum Nachlass,

denn diese sind niemandem unentgeltlich zugewendet worden (s. oben N. 7; anders GEISER, 93).

Wenn der Versicherer sich dazu *verpflichtet* hat, eine temporäre Todesfall-   28
versicherung zurückzukaufen, erhält sie einen Rückkaufswert, der nach
Art. 476 zum Nachlass hinzugerechnet wird (BLAUENSTEIN, SVZ 1979, 266;
ZGB-STAEHELIN, Art. 476 N. 25; a.A.: IZZO, 293 ff.).

Zur Umgehung der Verfügungsbeschränkung, d.h. zum Missbrauch (s. ESCHER/ESCHER,   29
Art. 476 N. 15), sind Risikoversicherungen an sich nicht geeignet, weil der Eintritt des
Versicherungsfalls ungewiss ist. Wurde der Endtermin jedoch so gewählt, dass mit dem
Eintritt des Versicherungsfalls gerechnet werden konnte, dann ist zu prüfen, ob die Befristung simuliert war. Dissimuliert wäre gegebenenfalls eine reine Todesfallversicherung,
die einen Rückkaufswert hat (Art. 90 Abs. 2 VVG), der nach Art. 476 zum Nachlass hinzugerechnet werden müsste (Art. 18 OR).

V. Nicht auf den Tod des Erblassers gestellte Versicherungen

Versicherungen, die nicht auf den Tod des Erblassers gestellt sind, fallen nicht unter Art. 476. In Betracht kommen:

a) *Versicherungen auf den Todes- und Erlebensfall* (im Erlebensfall). Ist bei   30
einer gemischen Versicherung (s. oben N. 25 f.) der Erlebensfall eingetreten
und gilt die Begünstigung auch für diesen Fall, so richtet sich die Hinzurechnung nach Art. 475, 527. Gegebenenfalls wird die ganze Versicherungsleistung zum Nachlass hinzugerechnet (TUOR, Art. 476 N. 6), denn die Verfügung über den Anspruch erscheint ex post nur noch als eine Modalität der
Zuwendung der Versicherungssumme selbst.

b) *Terme-fixe-Versicherungen.* Bei Terme-fixe-Versicherungen wird die Ver-   31
sicherungsleistung an einem bestimmten Termin fällig, einerlei ob die versicherte Person/der Erblasser noch lebt oder nicht. Um eine Lebensversicherung handelt es sich überhaupt nur deshalb, weil keine Prämien mehr zu bezahlen sind, wenn der Erblasser vorher gestorben ist. Insoweit haben diese
Versicherungen den Charakter temporärer Todesfallversicherungen. Gegenstand der Begünstigung eines Dritten ist aber nicht dieser Vorteil, sondern die Versicherungssumme selbst. Deshalb richtet sich die Hinzurechnung nicht nach Art. 476, sondern nach Art. 475 und 527 (a.A. BLAUEN-
STEIN, SVZ 1979, 268 Anm. 21). Dabei ist zu unterscheiden, ob die Versicherung vor Eintritt des Erbfalls fällig geworden ist oder nicht. Im ersteren Fall

ist, sofern die Voraussetzungen erfüllt sind, die Versicherungssumme zum Nachlass hinzuzurechnen. Im letzteren Fall muss die noch nicht fällige Leistung zum Todestag diskontiert werden (s. Art. 537 Abs. 2). Die Prämienbefreiung ist dabei nicht in Betracht zu ziehen.

32   c) *Erlebensfallversicherungen.* Erlebensfallversicherungen werden bei einem bestimmten Ereignis im Leben des Versicherten fällig (z.B. bei bestandener Maturitätsprüfung, bei der Eheschliessung oder am 70. Geburtstag) und sollen ihm eine Ausstattung (für das Studium, den eigenen Haushalt bzw. die Altersversorgung) verschaffen. Hat der Erblasser einen solchen Versicherungsanspruch zugunsten eines Dritten begründet oder einem Dritten abgetreten, so ist Art. 476 nicht anwendbar. Die Hinzurechnung richtet sich vielmehr nach Art. 475, 527. Dabei kommt es darauf an, ob die Versicherung auf das Leben des Erblassers oder des Dritten gestellt war. Im ersten Fall findet keine Hinzurechnung statt, wenn der Erblasser vor dem Eintritt des Versicherungsfalls gestorben ist, weil die aufschiebend bedingte Versicherungsforderung bei Lebzeiten des Erblassers keinen Verkehrswert hatte (vgl. vorn, Art. 474 N. 18 f.) und obendrein mit seinem Tod erloschen ist. Ist der Versicherungsfall aber eingetreten, so kommt die Hinzurechnung des Werts der Versicherungsleistungen in Betracht, denn die Zuwendung der Versicherungsforderung erweist sich als reine Modalität der Zuwendung dieser Leistungen. War dagegen die Versicherung nicht auf das Leben des Erblassers gestellt, der Erblasser aber trotzdem Versicherungsnehmer, so ist im Rahmen der Art. 475, 527 ebenfalls der Wert der Versicherungsleistungen zum Nachlass hinzuzurechnen, wenn der Erblasser den Eintritt des Versicherungsfalls erlebt hat. Ist der Versicherungsfall beim Tod des Erblassers noch nicht eingetreten, so kommt eine Hinzurechnung nicht in Betracht (auch wenn der Versicherungsfall noch eintreten kann), weil die aufschiebend bedingte Forderung keinen Verkehrswert hat. Hat der Erblasser dagegen nur die Prämien für eine von einem Dritten selbst abgeschlossene Versicherung bezahlt, so sind diese Zuwendungsgegenstand und werden gegebenenfalls nach Art. 475, 527 zum Nachlass hinzugerechnet.

33   d) *Rentenversicherungen.* Auch Rentenversicherungen sind Erlebensfallversicherungen. War ein Rente *auf Lebenszeit des Erblassers* versichert, so wird nach Art. 475, 527 gegebenenfalls alles zum Nachlass hinzugerechnet, was einem Dritten aufgrund einer unentgeltlichen Zuwendung aus der Versicherung zugeflossen ist. Ist die Rente *auf Lebenszeit des Begünstigten* selbst versichert, so werden die bis zum Tod des Erblassers ausgerichteten und die im Zeitpunkt des Todes des Erblassers nach der Lebenserwartung des Begüns-

tigten noch zu erwartenden kapitalisierten Versicherungsleistungen zum Nachlass hinzugerechnet. Der letztere Wert allein kommt in Betracht, wenn die Rente, z.B. bei einer verbundenen Rentenversicherung mit Einmaleinlage, bis zum Tod des Erblassers ihm selbst und erst danach dem Dritten zusteht (vgl. KUHN, SVZ 1984, 196 f., 201–206; GUINAND, ZBGR 1989, 76; anders ZBG-STAEHELIN, Art. 476 N. 28; unklar IZZO, 274 f., 278 ff.). Die Rente des Überlebenden ist für den Erlebensfall versprochen, auch wenn ihr Beginn bis zum Tod des Erblassers aufgeschoben ist (s. unten N. 34).

e) *«Überlebensfallversicherungen»*. Ein heikler Grenzfall sind Versicherungen, die fällig werden, wenn der Begünstigte den Erblasser *überlebt*. Man kann sich auf den Standpunkt stellen, versichert sei das Risiko, dass der *Erblasser* vor dem Begünstigten *stirbt*. Dann würde es sich um eine Art temporärer Todesfallversicherung handeln. Man kann aber auch sagen, versichert sei das Risiko, dass *der Begünstigte lebt,* nachdem der Erblasser (der ihm vielleicht Unterhalt gewährte) gestorben ist. Dann würde es sich um eine Erlebensfallversicherung handeln, die auf das Leben des Begünstigten gestellt ist. Das setzt freilich voraus, dass die Versicherung von vornherein zugunsten des Dritten abgeschlossen wurde. Was gewollt ist, muss im Wege der Auslegung ermittelt werden. 34

Tatsächlich dürfte es bei solchen Versicherungen meistens darum gehen, ein Bedürfnis des Begünstigten zu befriedigen, das nur besteht, wenn und solange er lebt. Besonders klar ist das, wenn eine Leibrente versichert wird, doch können Kapitalversicherungen demselben Zweck dienen. Das spricht für eine Erlebensfallversicherung. Andererseits können auch temporäre Todesfallversicherungen der Absicherung von Angehörigen dienen. Sie können vor allem dann gewollt sein, wenn es um die Bedürfnisse *mehrerer* Begünstigter geht.

Überlebensfallversicherungen sind also, anders als temporäre Todesfall- und Risikoversicherungen, nicht auf den Tod des Erblassers, sondern auf das Überleben des Begünstigten gestellt. Deshalb ist Art. 476 auf sie nicht anwendbar. Dagegen kommt, wenn einer der Tatbestände des Art. 527 erfüllt ist, Art. 475 zur Anwendung, sodass beim Eintritt des Versicherungsfalls die ganze Versicherungssumme zum Nachlass hinzuzurechnen ist.

VI. Die Hinzurechnung des Rückkaufswerts

Im Rahmen des Art. 476 wird der *Rückkaufswert* des auf den Tod des Erblassers gestellten und einem Dritten zugewendeten Versicherungsanspruchs zum Nachlass hinzugerechnet. 35

Bei partiell unentgeltlicher Zuwendung eines Versicherungsanspruchs ist die unveränderliche Differenz zwischen dem Rückkaufswert der Versicherung und dem Wert der Gegenleistung als Gegenstand der Schenkung aufzufassen. Eine proportionale Herabsetzung (so ZGB-Staehelin, Art. 476 N. 7) kommt nicht in Betracht (zu dem Fall, dass der Begünstigte einen Teil der Prämien bezahlt hat, s. oben N. 11).

Der Rückkaufswert ist der Betrag, den der Versicherer dem Versicherungsnehmer beim vorzeitigen Rücktritt vom Vertrag (dem Rückkauf) ausbezahlen muss. Die Rückkaufspflicht besteht nach Art. 90 Abs. 2 VVG, wenn der Eintritt des versicherten Ereignisses gewiss ist und die Prämien wenigstens für drei Jahre entrichtet worden sind. Die Einzelheiten sind in Art. 91 ff. VVG geregelt.

Nach Art. 91 VVG hat der Versicherer die Grundlagen zur Ermittlung des Rückkaufswertes der Versicherung festzustellen und die Bestimmungen über den Rückkauf in die allgemeinen Versicherungsbedingungen aufzunehmen. Der Bundesrat entscheidet in seiner Eigenschaft als Aufsichtsbehörde im Gebiete des privaten Versicherungswesens, ob die vorgesehenen Abfindungswerte angemessen sind.

36   Der Rückkaufswert basiert auf dem Deckungskapital. Das ist dasjenige Kapital, das der Versicherer für jede einzelne Versicherung zwecks Auszahlung der Versicherungssumme am vereinbarten Termin aus den Prämien äufnet und verzinst. Beim Rückkauf werden einerseits Abzüge vom Deckungskapital vorgenommen, andererseits werden nach Art. 94 VVG Leistungen hinzugerechnet, die der Versicherer aus angefallenen Anteilen am Geschäftsergebnis dem Anspruchsberechtigten in Form der Erhöhung der Versicherungsleistungen gewährt hat. Anfangs niedriger als die Summe der gezahlten Prämien, übersteigt der Rückkaufswert später die Versicherungssumme und nähert sich der Summe aller Versicherungsleistungen, die beim Eintritt des Versicherungsfalles ausgezahlt worden wären.

Das Bundesamt für Privatversicherungswesen prüft auf Ersuchen des Anspruchsberechtigten die vom Versicherer festgestellten Werte unentgeltlich auf ihre Richtigkeit (Art. 92 Abs. 2 VVG).

Hat der Versicherungsanspruch keinen Rückkaufswert, so findet keine Hinzurechnung statt (s. oben N. 5 ff. und N. 27).

37   Die gesetzliche Regelung ist namentlich von Piotet in zahlreichen Abhandlungen kritisiert worden (zuletzt im Droit successoral, § 65, p. 436 ss./ S. 468 ff.; vgl. Druey, § 13 N. 27 ff.; contra: Kuhn, SVZ 1984, 198 f.); sie sei «unlogisch und ungerecht» (§ 65 III, p. 439 s./S. 471 f.). Entscheidend für die Bewertung der Versicherungsforderung müsse die Versicherungssumme sein, denn mit dem Tod des Erblassers bestimme sie deren Wert. Dass die

Forderung einem Dritten geschenkt oder vermacht wurde, könne daran nichts ändern.

Auf den Tod des Erblassers gestellte Lebensversicherungsforderungen sind nun aber Rechte, deren Wert sich gerade durch den Tod des Erblassers ändert (erhöht). Erst durch den Tod des Erblassers, d.h. danach, gewährt die Versicherungsforderung Anspruch auf die volle Versicherungssumme. Im Nachlass des Versicherungsnehmers, und nach dessen Tod (selbstverständlich auch im Vermögen eines Begünstigten!), ist ihr Wert derjenige der Versicherungsleistung. Bis zum Tod des Versicherungsnehmers, d.h. vorher, ist die Forderung noch nicht fällig und muss diskontiert werden, wenn man ihren Wert bestimmen will. Dabei kommt es auf die Lebenserwartung der versicherten Person an. Diese bestimmt auch die Höhe der Deckungsrückstellung und damit den Rückkaufswert der Lebensversicherung. Der Rückkaufswert entspricht deshalb zu Lebzeiten des Erblassers im Wesentlichen der diskontierten Forderung auf Ausrichtung der Versicherungsleistung nach seinem Tod. Noch im letzten Moment vor seinem Tod entspricht er auch dem Marktwert der Versicherungsforderung. «Der Rückkaufswert ist ja das», so hat TUOR (Art. 476 N. 15) sehr schön geschrieben, «was die Versicherung im Augenblick des Todes tatsächlich wert war, was ein Dritter für sie gezahlt hätte, worauf ein Geldinstitut sie belehnt hätte, was der Versicherte selber durch den Rücktritt von der Versicherung hätte erlangen können, was der Besteuerung billigerweise, wo eine solche besteht, unterworfen werden konnte». Wenn Art. 476 veräusserte Versicherungsforderungen mit ihrem Wert im Augenblick vor dem Tod des Erblassers bewertet, so ist das nicht unvereinbar mit Art. 537 Abs. 2, der auf den Stand der Erbschaft «beim Tode des Erblassers» abstellt. Man kann deshalb *nicht* sagen, dass die gesetzliche Regelung *unlogisch* sei.

38

Es ist auch *nicht unsachgemäss oder ungerecht*, dass die gesetzliche Regelung auf den Wert der Versicherungsforderung im Augenblick *vor dem Tod* des Erblassers abstellt. Man kann sich sehr wohl auf den Standpunkt stellen, dass die Differenz zwischen dem Rückkaufswert und der vollen Versicherungssumme nicht aus dem Vermögen des Erblassers kommt, sondern, ausgelöst durch seinen Tod, aus dem Vermögen des Versicherers; dieser trägt gleichsam den Schaden des vorzeitigen Todes des Erblassers. Insoweit nimmt der Erblasser den Pflichtteilsberechtigten nichts, wenn er den Versicherungsanspruch einem Dritten zuwendet. Die Regelung des Art. 476 ist also in höchstem Masse plausibel, wenn auch vielleicht nicht gerade *rechtlich notwendig*, wie man aufgrund der Ausführungen von BATZ (SJZ 1962, 318) meinen könnte.

39

40 Art. 476 wird zutreffend als Rechtswohltat (beneficium) für Lebensversicherungen auf den Tod des Erblassers zugunsten Dritter angesehen. Damit ist es durchaus vereinbar, dass sonst, wenn die Versicherungssumme in den Nachlass fällt und bei der Hinzurechnung anderer Personenversicherungen zugunsten Dritter nach Art. 475, der volle Wert der Versicherungsleistung eingesetzt wird.

VII. Begünstigung durch Verschaffung von Leistungen der Sozialversicherung, der beruflichen Vorsorge und der gebundenen Selbstvorsorge

41   a) Die Ansprüche der Hinterlassenen auf Leistungen aus der *Sozialversicherung* des Erblassers nach Art. 23 ff. AHVG, Art. 28 ff. UVG und Art. 51 ff. MVG sind öffentlich-rechtlicher Natur. Das Erbrecht regelt sie nicht. Sie fallen nicht in den Nachlass. Es ist gesetzlich vorgeschrieben, wer bezugsberechtigt ist. Den Hinterlassenen soll die angemessene Deckung des Existenzbedarfs gewährleistet werden. Die Ansprüche sind deshalb nicht abtretbar und nicht pfändbar; die Verrechnung ist nur beschränkt zulässig (Art. 20 AHVG). Diese Funktion der Hinterlassenenrenten schliesst deren Herabsetzung zur Herstellung des Pflichtteils anderer Pflichtteilsberechtigter (nicht bezugsberechtigter Nachkommen oder der Eltern des Erblassers) von vornherein aus und ebenso eine Anrechnung an den Pflichtteil der Bezugsberechtigten selbst, denn der Pflichtteil dient nicht der Sicherung des Existenzminimums. Daraus folgt, dass die Hinterlassenenrenten bei der Berechnung des verfügbaren Teils ausser Ansatz zu bleiben haben. Eine Hinzurechnung zum Nachlass nach Art. 475 f. kommt auch deshalb nicht in Betracht, weil der Erblasser gesetzlich zur Beitragszahlung verpflichtet ist und über die Ansprüche der Hinterlassenen weder unter Lebenden noch von Todes wegen verfügen kann, sodass von einer unentgeltlichen *Zuwendung des Erblassers* an die Bezugsberechtigten keine Rede sein kann, und weil der Rentenanspruch keinen Marktwert hat (im Ergebnis gl.M.: PIOTET, ZBJV 1981, 291; KOLLER, StH., 22 f.; LOCHER, § 1 IV 1.1, 11 f.). Freiwillige Versicherungen gemäss Art. 2 AHVG werden gleich behandelt.

42 b) Wie die Ansprüche der Hinterlassenen aus der Sozialversicherung, so sind auch jene aus der *obligatorischen beruflichen Vorsorge* (Art. 2 f., 7 ff. BVG) öffentlich-rechtlicher Natur; dasselbe gilt von den Ansprüchen aus

der freiwilligen beruflichen Vorsorge, soweit die Bestimmungen über die
obligatorische Versicherung sinngemäss anwendbar sind (Art. 4, 44 ff.
BVG). Das Erbrecht regelt sie nicht. Sie gehören nicht zum Nachlass. Die
Bezugsberechtigung ist gesetzlich geregelt (Art. 18 ff. BVG). Die berufliche
Vorsorge soll zusammen mit der AHV den Hinterlassenen die Fortsetzung
der gewohnten Lebenshaltung in angemessener Weise ermöglichen. Abtretung, Verpfändung und Verrechnung sind deshalb nur beschränkt möglich
(Art. 39 BVG). Ihre Herabsetzung zur Herstellung des Pflichtteils anderer
Pflichtteilsberechtigter und ihre Anrechnung an den Pflichtteil der Bezugs-
berechtigten selbst sind daher genauso ausgeschlossen wie bei den Hinterlassenenrenten aus der Sozialversicherung. Deshalb kommt auch eine Hinzurechnung zum Nachlass nicht in Betracht (unstr., vgl. RIEMER, 99 ff., 121;
REBER/MEILI, SJZ 1996, 121; KOLLER, StH, 23, m. Nachw.; LOCHER ebd.;
AEBI-MÜLLER, ZBJV 1999, 510 f.; KGer. TI, Rep. 1998, Nr. 29, Erw. 4).

c) Versicherungen im Bereich der *weiter gehenden beruflichen Vorsorge* (vgl.   43
Art. 49 Abs. 2 BVG), dem *«überobligatorischen Bereich»*, werden dagegen
als *privatrechtliche* betrachtet (obwohl die Entscheidungen der kantonalen
Gerichte in Streitigkeiten zwischen Vorsorgeeinrichtungen und Anspruchsberechtigten auf dem Wege der *Verwaltungsgerichtsbeschwerde* beim Eidg.
Versicherungsgericht angefochten werden können, Art. 73 Abs. 4 BVG). Ob
das anders ist, wenn sie mit einer öffentlich-rechtlichen Vorsorgeeinrichtung
abgeschlossen wurden (so KOLLER, StH, 23) mag dahinstehen. Die Ansprüche des Vorsorgenehmers und der Hinterlassenen gegen die Vorsorgeeinrichtung beruhen im überobligatorischen Bereich nach h.M. auf dem Vorsorgevertrag. «Das Reglement [scil. der Vorsorgeeinrichtung] stellt den vorfor-
mulierten Inhalt des Vorsorgevertrages bzw. dessen allgemeine Bedingungen
dar, denen sich der Versicherte ausdrücklich oder durch konkludentes Verhalten unterzieht; gegebenenfalls können individuelle Abmachungen hinzu-
treten» (BGE 116 V 218 Erw. 2; 115 V 99 Erw. 3b; 112 II 249 Erw. 1b).

Das BGer. bezeichnet den *Vorsorgevertrag,* der herrschenden Mode fol-   44
gend, als «Innominatkontrakt (sui generis)». Er sei kein Versicherungsvertrag im Sinne des VVG, sondern unterstehe in erster Linie den allgemeinen
Bestimmungen des OR; es beurteilt ihn aber trotzdem weitgehend nach
dem VVG (BGE 122 V 145; 119 V 286; 118 V 232; 116 V 218). In Bezug auf
die Ansprüche der Hinterlassenen handle es sich um einen Vertrag zugunsten Dritter nach Art. 112 Abs. 2 OR. Bezugsberechtigte Hinterlassene erwerben die Forderungen auf die ihnen zugedachten Leistungen der Vorsorgeeinrichtung folglich schon bei Lebzeiten des Vorsorgenehmers unter Lebenden, die Ansprüche gehören nicht zu dessen Nachlass (s. auch Eidg.

VersGer., SZS 43, 1999, 236). Ob sie nach Art. 475 f. zum Nachlass *hinzuzu-rechnen* sind, ist strittig. Für die Hinzurechnung sind eingetreten: PIOTET, ZBJV 1981, 289–304; *ders.*, AJP 1997, 537–549; RIEMER, 122 und REBER/MEI-LI, SJZ 1996, 122 ff.; dagegen haben sich ausgesprochen: BJ, ZBGR 70, 283, m. Nachw.; KOLLER, Privatrecht, 210; *ders.*, StH, 24; MOSER, 175 ff.; ZGB-STAEHELIN, Art. 476 N. 19; GEISER, 96–99; prinzipiell auch IZZO, 323 ff.; zuletzt AEBI-MÜLLER, ZBJV 1999, 511 ff.; *dies.*, Optimale Begünstigung, Rz. 9.27, 3.47 ff.

45   Der letzteren Ansicht ist zuzustimmen: Auch die weiter gehende berufliche Vorsorge soll dem Vorsorgenehmer und, im Todesfall, den Hinterlassenen die «Fortsetzung der gewohnten Lebenshaltung in angemessener Weise» ermöglichen. Die Bevorzugung der Witwe und der Waisen beim Tod des Vorsorgenehmers gegenüber andern Pflichtteilsberechtigten (vgl. Art. 19 f. BVG) ist auch im überobligatorischen Bereich ein *wesentliches Merkmal jedes Vorsorgevertrags*.

Daran kann seit dem Inkrafttreten von Art. 15 FZV kein Zweifel mehr bestehen, denn es wäre nicht einzusehen, wenn für Freizügigkeitspolicen und -konti andere und strengere Regeln gelten würden als für die Vorsorgeverträge, an deren Stelle sie (vorübergehend) treten, selbst. Auch Art. 122 ZGB über die Teilung der Austrittsleistung bei Ehescheidung setzt die Begünstigung der Witwe zwingend voraus.

Die Steuerbefreiung der Vorsorgeeinrichtungen (auch der nicht im Register für die [obligatorische] berufliche Vorsorge eingetragenen!) und der steuerliche Abzug der Vorsorgebeiträge nach Art. 80 f. BVG wären nicht gerechtfertigt, wenn sie für gewöhnliche Lebens- oder Rentenversicherungen gewährt und Vorsorgeeinrichtungen im Wettbewerb mit anderen Lebensversicherern bevorzugt würden. Die Begünstigung der Witwe und der unterhaltsberechtigten Waisen des Vorsorgenehmers ist denn auch ganz allgemeine Vorsorge-Praxis. Mit dem Vorsorgezweck ist die Herabsetzung der Hinterlassenenansprüche nicht vereinbar. Diese sind nicht herabsetzbar und werden deshalb nach Art. 475 f. zwecks Berechnung des verfügbaren Teils auch nicht zum Nachlass hinzugerechnet.

46   Die Begünstigung der Hinterlassenen durch die überobligatorische berufliche Vorsorge erfüllt auch sonst kaum die Voraussetzungen der Art. 475 f.: *Art. 476* ist nicht anwendbar, weil Vorsorgeverträge *nicht auf den Tod des Vorsorgenehmers gestellt* sind. Vorsorgeverträge enthalten *Erlebensfallversicherungen* zugunsten des Vorsorgenehmers selbst (für den Invaliditätsfall und für den Fall des Altersrücktritts) sowie *Überlebensfallversicherungen* zugunsten der Witwe und der Waisen. Weder die einen noch die andern sind auf den Tod des Vorsorgenehmers gestellt (oben N. 32 ff.). Der Versicherungsfall tritt nicht ein, wenn der im Beruf stehende Vorsorgenehmer stirbt, ohne anspruchsberechtigte Angehörige zu hinterlassen; die Ansprüche «verfallen» (BGE 113 V 289).

Die gewöhnlichen reglementarischen oder statutarischen Leistungen an die Hinterlasse- 47
nen würden auch nicht unter Art. 475 in Verb. mit Art. 527 fallen: Art. 527 Ziff. 1 ist nicht
erfüllt, weil Witwen- und Waisenrenten keinen Ausstattungscharakter haben, sondern als
Unterhaltsbeiträge zum Verbrauch bestimmt sind (s. vorn Art. 475 N. 9), und Ziff. 3 ist
nicht erfüllt, weil der Vorsorgenehmer den Hinterlassenen keine Zuwendung aus seinem
Vermögen (Schenkung nach Art. 239 OR; vgl. vorn Art. 475 N. 22 und 26) macht, wenn er
einen Vorsorgevertrag abschliesst.

Wenn Art. 49 Abs. 2 BVG – weil er Art. 19 f. BVG nicht erwähnt – wirklich 48
so verstanden werden muss, dass Vorsorgeeinrichtungen auch Verträge abschliessen können, durch die im Todesfall andere Personen begünstigt werden (vgl. REBER/MEILI, SJZ 1996, 120; vgl. auch IZZO, 330 f.), so würde es
sich dabei aus erbrechtlicher Sicht um gewöhnliche Versicherungsverträge
handeln, die Art. 475 f. unterstellt wären.

d) Verlässt der Versicherte die Vorsorgeeinrichtung, so hat er Anspruch auf 49
eine *Austrittsleistung* (Art. 2 FZG). Normalerweise wird die Austrittsleistung einer andern Vorsorgeeinrichtung überwiesen; Barauszahlung ist nur
ausnahmsweise zulässig (Art. 5 FZG). Versicherte, die nicht in eine andere
Vorsorgeeinrichtung eintreten, können eine andere Form zur Erhaltung des
Vorsorgeschutzes wählen. Als andere Form zur Erhaltung des Vorsorgeschutzes kommen eine Kapital- oder Rentenversicherung in Form einer
Freizügigkeitspolice nach Art. 10 Abs. 2 FZV oder ein *Freizügigkeitskonto*
bei einer Freizügigkeitsstiftung nach Art. 10 Abs. 3 FZV in Betracht. Die
Freizügigkeitseinrichtungen gelten nach der Rechtsprechung des Eidg. Ver-
sicherungsgerichts nicht als Einrichtungen der beruflichen Vorsorge) und
für Streitigkeiten ist nicht der Verwaltungsrechtsweg nach Art. 73 BVG,
sondern der Zivilrechtsweg gegeben (BGE 122 V 320 Erw. 3c). Dies vermag
aber die Herabsetzbarkeit und damit die Hinzurechnung der Hinterlasse-
nenleistungen zum Nachlass des verstorbenen Vorsorgenehmers nach
Art. 475 f. nicht zu begründen (a.A. KOLLER, StH, 25). Freizügigkeitspolicen
und -konti dienen nämlich der Erhaltung des Vorsorgeschutzes (vgl. Art. 4
FZG, 10 FZV) und damit demselben Zweck wie die berufliche Vorsorge (s.
oben N. 42, 45; ebenso AEBI-MÜLLER, ZBJV 1999, 511 ff.; *dies.*, Optimale
Begünstigung, Rz. 9.28; GEISER, 102).

e) *Gebundene Vorsorgeversicherungen* im Sinne des Art. 82 BVG (gebunde- 50
ne Selbstvorsorge, Säule 3a) dienen, genauso wie Vorsorgeverträge nach
BVG, «ausschliesslich und unwiderruflich der Vorsorge» (Art. 1 BVV 3). Es
handelt sich neben der überobligatorischen um eine weitere freiwillige Ergänzung der beruflichen Vorsorge (vgl. auch Art. 7 BVV 3). Für den Fall des
Todes des Vorsorgenehmers müssen der überlebende Ehegatte vor den

Nachkommen und diese vor den Eltern und anderen Erben begünstigt sein (Art. 2 Abs. 1 BVV 3). Die Begünstigung erfolgt beim Abschluss der Vorsorgeversicherung durch eine versicherungsrechtliche Begünstigung, die, abweichend von Art. 76 Abs. 1, 98 VVG, unwiderruflich ist (Art. 99 VVG; 2, 1 Abs. 3 BVV 3. – Unbegründete Bedenken gegen die Rechtmässigkeit der BVV 3 bei TROXLER, ST 1990, 283 f.; dagegen zutreffend KOLLER, StH, 27 f.). Die Begünstigung der Hinterlassenen erfolgt also durch Rechtsgeschäft unter Lebenden. Eine Verfügung von Todes wegen käme nur in Betracht, wenn es sich um eine Schenkung handelte, deren Vollziehbarkeit auf den Tod des Schenkers gestellt ist (Art. 245 Abs. 2 OR; s. dazu Einl. vor Art. 467 N. 118 ff.). Das ist aber nicht der Fall, weil die Begünstigung unwiderruflich ist. Der Vorsorgenehmer hat sich endgültig von den eingezahlten Prämien getrennt und den Angehörigen unentziehbare Versicherungsforderungen für den Überlebensfall verschafft (s. ebd. N. 117 und unten N. 51). Die Hinterlassenen erwerben die (bedingten) Rentenforderungen daher unter Lebenden (iure proprio, nicht iure hereditario, s. oben N. 21). Deren Hinzurechnung zum Nachlass kommt nicht in Frage, weil die Renten nicht der Herabsetzungsklage unterstellt sind (Art. 475 f.), genauso wenig wie die Ansprüche aus Vorsorgeverträgen, da dies den Vorsorgezweck gefährden würde. Dass die Hinzurechnung ohnehin nicht nach Art. 476, sondern nur nach Art. 475 erfolgen könnte (oben N. 45), ist dann irrelevant (anders: KOLLER, StH, 28; ZGB-STAEHELIN, Art. 476 N. 22; AEBI-MÜLLER, ZBJV 1999, 514; *dies.*, Optimale Begünstigung, Rz. 9.50 ff.; im Ergebnis wie hier: *Bundesamt für Justiz,* ZBGR 1989, 285; MOSER, 188). Die Gefahr einer Umgehung der Verfügungsbeschränkungen (AEBI-MÜLLER, ebd.) besteht nicht, denn die Aufwendungen für Vorsorgeversicherungen sind durch Art. 7 BVV 3 begrenzt und in diesem Umfang rechtlich anerkannt.

51   f) Auch *gebundene Vorsorgevereinbarungen* mit Bankstiftungen dienen ausschliesslich und unwiderruflich der Vorsorge (Art. 1 BVV 3); im Todesfall müssen die Hinterlassenen in derselben Reihenfolge begünstigt werden wie bei Vorsorgeversicherungen (Art. 2 Abs. 1 BVV 3). Da die Vorsorgevereinbarung kein Versicherungsvertrag ist, geschieht die Begünstigung hier allerdings durch Vertrag zugunsten Dritter (KOLLER, StH, 28 f.). Dieser ist im Valutaverhältnis eine Schenkung des Vorsorgenehmers an seine Angehörigen. Gegenstand der Schenkung ist die Forderung gegen die Bankstiftung auf Auszahlung des Vorsorgekapitals im Überlebensfall. Diese Schenkung wäre als Verfügung von Todes wegen (Vermächtnis) zu betrachten, wenn ihre Vollziehung auf den Tod des Vorsorgenehmers gestellt wäre (Art. 245 Abs. 2 OR). Das ist jedoch nicht der Fall. Zwar kommen die überlebenden Begünstigten erst beim Tod des Vorsorgenehmers in den Genuss des Vor-

sorgekapitals, dieser trennt sich aber bereits bei Lebzeiten unwiderruflich von den eingesetzten Mitteln. Dies Letztere ist entscheidend, denn der Grund der statutarischen Unterstellung der Schenkung auf den Todesfall unter die Vorschriften über die Verfügungen von Todes wegen (Art. 245 Abs. 2 OR) liegt darin, dass die Vermögensminderung wie bei einer Verfügung von Todes wegen nicht den Schenker, sondern erst seine Erben trifft. Das ist hier anders. Der Vorsorgenehmer kommt zwar beim Eintritt in den Ruhestand und im Invaliditätsfall selbst in den Genuss des Vorsorgekapitals und darf unter eng begrenzten Voraussetzungen (zum Erwerb von Wohnungseigentum) auch schon vorher darüber verfügen. Das ändert aber nichts daran, dass er sich prinzipiell zu Lebzeiten von diesen Mitteln getrennt und seine Angehörigen unwiderruflich begünstigt hat. Das Vorsorgekapital gehört daher im Todesfall nicht zur Erbschaft des Vorsorgenehmers. Die Hinterlassenen erwerben die Forderung auf Auszahlung des Vorsorgekapitals iure proprio. Eine Hinzurechnung nach Art. 475 kommt nicht in Frage, weil die Zuwendung nicht der Herabsetzungsklage unterstellt ist, denn die Herabsetzung würde dem Vorsorgezweck widersprechen (a.A.: KOLLER, Privatrecht, 209 ff.; *ders.*, StH, 28 ff.; ZGB-STAEHELIN, Art. 476 N. 5; AEBI-MÜLLER, ZBJV 1999, 515 f.; *dies.*, Optimale Begünstigung, Rz. 9.53 ff.; richtig: REBER/MEILI, SJZ 1996, 122).

Art. 477

B. Enterbung
I. Gründe

Der Erblasser ist befugt, durch Verfügung von Todes wegen einem Erben den Pflichtteil zu entziehen:
1. wenn der Erbe gegen den Erblasser oder gegen eine diesem nahe verbundene Person eine schwere Straftat begangen hat;
2. wenn er gegenüber dem Erblasser oder einem von dessen Angehörigen die ihm obliegenden familienrechtlichen Pflichten schwer verletzt hat.

B. Exhérédation
I. Causes

L'héritier réservataire peut être déshérité par disposition pour cause de mort:
1. Lorsqu'il a commis une infraction pénale grave contre le défunt ou l'un de ses proches;
2. Lorsqu'il a gravement failli aux devoirs que la loi lui impose envers le défunt ou sa famille.

B. Diseredazione
I. Motivi di diseredazione

Mediante disposizione a causa di morte, l'erede può essere privato della legittima:
1. quando abbia commesso un grave reato contro il disponente o contro una persona a lui intimamente legata;
2. quando abbia gravemente contravvenuto ai suoi obblighi di famiglia verso il disponente o verso una persona appartenente alla famiglia del medesimo.

Materialien: TE 432 – VE 497; Anträge, 98 f.; Erl. I, 389 ff. = Mot. II, 61 ff. – E 482 – StR 16, 145 f. – NatR 17, 298

Literatur: Friedrich Bellwald, Die Enterbung im schweizerischen Recht, Diss. Basel 1980; A. Riza Çubukgil, L'exhérédation ordinaire en droit suisse, Diss. Fribourg 1949; Marc Ickowicz, De l'exhérédation en droit suisse, Diss. Genève 1930; Egon Zehnder, Die Verzeihung im schweizerischen Ehescheidungs- und Erbrecht, Diss. Zürich 1953

Inhaltsübersicht

I. Inhalt

Der Erblasser kann einen Pflichtteilsberechtigten enter-   1
ben, wenn dieser gegen ihn oder eine ihm nahe verbundene Person eine
schwere Straftat begangen oder ihm, dem Erblasser, oder einem von dessen
Angehörigen gegenüber seine familienrechtlichen Pflichten schwer verletzt
hat.

II. Funktion

Enterben heisst zweierlei: einen Pflichtteilsberechtigten   2
von der gesetzlichen Erbfolge ausschliessen und ihm das Recht nehmen,
den Pflichtteil zu verlangen (Genaueres s. hinten Art. 478 N. 2 ff.). Es ist keine Enterbung im Sinn der Art. 477 ff., wenn der Erblasser

– eine nicht pflichtteilsberechtigte Person von der gesetzlichen Erbfolge
  ausschliesst oder eine Erbeinsetzung widerruft (Art. 509 ff.),
– einem Pflichtteilsberechtigten nur den Pflichtteil hinterlässt,
– ihn ganz übergeht oder
– ihn von der Erbfolge ausschliesst und ihm die Herabsetzungsklage ab-
  schneidet, indem er ihm den Pflichtteilswert unter Lebenden oder in
  Form eines Vermächtnisses zukommen lässt.

Wohl aber sind die Bestimmungen des Art. 477 ff. sinngemäss anwendbar,
wenn ein Vertragserbe oder -vermächtnisnehmer sich eines Verhaltens
schuldig gemacht hat, das einen Enterbungsgrund darstellt (Art. 513
Abs. 2).

Im Unterschied zur sog. Präventiventerbung nach Art. 480 ist die hier gere-   3
gelte «Strafenterbung» eine *zivilrechtliche Bestrafung* des Enterbten für ein
direkt oder indirekt gegen den Erblasser gerichtetes Fehlverhalten. Die
Strafe, das dem Fehlbaren zugefügte Übel, besteht darin, dass er den Vermögensvorteil verliert, den er beim Tod des Erblassers aus der nahen Verwandtschaft (einem oder mehreren Kindesverhältnissen oder dem Eltern-
verhältnis) oder der Ehe gezogen hätte.

Man kann die Enterbung als Aufhebung der familienrechtlichen Zuordnung des Enterbten zum Erblasser im Augenblick des Todes betrachten, wirkt sich diese Zuordnung beim
Eintritt des Erbfalls doch darin aus, dass dem Erben *anstelle der Person* des Erblassers
erbrechtlich *dessen Hinterlassenschaft* zugeordnet wird. Die Beziehungen des Enterbten
zu den lebenden Familienangehörigen werden dadurch aber nicht berührt (s. auch unten
N. 11).

Andererseits erlangt der Erblasser als Opfer der Straftat oder Pflichtverletzung die Genugtuung, den Fehlbaren von der Erbfolge ausschliessen zu können; auch kann er sich, sofern er über dessen Erbteil frei verfügen kann (s. hinten Art. 478 N. 10 f.), ggf. den Wunsch erfüllen, andere Personen (grosszügiger) zu bedenken.

III. Die Enterbungsgründe

4   Enterbungsgrund ist eine schwere Straftat oder eine schwere Verletzung familienrechtlicher Pflichten, die der Pflichtteilsberechtigte sich gegen den Erblasser oder eine diesem nahe verbundene Person bzw. gegenüber dem Erblasser oder einem von dessen Angehörigen zuschulden kommen lässt. Es sind dieselben Gründe, die nach Art. 249 Ziff. 1 und 2 und Art. 250 Abs. 1 Ziff. 1 OR den Widerruf der Schenkung und des Schenkungsversprechens zu rechtfertigen vermögen.

5   Als *Straftat* kommt jede rechtwidrig und schuldhaft begangene, durch das zur Zeit der Begehung geltende schweizerische Strafrecht, namentlich das Schweizerische Strafgesetzbuch vom 21. Dezember 1937, mit öffentlicher Strafe bedrohte Handlung in Betracht. Täterschaft im strafrechtlichen Sinn wird nicht vorausgesetzt; die Teilnahme an der Straftat in der Form von Anstiftung oder Gehilfenschaft genügt. Auch ein Versuch kann Grund der Enterbung sein (BGE 73 II 214). Ob die Tat strafrechtlich verfolgt wurde, ob – bei einem Antragsdelikt – überhaupt Strafantrag gestellt wurde (ebd.), ob der Täter verurteilt oder aus Mangel an Beweisen freigesprochen wurde und ob die Tat verjährt ist, ist ohne Bedeutung (ESCHER/ESCHER, Art. 477 N. 13 f.).

6   Als *familienrechtliche Pflichten*, deren Verletzung Enterbungsgrund sein kann, kommen alle auf Grund der ehelichen Gemeinschaft (s. HEGNAUER/ BREITSCHMID, §§ 15 ff.), der Gemeinschaft von Eltern und Kindern (s. HEGNAUER, Kindesrecht, §§ 16 ff.) und der Familiengemeinschaft (ebd., §§ 29 ff.) bestehenden Rechtspflichten in Betracht, namentlich die Pflicht der Ehegatten, das Wohl der Gemeinschaft in einträchtigem Zusammenwirken zu wahren und für die Kinder gemeinsam zu sorgen (Art. 159 Abs. 2), sowie deren Treue- und Beistandspflichten (Art. 159 Abs. 3), die Beistands-, Rücksichts- und Achtungspflichten zwischen Eltern und Kindern (Art. 272), die Unterhaltspflicht des Ehegatten (Art. 163 ff.) und der Eltern (Art. 276 ff.) sowie die Unterstützungspflicht der Verwandten in auf- und absteigender Linie (Art. 328 ff.). Auch die Achtung der Persönlichkeit ist

nicht nur allgemeine personenrechtliche Rechtspflicht aus Art. 28, sondern auch eine *besondere familienrechtliche Pflicht* der Kinder und Nachkommen, der Eltern (Art. 272) sowie des Ehegatten (Art. 159).

Die Verletzung anderer (als familienrechtlicher) Rechtspflichten sowie moralischer (ESCHER/ESCHER, Art. 477 N. 16; BGE 106 II 304 Erw. 3a) oder religiöser Pflichten (Pietätspflichten) gegenüber dem Erblasser ist kein Enterbungsgrund.   **7**

Der Versuch eines Sohnes, den Vater aus dem gemeinsamen Unternehmen zu verdrängen, mag den Gesellschaftsvertrag verletzt haben oder sogar unanständig gewesen sein, war aber keine Verletzung *familienrechtlicher* Pflichten (BGE 52 II 114; s. auch BGE 106 II 304 Erw. 3a).
Weder eine Scheidungsklage (Art. 114) noch ein gemeinsames Scheidungsbegehren (Art. 111) rechtfertigen – anders als die vorausgegangene eheliche Untreue (s. auch unten N. 9) – die Enterbung. Es gibt keine Rechtspflicht, sich nicht scheiden zu lassen, weder gegenüber dem Ehegatten noch gegenüber den unmündigen Kindern, die unter der Scheidung leiden.
Der Sohn, der in einem Strafprozess gegen den Erblasser die Aussage verweigern *kann*, hat keine Rechtspflicht, das zu tun, auch keine familienrechtliche (BGE 72 II 338).

Die Straftat muss sich *gegen den Erblasser oder gegen eine diesem nahe verbundene Person* gerichtet haben, die Verletzung familienrechtlicher Pflichten muss *gegenüber dem Erblasser oder einem von dessen Angehörigen* geschehen sein. Dass nicht nur Verfehlungen gegen den Erblasser selbst, sondern auch gegen ihm nahe stehende Personen oder Angehörige die Enterbung zu rechtfertigen vermögen, kann nur so verstanden werden, dass die Verfehlungen gegen diese Personen *als Missachtung der Persönlichkeit des Erblassers* und damit als Verletzung einer auch im Familienrecht verankerten Pflicht sanktioniert werden (s. oben N. 6). Grund der Enterbung ist also in jedem Fall entweder eine Straftat des Fehlbaren gegen den Erblasser selbst oder – direkt oder indirekt – eine Verletzung ihm gegenüber dem Erblasser obliegender familienrechtlicher Pflichten. Kannte der Pflichtteilsberechtigte bei Begehung einer Straftat die nahen Beziehungen des Verletzten zum Erblasser nicht, so kommt eine Enterbung nicht in Betracht, weil ihn gegenüber dem Erblasser kein Verschulden trifft (ESCHER/ESCHER, Art. 477 N. 15).   **8**

Verfehlungen gegenüber fremden Personen vermögen die Enterbung nicht zu begründen, weil darin im Allgemeinen keine Missachtung des Erblassers zu sehen ist (BGE 106 II 304 Erw. 2).   **9**

«Einen Betrüger oder gar Mörder als Sohn zu haben, bringt zwar den Eltern Kummer und Unehre» (DRUEY, § 6 N. 59), doch kann man dem Sohn daraus im Allgemeinen den

Vorwurf der *Missachtung der familienrechtlichen Zuordnung zum Erblasser* nicht machen, schon gar nicht, wenn er gehofft hatte, unentdeckt zu bleiben.

10   Die unterschiedliche Umschreibung des dem Erblasser nahe stehenden Personenkreises bei Straftaten (Ziff. 1: «... gegen eine diesem *nahe verbundene Person*») und bei Verletzung familienrechtlicher Verpflichtungen (Ziff. 2: «... gegenüber einem von dessen *Angehörigen*») ist vor allem dadurch veranlasst, dass familienrechtliche Verpflichtungen des Enterbten nur gegenüber seinen Angehörigen, die als solche zugleich Angehörige des Erblassers sind, bestehen und verletzt werden können. Eine darüber hinausgehende Unterscheidung sollte nicht vorgeschrieben werden.

Verschwägerte dürfen nicht von vornherein aus dem Kreis der Angehörigen des Erblassers gemäss Ziff. 2 ausgeschlossen werden (zum Streitstand s. ZGB-BESSENICH, Art. 477 N. 12). Entscheidend ist aber allein, ob zwischen dem Pflichtteilsberechtigten und der verletzten Person familienrechtliche Pflichten bestehen, deren Verletzung als Missachtung der Persönlichkeit des Erblassers erscheint (s. oben N. 8; s. auch unten N. 14).

11   Enterbungsgrund kann nur eine *schwere* Straftat oder eine *schwere* Verletzung familienrechtlicher Pflichten sein. In beiden Fällen wird also eine schwere Missachtung der familienrechtlichen Zuordnung zum Erblasser seitens des Pflichtteilsberechtigten geahndet. Geringfügige Verfehlungen rechtfertigen die schwere Sanktion der Enterbung nicht. Da es keine partielle Enterbung gibt, die Enterbung vielmehr eine absolute Strafe ist (s. unten N. 17), die nicht nach der Schwere der Verfehlung bemessen werden kann, muss abgewogen werden, ob sie die Enterbung im Einzelfall zu rechtfertigen vermag. Indem das Gesetz eine *schwere* Verfehlung voraussetzt, schreibt es diese Abwägung vor, freilich ohne einen Massstab anzugeben: Schwer ist eine Verfehlung folglich dann, wenn die Enterbung als *angemessene* Strafe erscheint.

Die beliebte Formel, «die Verfehlung müsse dazu angetan sein, die Familiengemeinschaft zu untergraben» (zuletzt BGE 106 II 304 Erw. 3a; BGE 76 II 272, m. Nachw.; TUOR, Art. 477 N. 12), ist mit Vorsicht zu gebrauchen, denn ob die Familiengemeinschaft untergraben wird, hängt auch von Charakter und Einstellung des Verletzten und der anderen Familienmitglieder ab. Man braucht den Fehlbaren menschlich aber nicht aufzugeben, um ihn enterben zu können.

12   Es kommt nicht allein auf die Folgen der Verfehlung an; auch das Verschulden des Fehlbaren ist abzuwägen. Hat der Erblasser selbst Anlass zu der Verfehlung gegeben oder ist er daran sogar mitschuldig, so verletzt sie ihn weniger schwer und vermag die Enterbung des Fehlbaren unter Umständen nicht zu rechtfertigen. Von Bedeutung sind die persönlichen Beziehungen zwischen dem Erblasser und dem Fehlbaren, insbesondere die Art und Wei-

se des persönlichen Umgangs. Dauernder intensiver Verkehr verlangt einen anderen Massstab als ein distanziertes Verhältnis. Wo der Erblasser selbst ein rücksichtsvolles Miteinander gepflegt hat, wird man ein rohes Verhalten anders werten als bei einem allgemein groben Umgangston.

Die Verfehlung muss vom Standpunkt des Erblassers aus beurteilt werden. 13 Dennoch sind dessen subjektive Meinungen und Empfindungen nicht ausschlaggebend, sondern es ist eine objektive Wertung anzustreben.

Selbstverständlich hängt alles von den Umständen des Einzelfalls ab, und wenn es zu einem Rechtsstreit kommt, letzten Endes von der Erfahrung und dem sicheren Urteil (Judiz) des Gerichts. Trotzdem haben die Gerichte *nicht nach Ermessen* zu urteilen, sondern nach dem Recht. Es ist die Aufgabe der Gerichte aller Instanzen und zuletzt des Bundesgerichts, das *richtige* Urteil zu fällen. Es wäre nicht in Ordnung, wenn das Bundesgericht in Enterbungssachen nur eine Ermessenskontrolle ausüben und nur dann eingreifen würde, «wenn der kantonale Richter sein Ermessen eindeutig überschritten hat» (so BGE 106 II 304 Erw. 3b).

Auch wenn die Verfehlung sich nicht unmittelbar gegen den Erblasser selbst 14 gerichtet hat, muss sie von seinem Standpunkt aus beurteilt werden. Das Verhältnis zwischen dem Fehlbaren und dem direkt Verletzten ist jedoch nicht völlig unbeachtlich, namentlich dann nicht, wenn die Beziehung des Erblassers zum Verletzten durch den Fehlbaren selbst vermittelt ist. Ein Verhalten, welches die Beziehung zwischen den unmittelbar Beteiligten nicht schwer beeinträchtigt hat oder an dem der Verletzte eine Mitschuld trägt, wird auch gegenüber dem Erblasser kaum als schwere Verfehlung erscheinen.

Der Erblasser kann seinen Sohn m.E. nicht wegen ehelicher Untreue enterben, wenn dessen «tolerante» Gattin der Sache keine Bedeutung beimisst. Dagegen hat das BGer., auch aus heutiger Sicht mit Recht, die Enterbung der Tochter geschützt, die ihre Familie verlassen hatte und mit dem Geliebten durchgebrannt war (BGE 46 II 9).

Die Voraussetzungen der Enterbung müssen prinzipiell zur Zeit der Eröff- 15 nung des Erbgangs gegeben sein, denn dann werden Verfügungen von Todes wegen wirksam. Ob sie schon bei der Errichtung der Verfügung gegeben waren, ist ohne Bedeutung (ebenso TUOR, Art. 477 N. 19; a.A.: BGE 55 II 167; 73 II 216; ESCHER/ESCHER, Art. 477 N. 12; zur Eventualenterbung s. unten N. 18). Eine Verfehlung wird aber durch späteres Wohlverhalten und Wiedergutmachung nicht aus der Welt geschafft (zur Verzeihung s. unten N. 19 ff.).

IV. Die Anordnung der Enterbung

16   Die Enterbung tritt, anders als die Erbunwürdigkeit (vgl. Art. 540), nicht von Gesetzes wegen ein, sondern muss nach dem Wortlaut des Art. 477 durch eine *Verfügung von Todes wegen* angeordnet werden. Meistens wird es sich empfehlen, die Enterbung durch eine *letztwillige* und nicht durch eine erbvertragliche *Verfügung* anzuordnen, denn zu entscheiden, wie auf eine Verfehlung eines nahen Angehörigen zu reagieren sei, ist Sache des Erblassers allein; auch ist es im Allgemeinen unweise, sich von vornherein die Möglichkeit des freien Widerrufs zu nehmen. Hat sich die Verfehlung aber primär gegen einen Angehörigen des Erblassers gerichtet, so kann man sich vorstellen, dass er die Enterbung mit ihm gemeinsam zum Inhalt einer erbvertraglichen Verfügung macht. Man wird eine erbvertragliche Enterbung jedenfalls nicht – gegen den Wortlaut des Gesetzes – als nichtig ansehen dürfen, zumal dem Erblasser auch bei einer vertraglichen Enterbung die Möglichkeit bleibt, den Enterbungsgrund durch Verzeihung (s. unten N. 19 ff.) zu beseitigen und dem Enterbten auf diese Weise die Herabsetzungsklage zu ermöglichen (ebenso: Tuor, Art. 477 N. 8 und Art. 494 N. 6; Bellwald, 64 ff.; nur durch einseitige Verfügung wollen die Enterbung zulassen: Escher/Escher, Art. 477 N. 4; Piotet, § 28 II A 3, p. 162 s./S. 177 f.; Druey, § 10 N. 32; ZGB-Bessenich, Art. 477 N. 8).

17   Die Enterbung ist eine «absolute Strafe». Sie ist *immer* der vollständige Ausschluss von der gesetzlichen Erbfolge und die vollständige Entziehung des Pflichtteilsrechts. Eine partielle Enterbung gibt es nicht (contra Çubukgil, 72 ff.; ZGB-Bessenich, Art. 477 N. 5). Wäre es anders, dann müsste für die partielle Enterbung wohl auch ein geringeres Verschulden des Fehlbaren genügen. Damit würden aber willkürlichen Eingriffen in den Pflichtteil Tür und Tor geöffnet. Der Enterbte verliert allerdings die Erbfähigkeit nicht. Der Erblasser kann ihn daher trotz der Enterbung, z.B. für die Hälfte des Pflichtteils, als Erben einsetzen oder ihm ein Vermächtnis aussetzen. Das sind aber keine Fälle einer partiellen *Entziehung* des gesetzlichen Erbrechts (Enterbung), sondern *Zuwendungen* an einen Enterbten durch Verfügung von Todes wegen (unklar Escher/Escher, Art. 477 N. 2).

18   Art. 477 regelt nur die Anordnung der Enterbung *nach* begangener Straftat oder Verletzung familienrechtlicher Pflichten. Zu einer «*Eventualenterbung*» wegen künftiger Verfehlungen wird nur selten ein Anlass bestehen. Es wäre dem Erblasser auch nur ausnahmsweise möglich, eine künftige Verfehlung des Pflichtteilsberechtigten so konkret zu bezeichnen, wie das in Art. 479 Abs. 1 verlangt wird (s. hinten Art. 479 N. 2 ff.). Denkbar ist immer-

hin, dass er eine ganz bestimmte Verfehlung des Pflichtteilsberechtigten be-
fürchtet, z.B. weil dieser sie angedroht hat, und ihn für den Fall enterbt, dass
er die Drohung wahr machen sollte. Einer solchen Verfügung ist die Gültigkeit nicht von vornherein abzusprechen (a.A.: ESCHER/ESCHER, Art. 477
N. 12; s. auch § 2336 Abs. 2 BGB). Allerdings kommt nur eine Verfehlung zu
Lebzeiten des Erblassers in Betracht, weil eine Verfehlung nach seinem Tod
ihn nicht mehr verletzen kann (ebenso TUOR, Art. 477 N. 22; PIOTET, § 59 I E,
p. 393 s./S. 422 f.; ZGB-BESSENICH, Art. 477 N. 7).

V. Die Verzeihung

Verzeihung ist die Kundgabe des *Willens* einer verletzten   19
Person gegenüber dem Fehlbaren, aus der Verfehlung keine nachteiligen
Folgen für ihn ableiten zu wollen. Sie kann durch ausdrückliche Erklärung
oder ein entsprechendes konkludentes Verhalten geschehen (vgl. KIPP/
COING, § 85 II 6). Die Verzeihung ist keine Willenserklärung und schon des-
halb keine Verfügung von Todes wegen; sie ist allerdings auch keine Ge-
fühlsäusserung (so v. TUHR/PETER, 177 f.), sondern eine *geschäftsähnliche
Handlung* (zum Begriff ebd., 174 f.).

Das Zivilgesetzbuch regelt die Folgen der Verzeihung nur im Hinblick auf   20
die Erbunwürdigkeit und bestimmt, dass sie dieselbe aufhebe (Art. 540
Abs. 2). Die Verzeihung macht die Verfehlung nicht ungeschehen – das wäre
schlicht unmöglich –, sondern beseitigt deren für den Fehlbaren nachteilige
Folgen. In sinngemässer Anwendung der Regelung des Art. 540 Abs. 2 und
in Übereinstimmung mit dem gemeinen Recht macht die Verzeihung die
verziehene Verfehlung als Enterbungsgrund untauglich.

So fehlt der Enterbungsgrund, wenn der Erblasser den Fehlbaren enterbt,   21
nachdem er ihm verziehen hat (ebenso § 2337 S. 2 BGB); die Verfügung unterliegt der Herabsetzung (s. hinten Art. 479 N. 10). Das war schon im gemeinen Recht (KOEPPEN, § 99, S. 641, m. Nachw.) und ist auch im schweizerischen Recht allgemein anerkannt (ESCHER/ESCHER, Art. 477 N. 9; TUOR,
Art. 477 N. 19a).

Unsicherheit besteht aber darüber, ob auch eine *nachträgliche Verzeihung*   22
die Enterbung aufhebt. Da die Verzeihung keine Verfügung von Todes wegen ist (s. oben N. 19), kann sie allerdings kein Widerruf der Enterbungsver-
fügung sein. Die Enterbung als Verfügung von Todes wegen kann nur in den
vom Gesetz vorgesehenen Formen (Art. 509 ff., 513) gültig aufgehoben wer-

den (insoweit richtig ESCHER/ESCHER, Art. 477 N. 10). Wohl aber nimmt auch die nachträgliche Verzeihung der Verfehlung den Charakter eines Enterbungsgrundes (ebenso TUOR, Art. 477 N. 19 ff.; TUOR/SCHNYDER/SCHMID, § 59 IV b 1, S. 480; PIOTET, § 59 II, p. 394 ss/S. 423 f.; DRUEY, § 6 N. 62; ZGB-BESSENICH, Art. 477 N. 9; a.A.: ESCHER/ESCHER, ebd.; BECK, 73, unter Berufung auf BGE 73 II 215), zumal es bei der Entscheidung über die Gültigkeit der Enterbung auf die Verhältnisse bei der Eröffnung des Erbgangs ankommt. Nicht annehmbar wäre die Ansicht, einmal begangenes Unrecht wirke in alle Ewigkeit fort (vgl. ESCHER/ESCHER, ebd.).

23   Dem stehen im Hinblick auf die Enterbungsgründe weder der Wortlaut des Art. 477 («... begangen hat», «... verletzt hat») entgegen, noch die Unmöglichkeit, Geschehenes ungeschehen zu machen; übrigens kann auch die Verzeihung nicht ungeschehen gemacht werden! Die Rechtssicherheit wird durch diese Auffassung nicht gefährdet, muss der Enterbte die Verzeihung im Streitfall doch zur vollen Überzeugung des Gerichts beweisen. Nicht erkennbar ist, wieso es zu «unwürdigen Machenschaften» führen kann, wenn die Möglichkeit besteht, die Enterbung durch Verzeihung «aufzuheben» (so ESCHER/ESCHER, Art. 477 N. 11). Sollte der Enterbte den Erblasser durch Arglist dazu gebracht haben, ihm zu verzeihen, so hätte das in sinngemässer Anwendung des Art. 540 Abs. 1 Ziff. 3 seine Erbunwürdigkeit zur Folge. – Der Erblasser wird bei «Wiederannäherungsversuchen» (!) auch nicht vor die Entscheidung gestellt, «auf die Enterbung zu verzichten *oder* sich der Aussöhnung zu verschliessen» (BGE 73 II 217). Vielmehr kann er sich ggf. zur Aussöhnung entschliessen und die Enterbung aufheben (und es ist ihm – *auch im eigenen Interesse* – sehr zu wünschen, dass er dazu fähig ist).

24   Nur der *Erblasser* kann dem Fehlbaren verzeihen, auch wenn sich die Verfehlung in erster Linie gegen eine andere Person gerichtet hat, denn Enterbungsgrund ist die Verfehlung nur insoweit, als sie *ihn* verletzt, und er hätte von vornherein von der Enterbung absehen können. Hat nur der unmittelbar Verletzte dem Fehlbaren vergeben, so kann es aber sein, dass die Verletzung des Erblassers in einem milderen Licht erscheint und die Enterbung nicht mehr rechtfertigt (s. auch oben N. 12).

25   Wenn der Erblasser dem Fehlbaren erklärt, er verzeihe ihm, behalte sich aber vor, ihn trotzdem zu enterben, so ist das keine Verzeihung (anders KOEPPEN, § 99, S. 641, unter Berufung auf das deutsche Reichsgericht), jedenfalls keine Verzeihung im Hinblick auf die Enterbung. Es genügt auch nicht, dass der Erblasser trotz dem Vorgefallenen den Kontakt mit dem Enterbten aufrechtzuerhalten sucht (DRUEY, § 6 N. 62 gegen BGE 106 II 304 Erw. 3e). Hat er den Fehlbaren enterbt, ihm später aber letztwillig ein Vermächtnis ausgesetzt, ihn als Erben eingesetzt oder gar die Enterbung widerrufen, so ist auch das, selbst wenn der Erblasser dem Fehlbaren verzeihen wollte, keine Verzeihung, solange er es ihm nicht mitgeteilt hat. Der Enterbte kann daher die Herabsetzungsklage nicht geltend machen (Art. 479),

wenn die Zuwendungen hinter dem Wert des Pflichtteils zurückbleiben, und der Erblasser kann den Widerruf der Enterbung zurücknehmen oder die Enterbung wegen der alten Verfehlung erneut anordnen, während die Verzeihung nicht «zurückgenommen» werden kann.

Art. 478

II. Wirkung

[1] Der Enterbte kann weder an der Erbschaft teilnehmen noch die Herabsetzungsklage geltend machen.
[2] Der Anteil des Enterbten fällt, sofern der Erblasser nicht anders verfügt hat, an die gesetzlichen Erben des Erblassers, wie wenn der Enterbte den Erbfall nicht erlebt hätte.
[3] Die Nachkommen des Enterbten behalten ihr Pflichtteilsrecht, wie wenn der Enterbte den Erbfall nicht erlebt hätte.

II. Effets

[1] L'exhérédé ne peut ni réclamer une part de la succession, ni intenter l'action en réduction.
[2] Sa part est dévolue, lorsque le défunt n'en a pas autrement disposé, aux héritiers légaux de ce dernier, comme si l'exhérédé ne lui avait pas survécu.
[3] Les descendants de l'exhérédé ont droit à leur réserve comme s'il était prédécédé.

II. Effetti della diseredazione

[1] Il diseredato non può prender parte alla divisione dell'eredità nè proporre l'azione di riduzione.
[2] Salvo contraria disposizione del defunto, la porzione del diseredato è devoluta agli eredi legittimi del disponente come se il disredato fosse premorto.
[3] I discendenti del diseredato hanno diritto alla di lui quota legittima come se egli fosse premorto.

Materialien: TE 433 – VE 498; Erl. I, 390 f. = Mot. II, 61 ff. – E 483

Literatur: BEAT BRÜHLMEIER, Die Wirkung beim Ausscheiden einer erbteilsbeanspruchenden Person auf die Berechnung des Pflichtteils und der verfügbaren Quote, Diss. Freiburg i.Ue. 1945; s. auch vorn, bei Art. 477.

Inhaltsübersicht

I. Inhalt

Der Enterbte wird nicht gesetzlicher Erbe und kann die 1
Herabsetzungsklage nicht geltend machen. Falls der Erblasser nicht anders
verfügt hat, gestaltet sich die Erbfolge so, wie wenn der Enterbte die Eröffnung des Erbgangs nicht erlebt hätte. Wenn ein Nachkomme enterbt wird,
so werden dessen Nachkommen pflichtteilsberechtigt, wie wenn der Enterbte den Erbfall nicht erlebt hätte.

II. Die gesetzliche Stellung des Enterbten

Der Enterbte wird nicht gesetzlicher Erbe. Er erhält weder 2
einen Anteil an der Erbschaft als Ganzem (Erbrecht im subjektiven Sinn)
noch an den einzelnen Erbschaftsgegenständen und haftet nicht für die Erbschaftsschulden. Es versteht sich von selbst, dass er auch nicht bei der Verwaltung und Teilung der Erbschaft mitzuwirken hat. Vorempfänge braucht
er nicht zurückzugeben, da er sie unter Lebenden erworben hat, doch unterliegen sie ggf. der Herabsetzung auf Begehren anderer (pflichtteilsberechtigter) Erben.

Der Enterbte hat auch kein Pflichtteilsrecht. Die Enterbung verhindert die 3
Entstehung dieses Erwerbsrechts, das es dem Berechtigten, der nicht dem
Wert nach seinen Pflichtteil erhält, ermöglicht, sich diesen mittels der Herabsetzungsklage zu verschaffen (s. vorn, Vorbem. vor Art. 470 N. 31 ff.). Das
Gesetz bringt das auf untadelige Weise zum Ausdruck, indem es bestimmt,
dass der Enterbte die Herabsetzungsklage nicht geltend machen kann
(Abs. 1). Ihm bleibt nur die Ungültigkeitsklage (s. Art. 519 ff.). Allerdings
wird eine ungültige Enterbung im Wege der Konversion nach Möglichkeit in
eine Beschränkung des Erben auf den Pflichtteil umgedeutet. Der nicht gültig Enterbte dringt dann mit der Ungültigkeitsklage nicht durch, sondern
hat zur Verwunderung mancher Ausleger doch die Herabsetzungsklage (s.
hinten Art. 479 N. 8 ff.).

Enterbung ist also die Entziehung des gesetzlichen Erbrechts und des 4
Pflichtteilsrechts. Die Letztere allein würde dem Berechtigten die Erbenstellung nicht nehmen. Die Verfügung wäre wirkungslos, weil der Berechtigte das Pflichtteilsrecht gar nicht in Anspruch zu nehmen braucht, falls nicht
der Erblasser andere Erben berufen, den Erbteil mit Vermächtnissen beschwert oder durch Verfügungen unter Lebenden ausgehöhlt hat. Eine halbe Sache wäre auch die Entziehung des Erbrechts bei intaktem Pflichtteils-

recht, weil der von der Erbfolge Ausgeschlossene den Pflichtteil verlangen könnte. Die Autoren meinen wohl dasselbe, wenn sie von der Entziehung des «Pflichtteils» sprechen (so ausdrücklich Art. 477 in der italienischen Fassung; vgl. TUOR, Art. 477 N. 1 ff.; ESCHER/ESCHER, Art. 477 N. 1 f.; BECK, 72; DRUEY, § 6 N. 57 ff.), denn das Wort «Pflichtteil» kann sowohl das subjektive Erbrecht im Umfang des Pflichtteils als auch das Pflichtteilsrecht als Erwerbsrecht bezeichnen (anders freilich PIOTET, § 58 I, p. 388/S. 416).

5   Der Enterbte ist jedoch, anders als der Erbunwürdige (Art. 540), nicht erbunfähig. Er kann daher aus Verfügungen des Erblassers von Todes wegen erwerben (s. auch vorn, Art. 477 N. 17).

III. Die Änderung der gesetzlichen Erbfolge

Infolge der Enterbung gestaltet sich die gesetzliche Erbfolge so, als hätte der Enterbte den Erbfall nicht erlebt.

a) Bei Enterbung eines Nachkommen

6   Ist der Enterbte ein *Nachkomme des Erblassers* und hat er selbst Nachkommen, so werden sie in allen Graden nach Stämmen Erben an seiner Statt; ein gezeugtes, aber ungeborenes Kind wird unter dem Vorbehalt Erbe, dass es lebendig geboren wird (Art. 31 Abs. 2). Ein Kind des Enterbten, das erst nach dem Erbfall gezeugt wird, kommt als Erbe nicht mehr in Betracht. Fehlt es an Nachkommen des Enterbten, so wächst sein Erbteil seinen Geschwistern oder deren Nachkommen an (Art. 457).

7   Hat der Erblasser ausser dem Enterbten keine Nachkommen, so gelangt dessen Erbteil an die Eltern des Erblassers (Art. 458) oder ggf. je zur Hälfte an die Eltern und den überlebenden Ehegatten (Art. 462). Ist ein Elternteil vorverstorben, so gelangt dessen Anteil am Erbteil des Enterbten an seine Nachkommen, die Geschwister oder Neffen und Nichten des Erblassers. Fehlen Nachkommen des vorverstorbenen Elternteils, so fällt sein Anteil dem andern Elternteil zu. Sind beide Eltern des Erblassers vorverstorben, ohne weitere Nachkommen zu hinterlassen, so gelangt der Erbteil des Enterbten ganz an den überlebenden Ehegatten des Erblassers. War der Erblasser bei der Eröffnung des Erbgangs unverheiratet, so gelangt die Erbschaft an seine Grosseltern oder deren Nachkommen und notfalls an das Gemeinwesen.

b) Bei Enterbung eines der Eltern

Hat der Erblasser eines seiner *Eltern* enterbt, so gilt sinn-   8
gemäss, was soeben (oben N. 7) für den Fall gesagt wurde, dass ein Elternteil
vorverstorben ist.

c) Bei Enterbung des Ehegatten

Hat der Erblasser seinen *Ehegatten* enterbt, so verdoppeln   9
sich sich die Erbteile seiner Nachkommen; die Erbteile seiner Eltern oder
ihrer Nachkommen vervierfachen sich. Wenn der enterbte Ehegatte mangels verwandter Erben der ersten und der zweiten Parentel Alleinerbe geworden wäre, werden an seiner Statt die Grosseltern des Erblassers oder deren Nachkommen als Erben berufen und notfalls das Gemeinwesen.

IV. Abweichende Verfügungen

Der Erblasser kann über den Anteil des Enterbten anders   10
verfügen. Aus dem Zusammenhang ergibt sich, dass dabei zunächst an Erbeinsetzungen zu denken ist: Der Erblasser kann für den Anteil des Enterbten nach Belieben Erben berufen. Daraus wiederum folgt, dass der Pflichtteil des Enterbten frei wird und den verfügbaren Teil des Vermögens vermehrt. Der Erblasser kann daher auch auf andere Weise über den ganzen
Erbteil des Enterbten verfügen, insbesondere durch Vermächtnisse. Ausserdem wirkt sich die Enterbung auf die Herabsetzbarkeit der Zuwendungen
unter Lebenden aus (s. vorn, Vorbem. vor Art. 470 N. 29 f.). Das alles gilt
auch dann, wenn der Anteil des Enterbten nach der Vorschrift des Art. 478
Abs. 2 selbst pflichtteilsberechtigten Erben zufällt (seinen Geschwistern
oder deren Nachkommen, den Eltern des Erblassers oder seinem Ehegatten). Deren Pflichtteile erhöhen sich dadurch nicht (falsch in Bezug auf den
Pflichtteil des überlebenden Ehegatten ZGB-BESSENICH, Art. 478 N. 2).

Nur die Nachkommen des Enterbten, die infolge der Enterbung nach der   11
Regel des Art. 478 Abs. 2 an seiner Statt als Erben berufen werden (oben
N. 6), sind pflichtteilsberechtigt (Art. 478 Abs. 3). Da sie als Enkel oder allenfalls Urenkel des Erblassers dessen Nachkommen sind wie der Enterbte
selbst, sind auch ihre Pflichtteile genauso gross wie dessen Pflichtteil, nämlich drei Viertel des gesetzlichen Erbteils (Art. 471 Ziff. 1). Der Erblasser
darf insoweit nicht abweichend verfügen. Die Enterbung hat in diesem Fall
keinen Einfluss auf den verfügbaren Teil seines Vermögens.

V. Der Einfluss der Enterbung auf frühere Verfügungen

13   Das Gesetz enthält keine besonderen Bestimmungen darüber, welchen Einfluss die Enterbung auf frühere Verfügungen von Todes wegen hat. Auszugehen ist von der Regel des Art. 511, wonach eine letztwillige Verfügung an die Stelle einer früheren Verfügung tritt, sofern sie sich nicht zweifellos als deren blosse Ergänzung darstellt. Dies Letztere wird kaum in Frage kommen, wenn der Erblasser zugunsten eines Pflichtteilsberechtigten von Todes wegen verfügt und ihn danach enterbt hat. Falls der Erblasser nicht das Gegenteil zum Ausdruck gebracht hat, ist vielmehr anzunehmen, dass die Einsetzung des Enterbten als Erbe sowie Vermächtnisse zu seinen Gunsten durch die Enterbung widerrufen werden, obwohl dieselbe an sich nur *das gesetzliche Erbrecht* und das Pflichtteilsrecht des Enterbten betrifft (s. oben N. 2 ff.).

14   Hatte der Erblasser *zugunsten eines Dritten* von Todes wegen verfügt, so wird es oft so sein, dass die Enterbung nicht an die Stelle der früheren Verfügung treten soll. Wenn der Erblasser einen Erben eingesetzt hatte, ist vielmehr zu prüfen, ob der dem Enterbten entzogene Erbteil nicht auch dem eingesetzten Erben zufällt. Das ist meines Erachtens anzunehmen, wenn sich aus der Verfügung ergibt, dass der Erblasser dem eingesetzten Erben von vornherein so viel wie möglich zuwenden und nur die Grenzen der Verfügungsfreiheit nicht überschreiten wollte.

Art. 479

III. Beweislast

¹ Eine Enterbung ist nur dann gültig, wenn der Erblasser den Enterbungsgrund in seiner Verfügung angegeben hat.
² Ficht der Enterbte die Enterbung wegen Unrichtigkeit dieser Angabe an, so hat der Erbe oder Bedachte, der aus der Enterbung Vorteil zieht, deren Richtigkeit zu beweisen.
³ Kann dieser Nachweis nicht erbracht werden oder ist ein Enterbungsgrund nicht angegeben, so wird die Verfügung insoweit aufrecht erhalten, als sich dies mit dem Pflichtteil des Enterbten verträgt, es sei denn, dass der Erblasser die Verfügung in einem offenbaren Irrtum über den Enterbungsgrund getroffen hat.

III. Fardeau
de la preuve

¹ L'exhérédation n'est valable que si le défunt en a indiqué la cause dans l'acte qui l'ordonne.
² La preuve de l'exactitude de cette indication sera faite, en cas de contestation de la part de l'exhérédé, par l'héritier ou le légataire qui profite de l'exhérédation.
³ Si cette preuve n'est pas faite ou si la cause de l'exhérédation n'est pas indiquée, les volontés du défunt seront exécutées dans la mesure du disponible, à moins qu'elles ne soient la conséquence d'une erreur manifeste sur la cause même de l'exhérédation.

III. Onere della
prova

¹ Perché la diseredazione sia valida, occorre che il testatore ne abbia indicata la causa nella sua disposizione.
² Se il diseredato contesta la fondatezza della causa di diseredazione, l'erede od il legatario che ne profitta deve fornirne la prova.
³ Se non può essere fornita questa prova, o se la causa di diseredazione non è indicata, la disposizione vale per la parte che eccede la legittima del diseredato, salvo che sia la conseguenza di un manifesto errore del disponente circa la sussistenza della causa di diseredazione.

Materialien: TE 435 – VE 499; Anträge, 99; Erl. I, 390 f. = Mot. II, 63 f. – E 484

Literatur: S. vorn, bei Art. 477.

I. Inhalt

1 Der Erblasser muss den Enterbungsgrund in der Verfügung angeben. Ficht der Enterbte die Enterbung wegen Unrichtigkeit dieser Angabe an, so hat der Beklagte deren Richtigkeit zu beweisen. Ist der Enterbungsgrund nicht angegeben oder wird die Richtigkeit der Angabe nicht bewiesen, so ist die Verfügung insoweit herabsetzbar, als sie in den Pflichtteil des Enterbten eingreift; hat der Erblasser sich über den Enterbungsgrund geirrt, so ist die Verfügung ungültig.

II. Die Begründung der Enterbung

2 Der Erblasser muss den Enterbungsgrund angeben, er muss *die Enterbung begründen*. Damit soll vor allem erreicht werden, dass die Rechtmässigkeit der Enterbung geprüft werden kann. Zugleich wird der Erblasser gezwungen, sich über den Grund seines Handelns Rechenschaft zu geben, und der Enterbte wird im Erbgang mit seiner Verfehlung konfrontiert. Anzugeben sind die *Tatsachen*, die als schwere Straftat gegenüber dem Erblasser oder ihm nahe verbundenen Personen oder als schwere Verletzung familienrechtlicher Pflichten zu qualifizieren sind und die Enterbung tragen.

3 Der Enterbungsgrund ist *in der Verfügung* anzugeben. Die Verweisung auf eine andere Urkunde genügt nicht. Das hat nichts damit zu tun, dass die Begründung selbst eine Verfügung von Todes wegen wäre, was sie nicht ist (insoweit richtig BGE 73 II 212), sondern kommt daher, dass sie nach der positiven Vorschrift des Art. 479 Abs. 1 ein notwendiger Teil der Enterbung ist. Es ist deshalb auch nicht zulässig, den Enterbungsgrund in einem Nachtrag oder in einer anderen Verfügung von Todes wegen nachzuschieben (anders BGE 73 II 212).

4 Davon ist die Frage zu unterscheiden, ob die Angabe des Enterbungsgrundes aus sich selbst heraus verständlich sein muss oder ob Externa zu ihrer *Auslegung* herangezogen werden dürfen. Da jede Erklärung der Auslegung bedarf und Externa dabei eine wichtige Rolle spielen (s. vorn, Einl. vor Art. 467 N. 55 ff.), muss man die Frage bejahen. Voraussetzung der Auslegung ist aber, dass der Enterbungsgrund mindestens andeutungsweise in der Verfügung angegeben ist. Eine *Andeutung* ist vorhanden, wenn kein Zweifel daran besteht, dass der Erblasser durch bestimmte Tatsachen zu der Enterbung veranlasst wurde, sich bei der Enterbung über dieselben im Klaren war

und sie, wenn auch mangelhaft, in der Verfügung (s. oben N. 3) bezeichnet
hat.

Eine solche Andeutung genügt der Vorschrift des Abs. 1, wenn im Wege der   5
Auslegung geklärt werden kann, welche bestimmten Tatsachen gemeint waren, sodass darüber Beweis erhoben werden kann (vgl. Abs. 2; dazu unten
N. 15). Mit Recht hat das Bundesgericht die Begründung «... weil ich Straf-
klage habe stellen müssen» genügen lassen, denn es liess sich feststellen, was
der Erblasser gemeint hatte (BGE 73 II 212).

Als Angabe des Enterbungsgrundes oder als Andeutung davon, genügt es   6
nicht, wenn der Erblasser nur den Charakter des Enterbten *beurteilt* oder
sein Verhalten *qualifiziert* oder *bewertet*, es z.B. *als Straftat oder Pflichtverletzung bezeichnet* oder unter die abstrakten Tatbestände des Art. 477 Ziff. 1
oder 2 *subsumiert*. Ebenso wenig genügt es, wenn er bestimmte Nachteile, die
er selbst oder eine ihm nahe stehende Person erlitten haben, auf das Verhalten des Enterbten zurückführt, ohne anzugeben, welche konkreten Vor-
kommnisse dafür ursächlich waren. Andernfalls bestünde die Gefahr, dass
im Erbgang Tatsachen als Enterbungsgrund nachgeschoben würden, denen
der Erblasser gar keine Bedeutung beigemessen hatte (BGE 52 II 116).

Nicht genügend ist demnach der Hinweis
– auf den schlechten Lebenswandel (BGE 48 II 436; ZBJV 63, 441: «... in vista della cat-
  tiva condotta tenuta»),
– auf «die Zufügung grossen materiellen Schadens durch Betrug, Unterschlagung und
  leichtsinnigen Lebenswandel» oder «auf die Spitze getriebene Verschwendungssucht»
  (anders ESCHER/ESCHER, Art. 479 N. 1, unter Berufung auf ZR 45 Nr. 117; vgl. aber
  BGE 106 II 304)
– oder dass der Enterbte seine Mutter in den letzten Jahren nicht mehr als Mutter anerkannt habe (ZR 26 Nr. 180)

Der angegebene Enterbungsgrund braucht nicht das Motiv (die causa effi-   7
ciens) der Enterbung gewesen zu sein. Die Enterbung ist nicht anfechtbar,
weil der Erblasser den angegebenen *genügenden* Enterbungsgrund, der ihm
an sich gleichgültig war, als *Vorwand* benutzt hat, um einen ungeliebten Angehörigen zu enterben (unklar TUOR, Art. 479 N. 2).

III. Die Anfechtung der Enterbung

Die Enterbung kann wie jede Verfügung von Todes wegen   8
bei Verfügungsunfähigkeit, mangelhaftem Willen, Rechtswidrigkeit und

Unsittlichkeit sowie bei Formmangel angefochten werden und wird auf erhobene Klage für ungültig erklärt (Art. 519 ff.).

9   Eine abweichende Regelung kommt aber zur Anwendung,

- wenn der Formmangel darin besteht, dass der Enterbungsgrund in der Verfügung nicht angegeben ist,
- wenn die Enterbung als unzulässig und damit als rechtswidrig betrachtet werden muss, weil der angegebene Enterbungsgrund nicht bewiesen wird und,
- obwohl im Gesetz nicht erwähnt, wenn der angegebene (eventuell unstreitige) Enterbungsgrund die Enterbung nicht zu rechtfertigen vermag und die Enterbung deshalb rechtswidrig ist (s. vorn Art. 477 N. 4 ff.).

Die an sich wegen Formmangels oder Rechtswidrigkeit ungültige Enterbung wird nicht für ungültig erklärt, sondern nach Art. 479 Abs. 3 insoweit aufrechterhalten, als sich dies mit dem Pflichtteil des Enterbten verträgt. Es handelt sich um einen gesetzlich geregelten Fall der *Konversion* (s. vorn, Einl. vor Art. 467 N. 83 ff.). Ihr liegt die Erfahrungstatsache zugrunde, dass ein Erblasser der einen Angehörigen enterbt hat, ihm im Falle des Misslingens der Enterbung im Allgemeinen nicht mehr als den Pflichtteil hinterlassen will (anders ESCHER/ESCHER, Art. 479 N. 2 pr.).

10   Hat der Erblasser dem Enterbten *verziehen*, ohne die Enterbung zu widerrufen (s. vorn, Art. 477 N. 19 ff.), so ist zwar keineswegs sicher, dass er ihn trotzdem auf den Pflichtteil beschränken wollte. Er hätte jedoch die Enterbung *aufheben* müssen, wenn er ihm den ganzen Erbteil zukommen lassen wollte. Art. 479 Abs. 3 ist daher auch auf diesen Fall anzuwenden.

11   Die Umdeutung und Aufrechterhaltung der Verfügung als Beschränkung auf den Pflichtteil kommt dagegen nicht in Betracht, wenn der Erblasser sich über die Wahrheit des Enterbungsgrundes *geirrt* hat.

Es entspricht nicht dem durch die Enterbung zum Ausdruck gebrachten Willen des Erblassers, der das Opfer einer üblen Nachrede geworden ist und irrtümlich seinen Nachkommen für den Täter gehalten hat, dass derselbe auch dann auf den Pflichtteil beschränkt sein solle, wenn er mit der Sache nichts zu tun gehabt hatte.

Das stellt Art. 479 Abs. 3 am Ende klar. Die Verfügung wird in diesem Fall vielmehr auf erhobene Klage nach Art. 519 für ungültig erklärt. Der Enterbte muss den Irrtum beweisen. Dass es sich um einen sofort in die Augen

springenden und in diesem Sinn «offenbaren Irrtum» gehandelt habe, wird
nicht vorausgesetzt (TUOR, Art. 479 N. 4; ESCHER/ESCHER, Art. 479 N. 2).

Die Anfechtung der Enterbung ermöglicht also bald die vollständige, bald   12
die partielle Aufhebung der Enterbung. Der Enterbte, der die Herstellung
seines ganzen Erbteils verlangen kann, hat die Ungültigkeitsklage
(Art. 519 ff.). Kann er nur die Herstellung seines Pflichtteils verlangen, so
steht ihm die Herabsetzungsklage (Art. 522 ff.) zur Verfügung. Aktivlegitimiert ist der Enterbte. Passivlegitimiert sind die Personen, denen die Enterbung kraft Gesetzes oder Verfügung von Todes wegen zum Vorteil gereicht
(s. vorn Art. 478 N. 5 ff.). Für die Herabsetzungsklage sind, wenn der Enterbte die Enterbung nicht anficht, auch seine Konkursverwaltung sowie diejenigen Gläubiger aktivlegitimiert, die zur Zeit des Erbganges Verlustscheine besitzen (Art. 524). Auf die Ungültigkeitsklage ist Art. 524 nicht anwendbar,
denn Ungültigkeitsgründe geltend zu machen ist aus Gründen der Pietät der
persönlichen Entscheidung des Erben vorbehalten. Weder aktiv- noch passivlegitimiert ist ein Willensvollstrecker (BGE 85 II 597 Erw. 3 f.).

Das der Klage stattgebende Urteil ist ein Gestaltungsurteil: Mit dem Ein-   13
tritt der formellen Rechtskraft wird das Erbrecht des Beklagten aufgehoben
oder herabgesetzt, und infolgedessen kommt das Erbrecht des Enterbten im
gleichen Umfang zur Entstehung. Sind mehrere Personen passivlegitimiert,
so muss der Enterbte gegen alle klagen, wenn er den ganzen Pflicht- oder
Erbteil haben will. Klagt er nur gegen einzelne Begünstigte, so wird nur deren Erwerb für ungültig erklärt oder herabgesetzt, und es wird nur der entsprechende Bruchteil seines Pflicht- oder Erbteils hergestellt.

IV. Behauptungs- und Beweislast

Im Fall eines Rechtsstreits muss der Kläger diejenigen Tat-   14
sachen behaupten, aus denen sein Anspruch abgeleitet werden kann (den
Anspruch begründende Tatsachen); der Beklagte muss die zu seiner Vertei-
digung dienenden Tatsachen behaupten, nämlich die den Anspruch hin-
dernden, hemmenden, mindernden und vernichtenden Tatsachen. Aus diesen gemeinrechtlichen Regeln über die *Behauptungslast* folgt bei der Anfechtung einer Enterbung, dass der Enterbte als Kläger den Ungültigkeits-
oder Herabsetzungsgrund behaupten muss, z.B. die Verfügungsunfähigkeit
oder einen Irrtum des Erblassers, einen Formmangel, das Nichtvorliegen
des Enterbungsgrundes, die Verzeihung.

15   Prinzipiell muss jede Partei die von ihr behaupteten und ihr günstigen Tatsachen auch beweisen, wenn sie von der Gegenpartei bestritten werden. Diese gemeinrechtliche Grundregel der *Beweislast* wird durch Art. 8 dahingehend präzisiert, dass auch dann, wenn der Anspruch vom *Nichtvorliegen einer Tatsache* abhängt – z.B. bei der Herabsetzungsklage davon, dass der Enterbte keine familienrechtlichen Pflichten verletzt hat –, *das Vorliegen* und *nicht das Nichtvorliegen* der umstrittenen Tatsache bewiesen werden muss. Dem Enterbten als Kläger wird also der (negative) Beweis des Nichtvorliegens einer Tatsache, der nur schwer zu führen wäre, erspart. Stattdessen muss die Gegenpartei (positiv) beweisen, dass die Tatsache, auf deren Vorliegen oder Nichtvorliegen es ankommt, wahr ist. Das schweizerische Zivilrecht verwirft also prinzipiell den erkenntnistheoretisch problematischen Juristen-Begriff der negativen Tatsache (vgl. dazu CHRISTOPH v. GREYERZ, Der Beweis negativer Tatsachen, Diss. Bern 1963; KUMMER, Art. 8 N. 187; BGE 106 II 31; 119 II 305).

16   Art. 479 Abs. 2 konkretisiert die Vorschrift des Art. 8 für den Fall der Anfechtung der Enterbung wegen Unrichtigkeit der Angabe des Enterbungsgrundes: Wenn der Enterbte als Kläger zur Begründung seines Herabsetzungsanspruchs in Erfüllung der ihm obliegenden Behauptungslast also vorträgt, dass er kein schweres Verbrechen begangen oder sich die schwere Verletzung einer familienrechtlichen Pflicht, die der Erblasser als Enterbungsgrund angegeben hat, *nicht* habe zuschulden kommen lassen, so muss nicht er, sondern der an seiner Statt erbende Beklagte beweisen, dass die betreffende Tatsache doch vorgefallen ist. Dagegen ist der Enterbte selbst beweispflichtig, wenn er ein Mitverschulden des Erblassers (s. vorn Art. 477 N. 12) geltend macht (ESCHER/ESCHER, Art. 479 N. 4; von ZGB-BESSENICH, Art. 479 N. 2 missverstanden), denn es handelt sich um eine «positive» Tatsache.

17   Weder Art. 479 Abs. 2 noch Art. 8 findet Anwendung, wenn der Erblasser den Enterbungsgrund *nicht angegeben* hat. Zunächst bedarf der bestehende Formmangel (s. oben N. 9) keines Beweises und führt ohne weiteres zur Herabsetzung. Wenn aber der Enterbte die Ungültigerklärung der Verfügung anstrebt, um den vollen Erbteil zu erhalten, muss er den Ungültigkeitsgrund behaupten und beweisen.

18   Bei der Beurteilung einer Straftat des Enterbten ist das Zivilgericht an eine rechtskräftige strafgerichtliche Feststellung der Schuld des Enterbten und an einen rechtskräftigen Freispruch wegen erwiesener Unschuld gebunden. Das Zivilgericht muss also annehmen, dass der Enterbte die Tat, derentwegen er enterbt wurde, begangen hat, wenn er wegen derselben Tat rechtskräftig verurteilt worden ist. Das Zivilgericht ist aber frei in der Entschei-

dung darüber, ob es eine schwere Straftat im Sinn des Art. 477 war. Wenn der Enterbte von der Anklage wegen erwiesener Unschuld freigesprochen wurde, kann das Zivilgericht sein Urteil nicht darauf stützen, dass er die Tat doch begangen habe.

Art. 480

IV. Enterbung
eines Zahlungs-
unfähigen

[1] Bestehen gegen einen Nachkommen des Erblassers Verlustscheine, so kann ihm der Erblasser die Hälfte seines Pflichtteils entziehen, wenn er diese den vorhandenen und später geborenen Kindern desselben zuwendet.
[2] Diese Enterbung fällt jedoch auf Begehren des Enterbten dahin, wenn bei der Eröffnung des Erbganges Verlustscheine nicht mehr bestehen, oder wenn deren Gesamtbetrag einen Vierteil des Erbteils nicht übersteigt.

IV. Exhérédation
d'un insolvable

[1] Le descendant contre lequel il existe des actes de défaut de biens peut être exhérédé pour la moitié de sa réserve, à condition que cette moitié soit attribuée à ses enfants nés ou à naître.
[2] L'exhérédation devient caduque à la demande de l'exhérédé si, lors de l'ouverture de la succession, il n'existe plus d'actes de défaut de biens ou si le montant total des sommes pour lesquelles il en existe encore n'excède pas le quart de son droit héréditaire.

IV. Diseredazio-
ne di un
insolvente

[1] Il discendente contro il quale esistono dei certificati di carenza di beni può essere privato della metà della sua porzione legittima a condizione che sia lasciata ai suoi discendenti, nati e nascituri.
[2] Questa diseredazione cade, ad istanza del diseredato, se al momento dell'apertura della successione non esistono più certificati di carenza di beni o se il loro importo non supera il quarto della quota ereditaria.

Materialien: Erl. I, 391 = Mot. II, 63 – ExpKom. I.2, S. 556 ff./II, Bl. 118 ff. (zu VE 497/497bis) – E 484bis – StR 16, 145 f. – NatR 17, 298

Literatur: JEAN BÉGUELIN, L'exhérédation d'un insolvable en droit suisse, Diss. Neuchâtel 1932; F.-H. MENTHA, De la réserve des héritiers et de la quotité disponible dans le code civil suisse, JdT 56 (1908) 305 ff.; A. SCHNEIDER, Das zürcherische Erbrecht, 2. Aufl., Zürich 1901

I. Inhalt

Bestehen gegen einen Nachkommen des Erblassers Verlustscheine, so braucht der Erblasser ihm nur die Hälfte des Pflichtteils zu hinterlassen, wenn er die andere Hälfte dessen Nachkommen zuwendet (Beschränkung des Pflichtteils in guter Absicht). Der betroffene Nachkomme kann jedoch den ganzen Pflichtteil verlangen, wenn der Gesamtbetrag der bei der Eröffnung des Erbgangs bestehenden Verlustscheine einen Viertel des Werts des Erbteils nicht übersteigt.

II. Funktion

Dank dieser Vorschrift ist es dem Erblasser möglich, die Hälfte des Pflichtteils eines überschuldeten Nachkommen direkt dessen Kindern zukommen zu lassen und vor dem Zugriff der Gläubiger zu bewahren, diesen gleichsam zuvorzukommen (lat. praevenire, daher auch «Präventiventerbung»). Das liegt im Interesse der Enkel und entspricht eventuell dem Familiensinn des grosselterlichen Erblassers, ist aber keine Massregelung des Enterbten (anders Erl. I, 391). Die «Enterbung eines Zahlungsunfähigen» (so die Marginalie) hat, im Gegensatz zur Enterbung nach Art. 477, keine Straffunktion. Die Vorschrift bringt freilich eine gewisse Härte für den überschuldeten Nachkommen mit sich, denn sie erschwert es ihm, seine Schulden zu bezahlen. Als «gerechte Strafe» könnte man das aber nur auffassen, «wenn er einen verschwenderischen oder unsittlichen Lebenswandel» (so E 482 Ziff. 3) geführt oder sonst leichtsinnig Schulden gemacht hätte, vielleicht gar in Erwartung der Erbschaft. Aber darum geht es in Art. 480 nicht, und es kommen auch ganz andere Fälle vor.

Das gemeine Recht schenkte dieser Härte keine Beachtung, sondern nahm an, die Enterbung liege im Interesse des Nachkommen und seiner Familie, und gestattete dessen *vollständige* Enterbung (vgl. DERNBURG III, § 153, 3, S. 311 f.; ebenso § 988 [2049] PGB). Die modernen Kodifikationen ziehen dagegen eine mittlere Lösung vor: Während der Pflichtteilsberechtigte nach

§ 2338 BGB den Pflichtteil nur als Vorerbe erhält, dafür aber den ganzen Pflichtteil, muss dem Nachkommen nach Art. 480 ZGB – für andere Pflichtteilsberechtigte gilt die Bestimmung nicht – die Hälfte des Pflichtteils bleiben. Genau genommen handelt es sich heute nicht mehr um eine Enterbung, sondern um eine *Beschränkung des Pflichtteils* in guter Absicht: Die Bezeichnung als «Enterbung» (Abs. 2) ist historische Reminiszenz.

4   Auf die Gläubiger des Nachkommen braucht der Erblasser keine Rücksicht zu nehmen, denn Forderungen sind relative Rechte, die nur den Schuldner verpflichten. Deshalb kann zwar ein überschuldeter Erbe die ihm zugefallene Erbschaft seinen Gläubigern nicht durch Ausschlagung entziehen (Art. 578); auch können die Gläubiger, wenn sie Verlustscheine besitzen, die Herabsetzungsklage an seiner Statt erheben, ebenso gegebenenfalls die Konkursverwaltung (Art. 524). Der Erblasser dagegen ist diesen Gläubigern zu nichts verpflichtet. Er kann ihnen daher die Erbschaft vorenthalten, indem er andere Erben beruft, und darf dabei nach Art. 480 sogar in den Pflichtteil des überschuldeten Nachkommen eingreifen. Ein Gläubiger, der seine Hoffnung darauf setzt, dass der Schuldner erbt, – was freilich seit 2000 Jahren Kreditpraxis ist (s. das Senatusconsultum Macedonianum, 69/79 n. Chr.) – trägt das Risiko, dass es anders kommt. Auch der Pflichtteil dient nicht der Kreditsicherheit, sondern steht den Angehörigen des Erblassers um ihrer selbst willen zu.

5   Art. 480 schränkt den Grundsatz, dass der Schuldner mit seinem ganzen Vermögen für seine Schulden haftet, nicht ein und statuiert keine Ausnahme von Art. 197 Abs. 2 SchKG, wonach alles «Vermögen, das dem (in Konkurs gefallenen) Schuldner vor Schluss des Konkursverfahrens anfällt, zur Konkursmasse gehört» (falsch BGE 111 II 130 Erw. 3b). Er ermöglicht es dem Erblasser vielmehr, den Vermögenserwerb des überschuldeten Erben von vornherein zu verhindern.

III. Voraussetzungen

6   Voraussetzung der Beschränkung des Pflichtteils in guter Absicht ist nach dem Wortlaut des Gesetzes, dass bei der Eröffnung des Erbgangs gegen den pflichtteilsberechtigten Nachkommen Verlustscheine bestehen, deren Betrag einen Viertel des Werts seines Erbteils übersteigt. Verlustscheine sind jedoch nicht Voraussetzung der Beschränkung des Pflichtteils, sondern es genügt, wenn der Nachkomme *überschuldet* ist (gegen BGE 111 II 130, den einzigen bisher veröffentlichten Bundesgerichtsentscheid zu Art. 480). Die Überschuldung braucht auch nicht einen Viertel seines Erbteils, sondern nur seines *Pflichtteils* zu übersteigen.

a) Verlustscheine

Verlustscheine sind Urkunden, durch die das Betreibungs-   7
oder das Konkursamt den Betrag bestätigt, der bei der Betreibung des
Schuldners auf Pfändung (Art. 89 ff. SchKG) oder auf Konkurs (Art. 221 ff.
SchKG), d.h. im Konkursverfahren, ungedeckt geblieben ist, sodass der
Gläubiger einen Verlust erlitten hat (vgl. Art. 149 f., 115 SchKG, 84 VZG,
265 SchKG).

Wenn Verlustscheine bestehen, ist der Schuldner in aller Regel überschul-   8
det. Überschuldung allein gibt dem Erblasser nach dem Wortlaut des
Art. 480 aber nicht das Recht, in den Pflichtteil des Nachkommen einzugrei-
fen. Das ist jedoch nicht sachgemäss, denn bei Überschuldung besteht auch
ohne Verlustscheine die Gefahr, dass alles, was der Erblasser seinem Nachkommen hinterlässt, zur Befriedigung der Gläubiger verwendet wird und
für die Enkel nichts übrig bleibt. Um deren Interessen aber geht es in
Art. 480 vor allem.

Es gibt keinen Grund, im Fall der Überschuldung danach zu unterscheiden,   9
ob Verlustscheine bestehen oder nicht. Es ist ja *nicht* der Zweck des Art. 480
zu verhindern, dass die Gläubiger den Schuldner konsequent betreiben,
oder sie *zu bestrafen*, falls sie es trotzdem getan haben. Die Gläubiger würden die Betreibung eines überschuldeten Nachkommen des Erblassers vor
der Eröffnung des Erbgangs nicht «bis zum bitteren Ende durchführen», um
keine Verlustscheine zu erzeugen und dem Erblasser keine Gelegenheit zur
Beschränkung des Pflichtteils zu geben (ROSSEL/MENTHA, Nr. 947, Bd. II,
60; TUOR, Art. 480 N. 7; ESCHER/ESCHER, Art. 480 N. 3; PIOTET, § 60 III B,
p. 403/S. 432). Dass das Rechtsmissbrauch sein könnte (so ZGB-BESSENICH,
Art. 480 N. 4), ist nicht erkennbar.

Hinzu kommt, dass die Gläubiger eines überschuldeten Erben die Ausschla-   9bis
gung der Erbschaft nach Art. 578 auch ohne Verlustscheine anfechten können. Es gäbe also Fälle, in denen der *Erblasser* – mangels Verlustscheinen –
noch nichts und der *Erbe* – wegen Überschuldung – *nichts mehr* gegen den
Zugriff der Gläubiger auf das Erbgut machen könnten.

Verlustscheine verbessern die betreibungsrechtliche Stellung des Gläubi-   10
gers und ermöglichen einen rascheren Zugriff auf die Erbschaft (vgl.
Art. 149 Abs. 2 und 3 SchKG). Das kann aber für Art. 480 nicht ausschlaggebend sein. Man kann die Bestimmung auch nicht mit dem Hinweis retten,
«sie diene der Erleichterung des Nachweises der Zahlungsunfähigkeit» (so

PIOTET, § 60 III B, p. 403/S. 432), denn der Beweis der Überschuldung kann zwar leichter geführt werden, wenn Verlustscheine vorliegen, er wird den Enkeln des Erblassers nach dem Wortlaut des Art. 480 aber unmöglich gemacht, wenn das nicht der Fall ist.

Allerdings würde *dem Gericht die Beweiswürdigung* erleichtert, wenn der Beweis nur mit Verlustscheinen geführt werden könnte (so anscheinend BGE 111 II 130 Erw. 3b, unter Berufung auf BÉGUELIN, 21 f.). Aber solches pflegt nicht der Zweck zivilrechtlicher Vorschriften zu sein und stünde im Widerspruch zum Prinzip der freien Beweiswürdigung.

11   Nach dem Wortlaut des Art. 480 müsste Gleiches ungleich behandelt werden. Handelt sich um eine – echte oder unechte – Lücke im Gesetz? (Zur Problematik des Begriffs der unechten Lücke s. E.A. KRAMER, Teleologische Reduktion, Beiheft zur ZSR zum 70. Geburtstag von A. Meier-Hayoz, Basel 1993, 56 ff.) Das Bundesgericht hat das verneint, denn «le texte de l'art. 480 est clair, dans son esprit comme dans sa lettre, et ne présente pas de lacune: le juge est donc tenu de l'appliquer, en vertu de l'art. 1er al. 1 CC» (BGE 111 II 130 Erw. 3b). Dass der Wortlaut an und für sich *klar* ist, löst das Problem nicht. Die Frage kann nur sein, ob die Ungleichbehandlung gewollt war; dann müsste sie hingenommen werden.

12   Man hat um Art. 480 bei der Beratung des ZGB zwar gerungen; um die Verlustscheine ging es dabei aber nicht:

In der Sitzung der Expertenkommission am 11. März 1902 beantragte WIELAND, «die Enterbung in guter Absicht im Anschluss an Art. 988 Zürch. P.G.B. aufzunehmen». REICHEL «amendierte» diesen Antrag durch Ausklammerung der einfachen Überschuldung «im Interesse grösserer Bestimmtheit der Vorschrift»; überhaupt sei die Erbanwartschaft «etwas schon bei Lebzeiten des Erblassers Anerkanntes, nämlich in Art. 306 Abs. 2 SchKG» (dem Letzteren wurde später [mit Recht!] widersprochen). HONEGGER wies darauf hin, dass § 988 PGB durch § 35 ZH EG SchKG v. 5. Juli 1891 ersetzt worden sei, der nur noch die Reduktion des Pflichtteils auf die Hälfte kenne; eventuell könne man sich an diese Vorschrift anlehnen. Boos meinte, wenn man überhaupt eine Einschränkung (scil. des Pflichtteils) wolle, sei § 35 ZH EG SchKG die relativ richtige Lösung, da die Kreditfähigkeit von Erben durch den Antrag WIELAND zu sehr gekürzt werde. WIELAND erklärte sich damit einverstanden, die Fälle der einfachen Überschuldung zu streichen. Sein Antrag wurde aber abgelehnt (ExpKomm. I.2, S. 556 ff./II, Bl. 118 ff.).

Erst die Kommission des Ständerats hat sich mehrheitlich für die Übernahme des § 35 ZH EG SchKG entschieden. HOFFMANN hat als Berichterstatter der Kommission vor dem Rat unter anderm Folgendes gesagt: «Dem Antrag liegt ein ethisches Motiv zugrunde. Der Erblasser soll nicht die Kreditoren des Sohnes bezahlen und dessen eigene Familie darben lassen müssen. Man hat freilich die Interessen der Kreditoren in den Vordergrund gestellt, aber es ist zu sagen, dass die Spekulation auf die Anwartschaften des Schuldners eine unmoralische, ja häufig sogar eine wucherische ist. Die Interessen der Kreditoren verdienen keinen grösseren Schutz, als derjenige ist, der im Antrag liegt ... Der Erblasser soll es in der Hand haben zu sagen: Die Kreditoren erhalten nur die Hälfte ... (StR 16, 1906, 145)».

Vor dem Nationalrat hat E. HUBER, spürbar reserviert, noch einmal die Gläubigerinteressen betont. Die notwendige Einschränkung (scil. der Enterbung in guter Absicht) habe der Ständeratsbeschluss in Abs. 1 und 3 (in der endgültigen Fassung Abs. 2) vorgenommen. Es entspreche diese Lösung ungefähr demjenigen, was im zürcherischen Recht gelte (NatR 17, 298, s. auch oben N. 2).

Gegenstand der Auseinandersetzung war die Frage, ob die vollständige Ent-   13
erbung zugelassen werden solle oder nur eine Beschränkung des Pflichtteils auf die Hälfte. Man hat sich für die Letztere entschieden – freilich nicht mit Rücksicht auf den Erben selbst (s. oben N. 2 f.), sondern im Interesse der Gläubiger – und hat die Pflichtteilsbeschränkung auf Fälle schwerer Überschuldung (s. unten N. 16) beschränkt. Diese beiden Punkte hat auch HUBER im Nationalrat betont. Die Frage der Verlustscheine war schon in der Expertenkommission nicht umstritten. Alles deutet darauf hin, dass man deren Bedeutung nicht erkannt hat (s. auch die Marginalie: «Enterbung eines *Zahlungsunfähigen*»). Man hat sich einfach dem zürcherischen Recht angepasst und wohl gemeint, das Verlustscheinerfordernis diene der Bestimmtheit der Regelung. So blieb die Pflichtteilsbeschränkung in guter Absicht bei schlichter Überschuldung *ungeregelt*. Der Umkehrschluss darf aus Art. 480 nicht gezogen werden. Vielmehr besteht eine Lücke, die die Gerichte zu schliessen berufen sind (a.A. BGE 111 II 130).

Im Wege der Lückenfüllung gemäss Art. 1 Abs. 2 ist folgende Regel aufzu-   14
stellen:

[1] Ist ein Nachkomme des Erblassers überschuldet, so kann ihm der Erblasser die Hälfte seines Pflichtteils entziehen, wenn er diese den vorhandenen und später geborenen Kindern desselben zuwendet.

[2] Diese Enterbung fällt jedoch auf Begehren des Enterbten dahin, wenn bei der Eröffnung des Erbganges keine Schulden mehr bestehen, oder wenn deren Gesamtbetrag einen Viertel des Erbteils nicht übersteigt.

Den Gesetzgeber braucht man dafür nicht zu bemühen.

b) Zeitpunkt und Höhe der Überschuldung

Die Überschuldung muss bei der Eröffnung des Erbgangs   15
bestehen (genauso wie die Verfehlung bei der Strafenterbung vor der Eröffnung des Erbgangs geschehen sein muss, s. vorn Art. 477 N. 14), denn in diesem Augenblick wird die Verfügung des Erblassers wirksam.

16   Eine *geringfügige Überschuldung* genügt zur Rechtfertigung der Pflichtteils-
     beschränkung nicht. Nach Art. 480 Abs. 2 muss der Gesamtbetrag der Über-
     schuldung bzw. der Verlustscheine einen Viertel des Werts des Erbteils über-
     steigen. Es überrascht, dass der Grad der Überschuldung am Wert des *Erb-
     teils* und nicht des Pflichtteils gemessen werden soll (s. auch PIOTET, § 60 III C,
     p. 403/S. 433), denn über die disponible Quote kann der Erblasser unabhän-
     gig von der Vermögenslage des Nachkommen verfügen, und Art. 480 regelt
     einen Eingriff in dessen Pflichtteil. Auch die folgende Erwägung spricht da-
     für, die Überschuldung am *Pflichtteil* des Nachkommen zu messen:

17   Die Beschränkung des Pflichtteils auf die Hälfte berührt die Interessen der
     Gläubiger des Nachkommen nur dann und verbessert die Stellung der En-
     kel (abgesehen vom sofortigen Erwerb der Erbschaft) nur dann, wenn die
     Schulden des Nachkommen die ihm verbleibende *Hälfte seines Pflichtteils*
     übersteigen. Es ist deshalb nicht klar, warum bereits eine Überschuldung im
     Betrag eines *Viertels des Erbteils* dem Erblasser das Recht zur Beschrän-
     kung geben sollte – zumal Art. 480 keinerlei Straffunktion hat –, denn das
     entspricht nicht der Hälfte, sondern einem Drittel des Pflichtteils. Vielleicht
     hat der Gesetzgeber aber an jenen Viertel des Pflichtteils gedacht, über den
     der Nachkomme seinerseits, als Erblasser gegenüber seinen Kindern, frei
     verfügen kann, den der Grossvater seinen Enkeln deshalb auch dann nicht
     garantieren kann, wenn sein direkter Nachkomme keine Schulden hat. Je-
     denfalls wäre das ein *Viertel des Pflichtteils* und nicht des Erbteils.

IV. Die Anordnung der Pflichtteilsbeschränkung

18   Die Entziehung der Hälfte des Pflichtteils ist notwendiger-
     weise eine *Verfügung von Todes wegen* und hat in einer der Formen dersel-
     ben zu geschehen (vgl. vorn Art. 477 N. 15). Da das Gesetz die Pflichtteils-
     beschränkung im Abschnitt über die Enterbung regelt und als solche be-
     zeichnet, gelten für sie die Vorschriften des Art. 479 sinngemäss: Der Enter-
     bungsgrund, d.h. die Überschuldung des Nachkommen, ist in der Verfügung
     anzugeben (wegen der Einzelheiten s. vorn, Art. 479 N. 3 ff.) und im Falle
     der Anfechtung von den Kindern zu beweisen (ebd. N. 14 ff.).

19   Nur einem *Nachkommen* kann der Erblasser die Hälfte des Pflichtteils ent-
     ziehen. Gegenüber anderen Pflichtteilsberechtigten, namentlich dem über-
     lebenden Ehegatten und den Eltern des Erblassers, ist das nicht zulässig.

Vorausgesetzt ist, dass der Nachkomme zur direkten Erbfolge berufen und
also pflichtteilsberechtigt ist. Normalerweise handelt es sich um einen Sohn
oder eine Tochter, ausnahmsweise, wenn ein Kind vorverstorben ist oder
aus einem anderen Grund nicht zur Erbfolge gelangt, um einen Enkel des
Erblassers.

Die Pflichtteilsbeschränkung kommt erst in Betracht, wenn der Erblasser 20
den überschuldeten Nachkommen auf den Pflichtteil – nach Art. 471 Ziff. 1
drei Viertel des gesetzlichen Erbteils – gesetzt hat. Dann bleiben ihm nach
Entziehung der Hälfte des Pflichtteils drei Achtel seines gesetzlichen Erbteils.

Wollte der Erblasser seinem Nachkommen die Hälfte des Pflichtteils – drei Achtel des gesetzlichen Erbteils – zu Lasten des vollen Erbteils entziehen, so erhielte dieser fünf Achtel des gesetzlichen Erbteils, und es würde ihm nicht die Hälfte, sondern nur ein Sechstel
des Pflichtteils (einer von sechs Achteln des gesetzlichen Erbteils) entzogen.

Selbstverständlich kann die Entziehung des Pflichtteils aber dadurch zum
Ausdruck gebracht werden, dass der Erblasser den Nachkommen von vornherein nur in Höhe von drei Achteln seines gesetzlichen Erbteils als Erben
einsetzt und weitere drei Achtel dessen Kindern zuwendet. Welcher Bruchteil der Erbschaft das im Einzelfall ist, hängt davon ab, ob der Erblasser den
Ehegatten und weitere erbberechtigte Nachkommen hinterlässt.

Anders als im Fall der Strafenterbung (s. vorn, Art. 477 N. 16) muss der Erb- 21
lasser bei der Pflichtteilsbeschränkung in guter Absicht dem überschuldeten
Nachkommen nicht notwendigerweise die ganze Hälfte des Pflichtteils entziehen. Praktische Bedeutung kommt einer weniger weit gehenden Beschränkung vor allem dann zu, wenn der Erblasser den Kindern absichtlich
oder irrtümlich weniger als die Hälfte des Pflichtteils zugewendet hat (s. unten N. 36).

Der Erblasser muss den Wert der dem überschuldeten Nachkommen entzo- 22
genen Pflichtteilshälfte «den vorhandenen und später geborenen Kindern
desselben zuwenden» (Abs. 1). Bedacht werden können und müssen nicht
nur die bei der Eröffnung des Erbgangs schon geborenen oder wenigstens
gezeugten (Art. 31, 544), sondern auch die später gezeugten Kinder sowie
alle Adoptivkinder des überschuldeten Nachkommen (TUOR, Art. 480 N. 13;
ESCHER/ESCHER, Art. 480 N. 4).

Dass auch die erst nach Eröffnung des Erbgangs gezeugten Kinder des überschuldeten 23
Nachkommen nicht leer ausgehen dürfen, ist gemeinrechtliche und zürcherische Tradi-

tion. § 988 (2049) PGB und § 35 ZH EG SchKG, die dem Art. 480 zugrunde liegen, statuierten übereinstimmend:

> «In diesem Falle wird als Meinung des Erblassers angenommen, es haben die eingesetzten Kinder des Enterbten den Erbteil mit ihren später hinzugekommenen Geschwistern nach Verhältnis zu teilen»,

und unter den «später hinzugekommenen Geschwistern» verstand man die nach dem Erbfall gezeugten (SCHNEIDER, § 988 N. 3). – Sachliche Gründe für die Schlechterstellung der beim Eintritt des Erbfalls noch nicht gezeugten Kinder eines strafweise Enterbten nach Art. 478 Abs. 3 (s. dort N. 5) sind nicht ersichtlich.

24   Nach h.M. soll die Pflichtteilsbeschränkung nur dann möglich sein, wenn zur Zeit des Erbfalls wenigstens ein Nachkomme des Überschuldeten schon erbfähig, also wenigstens gezeugt ist (TUOR, Art. 480 N. 10; ESCHER/ESCHER, Art. 480 N. 6; PIOTET, § 60 III D 4, p. 404 s./S. 434). Das Gesetz bietet für diese Ansicht keine Grundlage. Die Pflichtteilsbeschränkung stellt allerdings einen Rechtsmissbrauch (Art. 2 Abs. 1) dar, wenn keine Nachkommen vorhanden und leibliche oder Adoptivkinder nicht mehr zu erwarten sind.

25   Als Begünstigte kommen Enkel und Urenkel des Erblassers in Betracht, Urenkel dann, wenn ein Enkel unter Hinterlassung von Nachkommen weggefallen ist oder wenn der überschuldete Nachkomme, dessen Pflichtteil der Erblasser beschränkt hat, selbst dessen Enkel ist (s. oben N. 19. – PIOTET, § 60 III D 1, p. 404/S. 433). Die Enkel oder im letzteren Fall die Urenkel müssen zu gleichen Teilen bedacht werden. An die Stelle vorverstorbener treten deren Nachkommen, und zwar wie bei gesetzlicher Erbfolge «in allen Graden nach Stämmen» (vgl. Art. 457). Abweichende Verfügungen sind unzulässig. Der Erblasser darf einzelne Nachkommen weder bevorzugen, ausser im Rahmen der disponiblen Quote, noch benachteiligen. Art. 480 gibt ihm nur die Möglichkeit, in Analogie zur gesetzlichen Erbfolge die Familie des überschuldeten Nachkommen insgesamt zu begünstigen (TUOR, Art. 480 N. 14; ESCHER/ESCHER, Art. 480 N. 7; PIOTET, § 60 III D 3, p. 404/S. 433).

26   Umso mehr fällt auf, dass die Kinder des überschuldeten Nachkommen – anders als bei der Strafenterbung nach Art. 478 Abs. 2 – nicht *gesetzlich* zur Erbfolge berufen werden, sondern dass es dazu einer besonderen Anordnung des Erblassers bedarf. Man könnte meinen, ihm solle die Möglichkeit eröffnet werden, zwar nur zugunsten der Enkel und Urenkel, im Einzelnen aber frei über die Hälfte des Pflichtteils seines Nachkommen zu verfügen. Nach traditioneller, auch gemeinrechtlicher Auffassung ist dem nicht so. Die Regelung lässt immerhin erkennen, dass die Enterbung – anders als im Fall des Art. 478 – nicht Selbstzweck ist, dass vielmehr die Zuwendungen an die

Kinder des Enterbten ebenso wichtig und deshalb mit ihr zu einer einheitlichen Verfügung verbunden sind. Auch ermöglicht die Regelung unterschiedliche Formen der Zuwendung (s. unten N. 27) sowie die Begünstigung der bei der Eröffnung des Erbgangs noch nicht gezeugten Kinder des Enterbten (s. ESCHER/Escher, Art. 480 N. 4; dazu unten N. 30 ff.).

Der Normalfall ist, dass der Erblasser die Kinder *als Erben* einsetzt. Nicht   27
unproblematisch sind Zuwendungen in Form von *Vermächtnissen* (vgl. TUOR, Art. 480 N. 12; ESCHER/ESCHER, Art. 480 N. 5; PIOTET, § 60 III D 2, p. 404/S. 434). Vermächtnisse würden ihren Zweck verfehlen, wenn der überschuldete Nachkomme selbst mit ihnen beschwert würde, denn sie erzeugen nur einen persönlichen Anspruch gegen den Beschwerten (Art. 562 Abs. 1); die Kinder träten daher bei Eröffnung des Erbgangs in Konkurrenz zu den Gläubigern und müssten auf Grund des viel gescholtenen, aber goldrichtigen Art. 564 hinter diesen zurückstehen. Dagegen wäre es möglich, einen anderen Erben mit den erforderlichen Vermächtnissen zu beschweren, oder sogar eines der Kinder, das zu diesem Zweck als Erbe eingesetzt wurde (so TUOR, ebd. N. 14). In Betracht kommen ferner *Zuwendungen unter Lebenden*. Sind deren Empfänger zugleich als Erben berufen, findet Art. 626 Abs. 2 Anwendung.

V. Die Wirkungen der Pflichtteilsbeschränkung und der Zuwendungen an die Kinder des überschuldeten Nachkommen

Der *überschuldete Nachkomme* bleibt erb- und pflichtteils-   28
berechtigt, prinzipiell (s. oben N. 21) jedoch nur in Höhe der Hälfte des Pflichtteils, nämlich dreier Achtel seines gesetzlichen Erbteils. Die Reduktion ist davon abhängig, dass der Erblasser die andere Hälfte des Pflichtteils dessen Kindern zuwendet. Man könnte sagen, die Beschränkung des Pflichtteils sei nur relativ wirksam, nämlich gegenüber den Kindern, doch scheint das nicht die Sichtweise des Gesetzes zu sein.

Schon geborene *Kinder* des überschuldeten Nachkommen erben, was der   29
Erblasser ihnen zugewiesen hat, oder erhalten als Vermächtnisnehmer einen persönlichen Anspruch darauf oder haben bereits zu seinen Lebzeiten eine Zuwendung empfangen. Entsprechendes gilt nach Art. 31, 544 in Bezug auf ungeborene Kinder unter der auflösenden negativen Bedingung der Geburt.

30   Schwierigkeiten bereiten die Zuwendungen an die zur Zeit des Todes des Erblassers noch nicht gezeugten Kinder des Enterbten. Die Autoren schlagen in erster Linie die *Einsetzung der nondum concepti als Nacherben* vor; Vorerben sollen die bereits vorhandenen Kinder sein (TUOR, Art. 480, N. 18; ESCHER/ESCHER, Art. 480 N. 5 und 8; PIOTET, § 60 III D 5, p. 405/S. 434 f.; ZGB-BESSENICH, Art. 480 N. 3). Es würde sich aber um eine sehr verzwickte Art von Nacherbeneinsetzung handeln, denn die lebenden Kinder wären in Bezug auf ihren Erbteil teils Vollerben, teils Vorerben, und es wäre unbestimmt, zu welchen Teilen, weil niemand wissen kann, wie viele Geschwister noch geboren werden. Deshalb wäre es auch unmöglich, die Höhe der zu leistenden Sicherstellung (Art. 490) zu beziffern.

31   Die ganze Konstruktion ist aber *unzulässig*, weil sie zu einer Abfolge von Nacherbeneinsetzungen zwingt, die gegen Art. 488 Abs. 2 verstösst: Nimmt man an, dass der Nacherbfall mit der Geburt des nondum conceptus eintrete, so müssten die Lebenden einen der Gesamtzahl der Kinder(stämme) entsprechenden Bruchteil ihres Erbteils dem neu Hinzugekommenen überlassen: Das jüngste von drei Kindern erhielte beispielsweise je einen Drittel der Hälften seiner beiden Geschwister. Wird später ein viertes Kind geboren, so müsste es von den Dritteln seiner drei Geschwister je einen Viertel erhalten usw. Das ist mit Art. 488 Abs. 2 unvereinbar, weil das dritte Kind als Nacherbe mit einer weiteren Nacherbeneinsetzung belastet wäre (s. auch BÉGUELIN, 33 ff.). Der Hinweis, Art. 488 Abs. 2 bezwecke vor allem eine zeitliche Beschränkung der Substitution und werde deshalb nicht tangiert, wenn Geschwister einander substituiert werden (ESCHER/ESCHER, Art. 488 N. 5; s. auch TUOR, Art. 488 N. 12) geht fehl. Art. 488 Abs. 2 untersagt eine Abfolge mehrerer Substitutionen (zumindest auch) deshalb, weil solch komplizierte Gebilde unerwünscht sind.

32   Wiederholte Substitutionen werden vermieden, wenn der Nacherbfall erst mit dem Tod des enterbten Nachkommen eintreten soll, denn zu dieser Zeit steht fest, wie viele Kinder(stämme) vorhanden sind. Aber die Verschiedenbehandlung der bei der Eröffnung des Erbgangs bereits lebenden und der später gezeugten Kinder wäre kaum zu rechtfertigen. Gleichbehandlung könnte man erreichen, wenn man den überschuldeten Nachkommen selbst auf die Hälfte seines Pflichtteils als Vorerben und alle Kinder als Nacherben bei seinem Tod einsetzte. Das ist die Lösung des § 2338 BGB. Aber die Frage, ob der (überschuldete!) Vorerbe nach schweizerischem Recht nicht auch mit der Vorerbschaft für seine Schulden haftet (s. einerseits TUOR, Art. 491 N. 17; ESCHER/ESCHER, Art. 491 N. 19, andererseits P. EITEL, Die Anwartschaft des Nacherben, Diss. Bern 1991, 325 ff.; ZGB-BESSENICH, Art. 491 N. 5), ist wohl noch nicht abschliessend geklärt. Vor allem aber entspricht diese Art Nacherbeneinsetzung nicht mehr dem Sinn des Art. 480.

33   Zum alten § 988 (2049) PGB hat man folgende Aussage gewagt:

«Der Satz, dass nur wer den Tod des Erblassers erlebt hat oder wenigstens damals schon empfangen, wenn auch noch nicht geboren war, erben könne (§ 908), wird dadurch modifiziert» (SCHNEIDER, § 988 N. 3).

Im Rahmen des § 988 PGB sollte also ausnahmsweise auch erben können, wer noch nicht gezeugt war. Auch heute würde es sich eher empfehlen, im Rahmen des Art. 480 für einmal vom Prinzip des Art. 542 Abs. 1 abzuweichen und einem zur Zeit des Erbfalls noch nicht gezeugten Nachkommen den Erbschaftserwerb zu ermöglichen, als Art. 488 Abs. 2 zu suspendieren und die komplizierte mehrfache Nacherbeneinsetzung zuzulassen.

Aber so weit muss man nicht gehen. Dem Geist und Buchstaben des Art. 480 ist Genüge getan, wenn der Erblasser die Kinder des überschuldeten Erben auf die Hälfte des Pflichtteils als Erben einsetzt. Diese Verfügung ist im Sinn einer Auslegungsregel *von Gesetzes wegen* so zu verstehen (s. auch die Formulierung des § 35 ZH EG SchKG, oben N. 23), dass die Erben mit dem Vermächtnis beschwert sind, ihre nach der Eröffnung des Erbgangs gezeugten oder adoptierten Geschwister gleichberechtigt am Wert des halben Pflichtteils ihres Ahnen zu beteiligen. Setzt der Erblasser den Kindern Vermächtnisse aus oder macht er ihnen Zuwendungen unter Lebenden, so muss er für die noch nicht gezeugten besondere Anordnungen treffen. 34

Erhält ein Kind *weniger*, als ihm zusteht (s. oben N. 25), so kann es das Fehlende nicht verlangen. Es ist nicht gesetzlicher Erbe des Erblassers und hat kein Pflichtteilsrecht; Art. 478 Abs. 3 ist nicht anwendbar (ESCHER/ESCHER, Art. 480 N. 4 und 9a, lit. e; a.A. TUOR, Art. 480 N. 5 und 14). Hat ein Kind *mehr* erhalten, als ihm zusteht, so unterliegt der Überschuss der Herabsetzung, falls der Erblasser mit der Zuwendung einen Pflichtteil verletzt hat. 35

Der Minderempfang eines Kindes kann im Rahmen des Art. 480 nicht durch den Mehrempfang eines anderen ausgeglichen werden, weil alle gleich viel erhalten müssen. Der Erblasser hat das dem Nachkommen entzogene Pflichtteilsrecht daher nicht im vollen Umfang dessen Kindern zugewendet, wenn nicht ein jedes mindestens so viel erhält, wie ihm zusteht. Der Umfang der Pflichtteilsbeschränkung hängt aber vom Umfang der Zuwendungen an die Kinder ab. Dem Schuldner ist daher nur so viel von seinem Pflichtteilsrecht entzogen, als der Summe der Zuwendungen an seine Kinder entspräche, wenn alle so wenig erhalten hätten, wie dasjenige Kind, das am wenigsten erhalten hat (s. ESCHER/ESCHER, Art. 480 N. 9a, lit. e; PIOTET, § 60 IV, p. 405 ss/S. 435 f.). 36

37   Der Pflichtteil des überschuldeten einzigen Erben sei 120. Seinen Kindern müssen 60 zugewendet werden, wenn er auf die Hälfte beschränkt sein soll. Von seinen 6 Kindern (A
bis F) ist eines (D) vorverstorben, unter Hinterlassung von zwei Enkeln (G und H). Die
Kinder müssten je 10, jeder Enkel 5 erhalten.
Es wurden zugewendet: A, B und C je 10, ebenso G und H; E 6 und F 4. Da F nur $^4/_{10}$ des
ihm zustehenden Sechstels der Pflichtteilshälfte erhalten hat, ist diese dem überschuldeten Nachkommen auch nur zu $^4/_{10}$ entzogen worden, nämlich in Höhe von 24; sein Pflichtteil beträgt 96.
Wenn der Erblasser noch andere der Herabsetzung unterliegende Zuwendungen in Höhe
von mehr als 28 gemacht hat, verletzen die über 4 hinausgehenden Zuwendungen an A,
B, C und E sowie die über 2 hinausgehenden Zuwendungen an G und H (insgesamt 36)
den Pflichtteil des Schuldners.

VI. Die Anfechtung
der Pflichtteilsbeschränkung

38   Ist der Nachkomme zur Zeit der Eröffnung des Erbgangs
nicht mehr überschuldet oder ist die Überschuldung geringer als ein Viertel
des Werts seines Pflichtteils (s. oben N. 17), so «fällt die Enterbung auf Begehren des Enterbten dahin» (Abs. 2). Unter «Enterbung» sind hier die Beschränkung des Pflichtteilsrechts und die Zuwendung des entsprechenden
Wertes an die Kinder des Enterbten als einheitliches Geschäft (s. oben
N. 26) zu verstehen. Die Entziehung des Pflichtteilsrechts hat nämlich keine
Wirkungen, wenn der Erblasser nicht unter Lebenden oder von Todes wegen über sein Vermögen verfügt und den Erbteil des Nachkommen geschmälert hat – ganz abgesehen davon, dass die Zuwendungen an die Kinder Voraussetzung der Gültigkeit der Pflichtteilsbeschränkung sind. Der
Enterbte verlangt denn auch die Herstellung seines Erbrechts im subjektiven Sinn im Umfang des Pflichtteils, kurz: den Pflichtteil, nicht die Wieder-
herstellung des ihm entzogenen Pflichtteils*rechts*. Der Anspruch zielt auf die
Herabsetzung der Verfügungen zugunsten der Kinder, denn sie mindern
(«verletzen») seinen Pflichtteil. Das Pflichtteils*recht* kommt dabei nur vorfrageweise in Betracht.

39   Mit Recht gibt die h.L. dem Enterbten deshalb zur Durchsetzung seines Be-
gehrens die Herabsetzungsklage nach Art. 522 ff. (TUOR, Art. 480 N. 24;
ESCHER/ESCHER, Art. 480 N. 11). Aktivlegitimiert sind der enterbte Nachkomme und, falls er nicht schuldenfrei ist, diejenigen Gläubiger, die Verlustscheine besitzen (Art. 524). Dass die Gläubiger im Rahmen des Art. 524
Verlustscheine brauchen, ist, anders als bei der Präventiventerbung (oben
N. 7 ff.), nicht zu beanstanden. Passivlegitimiert sind diejenigen Personen,

die durch die Verfügung begünstigt sind, also die Kinder des Enterbten, denen der Erblasser die Pflichtteilshälfte zugewendet hat.

Wird der Klage stattgegeben, so werden die Zuwendungen an die Kinder   40
mit der Rechtskraft des Urteils (Gestaltungsurteil) so weit herabgesetzt,
dass der volle Pflichtteil des Nachkommen, genauer sein Erbrecht im Umfang des Pflichtteils, hergestellt wird. Wird die Herabsetzungsklage nicht
binnen Jahresfrist erhoben, so werden die Zuwendungen an die Kinder unangreifbar und der enterbte Nachkomme kann nur noch einredeweise geltend machen, dass sie seinen Pflichtteil verletzen, weil dieser ihm nicht (zur
Hälfte) hätte entzogen werden dürfen (Art. 533).

Im Übrigen hat der Nachkomme wie jeder Pflichtteilsberechtigte die Her-   41
absetzungsklage auch, wenn der Erblasser die Pflichtteilshälfte ganz oder
teilweise nicht den Kindern, sondern anderen Personen zugewendet hat
(oben N. 35 ff.) und wenn eine Verfügung des Erblassers die ihm zustehende
Pflichtteilshälfte verletzt.

Sachregister

Benutzungshinweise

Stichworte, die mit einem Eigenschaftswort gebildet sind (z.B. ergänzende Auslegung), findet man unter dem Hauptwort (Auslegung, ergänzende).

Verwiesen wird auf die *Noten*
- der *Einleitung* in den 3. Teil «Das Erbrecht» (Einl. N. ...),
- der *Einführung* in die 1. Abteilung «Die Erben» (Ef N. ...),
- der *Einleitungen* in den 13. Titel «Die gesetzlichen Erben» , Art. 457 ff. und in den 14. Titel «Die Verfügungen von Todes wegen», Art. 467 ff. (E 457 N. ... bzw. E 467 N. ...),
- der *Vorbemerkungen* vor den Abschnitten «Die Verfügungsfähigkeit», Art. 467–469 und «Die Verfügungsfreiheit», Art. 470–480 (V 467 N. ... bzw. V 470 N. ...),
- sowie der Erläuterungen zu den einzelnen (geltenden) *Artikeln* (457 N. ... bis 480 N. ...),
- und *alten Artikeln* (z. B. a.462 N. ...).

Erben (Fortsetzung)
- *gesetzliche* Einl. N. 15; Ef 457 N. 1 ff.;
  E 457 N. 1 ff.
- *lachende* Art. 460 N. 2
- *verwandte* E 457 N. 3 ff.
Erbfall Einl. N. 4, 6
Erbfolge Einl. N. 4 f.
- *gesetzliche* Ef 457 N. 1 ff.; E 457 N. 1;
  457 ff.
  - *bei Enterbung* 478 N. 6 ff.
- *gewillkürte* Ef 457 N. 1 ff.
- *nach Stämmen* 457 N. 18 ff.; 458 N. 4 ff.;
  459 N. 5 ff.; 480 N. 25
  s. auch Universalsukzession
Erbgang Einl. N. 5, 15
- *Auslagen* 474 N. 6 ff.
Erbgangsschulden 474 N. 6 ff.
Erblasser Einl. N. 4
Erblasserschulden 474 N. 5
Erbrecht Einl. N. 1 ff.
- *im objektiven Sinn* Einl. N. 1 ff., 14 ff.
  - *Neuregelung von 1984* E 457 N. 12 ff.
- *im subjektiven Sinn* Einl. N. 1
  - *Entziehung durch Enterbung* 478
    N. 2 ff.
Erbschaft Einl. N. 4; V 470 N. 4; 474 N. 4 f.
Erbschaftsschulden s. Schulden des Erblas-
sers; Erbgangsschulden
Erbschaftssteuer Einl. N. 10; E 457 N. 17;
  474 N. 11
Erbteile, gesetzliche
- *der Nachkommen des Erblassers* 457
  N. 1, 19 ff.
- *der Eltern des Erblassers und ihrer
  Nachkommen* 458 N. 1, 5 ff.
- *der Grosseltern des Erblassers und ihrer
  Nachkommen* 459
- *des überlebenden Ehegatten* 462 N. 18 f.
Erbvertrag
- *einfacher* E 467 N. 10 ff.
- *beiderseitiger* E 467 N. 10, 13
- *entgeltlicher (erbvertragliches Entgelt)*
  E 467 N. 10, 14 ff.; 468 N. 25, 27; 469 N. 4,
  6, 9
- *positiver und negativer* E 467 N. 9
- *ungültiger, zu Lebzeiten des Erblassers*
  468 N. 21 f., 26 ff.; 469 N. 11, 32 ff.
- *vermeintliche Zwitternatur* E 467 N. 4, 15
- *Genehmigung der Vormundschaftsbehörden* 468 N. 17
Erbvertragsfähigkeit V 467 N. 2; 468 N. 1 ff.

Erbvertragsunfähigkeit 468 N. 18 ff.
Erbverzicht E 467 N. 8 f., 12 f.; 468 N. 25;
  469 N. 13
Erklärung s. Willensäusserung
Erklärungsirrtum E 467 N. 73; 469 N. 2,
  16 ff.
Erklärungswille E 467 N. 41 f., 44 ff.
Erlebensfallversicherungen 476 N. 32
Ermahnungen E 467 N. 6
Errungenschaftsbeteiligung 462 N. 23 ff.
Ersatzverfügung E 467 N. 37
Ertragswert 474 N. 27 ff.
Erziehungskosten 474 N. 38
Eventualenterbung 477 N. 17
Externa E 467 N. 64, 66 ff.

F

Familie
- *Erbberechtigung (Prinzip)* Einl. N. 15;
  Ef 457 N. 5; E 457 N. 1 f.; 462 N. 2; V 470
  N. 1; 477 N. 3
- *Rechtsinstitut* E 457 N. 1
Favor negotii, favor testamenti E 457 N. 4;
  E 467 N. 93 ff.
Findelkind 457 N. 7
Formmangel der Enterbung 479 N. 9
Fortführungswert 474 N. 25 f.
Freizügigkeitspolice, -konto 476 N. 49
Freundschaftspreis 475 N. 28
Früchte 475 N. 46 f.

G

Geburt, eheliche und aussereheliche E 457
  N. 3 f.
Gelegenheitsgeschenke 475 N. 21
Geltungswille E 467 N. 41 f., 44 ff.
Gemeinschaft, nichteheliche 462 N. 17
Gemeinwesen E 457 N. 1, 18; 466 N. 1 ff.
Gesamtnachfolge
  s. Universalsukzession
Geschäft, gemischtes 475 N. 27
Geschäftsfähigkeit V 467 N. 1; 468 N. 2
Geschäftswille E 467 N. 41 f., 50
Getrenntleben der Ehegatten 462 N. 7
Gewerbe, landwirtschaftliche 474 N. 27 ff.
Gläubiger mit Verlustscheinen 479 N. 12;
  480 N. 4, 7 ff., 40